Essay Collection of Wudu to Guanzigou Expressway Project: Part of Lanzhou to Haikou National Expressway

兰州至海口国家高速公路
武都至罐子沟段建设项目论文集

主　编：康宏伟　李　波
主　审：刘立星　韩建民

人民交通出版社

内容提要

武都至罐子沟高速公路(简称武罐高速)位于甘肃省陇南市,是兰州至海口国家高速公路大通道在甘肃省境内的重要组成部分,是甘肃省规划的"四纵四横"公路网主骨架中的第二纵,是甘肃省通往四川省、重庆市及出海通道的南出口公路,也是西北地区与西南地区联系最为便捷的公路交通要道。为使项目建设中好的经验和做法得到有效延续和传承,甘肃长达路业有限责任公司和武罐高速公路项目办组织编写了《兰州至海口国家高速公路武都至罐子沟段建设项目论文集》。论文集内容涵盖项目管理、路基路面施工技术、桥梁隧道施工技术等多个方面,突出新工艺、新工法、新材料与新设备在项目中的应用。

本论文集可供山岭重丘地区公路建设管理及施工人员参考使用。

图书在版编目(CIP)数据

兰州至海口国家高速公路武都至罐子沟段建设项目论文集/康宏伟,李波主编. —北京:人民交通出版社,2013.12

ISBN 978-7-114-11059-7

Ⅰ.①兰… Ⅱ.①康…②李… Ⅲ.①高速公路-道路工程-工程技术-陇南市-文集 Ⅳ.①U415.12-53

中国版本图书馆 CIP 数据核字(2013)第293864号

书　　名:兰州至海口国家高速公路武都至罐子沟段建设项目论文集
著 作 者:康宏伟　李　波
责任编辑:周　宇
出版发行:人民交通出版社
地　　址:(100011)北京市朝阳区安定门外外馆斜街3号
网　　址:http://www.ccpress.com.cn
销售电话:(010)59757973
总 经 销:人民交通出版社发行部
印　　刷:中国电影出版社印刷厂
开　　本:880×1230　1/16
印　　张:19.25
字　　数:536千
版　　次:2013年12月　第1版
印　　次:2014年4月　第1版　第2次印刷
书　　号:ISBN 978-7-114-11059-7
定　　价:70.00元
(有印刷、装订质量问题的图书由本社负责调换)

前　言

武都至罐子沟高速公路(简称武罐高速)位于甘肃省陇南市,是兰州至海口国家高速公路大通道在甘肃省境内的重要组成部分,是甘肃省规划的"四纵四横"公路网主骨架中的第二纵,是甘肃省通往四川省、重庆市以及出海通道的南出口公路,也是西北地区与西南地区联系最为便捷的公路交通要道。项目概算总投资117亿元(属于利用亚行贷款项目),全长129.78km,全线共有桥梁122座(其中特大桥11座、大桥75座、中小桥36座),隧道46座(其中特长隧道3座、长隧道5座,中短隧道38座),互通式立交7处,全线桥隧比例68.84%,洛塘至将军石段桥隧比例高达92%,基本形成桥隧相连。线路布设于秦岭西部山区,沿白龙江、洛塘河、大团鱼河等河谷,穿越西秦岭麻崖子梁,属于典型的山区高速公路。沿线地质条件复杂,滑坡、泥石流、崩塌等地质灾害频发,运输条件、电力供应、地材资源、施工条件等都比较差,建设难度巨大,是甘肃省目前已经建成的高速公路里投资最大,技术最复杂、建设及管理难度最大的高速公路。为了攻坚克难,建好武罐高速,建设单位甘肃长达路业有限责任公司和武罐高速公路项目办多年来始终高度重视项目建设中的技术支撑,在省内同等地质地形条件公路建设经验相对欠缺的情况下,广大科技工作者和工程技术人员挥洒汗水,攻坚克难,通过理念创新、科技创新、管理创新,取得了累累硕果,总结了一套适应于山岭重丘区公路建设管理及施工的经验。

为把项目建设中的这些好的经验和做法得到有效延续和传承,甘肃长达路业有限责任公司和武罐高速公路项目办通过多年的收集整理,组织编写了本论文集。论文集涵盖项目管理、路基路面施工技术、桥梁隧道施工技术、新工艺工法、新材料与新设备应用等多个方面,是参与武罐高速公路的科研人员、建设人员、管理人员对武罐项目建设中好的做法的总结和提炼,可为山岭重丘区公路建设管理及施工提供参考和借鉴,也必将为甘肃省公路建设水平的有效提升发挥积极作用。

本论文集的征稿、评审、汇编过程,得到了甘肃省交通运输厅、甘肃长达路业有限责任公司主管领导的悉心指导与大力支持,得到了武罐高速公路的广大建设者和评审委员会专家积极参与,借此对他们的无私奉献和辛勤劳动致以最诚挚的感谢!

本论文集由广大参与武罐高速公路项目建设的管理人员、工程技术人员和科研人员共同编写完成。编委会主要人员有:刘立星、韩建民、康宏伟、李波(兰州交通大学)、陈明廉、李鸿杰、汤国玉、贺晓锦、丁建彪、杜佳宇等。

由于编者水平有限,编写过程中难免有疏漏和不足之处,敬请作者和读者指正。

本书编委会

2013年11月

目　　录

Ⅰ. 管理工程篇

Ⅱ. 监　理　篇

Ⅲ. 桥梁工程篇

Ⅳ. 隧道工程篇

Ⅴ. 路基工程篇

Ⅵ. 路面工程篇

Ⅶ. 防震减灾篇

VII 防震减灾

Ⅰ.管理工程篇

1.武罐高速公路项目特点及管理体会

刘立星　杜佳宇
（甘肃长达路业有限责任公司　兰州　730030）

摘　要:本文从地理位置、地质条件分析武罐高速公路的特点入手,回顾多年以来所采取的一些管理措施,总结了武罐高速公路建设管理的难点和值得今后同等地形条件下公路建设可借鉴的经验。

关键词:公路建设　管理　难点　经验

0　引言

武都至罐子沟高速公路是兰州至海口国家高速公路在甘肃省的重要组成部分,项目地处甘肃省陇南市,线路沿白龙江、洛塘河、大团鱼河等河谷布设,穿越西秦岭麻崖子梁,工程构造物多,沿线地质条件复杂,滑坡、泥石流、崩塌等地质灾害频发,运输条件差,建设难度巨大。面对空前的建设难度,项目从设计环节就开始入手,及早分析研究管理和施工中的重点和难点,在建设期间积极探索加快进度、提升质量、保障安全的措施,取得了显著成果。在项目即将建成时,本文通过总结多年来项目在管理、设计及施工中的措施,总结出山岭重丘区公路建设的管理难点和施工经验,为今后同等地质地形条件下公路建设工作提供参考。

1　项目简介

武都至罐子沟高速公路位于甘肃省陇南市,是兰州至海口国家高速公路大通道在甘肃省境内的重要组成路段,是甘肃省规划的“四纵四横”公路网主骨架中的第二纵,是甘肃省通往四川省、重庆市以及出海通道的南出口公路,也是西北地区与西南地区联系最为便捷的交通要道。

项目由国家发展和改革委员会批准立项。交通运输部批复项目初步设计,批准概算总投资117亿元,全长129.79km,项目总工期为4年。资金来源为交通运输部补助、银行贷款(含利用亚洲开发银行贷款3亿美元)和甘肃省内自筹。

武罐高速公路西接渭源至武都高速公路(即将开工)、临洮至渭源高速公路(在建),经兰临高速公路(建成)连接省城兰州,向北接成县至武都高速公路(在建)、十堰至天水高速公路成县至天水段(在建)接甘肃省东南重镇天水市,向南连接四川广元至甘肃高速公路(建成),连接川北重镇广元市。

项目起点位于陇南市武都区两水镇,沿国道212走廊带(顺白龙江)由北向南布设,经武都城区、东江镇、汉王镇至桔柑镇(大岸庙)后,沿省道206走廊带经福津河、玉皇沟、洛塘河、大团鱼河布设,沿线经过三河镇、玉皇乡、琵琶乡、洛塘镇、枫相乡,终点为文县中庙乡甘川交界处的将军石。

项目全线采用高速公路技术标准设计,设计速度80km/h,路基宽24.5m,供汽车双向四车道行驶,桥涵设计荷载为公路一级,全线桥隧比例为68.84%,设计从起点至麻崖子隧道进口段57km为沥青混凝土路面,其余路段为水泥混凝土路面。主要工程数量包括:路基土石方1671.6万m^3,路基防护及排水127.5万m^3,桥梁42714.429/121座(其中特大桥20885.62m/11座、大桥20260.975m/75座、中桥1525.71m/33座、小桥42.124m/2座),隧道41543.334m/46座(其中特长隧道15564m/3座、长隧道9446.7m/5座,中短隧道16532.634m/38座),互通立交7座,收费站和服务区11处。

2 项目特点

2.1 线长点多,工程量大

项目路线经过陇南南部高山峡谷地带,工程构造物集中,路线全长129.79km,包括桥梁122座,隧道46座,互通立交7处,全线桥隧比例69%,洛塘至余家湾段桥隧比例高达93%,基本达到了逢山打洞、遇水架桥、桥隧相连的程度。

2.2 工程地质条件复杂

项目经过白龙江流域河谷地形和洛塘河峡谷地带,该区域属于滑坡、泥石流、崩塌等地质病害多发区,而这些不良地质病害又恰恰对公路危害最大,严重制约着项目从设计到施工建设的各个阶段。

2.3 工程技术难度大

项目全线有特大桥11座,最长桥梁5.3km,特长隧道3座,最长隧道9km,尤其是洛塘河双层高架桥由于河道弯曲、地形狭窄、坡岸陡峻顺河布设,左右双线上下层并行,该类型桥梁在甘肃省公路建设史上属于首例。西秦岭特长隧道穿越了西秦岭山脉,在甘肃省目前在建及建成的隧道中仅次于宝天高速公路麦积山隧道,施工技术难度非常大。

2.4 施工条件差,建设难度大

(1)项目地处长江流域,年降雨量高达1000mm左右,并且雨季长,特别是洛塘河峡谷地段,地形狭窄,河床比降大,雨季洪水来势迅猛,对公路施工造成很大的危害,历年来的洪水都给施工单位造成了不同程度的损失。

(2)沿线经过的洛塘河路段,施工场地狭小,公路建设需要的大型拌和站、预制厂无法布设,对项目工期造成很大的压力。

(3)项目材料物资的运输主要通过S206线运输,该道路等级低,通行条件差,雨季经常中断,更加增大了项目的建设难度。

(4)项目路线经过地区电力基础设施非常薄弱,当地供电能力仅为总需求用电量的1/3,高峰期施工用电大部分都是通过发电机自行解决,不但增大了施工成本,而且制约了工程进度。

3 项目管理措施

3.1 不断建立健全管理制度

自开工起,项目办就狠抓制度建设,根据项目实际制定了武罐高速公路建设项目《现场管理办法》、《监理管理办法》、《安全管理办法》及《廉政管理办法》,随着项目的推进,后期又制订了《施工质量控制要点及不规范行为处罚办法》和《进度专项考核办法》等管理制度,保障了各项工作有章可循、有规可依。

3.2 明确领导分工和科室职责,做到责任到人

为了抓好项目的管理工作,项目办明确了班子成员分工,并详细分解管理职责到每个科室和人员,通过签订管理目标责任书,做到责任明确,管理有序,年终集中考核,确保落实到位。积极推行了“三挂钩”制度,有力激发和调动了全体人员的工作责任心和工作力度,尤其在质量管理中,严格执行省交通运输厅“领导包线、科长包段、科员包点”的要求,项目办班子成员、科室负责人及科员都有具体的管理任务。

3.3 狠抓参建单位合同履约

项目办严格执行合同管理相关规定,每月对参建单位进行定期或不定期人员履约检查,对存在合同履约能力差、人员设备投入不足、质量安全进度问题严重、整改工作不及时的参建单位,通过致函法人单位、约见法人或报请上级单位约见法人等合同管理措施促进整改,确保合同履约到位。

3.4 积极开展培训教育

针对项目经理部、驻地监理办出现技术力量薄弱、管理经验欠缺的问题和对陇南地质气候条件不了

解的实际情况,项目办坚持以培训促管理,在项目不同建设阶段,有针对性的开展了桥梁、隧道、路面工程的质量、安全管理专题培训。

3.5 坚持定期检查及生产调度的管理方式

项目办各科室根据职责分工加强日常巡查管理,主要领导带队每月进行一次全面检查,项目办每季度进行一次综合检查,并召开调度会统一安排项目生产建设工作,全面掌握项目动态情况,发现和研究解决共性问题,推广好的做法,处罚违规行为,达到鼓励先进、鞭策后进的目的。项目后期,项目办加大了检查考核频率,坚持每月一考核、每月一调度、每月一奖罚的措施。

4 项目中好的做法和管理经验

4.1 导水隧洞很好地解决了山区高速公路弃渣场和梁场的场地问题

武罐高速洛塘至将军石段山大沟深,线路基本在洛塘河和大团鱼河河道内布设,地形地质极为复杂,桥隧比例高达93%,隧道弃渣困难、施工场地狭小。为解决这个难题,项目主线开工前,利用施工通道S206线的建设,在主线14~20标沿线完成了6个导水隧洞的施工,将河水改移到导水隧洞通过,河湾段用于主线隧道弃渣或作为预制场地。该项设计方案,彻底解决了山区高速公路弃渣场和梁场的施工困难问题,为高山峡谷地段公路设计和施工开创了新思路、新理念。

4.2 双层高架桥有效解决了峡谷路段平行布线困难的问题

洛塘河双层高架特大桥位于武都区枫相乡草坪村,处于"V"形河谷中,地形狭窄、坡岸陡峻,左右双幅难以顺河平行展布。为此,项目设计中在该段采用上下线立体布设的方式建设双层高架桥,这在甘肃公路建设史上属首例。在施工阶段,通过技术研究和科研攻关,解决了高地震烈度条件下框架式结构的抗震安全难题、解决了大直径桩基施工、大吨位盖梁施工、双层桥吊装、配筋率过高影响混凝土振捣等问题。通过该大桥的设计和施工,为高山峡谷路段公路设计和特型桥梁施工管理积累了一定经验。

4.3 水泥混凝土路面滑模摊铺标准化施工工艺

武罐高速从西秦岭特长隧道武都端至终点将军石段设计为水泥混凝土路面,这是甘肃省在高速公路中首次采用大段落水泥混凝土路面。针对省内相关施工技术经验普遍欠缺的实际,为及早掌握成熟的施工技术,确保水泥混凝土路面工程质量,项目办在组织各方技术管理人员实地考察学习广西水泥混凝土路面施工技术经验的基础上,邀请国内混凝土路面专家进行技术培训和研究论证,并进行了试验段铺筑,总结出了长大隧道、钢钎维水泥混凝土桥面施工准备、原材料控制,混凝土拌和运输、卸料、布料,拉杆、传力杆安装,摊铺、养生、切缝、灌缝、刻槽等一系列关键技术,并在全线推广,后期还邀请国内水泥混凝土路面首席专家现场指导答疑解惑,为甘肃省在高速公路水泥混凝土路面施工中大规模采用滑模摊铺施工技术积累了宝贵的经验。

4.4 隧道内大规模预制箱梁施工工法

武罐高速路线经过地区多为山岭重丘区,受地形限制,箱梁预制场布设困难,特别是武罐8标在本合同段范围内根本无法建设预制场。项目办组织施工单位经过多次研究、论证、甄选,最后确定在与大桥相连的隧道内预制40m箱梁的施工方案。项目部根据梁体重量和隧道洞径,专门定制了隧道内箱梁预制龙门吊,并研究了详细的施工方法,首次在隧道内大规模预制箱梁。通过施工工法的总结,武罐16、18标也采用这种施工方法,有效加快了施工进度,缓解了梁场规模小、产量少对预制进度的制约,也为保证项目如期建成发挥了重大作用。

4.5 高墩桥梁大吨位梁板跨墩吊梁技术

武罐7标大岸庙特大桥属高墩大跨桥梁,设计为40m箱梁,空心薄壁墩平均墩高39.83m。受地形制约,该大桥预制梁场只能布设在桥墩侧方,由此产生了普通吊装设备无法将箱梁吊运到桥面运梁车的施工难题。经过分析研究,确定了采用50m高的跨墩式门吊吊装技术,在甘肃省高速公路建设中属于第一高度的跨墩龙门吊。施工中,由运梁车先将箱梁运输到跨墩门吊内,通过跨墩门吊将箱梁提升到盖梁以上并装运到桥面运梁车上，然后运送到架桥机架设。该吊装技术的成功运用，有效解决了无路基梁场条件下高墩桥梁的预制吊装难题。武罐16标在洛塘河双层高架桥施工中，也成功运用了该吊装技术。

4.6　隧道进出口仰坡控制是保证进洞安全的关键

武罐项目沿线山体表面普遍比较破碎，开工之初，个别施工单位对当地地质条件认识不够，按照常规施工方案进行掘进，导致山体滑塌，严重影响施工安全和进度。为此，项目办统一要求各隧道施工前，首先现场踏勘洞门周边山体情况，核实设计与实际地质情况的差别，及时调整进洞桩号，坚持按照“先加固、后掘进，先支护、后开挖”的施工方案进行操作。此项措施采取后，其他隧道进洞施工再未出现山体滑塌的现象，对保证隧道施工安全起到了至关重要的作用，也为陇南地区隧道掘进仰坡加固提出了新思路和新措施。

4.7　新设备新工艺对质量控制发挥了积极作用

项目建设以来，武罐项目各单位先后引进了数控钢筋弯曲中心、台背液压补强机、洗石机、喷淋养生、蒸汽养生等新设备和新工艺，对控制工程质量起到了重要作用。武罐15标引进的数控钢筋弯曲中心是一种钢筋加工数控机床，它的采用大大节省了劳动力投入，且能避免手工操作失误，实现了标准化作业；武罐15标率先引进的台背液压补强机，为提升“三背回填”质量发挥了积极作用；洗石机是一种降低砂石材料含泥量的新型机械，能从原材料环节保证混凝土的强度；武罐项目在所有梁板预制全面推行喷淋养生，在很大程度上消除了人工养生的随意性，有效保证了梁板的养生质量；武罐8标率先使用蒸汽养生法养生，较传统的洒水养生更加节水，养生质量也得到保障，尤其在冬季施工中还能起到保温作用，效果非常明显。

4.8　控制性工程进度管理尤为重要

武罐项目的11座特大桥和3座特长隧道都是控制性工程，尤其是全长9km的西秦岭特长隧道、全长5.3km的武都高架特大桥和洛塘河双层高架特大桥是项目的重点控制性工程。在西秦岭隧道开工一年后，项目办根据实际情况，将完成的通风斜井开辟为新的出渣通道，在主洞新增了两个工作面，随后又根据总体进展情况，将两个施工标段的工作量进行切割，确保了隧道早日双线贯通；武都高架特大桥是甘肃省最长公路桥梁，其顺河布线，梁场布设困难、规模受限，加之受陇南市地方规划调整导致的线形调整制约，工期难以保障，项目办根据实际情况调整了两个标段工作量，保证大桥按期双线合龙。

4.9　抓好安全管理是各项工作的基础

武罐项目沿线特殊的地质、地理条件和桥隧众多的特点决定了武罐项目建设安全风险极高。武罐项目自开工以来，我们就按“抓主、抓重”的原则开展安全管理，在建设初期主要抓隧道施工掘进、火工品管理，桥梁河道桩基施工，S206线施工通道保通养护，地质灾害预防、人员驻地安全等管理，后期主要抓高空作业、吊装等特种设备检验、建成路段通行管控等管理，做到了有目标、有重点的管理。针对隧道施工风险高的特点，2010年11月，武罐项目办承办了全省高速公路隧道施工应急演练及观摩活动，全省各项目建设管理单位和项目办均到场观摩。根据交通运输部和省厅精神，项目深入开展“平安工地”创建活动，武罐项目和武罐22标分别被交通运输部评为全国平安工地创建“示范项目”和“示范合同段”。武罐项目在长大隧道施工中均采用远程视频实时监控，及时消除了一些事故苗头和安全隐患，有效预防了事故的发生。在高空作业中，在全省率先引入、推广了香蕉式安全爬梯，基本消除了公路建设中长期存在的吊车吊人的“顽疾”，有力保障了施工作业人员的安全。在安全培训教育中，定期结合建设特点召开安全培训会、现场观摩会，发挥典型示范带头作用，通过编印图文并茂的安全知识小手册，方便参建人员业余时间自行学习，努力构建全员、全时学习的安全文化。

4.10　质量创优活动和科研项目促进了质量管理工作

从2011年起，武罐项目在全线组织开展了“工程质量创优活动”，将全线的控制性工程都作为创优工程进行管理，成立了组织机构，开展了质量控制和劳动竞赛活动，确保控制性工程管理到位、工程优良。针对项目特点，我们开展了“复杂地质隧道施工安全”、“典型滑坡对隧道危害机理及防治技术研究”、“高墩抗震能力评估及防震减灾措施研究”、“沿线地质岩性、建筑用砂石材料及料场调查研究”、“山岭隧道防排水技术研究”、“抗震优化设计及灾害防治技术研究”、“隧道混凝土路面抗滑性能及降噪技术研究”、“洛塘河双层高架特大桥高等级护栏结构研究”等科研课题，为项目提供了强有力的技术支撑。

2.武罐高速公路建设项目安全生产管理的全过程控制

康宏伟　汤国玉　张晓鹏
(甘肃长达路业有限责任公司　兰州　730030)

摘　要:本文以武罐高速公路建设项目为背景,总结了项目建设初期、中前期、中后期过程中项目办内部、项目办外部和对项目经理部和驻地监理办的内部管理。

关键词:公路建设　特点　分析

0　引言

兰海高速公路(甘肃)武都至(四川)罐子沟段是目前甘肃省施工难度最大的高速公路建设项目,施工沿线存在着交通困难、灾害性气象和地质灾害频发、施工场地异常狭小以及生产电力供应严重短缺等不利因素。因此,加强安全生产基础建设,遏制重特大生产事故发生,是开展大型项目生产建设和实施安全发展战略的具体化要求。作为监管方和被监管方的建设单位和施工单位,这两个对立而统一的双方,在安全生产管理过程中相互依存又相互排斥,两者在生产建设中始终贯穿着矛盾统一规律,建设单位应认识和解决不同生产环节中安全管理工作的主要矛盾,通过各自发展中的推动作用,互相依赖,互相贯通,化解危险因素,共同推动安全生产建设由量变转为质变。

自2009年项目全面开工建设以来,武罐项目办坚持以科学发展观为指导,在甘肃省交通运输厅、长达公司和各合同单位的共同努力下,全线安全生产状况保持了总体稳定,持续可控的发展态势。现就武罐项目在安全生产全过程控制中的主要做法和经验做简要阐述。

1　项目初期准备

1.1　项目办内部管理

(1)根据面临的施工不利环境,项目办管理团队结合实际,大力实施安全发展战略,完善思路,制订了武罐项目的安全生产管理目标:即减少和控制危害,减少和控制事故;尽量避免生产过程中由于事故造成的人身伤害、财产损失、环境污染等以及其他损失。

(2)在此目标基础上,项目办明确了7条管理原则:

①安全第一原则:当生产和其他工作与安全发生矛盾时,要以安全为主,生产和其他工作要服从于安全,安全工作要放在一切工作的首要位置。

②本质安全化原则:从项目开始便从本质上努力实现安全化,从根本上消除事故发生的可能性。

③封闭原则:现场管理目标要求和整改效果必须闭合。

④行为原则:安全生产管理工作重点是防范和整治“三违”行为。

⑤3E原则:即坚持采取工程技术措施消除现场隐患(Engineering),坚持教育培训以增强作业人员安全意识和技能(Education)和坚决依法管理(Enforcement)。

⑥三同时原则:建设项目的安全设施必须与主体工程同时设计、同时施工、同时投入使用。安全设施投资应当纳入建设项目安全专项经费。

⑦强制监督原则:严格落实各项安全生产法律法规,从严从重打非治违。

(3)项目办根据国家有关安全生产法律法规,结合项目办安全管理目标和原则制订了《武罐项目安全生产管理办法》,内容主要由安全规章制度、安全组织体系、安全技术措施编制制度、安全经费投入、特种设备检验检测、安全教育培训制度、安全会议制度、重大危险源建档制度、劳保用品发放制度、应急管理制度、事故报告制度和处罚条款共12个类目组成,用以规范和约束各合同单位安全生产经营行为,并依照此办法对全线安全生产活动进行监督。

(4)成立项目办主任为组长、分管领导任副组长,各科室负责人分工协作的安全生产管理领导小组。

(5)项目办全体签订安全生产目标责任书。

1.2 项目办外部管理

(1)安全生产责任:在施工单位陆续进场期间,项目办依照施工合同,与各合同单位项目经理、驻地高监签订年度安全生产目标责任书,进一步明确界定安全责任,强化安全意识,重申安全承诺和行为规范。

(2)安全评价:项目办以正式文件要求各单位立即组织专业技术人对本合同段存在较大危险性的分部分项工程开展安全评价工作,对评价对象发生事故的可能性以及严重程度进行定性、定量评价。汇总后的危险源评估报告责成监理单位会审。对于全线控制性工程,施工难度较大的分部分项工程,项目办邀请专家实地勘察,对系统的危险性和危害性再次进行定性、定量分析,确定系统的危险、有害因素及其危险危害程度;并针对主要危险、有害因素及其可能发生的危险、危害后果提出消除、预防和降低的对策措施;评价采取措施后的系统是否能满足规定的安全要求,从而得出应如何管理才能达到安全要求的结论。此项工作贯穿整个项目周期。

(3)安全投入:严格督促和审核初期安全经费投入的方向和措施,明确具体使用范围,管理监督程序,重点向驻地及施工场地设施安全、隧道进洞施工、桥梁桩基开挖、劳动者安全教育培训倾斜。

(4)安全例会:项目办定期召集各生产经营单位举行安全分析会议,定期学习安全制度,定期举办安全活动,定期进行安全检查评比。此项工作也将贯穿整个项目周期。

1.3 对项目经理部和驻地监理办的内部管理

(1)层层签订内部安全生产目标责任书,增强各级主要负责人对安全生产的责任感,加强自主管理,并落实责任追究制度。

(2)设置安全生产管理机构并足额配备胜任岗位业务要求的专制安全生产管理人员。

(3)建立健全安全生产管理制度,其核心是辨识和控制危险有害因素,提高规章制度建设的目的性和针对性,保障安全生产。

(4)编制安全技术措施,改善生产经营条件,有效防止事故和职业病发生。

(5)提取和使用专项安全经费以改善安全设施,加强安全教育培训,费用提取和使用情况接受项目办监督审核。

2 项目中前期过程管理

在此期间,武罐全线土建单位全面进入生产建设中,主要表现在施工及管理人员齐备,整体素质较高,建设资金充足,施工进度虽然因为种种不利因素影响,但生产热情高涨,安全生产警惕性较强,安全投入,场容场貌基本符合生产要求。主要构造物及控制性工程建设尚在初建阶段,重大危险源数量尚在缓慢增加过程中。因此,这一阶段的安全管理工作将为整个项目建设周期的安全发展态势起到决定性作用,必须从严从细从实际出发,尊重科学,及早预见,要对生产体系中的人员、机械、物料、环境、管理机制中尚处在萌芽阶段的安全隐患和违章行为坚决治理,在必要时,要出重拳打非治违,及早纠正错误管理思想和生产习惯。

(1)全面实施安全生产标准化建设,在整个项目建设周期坚持遵循“安全第一,预防为主,综合治理”的方针,以隐患排查治理为基础,提高安全生产水平,减少事故发生,保障人身安全健康要以“策划、实施、检查、改进”的动态循环模式,建立并保持安全生产标准化系统,通过自我检查、自我纠正和自我完善,建立安全绩效持续改进的安全生产长效机制。

(2)开展全线范围的安全教育培训活动,提高参建人员的安全观念和技能。自开工以来以来,项目办针对项目建设实际,在督促检查各参建单位履行三级安全教育职责的同时,已举办了近三十场全线安全生产教育培训会,内容包含了安全法律普及、架桥机安全作业、爆破安全、特种设备安全、地质灾害预防、临时用电、消防安全、职业病预防、施工环保以及典型事故案例分析。这些培训,面向三大负责人,专职安全员,施工班组长,对一些重点科目,多次邀请业内专家或特种设备生产厂家前来再次培训,有效地增强了各单位施工技术人员的安全防范意识和技能,同时,通过培训,以点带面,各参建单位也积极组织各类安全培训教育,开展各类安全生产主体月活动,将安全生产的各项规章制度、技术标准、操作规程等安全知识进行了普及和推广,有效地提高了施工一线作业人员的安全意识和自我保护能力。

(3)组织施工单位开展具有针对性,有现实意义的安全应急救援演练。武罐项目先后举行了白龙江防汛救援、小石村隧道坍塌救援,大岸庙特大桥防高处坠落防起重设备坍塌、洛塘河山洪泥石流紧急疏散救援等大型示范演练,进而完善应急预案,提高应急预案的实用性和可操作性。并通过演练,普及应急知识,提高公众风险防范意识和自救互救应对能力。同时,也锻炼了队伍,增强了演练组织单位、参与单位和人员等对应急预案的熟悉程度,提高了应急处置能力。2010 年 8 月,陇南成县突发强降雨天气,部分河堤桥梁毁坏、民房被淹、道路、通信中断,洪涝造成数十人遇难或失踪。灾情发生后,项目办立即启动应急预案,调动第 7、8、16、21 项目经理部救援队和 21 台工程机械车辆,火速奔赴成县灾区展开抗洪救灾、抢险保通任务。经过 14 个小时的奋战,成功打通了国道 316 线江天路,为舟曲特大泥石流灾害和成县洪灾的抢险救灾提供了强有力的支援。

(4)加大安全设施技术含量,合理投入安全专项经费。武罐项目办在全线隧道工程中设置液晶显示屏和建立“监控视频”电子千里眼、电子芯片安全帽等科技手段,切实增强隧道内安全生产预控能力,密切监督一线施工人员规范操作,提高安全生产管理主动性和安全生产应急救援水平;同时,为防止发生高空坠落事故,全线所有特大桥,特高桥均安置了交叉式安全爬梯,大大降低了施工作业安全风险,杜绝了恶性事故隐患的发生。此外,针对各施工单位施工进度,及时审核安全专项费用,跟进安全需求。

(5)落实防汛抗洪工作措施,提高应急响应能力。武罐项目所在地区属于山洪泥石流多发地带,自开工以来,每年夏秋两季的安全生产管理工作重心之一便是防汛抗洪,项目办及早制定预案,经常演练和修订预案,落实应急物资和抢险队员,此外,加大对各河流沿线施工单位督促,积极开展河床清理,堤岸加固,确保汛期河道行洪安全,在强降雨等极端天气来临前,安全科加强同沿流域各施工单位实时气象水文通报,密切监测水情,应急救援队伍随时处于待命状态,直至气象预警解除。以上措施,保障了项目安全度汛工作,开工至今,陇南地区已发生多次强降雨和泥石流灾害,但通过超前应对和积极治理,全线施工人员无一人因灾伤亡。

(6)开展隧道桥梁等施工重点部位的专项安全隐患排查与治理工作。

①隧道施工方面,利用隧道超前预报等技术手段,严格执行“弱爆破”、“短进尺”、“强支护”等隧道安全防范措施,严格控制隧道超欠挖,将掌子面、初支、二衬之间的距离控制在安全距离范围内;同时严格危爆物品的管控措施,火工品运输全部配备专用防爆车辆,监理全程旁站监督;特长隧道全部设置电子视频监控,隧道出入严格执行登记制度,在隧道洞口设置拦车器,将隧道洞口值班制度落实到位;为改善劳动环境,督促隧道施工单位在隧道掌子面设置隧道降尘设备和喷雾台架,以改善隧道内空气质量,保障施工人员健康。

②桥梁施工方面,明确要求各单位必须设置交叉式安全爬梯;同时,在桥面边缘、湿接缝、铰缝等临边部位,全部设置防护栏、防护网、竹胶板或钢板等进行安全防护,桥梁下方与道路交叉部位设置安全通道、增设的警示标牌,确保桥梁施工中人员和设备的安全。

③为了解决土建施工中临时用电安全的通病,项目办组织开展全线安全用电教育培训,邀请供配电专家以课堂讲解和现场示范相结合的培训方式,强化了“三相五线配电制、三级用电,两级保护、一机一闸一漏保”等安全措施,切实规范安全用电,避免触电伤害事故的发生。

④在各合同段做好隧道、桥梁等专项排查和周、月巡检的基础上，项目办每月组织各参建单位深入开展隐患排查治理，保障了项目建设的顺利实施。项目办围绕整治重点，先后进行了多次专项检查，督促各施工单位对重大危险源进行了分类辨识，建立了管理台账，做到动态控制，并结合省厅安全检查中发现的问题，狠抓整改措施的落实，认真落实了“两项达标”、“四项严禁”和“五项制度”。

(7)加强特种设备的安全管理

项目办根据《特种设备安全监察条例》，对施工单位的特种设备严格监督，所有特种设备必须在投入使用前由当地质检部门监测合格，必须按期监测，检测合格证必须张贴悬挂在特种设备醒目位置，接受社会监督；同时，严格管理特种作业人员，持证上岗、规范操作，确保特种设备的使用安全。

(8)以创建活动为契机 扎实推进平安工地建设。为认真做好交通运输部开展为期两年的“平安工地”创建活动，项目办成立创建“平安工地”领导小组，制订《武罐项目创建平安工地实施方案》，召开动员专题会议，各参建单位也根据自身建设实际成立了相应机构，制定了“平安工地实施方案”。项目办以多种形式的宣传手段和组织活动，先后通过举办各类“平安工地”观摩会、大力宣传和推动“平安工地”活动的重要意义和建设要求，按照“平安工地”达标标准逐条逐项验收，大力加强项目办、驻地办、施工单位三位一体的监管体系，层层落实安全生产责任，加强安全隐患排查，对不符合要求的单位及时停工整改，努力实现安全培训教育经常化、安全防护标准化、场容场貌规范化的目标，通过平安工地创建、开展、考核、达标等活动的开展，分阶段、分步骤对平安工地创建、总结、达标等建设活动进行落实。2011 年 6 月武罐项目被交通运输部评为“平安工地示范项目”，同时武罐第 3、5、8、14、21、22、路面第 1 合同段被省厅评为“平安工地示范合同段”，其中第二十二合同段被省厅推荐为交通部“平安工地示范合同段”。

(9)严格现场管理和人员管理。对施工现场违章及隐患情形按照“一限期、二处罚、三停工、四清场”的原则，加大安全生产监管力度，狠抓施工现场违法违规行为；在初期建设阶段，对进场专职安全管理人员进行摸底考核，对于业务素养不能胜任岗位要求的，一律责令施工及监理单位撤换，并给予处罚。

3 项目中后期过程管理

3.1 项目大部分主体工程即将完成，交通工程、房建工程施工单位进场后，项目建设呈现以下新情况

(1)土建单位普遍存在人员内部组织协调能力减弱，管理水平降低，出现麻痹思想，疲惫心态，个别单位因成本控制等原因出现资金紧张，安全投入不及时等现象，此外，还存在着个别土建单位在环保水保工作上欠账较多，整改乏力的问题。

(2)新进场的路面、房建、机电、交安、绿化工程等单位与土建单位之间存在频繁交叉作业，新进场单位施工管理人员与现场施工环境需要一段时间的熟悉与磨合。

(3)外部干扰因素逐渐增多。

(4)重大危险源数量逐步减少但一般隐患数量显著增加。

(5)尽管在此阶段，特长隧道、特大桥已接近施工后期，重特大事故发生概率明显降低，各控制性工程的生产建设已不易受到恶劣天气的负面影响，防汛工作压力也明显减轻，但这一阶段是整个项目建设周期中合同单位数量最多(由最初的 30 余家骤增至 80 家单位)，生产环节最复杂，也是不可知、不可控因素最多的时期，项目建设的安全管理要从之前的封闭式管理转变为开放式管理模式，在此期间，施工全过程的安全、质量、进度、环保等管理目标也是接受再次考验的时期。因此，大型基建项目不仅要努力开好头，更要善始善终，全力收好尾。

3.2 项目办管控措施

(1)以人为本，开展安全文化建设。《论语 · 为政第二》中曾说到：“道之以政，齐之以刑，民免而无耻。道之以德，齐之以礼，有耻且格”，套用安全生产管理的人本原理来理解，就是“仅仅用严厉处罚手段来整顿违章行为，肇事者就只求免于处罚，而不会有廉耻之心；用道德感化手段来治理和整顿安全生产秩序，违章者不但有廉耻之心，而且还会自律”。因此，利用文化的导向、凝聚、辐射和同化等功能，引导全体

劳动者采用科学的方法从事安全生产活动。一方面形成有效的规章制度的约束,引导劳动者遵守安全规章制度,另一方面,通过道德规范的约束,创造一种团结友爱,互相信任,工作中互相提醒、相互发现不安全因素,共同保障安全的和睦气氛,形成凝聚力和信任力。因此,在劳动密集型建设领域,仅仅依靠严厉的处罚制度来约束三违行为是不够的,要通过创造一种良好的安全人文氛围和协调的人机环境,对人的观念、意识、态度、行为等形成从无形到有形的影响,从而对人的不安全行为产生控制作用,以达到减少人为事故的效果。武罐项目在安全文化建设中做了一些有益的尝试,在各主要工区张贴全体生产班组人员微笑合影,张贴家人幸福合影,征集“我的武罐我的平安”为主题的安全征文,向全线散发图文并茂的安全生产口袋丛书,全面统一施工着装,统一制定安全警示标志以及安全标语,开展全线范围的安全普法教育,事故案例分析,积极倡导安全文化理念,并努力围绕“安全 - 健康 - 文明 - 环保”这个思路,引导全体劳动者的安全态度和安全行为。通过这些辐射和同化作用,使新进场的施工单位接受这种文化,并继续保持和传播,使项目安全文化建设取得了较好的成效。

(2)加强对土建单位施工中后期的跟踪监控,确保重大危险源顺利销号。继续落实现场专职安全员现场旁站制度,完善安全爬梯和临边安全防护措施,落实安全隐患曝光制度,督促安全用电规范化,强力督查处理起重设备检验检测环节,评估和改进“高空坠落”应急救援预案,加强对恶劣天气预报预警,及早预防和减少地质灾害破坏。并坚持定期检查和突然检查的形式排查治理隐患和违章,并加强整改闭合监督。

(3)加大全线高速公路施工标准化建设力度,做到施工现场安全防护标准化、场容场貌规范化、安全管理程序化,建平安工程。特别是要求新进场单位尽快学习和掌握《武罐项目安全生产管理办法》,并针对施工实际,健全安全管理机构,安全人员足额配备,并加强各单位之间联动机制,共同协调解决在交叉作业中出现的安全问题。

(4)积极寻求当地政府部门协助,双管齐下,最大限度地降低外界干扰。武罐项目自路基具备通行条件以来,大量社会车辆和人员擅自进入施工路段,对行车安全和施工安全构成了诸多隐患。为此,项目办对全部参建单位实行了严格的交通管制,组织各单位排查和封堵了大量临时路口,聘请当地保安公司对武罐路产路权实行24小时不间断巡逻保护,对擅自破拆围栏,闯入路段的社会车辆和附近居民进行说服和劝阻工作,仅留部分出入口安装伸缩电动门,实行通行证放行制度。同时,寻求当地公安交警部门和交通运输管理部门联合下发了禁止无关车辆进入武罐项目施工路段的政府通告。

(5)强化车辆行驶管理,严格限制施工路段所有车辆行驶速度,加强临时标志标牌设置,提高施工路段内交通小环境的行车安全系数。

(6)继续加强安全生产管理,提高现场巡检频率,加大隐患排查治理力度,坚决遏制重特大事故发生。

(7)继续监督各合同单位全面落实安全生产目标责任制,共同和施工单位克服在长期管理过程中逐渐产生的麻痹、侥幸乃至疲劳心理。

(8)明确环保工作一票否决制,监督所有进场单位必须毫无保留地履行施工合同中有关环保工作目标的承诺,秉承“最低程度的破坏,最大限度的恢复”的原则,保质保量完成环保任务。

4 存在的问题和不足

武罐项目涵盖了目前高速公路在复杂地质条件和生产环境中的几乎所有情况,作为省内首个设置安全管理科的建设项目,在武罐项目安全管理中摸索和总结的不足,具有一定的参考价值:

(1)应更积极主动地引入先进安全生产设施,更好地为安全生产工作服务。

(2)安全生产教育培训工作的督促检查工作要进一步落实到基层劳动者当中,安全技术交底工作不能流于片面,要切实提高基层劳动者素质,增强他们的自我保护意识和技能。

(3)安全内业资料应当为安全生产统计分析工作量身制定。要通过信息化技术,切实建立有机的,动态的，真正能为安全管理决策提供参考的数据库系统。安全生产内业资料的内容和形式要优化，避免繁文缛节，要以扼要的，量化的，定性的叙述代替大篇幅空洞内容的填充。

(4)安全生产专项经费需要从粗放型投入转为精细化部署。

(5)生产经营单位的专职安全生产管理人员业务能力亟须加强，通过一个项目，要培养一批既懂生产又懂安全的专业技术人才。只有通过各合同单位的一线管理人员，才能最大限度地确保现场安全管控目标的实现。

(6)职业危害预防和环境保护工作要引起足够的重视。

(7)安全应急预案和救援演练要贴近实战，切实在演练中发现问题，弥补缺陷，力戒形式主义，要充分预想到可能发生的最坏情形，要充分估计到事态的复杂性，根据最坏的情形制定最有实现价值的预案。同时，应急救援队伍的人员和机械编成要固定。

(8)培育安全文化氛围是一个长期而缓释的过程，但也是长效而必须的阶段。

5 结语

目前，武罐高速已经建成，各项安全措施取得了预期效果，安全目标已经实现，取得了零伤亡，杜绝了责任事故。

参考文献

[1] 中华人民共和国行业标准. JTJ042—1994 公路隧道施工技术规范[S]. 北京：人民交通出版社，1994.
[2] 朱勇全，宋玉香. 隧道工程[M]. 北京：中国铁道出版社，2005.

3.浅谈如何实现高速公路建设项目的本质安全

汤国玉
（甘肃长达路业有限责任公司　兰州　730030）

摘　要:“本质安全”是安全管理上的高层次文化理念。塑造高速公路建设项目本质安全,是项目各参建方最大的福利和效益。实现高速公路建设项目“零伤亡”的安全目标,是项目安全生产管理工作的根本任务和要求。高速公路建设工程由于其具有工期短、工种多、施工工序复杂、人员流动性大、地质环境复杂、桥隧比例大、立体交叉作业多等特点,在进行施工的过程中有着很大的安全风险,如果不能做好施工的安全管理工作就很容易出现安全问题。本文从“本质安全”的角度来研究如何实施高速公路安全管理,并结合自身的安全生产管理经验,浅谈如何实现高速公路建设项目的本质安全。

关键词:本质安全　高速公路　安全生产　管理

本质安全管理体系是一套以危险源辨识为基础,以风险预控为核心,以管理员工不安全行为为重点,以切断事故发生的因果链为手段,经过多周期的不断循环建设,通过闭环管理,逐渐完善提高的全面、系统、可持续改进的现代安全管理体系。实现本质安全管理的第一要务是安全投入到位,核心是以人为本,关键环节是日常安全检查要到位,根本途径和任务是及时整改和消除安全隐患。以下结合高速公路安全生产管理工作经验,浅谈如何实现高速公路建设项目的“本质安全”。

(1)真实、真正地建立健全安全生产管理机构,形成自上而下、责任全覆盖、现场全监控的安全生产工作格局。

人是本质安全的核心,安全管理人员不到位,一切都无从谈起。

真正、真实地做到建设、监理、施工、作业班组四位一体专职安全管理机构健全,内部人员分工明确。主要为业主(项目办)设置专职安全管理科,驻地设立专职安全监理工程师,施工单位设置专职安全管理部、专职安全管理项目副经理(安全总监)和施工现场专职安全员,按照交通运输部要求“少于5000万元投资不少于一名,投资大于5000万元按照基数递增”的强制性规定配足持证上岗、懂安全、会管安全的现场“安全卫士”;在施工现场设置安全责任公示牌、专职安全员公示牌;实施安全责任卡制度,明确责任施工区域,并层层签订安全合同、阶段安全生产目标管理责任书,切实形成责任全覆盖、现场全监控的安全生产工作格局。

(2)有效、科学地投入和落实机(物)、料等资源,建立健全安全管理体系、安全生产技术措施,真正做到人员无失误、设备无故障、系统无缺陷、管理无漏洞。

高速公路建设的工期保证及提高生产力所依靠的主要就是机械设备。如果机械存在安全隐患没有及时地被发现,也会造成人力财力的损失,特别是对特种设备的安全运行,更是十分关键。只有创新安全技术、更新装备、强制性进行安全检验和日常保养及检修才是工程建设提升本质化安全的重要手段,从某种意义上讲,有什么样的装备手段就有什么样的安全状况,这是我们在长期安全生产中得出的共识。

要适时调整施工现场布局,尽力实施流水作业,推行先进的集约化施工方式,对施工系统和施工区域实施空间和时间管制和调度,减少重大立体交叉作业,依靠科学的管理手段,大力使用先进安全的施工机具,尽量减少手动和人力工具的使用,确保安全系数增大。

如某一施工单位在建设高墩桥梁时,一是使用了“高处作业防坠器”(高处攀登安全自锁器),很好地体现了本质化安全意识,该“高处作业防坠器”如同汽车的安全带,慢慢拉出,活动自如,一旦速度超出限制速度时,自锁器马上动作,将坠落人员拉住,使之不能继续下落,保证了高处作业失误人员的生命安全;

二是使用了具有相当于步行楼梯安全舒适程度的安全爬梯，使高空作业人员上下安全通行切实落到了实处；三是桥面系施工高空临边安全防护网，采取焊接钢筋，拉设安全网，架设钢丝网，用紧线器将围栏钢索进行张拉紧固，并短距离用红白相间反光效果好的钢管立柱固定等工艺措施，这些措施有效预防了高空作业人员发生坠落安全事故的安全风险。

另外，各生产所需材料物资，要做到本质安全，没有质量缺陷，不会因为人的不安全行为、机（物）的不安全状态而发生事故。

要建立健全科学的规章制度、管理体系，并规范运作，实现安全管理闭环运行，做到管理体系的本质安全。高速公路建设中危险源数量多，级别高，且危险源销号周期长，做到安全管理体系的本质安全必须按照以安全制度建立和安全责任制落实、危险性较大工程专项方案审查和执行、劳动用工登记和岗前安全培训教育、隐患排查治理、施工场地总体布设和施工作业安全防护达标、安全专项费用是否投入到位为安全管理的重点工作。

如某一施工单位总结出“安全的核心在技术，关键在班组”的安全生产管理理念，在新理念的指导下，在作业风险大的桥梁架设、高空作业等施工现场分别建立了作业班组班前讲评台，推行“班前十分钟、班中有检查、班后有讲评”的班组安全管理制度，把开好班前教育会作为现场安全管理的第一道防线。另外项目部还建立了每周安全“曝光台”制度，将一周内工地上出现的安全隐患以幻灯片形式进行曝光，对现场存在的安全隐患进行分析和治理，杜绝再次出现类似问题，达到以点向面的发展。大力推行了高风险工序安全管理监控要素示范卡片，在施工现场建立了“安全卫士”公示牌，公示牌中明确了其负责的施工区域、电话、上岗证号码，接受社会监督，对危险性较大的分部分项工程认真编制了专项安全施工方案报批后再实施，特别对隧道竖井、斜井等施工安全风险极大的专项安全施工方案邀请专家认真开展了施工安全风险评估，按照评估结果进一步完善安全措施，有效地消除了施工中的不安全因素。

为了切实提升项目所有参建人员安全生产意识和水平，业主（项目办）针对施工建设的危险源特点，每月定期组织举办各类有针对性的安全培训教育，内容包括高空作业、架桥机操作安全、特种设备使用、临时用电安全、危爆物品管理、重大危险源辨识、山区预防地质灾害和路基安全施工等科目，在加强安全培训教育的同时，业主（项目办）还印发了《专职安全员常用知识小手册》，分发给各参建单位专职安全员，提高施工现场专职安全管理人员的业务水平；除集中进行安全培训教育外，业主（项目办）将课堂也设置在工地现场，先后邀请施工企业的安全管理专家在工地一线开展隐患排查和技术指导，指出容易忽视的隐患，提出整改方案。各项目经理部建立了劳务人员信息登记档案，并进行了上岗前的体检，按照每旬定期安全培训教育、日常作业班组“三班安全培训教育”相结合的安全培训教育制度实施，部分单位在施工现场利用液晶显示屏滚动宣传各类安全培训教育知识，合理利用晚间下班时间送安全生产知识到班组，通过各种形式的安全培训教育，切实将安全生产的各项规章制度、技术标准、操作规程等安全知识进行了普及和推广，有效地提高了施工一线作业人员的安全意识和自我保护能力。

隐患排查是实现高速公路建设项目本质安全的根本途径和任务，必须做到排查不留死角，整改不留缝隙，预防不留余地，投入宁多勿省。如建立业主（项目办）每月定期检查与不定期检查，驻地办每旬定期检查与不定期检查，项目部日常安全检查，作业班组每天班中检查的四位一体的安全隐患排查制度，对检查出的隐患及时整改和消除。实践证明，以上排查制度的实施对消除隐患，做到“预防为主”，行之有效。

安全专项投入是做到项目建设本质安全的第一要务，业主（项目办）出台了安全专项费用计量支付实施办法，明确了计量范围，并明确在各施工中的重大危险源销号后费用才能计量完毕。业主（项目办）建立了和工程同样的“计量支付”制度，按照“施工上报，驻地办核实，业主（项目办）把关”的程序向施工方支付，切实做到把专项费用真正用在了安全生产上。

实践证明，通过以上制度的落实，切实做到了作业人员安全防护“三保”形成习惯，立体交叉施工安全通道规范，高空作业人员上下安全舒适，隧道施工早衬砌、早成环，强支护，弱爆破，短开挖等安全技术措施落到了实处，特种作业“三违”现象杜绝，火工品库做到了人防、犬防及摄像监控，做到了管理无漏洞，应急管理中对各类型专项、综合预案实地多次进行了演练，同时利用手机短信等方式及时发布预警信号，应急物资储备完善齐全，应急队伍训练有素，切实做到了“三预”管理，临时用电通过电器专家课堂和实地授课，切实做到了三相五线制，一机一闸一漏。

(3)各参建施工企业安全文化建设是实现本质安全的灵魂，必须常抓不懈。

安全文化建设是创建本质安全项目的有效载体和抓手，也是确保创建工作有效开展的根本前提。先进科学的安全文化对创建工作具有导向作用、规范作用、预防作用、戒后作用和稳定作用，必须把安全文化建设纳入到创建工作中进行统筹规划，摆上重要位置来抓。通过导入先进安全理念、以有效培训提升职工安全素质、加强安全行为监督检查、定期进行安全文化评估、开展安全文化理论研究等综合措施，努力营造“珍爱人的生命、保护人的身心健康、实现人的价值”的文化氛围，通过文化渗透来提高职工的安全价值观和规范职工的安全行为。如一企业提出“我要安全，行胜于言”的理念，并定期举行了全员安全文化论坛，安全知识竞答，安全宣誓等活动，有效地促进了事故预防，规范行为，加强基层和班组基础工作的主动性，并形成了长效机制。

(4)推进科技兴安，充分发挥科技在安全生产中的支撑作用。

要建设本质安全型建设项目就要重视技术创新、科技进步，使系统达到和实现高安全性。一个科学的安全技术措施可以指导我们按照正确的程序施工，消除施工中的安全风险。经验是我们搞好安全工作的依据之一，但仅仅凭经验是不够的，没有科技含量高的安全技术支撑就不能保证生产安全。如我们在长隧道施工中，采用先进的远程视频监控系统，有效解决了长期以来隧道施工安全监控不连续、不彻底、不全面的问题，切实保证了隧道施工安全。

(5)重视和改善施工环境，确保人员远离危险场所，不发生职业病。

通过投入，切实改善和保证人员工作环境，控制环境中的化学毒害、粉尘、噪声，使人员远离危险场所，不发生职业病，使每一个工点、每一处作业面的劳务人员心情愉悦，舒适作业，是实现项目建设本质安全的有效抓手。如在项目建设中及时进行洒水降尘，在隧道施工中配备耳塞、口罩，并采用通风机和空气净化器同时并举的先进防尘措施，确保了隧道内作业人员不发生职业病，同时也改善了作业人员心情，使得“三违”作业成了“老鼠过街，人人喊打”，“我要安全，我会安全”意识蔚然成风，使项目建设处处都是良好的安全行为，并向形成自觉行动和习惯推进。

通过以上叙述，本质安全是要通过人员、机械、材料、方法、环节以及技术创新等各方面来综合体现。推行本质安全是一个艰苦而漫长的持续推进过程，只有始终如一做到把人的生命放在一切工作的第一位，切实、真正、真实地落实安全投入，认真彻底不留死角地开展日常安全检查，及时、科学、有效、彻底地整改和消除安全隐患，警钟长鸣地落实好预防安全事故的各项技术保障措施，把科技进步、教育培训、信息化建设等作为实现项目建设本质安全的重要支撑，同时要认真学习和借鉴国内外好的经验和做法，积极探索和实践创建本质安全型项目的新方法、新途径、新举措、新技术，立足基层、班组，夯实基础，通过安全设施的标准化建设和对危险性较大的分部分项工程实行动态监控，帮助从业人员养成良好的“安全习惯”，最终才能实现公路工程“零伤亡”的安全目标，实现项目本质安全。

Ⅱ.监　理　篇

1.浅谈桥梁墩身外观质量的控制

章 俊
（中隧集团武罐九标 陇南 746043）

摘 要：下坝高架桥位于我标段内，跨越玉皇沟，桥梁全长1857m（K51 +501.5 ~ K53 +358.5），全桥共74跨，下部结构均为柱式墩，前期施工的墩身混凝土外观颜色不一致，有少许蜂窝、麻面，外观质量较差。在对质量精益求精的今天，混凝土的外观质量的好坏直接影响着企业的竞争力，成了各行业工程技术人员广泛讨论的话题。解决墩身外观质量是我标段刻不容缓的事情。本文通过正确对墩身混凝土外观差的原因分析，采取合理的工程技术措施，从混凝土质量、模板质量及混凝土施工过程控制等方面阐述了如何对混凝土外观质量进行有效控制，有效地保证了墩身混凝土外观质量，为今后类似工程提供参考。

关键词：墩身外观 监控措施 混凝土质量 模板 混凝土浇筑

0 引言

近年来，对于混凝土工程的内在质量，人们一直都很重视，且有一套成熟的质量控制措施；而对于外观质量，人们很少重视，没有相关的质量控制理论，实践经验也很少。但混凝土外露面的观感效果也是体现施工水平的一个重要方面。随着经济的发展、观念的更新，人们对混凝土工程的外在质量要求愈来愈高。特别是目前高速公路等大型建筑工程，已把混凝土外观质量作为优质工程建设的一个重要方面。

桥梁墩身施工工艺如图1所示。墩身混凝土外观的常见质量通病有颜色不一、蜂窝、麻面、斑点、跑模，混凝土几何尺寸出现变形、缝隙夹层、水泡气孔多等现象。综合多方面因素，我认为墩身外观质量应该从如下几方面采取监控措施。

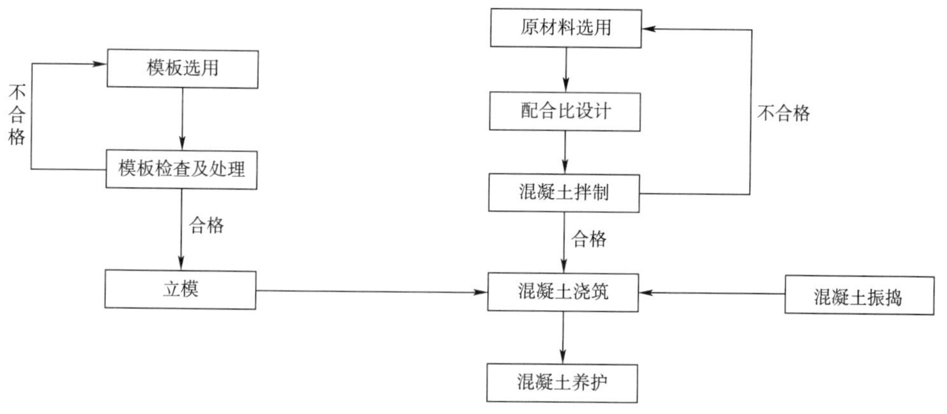

图1 施工工艺流程

1 混凝土质量控制

1.1 原材料质量控制

原材料是保证混凝土质量的关键。首先应选择同一产地、同一品质、同一颜色的水泥、砂、碎石和外加剂，并且同一单位工程尽可能采用同一批原材料。原材料应干净无杂质，这样可以有效避免因原材料不完全相同而造成混凝土外观颜色不一致或斑点。随时检查水泥、外加剂的储存条件，确保干燥、通风、防风雨、防潮湿。禁止施工队伍使用过期或被雨淋而结块的水泥、外加剂,因为它不仅会影响混凝土强度,而且会使浇筑的混凝土有深色斑点,影响混凝土外观质量。细集料宜选用中砂且大致均匀,这样有利于混凝土密实光洁,严禁使用山砂或深颜色的河沙,同时应严格控制砂的含泥量,随时对进场砂进行筛分,检测杂质含量不能超过规范要求。粗集料应具有良好级配,且压实度、含泥量等应符合规范要求。

1.2 合理的配合比设计

混凝土配合比设计的好坏对混凝土结构物的观感效果影响极大,必须精心设计合理选用水泥等级强度,使水泥等级强度与混凝土设计强度等级之比控制在13~20之间。混凝土配合比设计要按有关技术规范进行计算和试验,并在施工过程中经常检查。必要时可掺外加剂、粉煤灰等改善混凝土拌和物的和易性,增加混凝土密实度和光洁度,在保证混凝土和易性的前提下尽量降低坍落度,以免脱模后气泡较多。

1.3 混凝土拌和

混凝土拌和时应严格控制水灰比和坍落度,须根据砂、碎石的含水率随时调整施工水灰比,以保持砂的良好和易性,减少水泡气孔的形成。搅拌时间严格按规范要求控制在90s左右,并且搅拌均匀,将坍落度始终控制在5~8cm,混凝土成型脱模后气泡少且光泽度高。

2 模板质量控制

为保证墩身混凝土表面的平整度、垂直度和光洁度达到要求,使用优质的模板和采用合理的施工工艺是关键。

2.1 模板的选用

墩身施工宜采用正规厂家生产的大块定型钢模板(单块钢模不小于$6m^3$),要求具有结构设计合理、可靠、拼装方便等技术要求,同时模板拼装必须保证足够的强度和刚度,模板拼缝、预埋件和预留孔位置应符合钢筋混凝土施工验收规范的要求。

2.2 模板的处理

每次装模前应对模板进行拼装,仔细检查其接缝是否严密、表面是否平整以及有无缺陷,尽量将接缝拼装严密,在接缝位置用两层双面胶加以填充,以防漏浆、翻砂等现象出现,对于接缝高差过大及表面不平的位置用角磨机磨平。模板拼装后就是除锈,模板的除锈效果将直接影响到墩台身的表面颜色,如果处理不当则会在混凝土表面出现不均匀铁锈,严重影响外观质量。本工程采用小砂轮进行除锈,除锈完毕用湿毛巾和洗衣粉水将表面的油污清洗干净,再用小砂轮进行二次抛光,抛光完毕后将脱模剂(脱模剂采用优质柴油和液压油按3:7比例调制)均匀地涂刷在模板表面,不得漏刷。但也必须要注意脱模剂的用量,当脱模剂用量过大时,既浪费还会污染已经浇筑好的混凝土表面。

2.3 立模

墩柱模板由于采用定型钢模板,用汽车吊吊装后,要检查其定位垂直度,为控制其中心位置,可在立柱钢筋底部先对模板定位,垂直度用吊锤检查,充分保证模板的垂直度,然后用风缆绳将其固定。同时必须保证模板的接缝严实,模板拼缝不严也有可能导致混凝土表面产生麻面现象。我标段采用双面胶将两块模板夹缝处粘贴牢固,能够有效地保证模板接缝严实,防止漏浆。

3 混凝土浇筑过程控制

3.1 混凝土浇筑

在混凝土浇筑前要充分湿润桩头凿毛处,同时应检查混凝土的和易性和坍落度,和易性差或坍落度不在设计范围内严禁浇筑。混凝土应按一定的厚度、顺序和方向分层浇筑。应在下层混凝土初凝或能重塑前浇筑完上层混凝土,分层应水平,分层厚度不宜超过30cm。墩柱浇筑时。混凝土自由下落高度一般不宜超过2m,以防发生离析。否则应通过串筒、溜槽等设施卸浇混凝土。

3.2 混凝土的振捣

在每层混凝土浇筑过程中,随混凝土的灌入及时插入式振动棒振捣。振动棒振捣移动间距不超过振动棒作用半径的1.5倍。振捣过程中,要控制好振捣间距和浇筑层厚高,振捣新的一层,均应插进先浇筑混凝土层5~10cm,力求上下层紧密结合。注意振捣方法,控制振捣程序,先周围后中间,并注意混凝土摊铺四周高中间低,以便把气泡往中间赶出,避免聚集在模板处。每一处振捣完毕后应边振动边徐徐提出振动棒。掌握好振捣时间,做到不要欠振,不要过振,对每一振捣部位,振动到该部位混凝土密实为止(密实的标志是混凝土停止下沉、不再冒出气泡、表面呈现平坦、泛浆现象)。同时振动棒与模板间距保持5~10cm,并避免碰撞钢筋、模板及预埋件。特别注意在模板接缝位置不要过振,以免在接缝位置产生砂线。

3.3 拆模及养护

混凝土拆模时间要根据试块试验结果正确掌握。防止过早拆模使混凝土黏模造成蜂窝、麻面或缺块,一般以混凝土强度达到2.5MPa为准。拆模时不能用力过猛,注意保护混凝土表面。同时严禁模板碰撞。混凝土拆模后应及时用塑料薄膜加以包裹洒水养护,养护时间最少为7d;否则,可能出现收缩裂纹而影响混凝土外观质量。洒水养护应视气温情况,掌握恰当的时间间隔,在养护期内保持混凝土表面湿润。

4 结语

在施工过程中,我们通过上述控制措施提高了墩身混凝土外观质量,在墩身混凝土外观质量控制方面取得了较好的效果。证明了混凝土质量控制、模板质量控制及混凝土浇筑过程控制是保证墩身外观质量的关键。实践证明,只要控制好原材料,精心设计与施工,加强养护与管理,混凝土外露面的良好观感效果是不难产生的。

参 考 文 献

[1] 中华人民共和国行业标准. JTG/T F50—2011 公路桥涵施工技术规范[S]. 北京:人民交通出版社,2011.

[2] 中华人民共和国行业标准. JTG F80/1—2004 公路工程质量检验评定标准[S]. 北京:人民交通出版社,2004.

[3] 杨文渊,徐犇. 桥梁施工工程师手册[M]. 北京:人民交通出版社,2002.

2. 监控量测在公路隧道中的应用

侯 飞 陈广朝

（中铁四局集团第一工程有限公司武罐二十二标 陇南 746412）

摘 要：监控量测是隧道施工中必不可少的一项工作，本文从量测的目的、方法、过程控制等方面阐述了监控量测在武罐22标软弱围岩隧道施工中的应用。

关键词：隧道 软弱围岩 监控量测

0 引言

隧道围岩变形量测是确认或修改支护设计参数和判别围岩稳定的依据，是保证隧道施工安全的一项重要措施。由于隧道工程的特殊性、复杂性和隧道围岩的不确定性，对隧道围岩及支护结构进行监控量测是保证隧道工程质量和安全必不可少的手段。通过对软弱围岩隧道施工现场监控量测数据所获得的围岩动态变化情况，分析初期支护变形趋势，进而确定下一道工序施工时间，确保施工安全。同时通过监控量测还能掌握该类围岩在施工过程中的动态变化，支护受力情况及施做混凝土衬砌的时间，为同类围岩的隧道设计与施工积累一定的资料，为今后的设计与施工提供参考依据。

1 隧道概况

1.1 工程概述

武罐高速WG22合同段共有隧道2座，单洞总计1721.12m，位于甘肃省陇南市文县中庙乡境内。

张家沟连拱隧道左右线行车道中心线间距为12.81m，平曲线半径右线 $R=987.19$m，左线 $R=1000$m；隧道右线起讫里程为：YK130+570.5~YK130+740，右线全长169.5m（明洞进出口长均为5m），纵坡3.6%；隧道左线起讫里程为：ZK130+580~ZK130+751.62，左线全长171.62m（明洞进出口长均为5m），纵坡3.55%，洞身段最大埋深64m。

楼房山分离式隧道近南北向穿越山体，轴线距离36~43m左右，平曲线半径右线 $R=987.19$m，左线 $R=1000$m；隧道右线起讫里程为：YK131+628~YK132+330，右线全长702m（进口明洞长18m，出口长16m），线路纵坡2.9%；隧道左线起讫里程为：ZK131+660~ZK132+338，左线全长678m（进口明洞长18m，出口长32m），纵坡2.9%，隧道洞身段最大埋深右线192m、左线173m。

1.2 工程地质及围岩分级

两座隧道隧址区揭露的地层主要为第四系松散堆积层及下古生界碧口群变质岩系绢云千枚岩夹砂质板岩。土石工程分级：坡积块石、碎石均属Ⅲ级硬土，石英千枚岩属Ⅳ级软石，砂质板岩属Ⅴ级次坚石。两座隧道围岩分级详见表1。

主要围岩分级统计 表1

序 号	隧道名称	桩 号	长度(m)	围岩级别	备 注
1	张家沟隧道右线	YK130+570.5~YK130+610	39.5	Ⅴ	
2		YK130+610~YK130+700	90	Ⅳ	
3		YK130+700~YK130+740	40	Ⅴ	

续上表

序 号	隧道名称	桩 号	长度(m)	围岩级别	备 注
4	张家沟隧道左线	ZK130 +580 ~ ZK130 +620	40	Ⅴ	
5		ZK130 +620 ~ ZK130 +700	80	Ⅳ	
6		ZK130 +700 ~ ZK130 +751.62	51.62	Ⅳ	
7	楼房山隧道右线	YK131 +628 ~ YK131 +790	162	Ⅴ	
8		YK131 +790 ~ YK131 +965	175	Ⅳ	
9		YK131 +965 ~ YK132 +140	175	Ⅲ	
10		YK132 +140 ~ YK132 +240	100	Ⅳ	
11		YK132 +240 ~ YK132 +330	90	Ⅴ	
12	楼房山隧道左线	ZK131 +660 ~ ZK131 +822	162	Ⅴ	
13		ZK131 +822 ~ ZK131 +997	175	Ⅳ	
14		ZK131 +997 ~ ZK132 +172	175	Ⅲ	
15		ZK132 +172 ~ ZK132 +272	100	Ⅳ	
16		ZK132 +272 ~ ZK132 +338	66	Ⅴ	

2 监控量测的项目

2.1 量测项目

根据隧道围岩情况,张家沟连拱隧道和楼房山隧道主要进行以下必测项目的量测(表2)。

围岩量测必测项目

表2

序 号	监测项目	监测仪器	精度(mm)	监测目的
1	地表下沉	苏州—光 DSZ2 水准仪、塔尺	1	掌握隧道施工时地表沉降的规律
2	拱顶下沉	苏州—光 DSZ2 水准仪、塔尺	1	了解隧道施工过程中隧道支护结构净空位移变化规律
3	水平收敛	数显式收敛仪(JS330—15A 收敛仪)	0.01	
4	支护状态观测	岩性、结构面产状及支护裂缝观察、描述,地质罗盘及规尺等		了解隧道围岩地质状况,观察支护结构及围岩稳定情况

2.2 量测频率与方法

量测频率与方法见表3。

楼房山隧道监测项目及方法

表3

项目名称	方法及工具	布 置	量测间隔时间			
地质及支护状态观测	岩性,结构面产状及支护裂缝观察、描述;地质罗盘及规尺等	开挖后及初期支护后进行	每次爆破后进行			
净空位移量测	各种类型的收敛计	Ⅴ级围岩每 10 ~ 15m 一个	爆破后 24h 内进行			
		Ⅳ级围岩每 15 ~ 25m 一个	0 ~ 18m	18 ~ 36m	36 ~ 50m	>90m
		Ⅲ级围岩每 20 ~ 40m 一个	1 ~ 2 次/d	1 次/d	1 次/2d	1 次/周
拱顶下沉量测	全站仪、水准仪	Ⅴ级围岩每 10 ~ 15m 一个	爆破后 24h 内进行			
		Ⅳ级围岩每 15 ~ 25m 一个	0 ~ 18m	18 ~ 36m	37 ~ 90m	>90m
		Ⅲ级围岩每 20 ~ 40m 一个	1 ~ 2 次/d	1 次/d	1 次/2d	1 次/周

在施工初级阶段,或地质较差时,或位移下沉量及速度较大时,应适当增加量测断面及量测频率。

测点设置应可靠,并应妥善保护,测量仪器使用前应严格标定。

3 监控量测实施过程

3.1 监控量测点布置

3.1.1 量测点布置原则

(1)上台阶掌子面开挖至布点里程,在开挖24h内下一循环爆破之前必须将监测点布设完成,并读取第一组数据。

(2)周边位移量测点和拱顶下沉量测点应布置在同一断面上,测点布置时应避开钢架和脱空回填处,将测点布置在两榀钢架之间。净空变化、拱顶下沉和地表下沉(浅埋地段)等必测项目必须设置在同一断面。

(3)下台阶开挖至量测断面时,对应上台阶断面初支施作后立即布设监测点,并保证上下台阶监测点处在同一里程断面上。

(4)监测点的埋设由项目部现场技术员督促执行,确保监测点按要求及时埋设,以尽早掌握围岩变化的第一手资料。

(5)注意监控量测点的保护,其上不得悬挂任何物品。

(6)每次量测数据均要求在统一表格上记录清楚,包括日期、量测时间、实测数据等,以方便整理分析数据。数据上报时,必须将当日上、下台阶开挖支护、仰拱及二衬施工进度一并上报。

(7)每日数据必须坚持上报制度,工程部测量工程师负责汇总,每日报项目经理和总工签字。

(8)每周汇总整理量测周报,按统一格式汇总一周量测详细情况,同时将施工进度、围岩情况描述、超前地质预报等情况一并统计,并经项目部技术负责人审核签字后存档。

3.1.2 监控量测点布置示意图

拱顶下沉及净空变位收敛量测,根据围岩类别、隧道尺寸和埋深等,沿隧道纵向在拱顶和墙中布设测点。拱顶下沉及收敛量测测点布置如下(图1~图6)。

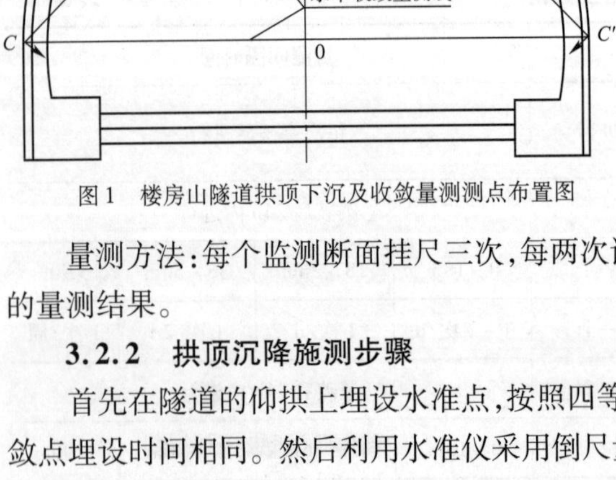

周边位移量测点埋设材料:用10cm长膨胀螺丝焊接在30cm长φ12钢筋上端部,钢筋另一端焊接φ20钢质带刻槽垫圈。

图1 楼房山隧道拱顶下沉及收敛量测测点布置图

3.2 监控量测步骤及注意事项

3.2.1 水平收敛施测步骤

根据设计要求随时掌握围岩的变化情况,测点安装应靠近开挖面又不易被破坏的地方,并且保证在开挖12h(最迟不超过24h)内埋设,且在下一循环开挖前量测到初次读数,初期观测为每天两次,如围岩无异常变化则按表3中量测频率进行观测。

量测方法:每个监测断面挂尺三次,每两次读数之差不得超过0.5mm,取三次读数的平均值作为该次的量测结果。

3.2.2 拱顶沉降施测步骤

首先在隧道的仰拱上埋设水准点,按照四等水准测量要求联测水准点的绝对高程。拱顶监测点与收敛点埋设时间相同。然后利用水准仪采用倒尺量测拱顶位移变化。读取两组读数,取其平均值作为量测结果。

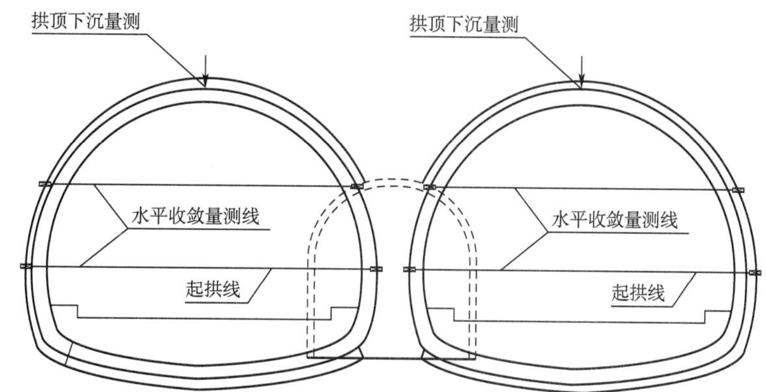

图 2　张家沟隧道拱顶下沉及收敛量测测点布置图

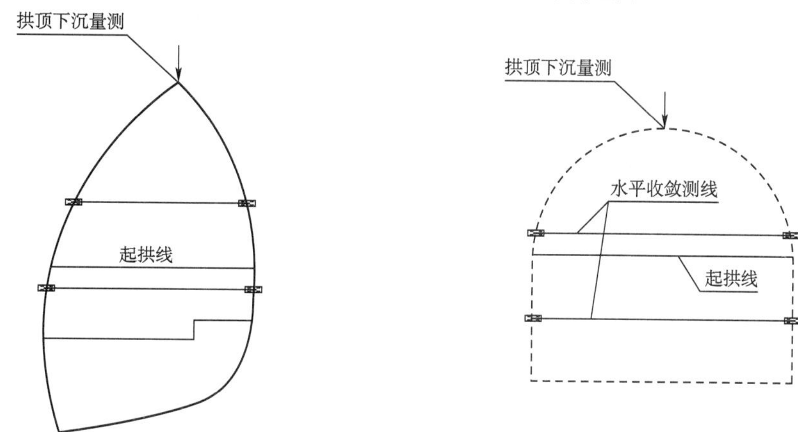

图 3　中导洞及侧壁导坑拱顶下沉及收敛量测测点布置图

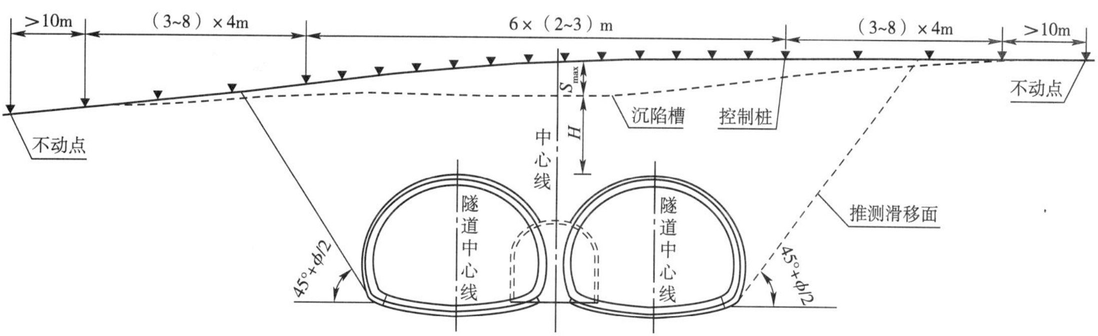

图 4　张家沟隧道地表沉降横向测点布置示意图

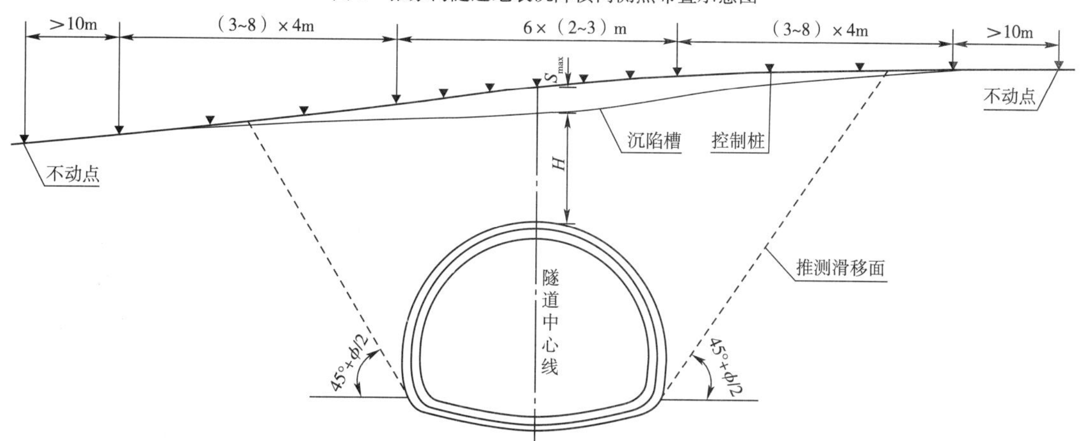

图 5　楼房山隧道地表沉降横向测点布置示意图

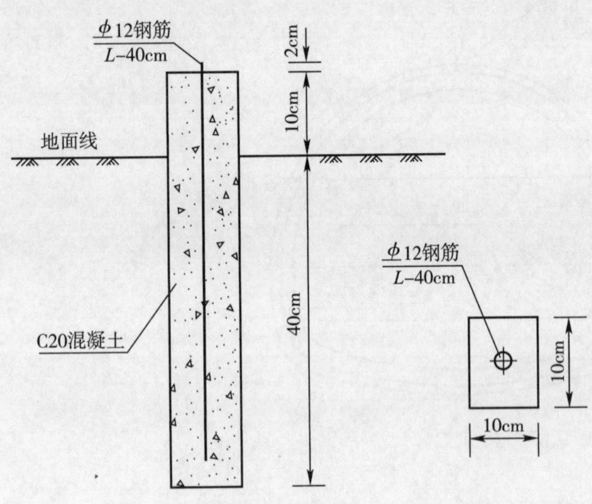

图6　地表沉降横向测点控制桩大样图

4　数据整理、分析及应用

4.1　现场量测数据整理

采用实时分析与阶段分析相结合的方法对数据进行整理分析。

现场量测数据及时整理,绘制量测数据与时间的关系曲线,并进行数据处理和回归分析。获取围岩变化情况及初期支护受力情况,预测速率随时间的变化规律。

以位移—时间曲线为基础,根据位移值、位移速率等分析、评定围岩和支护的稳定性,判别初期支护的工作状态、支护特点并对初期支护进行安全评估。

拱顶下沉和水平收敛分析如图7、图8所示。

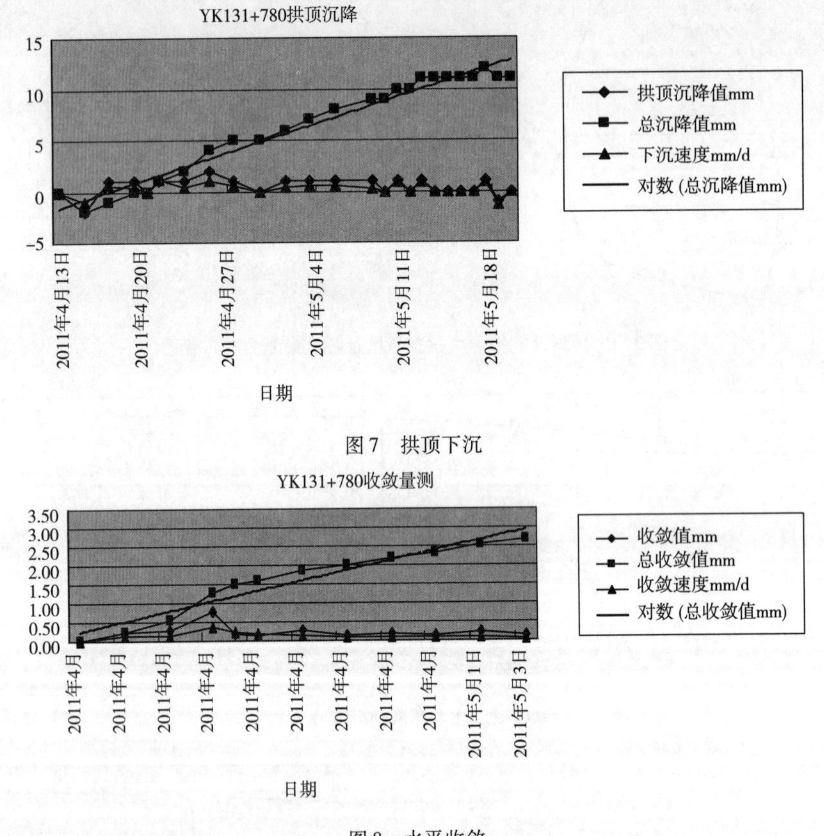

图7　拱顶下沉

图8　水平收敛

4.2　风险预警与稳定预测

4.2.1　现场监控量测建议控制性指标

位移变化率(mm/d) <0.5,支护结构受力状况:轻微。位移变化率(mm/d) 0.6~1.0,支护结构受力状况:中。位移变化率(mm/d) 1.0~3.0,支护结构受力状况:大。位移变化率(mm/d)3.0~5.0,支护结构受力状况:非常大,需加固。位移变化率(mm/d)5.0~10,支护结构受力状况:极大,可能塌方。位移变化率(mm/d) >10.0,支护结构受力状况:意外性大,是塌方的前兆。

4.2.2　稳定预测

(1)已产生的各项位移已达预计总位移量的80%~90%;周边位移速率小于(0.1~0.2)mm/d,或拱顶下沉速率小于(0.07~0.15)mm/d。可认为围岩基本稳定进行下一道工序。

(2)及时提交成果资料和上报监测数据,在观测期内,位移值超过预计值的20%以上时,应及时会同业主、设计等单位查明原因,必要时进行地质复查,并根据实测结果调整计算参数,对设计预测位移进行修正或采取控制措施。

通过以上综合分析、评价及时修正设计、调整支护参数,对施工及时提供建议和措施。

我们对本标段两座隧道监控量测数据进行了整理汇总并进行综合分析,可得出:本标段隧道收敛变化速率最大值为1.19mm/d,最大收敛值为:5.28mm;拱顶下沉最大变化速率为2.07mm/d,最大沉降量为13mm。变化速率较大者主要为隧道进出口Ⅴ级围岩地段。具体成果分析详见表4。

武罐22标监控量测成果分析表 表4

序号	隧道名称	里 程	长度(m)	围岩级别	总变化量		收敛最大速率(mm/d)	沉降最大速率(mm/d)
					最大收敛值(mm)	最大拱顶沉降值(mm)		
1	张家沟隧道(中导洞)	WK130 +570.5 ~ YK130 +610	39.5	Ⅴ	3.63	6	0.43	1.31
2		YK130 +610 ~ YK130 +700	90	Ⅳ	0.37	6	0.17	1.12
3		YK130 +700 ~ YK130 +740	40	Ⅴ	4.53	6	0.78	1.07
4	张家沟隧道(右洞)	YK130 +570.5 ~ YK130 +610	39.5	Ⅴ	5.02	6	0.24	1.4
5		YK130 +610 ~ YK130 +700	90	Ⅳ	3.9	13	0.28	1.45
6		YK130 +700 ~ YK130 +740	40	Ⅴ	1.79	13	0.31	1.55
7	张家沟隧道(左洞)	ZK130 +580 ~ ZK130 +620	40	Ⅴ	3.84	6	0.21	1.32
8		ZK130 +620 ~ ZK130 +170	80	Ⅳ	4.22	10	0.23	1.52
9		ZK130 +700 ~ ZK130 +751.62	51.62	Ⅴ	5.05	12	0.36	1.55
10	楼房山隧道右线	YK131 +628 ~ YK131 +790	162	Ⅴ	4.43	11	1.19	2.07
11		YK131 +790 ~ YK131 +965	175	Ⅳ	3.14	10	0.36	1.47
12		YK131 +965 ~ YK132 +140	175	Ⅲ	3.89	8	0.25	1.43
13		YK132 +140 ~ YK132 +240	100	Ⅳ	3	7	0.25	1.29
14		YK132 +240 ~ YK132 +330	90	Ⅴ	4.74	9	0.22	1.33
15	楼房山隧道左线	ZK131 +660 ~ ZK131 +822	162	Ⅴ	3.52	12	0.53	1.97
16		ZK131 +822 ~ ZK131 +997	175	Ⅳ	3.71	10	0.29	1.47
17		ZK131 +997 ~ ZK132 +172	175	Ⅲ	2.54	6	0.25	1.56
18		ZK132 +172 ~ ZK132 +272	100	Ⅳ	4.3	8	0.2	1.56
19		ZK132 +272 ~ ZK132 +338	66	Ⅴ	5.28	11	0.27	1.35

5 结语

(1)通过对本标段隧道施工过程中的量测,使我们掌握了千枚岩地质条件下的围岩变化规律,积累了同类工程的施工经验。

(2)通过对软弱围岩隧道施工现场监控量测数据所获得的围岩动态变化情况,分析初期支护变形趋势,及时调整施工工法,确保了隧道安全、顺利完工。在楼房山隧道进口滑坡处理地段及隧道进出口地段,对量测断面进行加密,同时加大观测频率,随时掌握拱顶下沉及净空收敛位移变化情况,为隧道顺利进洞和贯通提供了安全保障。

(3)量测实施过程中,量测点埋设的及时性对量测工作尤为重要,点位埋设不及时造成部分量测断面不能及时获取围岩变化规律,无法及时判断掌子面是否稳定。特别是进出口浅埋段,在未掌握围岩及支护体系变化规律的情况下盲目施工将可能带来安全和质量隐患,因此要在开挖后及时埋设点位并获取数据,才能掌握围岩变化的第一手资料。

(4)监控量测数据要及时整理分析,并作出结论,及时反馈到现场施工中,以判断二次衬砌的是做时间,即当各项位移变化速率变化趋势逐渐平稳,已产生的各项位移已达预计总位移量的80% ~90%;周边位移速率小于(0.1 ~0.2)mm/d,或拱顶下沉速率小于(0.07 ~0.15)mm/d,可认为围岩以基本稳定可进行二次混凝土衬砌施工。

(5)量测实施过程中,量测点埋设要稳固并加强保护,否则将出现量测点松动、脱落或被破坏的现象,影响量测数据的真实性和连续性。

(6)由于隧道施工过程中洞内通视条件差,测量过程中必要时需采取多次测量取平均值的方法,以减小测量误差。

本文重点阐述了隧道拱顶下沉及围岩收敛量测技术在武罐高速公路楼房山隧道和张家沟隧道施工中的成功应用,保证了隧道在软弱围岩地质条件下隧道安全顺利完工。隧道施工中支护结构稳定,表明各项量测项目反馈的信息是准确的,既保证了施工安全和工程质量,又为同类围岩的隧道设计与施工积累了一定的资料,为今后的设计与施工提供了参考依据。

参考文献

[1] 中华人民共和国行业标准. JTG F60—2009 公路隧道施工技术规范[S]. 北京:人民交通出版社,2009.

[2] 朱勇全,宋玉香. 隧道工程[M]. 北京:中国铁道出版社,2005.

3. 大断面深竖井施工安全监控探讨

田德朝 屈井兴

(云南省公路工程监理咨询公司武罐第六驻地办 陇南 746043)

摘 要:竖井掘进、支护、二次衬砌、设备安拆施工,所有出渣、施工材料、施工设备、作业人员上下必须通过提升机垂直运输,影响施工安全的因素众多。施工作业过程中,任何细节上的疏忽均容易引起灾难性事故,安全风险较大。因此,控制好竖井施工安全风险源,从而保障施工安全至关重要。本文以武罐高速公路麻崖子隧道竖井安全监控为实例,主要介绍承包人与监理从施工方案的选择,提升设备、钢丝绳的选型与校核验算,竖井专项安全方案的论证,施工过程的安全监管方法、手段、措施等进行详细阐述和分析,供大家探讨。

关键词:竖井施工方案选择 提升设备选型及验算 安全专项方案论证与完善 施工过程安全监控

1 概况

麻崖子隧道全长9000m,通风竖井位于K63+000右洞右侧31m,距WG11标隧道洞口(出口)2670m。该竖井设计深度213m,因场地高程变更提高3.5m后,实际深度为216.5m。竖井平面为圆形,井筒直径9.2m。竖井井口至井底所处地层设计依次为强风化片岩(26.5m)、中风~微风化片岩(190m),且有少量裂隙水(贯通到底后,实际围岩均为强风化碳质片岩,在原设计支护类型基础上均变更加强了支护)。

2 施工方案的选择

WG11标麻崖子通风竖井设计推荐采用上导井法施工,即先自上而下开挖ϕ1.5m的小导洞,向上提升出渣,开挖到井底,待正洞掘进超过竖井位置后,再由上向下扩孔至设计断面,从小导洞向下出渣。二次衬砌采用组合钢模从底部向上依次整体浇筑。承包人根据竖井设计的具体位置,送、排风道的结构特点以及合同工期要求(43月),选择了正井法施工。即从井口起吊出渣、运送物料、人员上下,全断面循环开挖、初支护,然后再按设计采用组合钢模从井底向上依次整体循环二衬到顶。驻地办经审核认为:承包人施工方案的选择结合了该竖井具体位置、结构特点,同时也兼顾到了总工期的要求。若采用上导井法、下导井法施工,可能影响合同工期。故驻地办同意按正井法施工方案组织实施,开挖及支护每循环控制在3m以内。

3 专项施工方案的审查

选择了合理的施工方案,决定了竖井施工的基本程序、施工方法、工艺控制。而提升设备系统及配套安全设施的选择,不仅决定着是否满足施工要求、施工进度的快慢,更重要的是直接关系着施工是否安全。保障井下作业人员施工安全,是承包人与驻地办安全管理与监控的重中之重。只有保证了施工安全,才能保证工程施工的顺利进行。而《专项施工方案》是决定施工是否安全的关键环节。为此,驻地办要求WG11标项目部认真、详实地编制了《麻崖子通风竖井专项施工方案》,并对该方案进行了仔细、严格、认真的审查。

3.1 设备选型

项目部通过市场调查，并到相关公路建设竖井施工项目现场参观、考察，选用了由Ⅳ－G型型钢井架、1台(6t)ZJK－2.0/20双卷筒提升机、4台(10t)JZ－10/600A绞车悬吊稳盘、罐道、井口盖组成的成套矿山设备，该设备由洛阳矿上机械厂生产，专用于公路、煤矿及其他矿山竖井作业。各部件功能介绍。

(1)井盖也称封口盘：主要是防止井口向下掉落工具杂物、保护井上、井下工作人员安全的结构物，同时也是升降人员、上下物料、设备和安、拆各种管路的工作平台(图1)。

(2)操作稳盘：也称吊盘，保护井下掘进工人安全、拉紧吊桶稳绳，也是井筒支护工作平台(图2)。由20工字钢作主梁，20号槽钢做圈梁，18、16工字钢作副梁，双层结构，层距3m(防止稳盘因荷载不均而倾斜或翻转)，并由4台(10t)JZ－10/600A绞车悬吊。挖掘机出渣后，由四根钢丝绳悬吊于稳盘下方，再由4台稳盘绞车同速、缓慢地提离掌子面至安全距离。

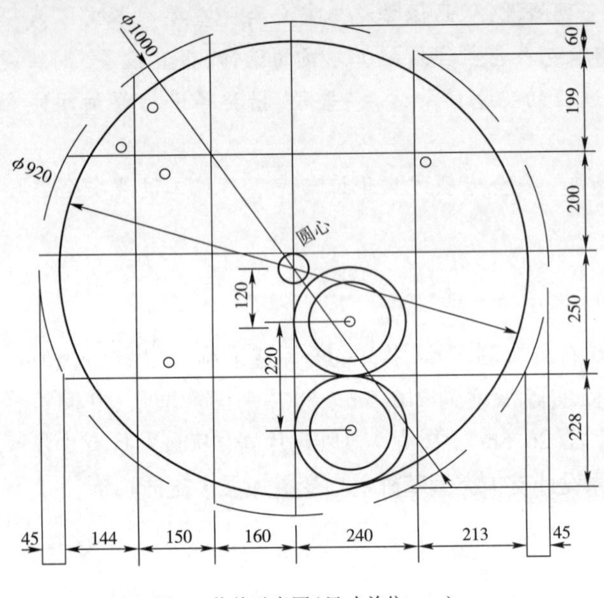

图1 井盖示意图(尺寸单位：mm)

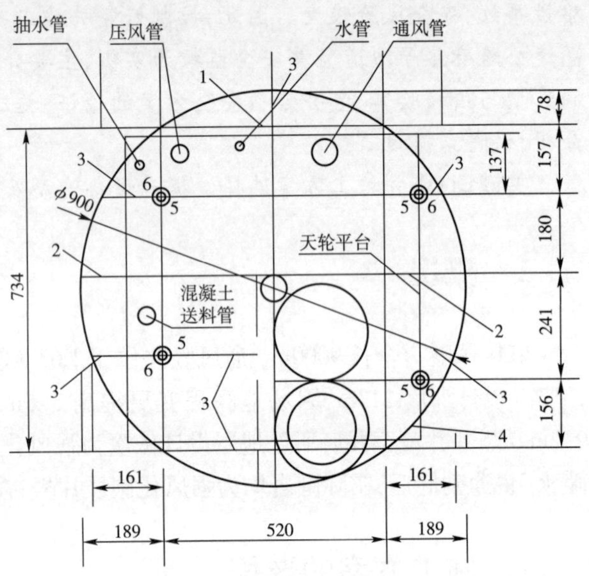

图2 稳盘示意图(尺寸单位：mm)

1-20工字钢主梁；2-18工字钢副梁；3-16工字钢副梁；4-20槽钢圈梁；5-稳盘吊点；6-支撑梁位置

(3)井架：Ⅳ－G型型钢井架，主体架角柱跨距14.53m×14.53m，主天轮平台7.0m×7.0m，基础至天轮平台高度23m，通过2个主天轮，4个定滑轮组，承受物料上、下，人员上、下，稳盘的全部重量，4个定滑轮组固定罐道稳绳，该型钢井架设计最大承受荷载400t。

(4)ZJK－2.0/20双卷筒提升机，核定提升重量6t，卷筒容绳量388m/2层。

(5)罐道：由两根钢绳组成，上端通过固定在井架上的定滑轮由绞车拉紧，下端固定在井筒中稳盘上，是提升容器的导向装置，属竖向连接结构物，它消除提升容器上下运行时的横向摆动，保证提升容器高速、平稳、安全运行。

由所选提升设备的组成，各部件的功能，驻地办初步认定该套设备适用于竖井施工。

3.2 钢丝绳选型、验算与提升机、稳盘绞车的验算

在整个竖井提升设备系统中，承受荷载的钢丝绳的选型至关重要，钢丝绳在整个工作过程中是否安全，直接关系到施工是否安全。若吊桶提升钢绳、稳盘钢绳在工作过程中因不能承受其荷载而发生破断，将直接危及井下作业人员人身安全，那后果不堪设想。所以，驻地办在《专项方案》的审核过程中，特别注意各设备钢丝绳的选型与验算，确保钢绳选型正确，满足施工要求并安全。同时也对提升机及稳盘绞车进行了校核验算。

钢丝绳的选型、验算与提升机、绞车的校核验算：

1)钢丝绳安全系数

根据《煤矿安全规程》,对钢丝绳安全系数 m_a 的规定:提人≥9,提人、提物≥9,提物≥6.5,悬吊稳盘、水泵、水管≥6,悬吊风管、风压管、混凝土输送管和拉紧装置≥5,悬吊安全梯≥9,稳绳≥5 在后续计算中,均取最小值。

2)主提升吊桶钢丝绳的选择与验算。

(1)计算钢丝绳单位长度质量 Pk,选择钢丝绳型号

$$\mathrm{Pk}=\frac{Q_0}{\frac{\sigma}{rm_a}-H_2}$$

式中:Q_0——钢丝绳终端荷;

σ——钢丝绳钢丝抗拉强度,取 1700KN/m^2;

r——钢丝绳的重度,取 90KN/m^3;

H_2——钢丝绳最大悬垂高度;

m_a——安全系数,取 6.5(主要为提物,也兼顾提人,但吊桶内最多能容纳 6 人,人员重量远低于出渣重量,故,按提物,取 6.5)。

在本竖井所选提升设备系统中:吊桶净重 1000kg,最大容量 3m^3 石碴,单位石碴重取 1500kg/m^3,装满系数按 1 计;井深 216.5m,井架高度按 25m。吊桶(含连接器)高度 2.9m。

则:$Q_0=1\times3\mathrm{m}^3\times1500\mathrm{kg/m}^3+1000\mathrm{kg}=5500\mathrm{kg}$

$H_2=216.5\mathrm{m}+25\mathrm{m}-2.9\mathrm{m}=238.6\mathrm{m}$ 取 250m

$$\mathrm{Pk}=\frac{5500\times10\mathrm{N}}{0.11\times\frac{170\times103}{6.5}-250}=20.94\mathrm{N/m}$$

故:

通过:用作提升和悬吊钢丝绳 6×19(股×丝)技术规格对应表,选用 6×19(股×丝)圆股钢丝绳,直径 $d=26\mathrm{mm}$,单位长重 $p=24.41\mathrm{N/m}$,破断拉力总和 $Q_a=439500\mathrm{N}$,钢丝直径 $\delta_{max}-1.7\mathrm{mm}$

(2)安全系数校核验算

$$m_a=\frac{Q_q}{F_{2d}}$$

式中:Q_q——钢丝绳全部钢丝破断力的总和(N);

F_{2d}——钢丝绳的最大静载荷(N)。

则:$F_{2d}=5500\times10+24.41\times250\mathrm{m}=61102.5\mathrm{N}$

$$m_a=\frac{439500}{61102.5}=7.19>6.5$$

故所选钢丝绳合格,安全系数满足要求。

(3)提升机的校核验算

提供的主提设备为 ZJK-2.0/20 双卷筒提升机,由"JK 型新系列矿井提升机技术规格表"可知卷筒直径 $D=2\mathrm{m}$,宽度 $B=1\mathrm{m}$,钢丝绳最大静张力 $F_j=60000\mathrm{N}$,钢丝绳最大静张力差 Fch=40000N。

①计算卷筒直径 $D_j=(60\sim80)ds=(60\sim80)\times26\mathrm{mm}=1560\sim2080\mathrm{mm}$

$$D_j=(900\sim1200)d=(900\sim1200)\times1.7\mathrm{mm}=1530\sim2040\mathrm{mm}$$

故,提升机卷筒直径 $D_j=2000\mathrm{mm}$ 满足要求。

②卷筒宽度 B_j 的验算

$$B_j=\left(\frac{H_3+L(3+4)\pi D_j}{n\pi D_{pj}}+3\right)(d_S+\varepsilon)$$

式中：H_3——提升高度 250m；

L——钢丝绳备用长度 30～40m，取 40m；

3——摩擦圈数；

4——每两月移动 1/4 圈的备用圈数；

n——钢丝绳缠绕层数(2 层)；

D_{pj}——平均缠绕直径(m)按 $D_{pj} = D_j + (n-1) \times ds = 2 + (2-1) \times 0.26 = 2.026m$；

ε——绳卷间距 2～3mm，取 3。

$$B_j = \left(\frac{250 + 40 + (3+4) \times \pi \times 2}{2 \times \pi \times 2.026} + 3\right)(0.026 + 0.003) = 0.848m < B(1.0m)$$

则：

故，提升机卷筒宽度符合要求

③提升机强度校核验算

$$F_j \geqslant Q_1 + Q_2 + PKBH_3$$
$$F_{ch} \geqslant Q_2 + PKBH_3$$

式中：Q_1——提升容器重(1000kg)；

Q_2——提升荷载重(4500kg，实际施工中，为保证施工安全，按 0.75 装满系数计)；

H_3——提升高度；

PKB——单位长度钢丝绳重量。

则：$F_j(60000) \geqslant 10000 + 45000 \times 0.75 + 24.41 \times 250m = 49853N$

$$F_{ch}(40000) \geqslant 45000 \times 0.75 + 24.41 \times 250 = 39852$$

故，所选择提升机合格，满足施工要求。

3)稳盘钢丝绳的选型与校核验算

(1)通过实际称量与计算

双层稳盘自重：7464kg

稳盘上重物(含人员、电焊机、钻机)：3000kg

挖掘机重量：16000kg

按上面提升机钢丝绳单位长度质量同样的方法计算钢丝绳单位长度质量 Pk

则：$Q_o = (7464 + 3000 + 16000) \times 10 = 264640N$

该竖井井底 46m 高度时，由圆形渐变为方形，故移盘只能下放至井底 216.5－46＝170.5 位置。

则：$H_2 = 170.5m + 25m = 195.5m$，取 200m

$$Pk = \frac{Q_o}{\left(\frac{\sigma}{r \cdot m_a} - H_2\right) \times 4}$$ (m_a 取 6，由 4 股钢绳共同承担)

$$Pk = \frac{264640N}{\left(0.11 \times \frac{170 \times 103}{6} - 200\right) \times 4} = 22.68N/m$$

查：用于稳绳 6×7(1+6)＝42 钢丝绳技术规格对应表中：选用 6×7(1+6)＝42 钢丝绳，直径 d＝26mm，单位长重 $p = 24.68N/m$，破断拉力总和 $Q_d = 439000 \times 4 = 1756000N$，钢丝直径 $\delta = 2.8mm$。

(2)安全系数校核，验算

$$m_a = \frac{1756000N}{264640N + 24.68 \times 4 \times 200} = 6.4 > 6$$

故，所选钢丝绳合格，安全系数满足要求。

(3)稳盘绞车的校核验算

①卷筒直径 D_{wj} 的确定

$$D_{wj}=(20\sim30)d_s=(20\sim30)\times26\text{mm}=520\sim840\text{mm}$$

或:$D_{wj}=(300\sim450)\delta$

$$=(300\sim450)\times2.8\text{mm}=540\sim1260$$

由以上计算,取卷筒直径 $D_{wj}=800\text{mm}$

②根据 D_{wj}的计算,由 Jz 系列绞车技术性能表中查知:Jz-10/600A 绞车,卷筒直径 800mm,宽度 600mm,钢丝绳缠绕三层,容绳量 280m,最大容绳 480mm,核定载重 10t。

③由稳车的最大荷载大于或等于悬吊荷载总重可知

$$4\times10000\text{kg}>26464+24.68\times200\times4=28438.4\text{kg}$$

故,所选稳盘绞车合格,满足要求。

3.3 设备的安装(图 3)

由于该套设备包括主提升双卷筒提升机,洞内稳盘及提升绞车、罐道、井盖、卸渣台等,结构复杂。而吊桶出渣、挖掘机、掘进设备的起落、移动最为频繁,因此,设备布置难度大,影响因素较多,布置时必须遵守《安全规程》和有关规定,使各项设备能正常运行,又要保持足够的安全距离。所以,驻地办在审核承包人提交的《麻崖子通风竖井专项施工方案》中的设备安装时,除审查①井筒施工期间,井内设备布置是否以吊桶为主。因为吊桶占井筒的有效面积最大,升降快速频繁,它服务于井筒作业与地面车场作业。②吊筒是否避开了井筒子中心线。③吊筒与井内其他悬吊设备之间是否有足够安全距离,并满足安全规程要求。还重点审核了双卷筒提升机的安装位置是否符合要求。

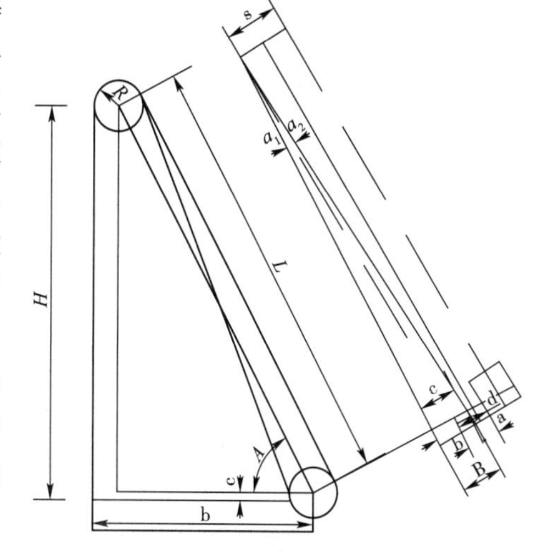

图 3 提升机与井筒相对位置示意图

《煤矿安全规程》规定:提升钢绳的最大允许弦长 $L\leqslant60\text{m}$(提升钢绳由天轮到提升机滚筒两切点之点的绳长);最大允许绳偏角 $=1°30'$(钢丝绳与天轮绳槽中线之间的夹角),最小允许绳仰角 $\varphi=15°$(钢丝绳绳弦的水平夹角)。

1)井架高度 H_j 的验证

$$H_j=H_r+H_g+0.75R_t$$《煤矿安全规程》

H_r 吊筒高度 2.9m(实量)

H_g 过卷高度《煤矿安全规程》规定,吊桶提升时 $H_g\geqslant6\text{m}$,取 $H_g=6\text{m}$

R_t 天轮轮直径,$R_t=1.6\text{m}$(实际配置天轮直径)

故 $H_j=2.9+6+0.75\times1.6=10.1(\text{m})$

而所选Ⅳ-G 型井架 $H_j=23\text{m}$(天轮平台,不包括天轮座高),取 $H_j=24\text{m}\geqslant10.1\text{m}$,满足要求。

2)提升钢丝绳的弦长 L_x 计算

受场地限制,提升机与井筒提升中心线的水平距离 L_s 只能控制在 30m 内,取 $b=30\text{m}$

提升机主轴与井口水平高度 $C=0.9\text{m}$

提升天轮轴心距井口的水平高度 $H=H_j+1.0\text{m}=25\text{m}$

天轮直径 $R_t=1.6\text{m}$

$$\begin{aligned}故:L_X&=\sqrt{(b-R)^2+(H-C)^2}\\&=\sqrt{(30-0.8)^2+(25-0.9)^2}\\&=\sqrt{29.2\times29.2+24.1\times24}\\&=37.86\text{m}<60\text{m}\end{aligned}$$

满足要求。

3)绳仰角 α_x 计算

$$\varphi_x = \tan^{-1}\frac{H-C}{b-R} = \tan^{-1}\frac{24.1}{29.2}$$

$=39.53° > \varphi(15°)$

符合要求

4)绳偏角 α_1 的计算

本设备采用双滚筒提升,且卷筒上钢绳缠绕两层时,最大提升高度388m,本竖井为216m,故:外偏角

$$\alpha_1 = \tan^{-1}\frac{2B+a-s-2B_T}{2L}$$(缠满两层时最大外偏角)

内偏角 $\alpha_2 = \tan^{-1}\frac{S-a-2B_o}{2L}$(单层缠满时最大外偏角)

$B=1m$ 提升机卷筒宽度

$a=0.1m$ 两卷筒内缘间距

$S=2m$ 两天轮电线间距

以上数据,由设备尺寸可知:

$L=37.86m$ 钢绳弦长

$B_T=0$ 两层缠满时

$B_o=0$ 单层缠满时

$$故:\alpha_1 = \tan^{-1}\frac{2B+a-s-2BT}{2L} = \tan^{-1}\frac{2\times 1+0.1-2-0}{2\times 37.86}$$

$$=0°4'32'' < 1°30'$$

$$\alpha_2 = \tan^{-1}\frac{S-a-2B_o}{2L} = \tan^{-1}\frac{2-0.1-0}{2\times 37.86}$$

$$=1°26'15'' < 1°30'$$

符合要求。

通过对承包人拟将双卷筒提升机安设在距提升中心30m,高出井口0.9m位置的钢绳弦长,钢绳仰角,偏角验计算,均满足《煤矿安全规程》之规定,故驻地办同意双卷筒提升机安设在距井筒提升中心线30m位置,提升机主轴高出井口水平地面0.9m。

3.4 组织专家对《专项施工方案》进行评审、论证

WG11标K63+000通风竖井主提升设备系统安装、调试完毕后,经过一个多月的试生产运行,其主提升双卷筒提升机,四台稳盘绞车、四台罐道绞车运行平稳,安全制动装置、过卷装置、卸渣台工作状态良好,作业运行程序清晰。但是,驻地办受知识面与实际经验的局限,在对《专项施工方案》的审核过程中,难免存在疏忽和漏项,为使《麻崖子通风竖井专项施工方案》更加完善、具体、更具可操作性,能更好地指导和控制现场施工。集思广益,广泛吸取意见和建议目的,同时根据国务院令[2003]第393号《建设工程安全生产管理条例》(2004年2月1日起执行)第二十六条:"施工单位对达到一定规模的,危险性较大的分部、分项工程编制专项施工方案,并附具安全验算结果。涉及深基坑、地下暗挖、高大模板工程的专项施工方案,施工单位还应当组织专家论证审查"。因此,驻地办于2011年3月9日组织并主持了对WG11标提交的《麻崖子通风竖井专项施工方案》的专家评审、论证会。在会上,驻地办阐述了对《麻崖子通风竖井专项施工方案》进行论证、审查的目的以及驻地办对《专项施工方案》的初步审查意见。到会专家通过现场设备运行观摩,对《专项施工方案》的认真审阅,承包人的答疑说明,纷纷发表了各自对《专项施工方案》的意见和建议。驻地办根据评审、论证会各专家提出的问题和建议,整理成会议纪要并督促承包人逐项落实整改、完善。论证,评审意见如下。

(1)方案中稳盘钢丝绳的选型与安全系数校核,稳盘自重7464kg,稳盘上重物(含人员、电焊机、钻机)3000kg,未提供依据,需补充重新计算。

(2)方案中仅提供了一个持证上岗的绞车司机操作证,人员配备不足,至少不能少于2人。

(3)方案中,班前检查制度虽列举了班前应严格检查的部位、部件,但未落实专人进行检查,也未附相关的检查记录表格。

(4)补充完善防火、防水、防尘、防毒安全措施。

(5)补充完善竖井施工中突发事件预案。

(6)增加井架防雷击设施。

(7)移动稳盘上下层临时用电必须规范,且采取消防安全、漏电保护措施。

(8)补充完善安全教育培训制度,并如实记录巡检情况。

(9)补充完善针对竖井施工的安全操作管理办法。

(10)补充完善施工过程中的专人巡检制度,并如实记录检查情况。

以上评审意见和建议,在评审论证会后,经驻地办督促,项目部均积极逐项落实了整改和完善。

4 现场安全管理与监控

为达到对整个施工过程安全生产的有效管理与监控,在竖井进入全面正常施工过程中,驻地办主要从以下几方面加强安全监控。

1)严格落实安全责任

要求项目部结合实际,制定行之有效的竖井施工安全管理制度,并逐级签订安全责任书,做到分工明确、责任清晰、责任到人,使层层有压力,人人肩上有责任。

2)加强安全经费投入控制

由于竖井施工安全隐患因素多,危险性较大,驻地办要求项目部必须选派一名施工和安全管理经验丰富的专职安全员与驻地办派驻监理常驻施工现场。每月月初共同上报竖井施工安全经费投入计划,经驻地办、项目部审核后及时落实或采购,每月月底对当月落实情况进行检查验收,确保安全专项费用落到实处。

3)认真做好安全技术交底

项目部与驻地办在竖井施工现场召开了所有管理人员、技术人员、施工人员、监理人员参加的"专题安全技术交底会",在会上反复强调竖井施工安全的重要性,阐述了竖井施工影响安全生产的因素多,危害性较大的利害关系。学习了各设备运行操作规程,项目部制定的安全管理制度,处罚制度。其目的是提高全员安全意识,使管理人员不违章指挥,施工人员不违章作业,机械操作手明白其责任的重大,做到严格按安全操作规程作业,监理人员明白责任重大,能积极主动地加强施工过程中的安全跟踪监控,发现违章指挥、违章作业、安全隐患及时纠正和制止。会后进行了"安全责任书"的书面签字确认。

4)持之以恒进行班前检查

在整个竖井贯通前的施工过程中,项目部派驻专职安全人员同驻地办派驻监理,始终如一地的坚持到了工作班开工前,对提升设备制动装置、限位装置、钢丝绳牛鼻卡,钢丝绳断丝、滑丝情况,钢丝绳回松情况、天轮、绞车地锚、吊桶挂钩等重要部件的安全性能检查,并如实、详细地填写检查记录。必须坚持落实"发现安全隐患,立刻纠正,任何起重、提升设备部件,不带病工作"的工作要求。真正做到"不安全不施工"。不折不扣地将安全放在第一位,将安全隐患消除在萌芽状态。

5)逐日进行安全隐患排查

驻地办要求驻竖井监理工程师除配合、督促专职安全人员坚持班前检查外,还必须坚持逐日进行施工过程中的安全隐患排查。除检查井内工作面是否按设计、规范要求组织施工,确保施工质量外,还必须核查有无违章作业、井内临时用电是否安全。地面观察提升机运行过程中制动性能状态;钢丝绳牛鼻卡是否有松动;钢丝绳是否拉毛、松散;绞车地锚是否有异常;过卷装置是否灵敏;卸渣台工作是否正常;井口临边防护是否牢固无破损等。发现任何部件、部位异常,立即责令停止施工,待确认隐患排除后方可同意继续施工。若现场专职安全人员、施工人员拒不执行，务必第一时间通知驻地办高级驻地或安全工程师，以"安全监理指令"责令停止施工。在整个竖井主井的开挖，初支护，二次衬砌贯通施工过程中，驻地办监理工程师，承包人专职安全员坚持了上述工作原则，及时发现吊桶挂钩处钢丝绳因牛鼻卡松动使扎头钢丝绳发生滑动两次，指令及时对牛鼻卡进行了紧固处理。通过驻现场监理工程师掌握情况的汇报，驻地办在日常巡查中对主提升钢丝绳因吊桶前段拉毛、回松而责令通盘更换新钢丝绳两次。双卷筒提升机因制动电阻装置部分损毁而责令全部更新三次。有效地保证了竖井施工过程中提升设备系统的正常运行，从而也保证了施工过程的安全。

6）不定期进行安全规程及相关安全知识的学习

驻地办还不定期地组织项目部主要管理、技术、专职安全人员、监理人员集中学习了《武罐公路安全管理办法》、《公路施工安全技术规程》及《煤矿安全规程》中有关知识。学习中结合现场实际反复强调各环节的注意事项，重点说明各工序施工的安全隐患部位。通过学习，各级人员提高了安全意识，较好地掌握了竖井施工安全知识，能积极主动地配合对安全隐患整改。同时，在整个竖井施工过程中，竖井施工人员安全自律性明显提高，表现在所有机械操作手均能严格按操作规程作业，不离岗、脱岗，精力集中，按所给信号有序作业；物料提升，下放做到不满载、超载，基本能按要求的0.75装满系数控制；人员上下作业，依次有序，听从井口调度人员指挥；信号联络员注意力集中，观察认真，判断准确，发出信号及时。安全意识的提高，积极配合隐患整改的态度，较强的安全自律性，也是保证施工安全不可缺少的重要部分。

7）加强监控量测，信息反馈及时

驻地办要求驻现场监理工程师要及时督促和配合技术人员加强井口、井壁监控量测工作。发现异常变化及时汇报。该竖井原设计井口为SM(3m)支护类型，往下依次为S5(33.5m)、S4(126m)、S6(8m)、S7(15m)、S8(31m)支护类型。开挖、支护到井深90m位置时(4月24日)，施工人员在作业的上、下过程中发现60~75m高度位置初支护开裂、变形、向外突出(井口段40m为保证井口稳定施做了二次衬砌，40m以下二衬未施工，原拟订方案是分节段衬砌，已开始自90m位置往上衬砌5摸15m。原设计是开挖、初支护到底后再由底往上施做二次衬砌)，现场监理工程师，管理人员立刻下达了停止施工的要求，在此同时也将情况向驻地办、项目部进行了汇报。驻地办与项目部一道及时赶到现场察看了开裂、变形的具体位置，开裂、变形程度，同时将此情况反馈到项目办、设计代表，并陈述了为防止开裂、变形继续扩展发育的情况发生，必须立即用洞渣回填的意见。在得到同意后，立即安排了回填施工，等待后续处理方案。其后，项目办相关领导、设计代表也在最短时间内(25日)赶到现场，实地察看了开裂、变形情况。最后设计方与项目办确定了对该段进行换拱，采用S5支护类型加强支护，二次衬砌循环3m跟进的处理。一直到井底，其围岩地质均为强风化碳质片岩，破碎、强度低、有渗水。处理方法都是现场反馈信息：围岩没有好转变化。四方现场踏勘，情况属实，采用S5支护类型补强处理。在S6、S7、S8支护类型段二衬维持原设计。该竖井于2011年3月25日正式全面正常施工，2012年1月9日顺利贯通到底，13日二衬支护完毕。2012年2月13日，春节收假后，施工人员下井进行十字交叉中隔墙施工准备时，又发现S6、S7段二次衬砌开裂、变形，及时信息反馈后，也采取了回填洞渣防止开裂、变形继续扩展发育的处理措施。等待后续处理方案。正是因为信息反馈及时，停止继续施工及时，回填处理及时，避免了一些可能发生的不安全后果，保证了施工安全。

5 结语

安全生产是为了保护一线施工人员人身安全和施工现场财产安全，尽最大努力避免发生人身和财产损失，从而保障施工正常有序进行是承包人、监理人的基本职责。要做好这项工作，就必须履行好各自的职责，就必须从最基础的工作做起，在做好基础工作的前提下抓好过程管理与控制，最终才能达到安全生产的目的。本文大量篇幅论述了驻地办对承包人施工方案选择的审核、《专项施工方案》(详细阐述了其中重要部分的审核、验算过程)的审核、《专项施工方案》的评审论证，其目的就是说明：要做好安全监控工作,首先必须先做好基础工作。最后通过实际施工中驻地办与项目部是如何开展安全管理与监控工作,说明:要达到对施工现场安全生产的有效监控和管理,其现场管理人员、监理人员首先要有责任心,要尽心尽力。其次是要共同配合,持之以恒的坚持既定管理制度,发现问题及时纠正或汇报。另外,施工人员的积极配合和较强的自律性也是保障施工安全不可缺少的组成部分。从事监理工作这么多年,WG11标竖井施工人员,较强的安全意识和自律性,令人欣慰。

参考文献

[1] 王毅才.隧道工程(上册)[M].2版.北京:人民交通出版社,2006.

[2] 中华人民共和国行业标准.JTJ 076—1995 公路工程施工安全技术堆积[S].北京:人民交通出版社,1995.

[3] 国家安全生产监督管理局,国家煤矿安全监察局.煤矿安全规程(2011年修订)[M].北京:煤炭工业出版社,2011.

Ⅲ.桥梁工程篇

1.薄壁空心墩翻模施工方法探讨

王晓琰
（甘肃路桥建设集团有限公司武罐七标　陇南　746043）

摘　要:薄空心墩有滑模施工、爬模施工、翻模施工等方法,这些方法各有利弊,比较常见的是翻模施工法,本文对武罐七标薄壁空心墩施工所采用的翻模施工方法的技术问题进行了比较详细的论述,希望能对以后薄壁空心墩的施工提供一定的参考。

关键词:薄壁空心墩　翻模施工　技术

武罐高速公路第七项目经理部桥梁薄壁空心墩共有三种规格:6m×2m、6m×2.5m、6m×3m,横桥向宽度均为6m,顺桥向宽度为2.0m、2.5m、3.0m,最大墩高为56m,根据综合比较,项目部施工采用翻模法施工。模板采用钢模,每套模板设计6.75m,共分3节,每节2.25m,2.0m、2.5m宽墩身模板由3.0m宽模板调整。

第一次立第一节模板浇筑墩身倒角,高度1.5m,模板主要由Φ22圆钢拉杆进行固定。

第二次在第一节模板上立第二、三节模板,浇筑至第三节模板顶面,此段高度为5.25m,二次浇注后总高度为三节模板高,即6.75m。

从第二次支模开始,人员由脚手架步梯进入模板外侧作业平台进行施工,模板采用翻模法,下部拆除后倒至上部进行下一次循环,第二次浇注后以4.5m标准翻模高度,依次循环。最后一节空心段采用调整块调整至空心段顶部内倒角顶面。

混凝土在搅拌站集中拌和,利用混凝土搅拌运输车水平运输,垂直运输采用混凝土输送泵车、塔吊进行。

1　测量放样

在墩身首节浇注段钢筋绑扎完成后,于承台立模部分抹上一层砂浆并用水准仪找平,并于其上测量放样墩身几何尺寸关键点,并报验测量监理工程师,在监理工程师检验合格后使用墨线弹出立模线,最后安装首节浇注段模板。

从第二次支模开始,采用全站仪在模板顶打出计算点进行控制,具体按墩身外轮廓线计,先计算出轮廓线外0.05m处十字线方向各点坐标,用全站仪在模板顶放出各点,挂出十字线,用小钢尺沿十字线方向量出点与模板内侧距离,根据量出的距离进行模板调节。

2　钢筋加工及安装

2.1　钢筋加工

(1)钢筋骨架尺寸应符合设计与规范要求。

(2)钢筋加工允许偏差应符合表1规定。

(3)钢筋竖向连接采用滚轧直螺纹套筒连接,施工前必须根据规范要求对套筒及套筒连接件进行材质和接头型式检验,合格后才可进行施工。

(4)钢筋连接位置为:接头互相错开35d,且不小于500mm,同一截面内接头面积百分率≤50%。

钢筋加工允许偏差值　表1

序　号	部　位	允许偏差(mm)	检验方法
1	受力钢筋全长	±10	尺量检查
2	弯起钢筋的弯折位置	±20	
3	箍筋内净尺寸	±5	

2.2　钢筋安装

(1)钢筋安装允许偏差应符合规范规定。

(2)每节受力主筋的长度为9m,为了防止主筋倾倒,钢筋在专门制作的工作塔架上进行。

3　模板施工

3.1　模板制作

空心墩内外模板均采用钢结构,标准节段高2.25m,面板采用6mm厚钢板,模板对称布置。纵、横筋采用10槽钢,法兰采用L(100×100×5)mm角钢,拉杆采用Φ22圆钢;内模采用大块钢模板;围带采用2根10槽钢背靠背焊接而成。围带内穿拉杆。

3.2　第一次模板安装

(1)模板进场后,首先进行模板预拼装,检查模板各部分尺寸、模板接缝及平整度。

(2)在承台施工完成后,于立模部分抹上一层砂浆并用水准仪找平,并于其上测量放样墩身几何尺寸关键点,用墨线弹出立模边线,用吊机配合人工安装首节模板。

(3)钢筋绑扎完毕经检验合格后进行模板的安装,模板拼装之前先将模板磨光清除干净,涂抹脱模剂,涂刷时要轻、薄、均匀,全桥采用同一种脱模剂,以保证混凝土表面颜色一致。

(4)模板采用吊机吊装,人工辅助。先拼装外模板,然后吊装内模板,最后上拉筋。模板连接用Φ18螺栓。每节模板安装时,可在两节模板间的缝隙间塞填0.5~1mm厚薄钢板纠偏。

(5)模板的检查:模板安装完后对模板进行检查,首先检查模板的接缝及错台,模板的接缝控制在1mm以内,模板的错台控制在2mm以内;施工中严格控制轴线偏差在10mm以内。如果有不合格的情况,用手拉葫芦和千斤顶进行调整。

(6)混凝土浇筑完成后,待工作层混凝土强度达到3MPa,支撑层混凝土强度达到10MPa,用吊机拆除支撑层模板并吊至地面打磨除锈涂脱膜剂,待钢筋加工完成经检验合格后用已工作层模板为新的支撑受力点安装模板。如此循环直至墩身施工完成。

(7)为保证墩身外观质量,在拉杆处的内外模板之间套上25mmPVC管,以便拉杆抽拔再次利用,拉杆采用Φ22圆钢,竖向间距1.0m,横向间距1m。

(8)为了保证薄壁空心墩的壁厚,模板安装完毕后,在模板上口用0.7m、0.5m长的槽钢或者方木按间距1m在模板内横撑,待混凝土浇筑到模板上口时取出。

3.3　模板外侧作业平台加工

第二节模板支立前,需先在模板上加设作业平台,作业平台采用钢筋焊接加工,踏板骨架采用Φ28钢筋,每80cm布置一道;搭接筋采用Φ12钢筋,10cm布置一道,共布置7道,上面铺设竹架板;防护栏杆采用Φ16钢筋,间隔30cm,共布置5道;斜支撑采用Φ28钢筋,80cm布置一道。

3.4　模板翻升

模板支立和拆除采用吊车或塔吊进行,30m高度以下采用吊车,到30m高度后安装塔吊,用塔吊进行模板的按拆、浇注混凝土。根据我部模板加工设计,最大块模板重量1.2t,墩身之间最大间距40m,采用QTZ63型塔吊即可满足要求。

模板拆除前先用吊机挂钩吊住模板并使吊机保持受力状态,在作业平台下部挂1个1m×1m的吊篮,吊篮采用钢筋焊制,人员下至吊篮进行竖向螺栓拆除,施工人员必须挂安全带(安全带要求挂在模板上,严禁把安全带挂在作业平台栏杆上),然后上至平台拆除横向螺栓,模板拆除时先松开拉筋,但不能取出,以防止模板与混凝土突然脱落而引起模板掉落;拆除时先外模后内模,最后再行拆除拉筋,拆除过程中安排专人观察模板动向,如出现模板位移则停止施工,重新调整吊机后再行拆除。模板拆除作业时必须慎用撬棍或其他重型工具,以防止模板突然脱落造成人员及机具损伤。

模板拆除完毕后,重新对模板进行打磨及涂刷脱模剂处理,处理完毕吊至上层模板后再行连接支立。

3.5 内模支立及拆除

内模采用定型钢模板,采用螺栓连接。支立时同外模一样采用吊机支立。内模与外模采用拉筋连接。内模工作平台同外模工作平台。内模同外模一样,每次支立4.5m。内模拆除时应注意拆除顺序,先用导链对拉拆除两块内角度模板后,再行拆除其余模板。

4 混凝土浇注及养护

墩身混凝土均为C40,混凝土施工采用拌和站集中拌制,混凝土罐车运输至施工现场,混凝土泵车或塔吊入模,插入式振捣器振捣。

外侧模板拆除后,用高压水泵对混凝土进行洒水后,立即用塑料薄膜包裹覆盖养护。包裹塑料薄膜由人工进行,吊机吊设吊篮配合。塑料薄膜内应保证有凝结水,当日平均温度在5℃以下时,禁止浇水,直接包裹塑料薄膜。内部混凝土相比外部混凝土受环境因素影响较小,采用高压水泵间断洒水养护,但必须保证混凝土面湿润。

(1)浇注混凝土前,应对支架、模板、钢筋和预埋件进行检查,并做好记录,符合设计要求后方可浇注。

(2)拌制混凝土用的各项材料及拌和物的质量应经过检验。

(3)混凝土采用配料机配料,各种均衡器应保持准确。

(4)混凝土的运输能力应适应混凝土凝结速度和浇注速度的需要,使浇注工作不间断并使混凝土运到浇注地点时仍然保持均匀性和规定的坍落度。

(5)由于每次混凝土浇筑高度为4.5m,在墩身等间距安装4个串筒,混凝土通过串筒进入模板,禁止将混凝土直接从模板顶倒入模板内,避免混凝土在下落过程中与墩身密集的钢筋相撞造成严重离析。

(6)浇注混凝土前,先将墩身内杂物清理干净。混凝土的振捣采用插入式振动器,振动器的移动距离在30~35cm范围内,与侧模保持5~10cm的距离。

(7)混凝土分层浇注,每层厚度控制在40cm左右,每放一层料时先将料扒平再开始振捣。严禁用振动棒横拖混凝土。

(8)振捣顺序为:从串筒两边向中间振捣,振捣时间控制在20s左右,以混凝土不再下沉、不再冒气泡、表面泛浆为准,在混凝土的振捣过程中有技术人员严格控制。

(9)振捣器要垂直插入先浇混凝土内一定深度(一般控制在5~10cm),以保证新老混凝土能良好的结合。

(10)因墩身混凝土分节浇注,控制好每节混凝土顶面高度可以保证相邻两段墩身接缝良好,从而保证混凝土的外观美观。当混凝土浇筑到顶时,使混凝土面稍高于模板顶,以便凿毛时方便清洗处理;浇注完毕后派专人用木抹子将模板四周附近的混凝土抹平,保证混凝土面与模板顶面平齐,以保证上下两节段为一条平齐的接缝。

(11)为了保证上下浇注段混凝土的良好的结合,待混凝土强度达到2.5MPa后进行人工凿毛。首先必须将混凝土表面的浮浆凿掉,露出石子,凿深1~2cm,凿完后先用高压风枪吹掉混凝土残渣,再用高压水冲洗干净。以保证凿毛的混凝土面清洁。

5 施工关键要点

薄壁空心墩施工有别于普通的墩身施工，在施工人员、机具上下，混凝土输送，竖直度控制上需采用不同于普通墩身施工的特别处理措施。

5.1 墩身垂直度控制

垂直度控制为墩身施工的重点项目，其竖直度控制不同于普通墩身施工。根据本桥墩身特点，主要采用吊垂线及全站仪相结合的方法控制墩身竖直度。由于墩身高，需多次翻模，为保证墩身垂直度和中心位置准确，施工中采用三维空间定位法，采用空间坐标控制墩身十字线与模板交点的坐标，测量仪器采用全站仪。模型安装完成后，利用全站仪直接测量坐标与计算的理论坐标对比，利用千斤顶调整模型，坐标误差在10mm 以内，然后用不同的后视点重新测量一遍，确保结果一致；利用水平仪检查模板顶高程，误差控制在5mm 以内。在混凝土的浇注过程中，严格沿串筒两边向中间均匀分层浇筑，并在浇注过程中，使用1kg 的垂球沿模板外侧测量本节段的垂直度，指导浇注顺序。

5.2 墩底倒角施工

第1次混凝土浇筑段高1.5m，截面形状为梯形（即墩底倒角段），立好墩身外模后，首浇注1.5m 倒角段混凝土，待混凝土强度达到3MPa 后，将混凝土凿毛、清理松散混凝土。然后以已浇注的1.5m 倒角段混凝土为支撑点，安装第二、第三节外模，吊装内模，安放对拉杆。完成后报验监理工程师，经检验合格浇注薄壁空心墩第二段混凝土。

5.3 墩顶倒角施工

模板翻升至墩顶倒角段内模设计起点高程时，应注意预埋倒角模板着力点钢筋。在倒角起点以下10cm 处顺桥墩方向预埋长50cmΦ28 钢筋，埋入混凝土深度30cm，外露20cm，预埋钢筋间距50cm。浇筑完倒角下部混凝土后拆除内模，将预埋的钢筋用同直径钢筋连接，再在其上铺设竹架板形成倒角模板支模平台。利用该平台绑扎钢筋、支立倒角模板、浇筑倒角混凝土。

5.4 施工安全控制

高墩施工安全控制是翻模施工安全管理的重点，尤其是人员上下墩身和拆卸模板安全风险较高。为了确保人员在墩身施工期间上下行走安全，建议定制高空施工安全专用爬梯，该爬梯结构简单，搭设方便快速，很好地解决了人员上下安全问题。

虽然薄壁空心墩翻模施工法是一种常见的施工方法，但往往因为人们在施工时忽略了许多细节性的东西，在已完成的结构物外观留下了不少瑕疵，或者因为对安全管理的重视程度不高，造成了不必要的事故伤害。因此，还需要广大高速公路参建人员发挥自己的聪明才智，从技术的角度去解决一些施工中存在的问题，让以后的施工更高效、更安全、更经济。

2.蒸汽养生在箱梁预制中的应用

韩建民
(甘肃长达路业有限责任公司　兰州　730030)

摘　要:近年来,我省高速公路建设又迎来了一个新的高峰,期间又以陇东和陇南地区公路投资规模较大,受区域地形条件限制,黄土沟壑地区和山岭重丘区高速公路项目桥梁、隧道在整条路线中所占比例较大。而往往在这类项目中桥梁施工会遇到预制场地狭小或者大桥群箱梁工厂化集中预制的情况。在这两种情况下,如何通过有效措施缩短箱梁台座的循环周期,提高台座利用率就成为保证施工进度和降低施工成本的关键所在。而在相同条件下,混凝土强度的形成速度就成为制约台座循环乃至影响施工进度的主要因素。

关键词:蒸汽养生　箱梁预制　应用

混凝土中,水和水泥发生的化学作用谓之水化作用。水化作用是否完满,将直接影响混凝土的品质和耐久性。因此,如何在混凝土强度形成初期保持其水分,让水化作用得以完全,或是借助其他方式缩短混凝土水化的时间,就是制造高效混凝土的唯一手段。也就是混凝土的养生。一般规定,使用普通硅酸盐水泥的混凝土,采用常规洒水覆盖养生时间不得少于7d,如此耗时,且在养生后期混凝土强度增长缓慢,显然无法满足箱梁预制的需要。针对这一问题,我标段在箱梁预制中,采用了蒸汽养生,有效保证了箱梁混凝土强度,缩短了工期。下面结合我标段工程实际,简要介绍蒸汽养生在箱梁预制中的应用。

1　工程概况

武罐高速公路WG8合同段马河大桥为左、右线分离式高速公路桥梁,单幅总长度613.83m。右线(中心桩号YK46+286.001)为8~40m预应力混凝土连续组合箱梁桥,桥梁长328.8m。左线(中心桩号ZK46+271.287)为7~40m预应力混凝土连续组合箱梁桥,桥梁长285.03m。桥梁每跨4片箱梁,左幅7跨,共有箱梁28片。右幅8跨,共有箱梁32片。总计60片。箱梁预制场地选择在本标段已贯通的汪家坝隧道内预制。左、右幅箱梁分别在隧道左右线预制,每侧设置箱梁台座8个。

2　蒸汽养生相关施工准备

2.1　技术准备

在蒸汽养生前应准备具体的施工方案。确定施工生产任务安排。培训蒸汽养生操作人员。组成由项目工地试验室为主体的质量控制小组,重点对混凝土蒸汽养生中的强度上升,温度、湿度进行监控。以确定合理的养生时间。

2.2　材料准备

(1)蒸汽发生器,电加热锅炉两台,该设备为上海詹妮瑞热能设备有限公司生产。额定功率24kW,每小时蒸发量为34kg,蒸汽最高温度为171℃,锅炉最大储水量为28kg。

(2)蒸汽养生篷布1000m^2,为保证养生空间密闭,应选用涂塑帆布。

(3)φ32塑料水管500m,三通阀门8套,养生用水从隧道原高压水池引入洞内。

3 施工工艺

3.1 工艺流程

(1)试验室前后场安排人员值班,及时掌握施工过程混凝土状况,保证混凝土质量(和易性和坍落度)稳定。定期观测拌和用水、混凝土出料及入模温度,并测出混凝土各阶段温度损失,便于及时调整确保混凝土入模温度符合规范要求的5℃以上。

(2)如外界气温低于5℃,应使用保温帐篷将隧道进、出口封闭,只在进口预留供车辆进入的门洞,门洞位置设置活动棉布门帘。保证隧道内温度在5℃以上。

(3)箱梁混凝土浇筑过半后,施工人员应适时拆除内模,混凝土浇筑完成3h后,施工人员应对箱梁顶板及内部洒水养生,以防止混凝土由于水化热急剧升温,体积膨胀而开裂。然后用帐篷覆盖箱梁,将混凝土水化热量蓄保起来,以减少热量的进一步散失。这个过程表面上看似矛盾,但实践证明对混凝土早期强度形成以及防止热缝产生是有利的。一般静放时间为4~6h。

(4)静放4~6h后,揭开篷布,拆除外模。外模拆除完毕后即重新覆盖并接通蒸汽发生器通入蒸汽养生。棚内升温速度不大于8℃/h,以防止混凝土受热急剧膨胀开裂。加热过程中应尽量保证构件均匀受热。并安排专人每小时对棚内温度、湿度进行观测并做好记录。

(5)经观测,在持续通入蒸汽后,棚内温度会稳定在45℃左右不再升高,此时箱梁混凝土表面处于湿润状态,在此条件下养生60h后即可停止养生。具体可根据现场同条件养生的混凝土试块及回弹强度作为停止蒸汽养生和进行预应力张拉的依据。

(6)蒸汽养生结束后的24h内,应当继续对混凝土洒水养生,保证混凝土表面湿度,以促进水化作用完全,提高混凝土品质和耐久性。

3.2 蒸汽养生

3.2.1 蒸汽发生器及管道安装

由于我标段选用的蒸汽养生设备体积小、重量轻,可在施工现场任意转场,养生前将两台蒸汽养生器分别放置在待养生箱梁两端,接通每个梁端布置的三通水管及电源,箱梁两端各伸入一根胶皮管供气,两根胶皮管应分别放置在箱梁两侧,蒸汽发生器储水箱和主水管接通后,形成连通器。当锅炉内水位下降至警戒线以下时,储水箱内的水自动补充,而此时储水箱内进水阀开启,主水管水立即补充储水箱。整个养生过程无须专人负责。

3.2.2 养护过程

用涂塑帆布覆盖梁体,形成每片梁的蒸汽养生室(体积约240m^3)在帆布内铺设好管道,通入蒸汽按照静放,升温,恒温,降温四个程序对梁体进行蒸养。

4 现场蒸汽养生的优点和不足之处

4.1 优点

在蒸汽养生条件下,混凝土强度增长迅速,参照我标段已完成的51片箱梁预制施工,在养生60h后强度即可达到设计强度的95%以上,极大地缩短了养生周期,加快了台座及模板的循环速度,节约了工期;而蒸汽养生的经济性也正是通过缩短的工期得到体现。另外蒸汽养生较之常规洒水养生更为环保,因为用水量明显降低,同时几乎不产生养生废水。

4.2 不足之处

现场缺乏良好的温控设备,养生中唯有通过控制蒸汽的输出量间接的进行温度控制,因此难以控制温度。同时现场无法真正达到密闭空间,所以恒温期间温度也仅能达到40~50℃之间。另外,降温期间在现场实际操作时是直接关闭锅炉自然降温，降温速率难以控制。

5 结语

汽养生方式虽然行之有年，但直到近年来才被广为重视，使用蒸汽养生技术可以使工程总体成本降低，有效缩短工期。这也使得蒸汽养生投入成本较高的刻板印象逐渐被打破。而在箱梁预制比较集中、数量较多的大型预制场内，蒸汽养生的使用可以使其优点成倍放大。在日益讲求经济和效率的公路建设工程中，蒸汽养生方式必将得到进一步的推广运用。

3. 洛塘河双层高架特大桥盖梁施工方案分析

周先奉
（北京市海龙公路工程公司　北京　102206）

摘　要：本文以洛塘河双层高架特大桥为研究对象，针对高速公路首个双层桥中盖梁施工方案进行设计与分析，并且根据特殊的地形条件以及施工要求对盖梁施工中支架以及预应力钢筋拉伸量进行了计算，依此设计了合理的、安全的施工方案。

关键词：双层桥　特大桥　盖梁　施工　方案

1　工程概况

洛塘河双层高架特大桥是首次用于高速公路建设的双层桥。洛塘河双层高架特大桥是兰州至海口国家高速公路武都至罐子沟段一期土建工程的重要控制工程。桥址区位于武都区枫相乡院子村，桥址区路线顺洛塘河展布，为“V”形河谷，地势相对较狭窄，局部较宽，为“U”形谷，两岸不对称分布河漫滩，两岸坡度较陡。由于该段路线基本顺洛塘河河道内布设，河道狭窄，蜿蜒曲折，如采用左右幅桥布设较为困难，且桥墩阻水严重，对沟岸开挖较大，为了少占河道，保护自然环境，设计时充分考虑利用空间，本桥为左、右线双层并行高架桥梁，右线 YK96 + 211.034 ~ YK97 + 154.421 段、左线 ZK96 + 155 ~ ZK97 + 154.003段为上下双层桥梁，左线在顶层，右线在底层，两线设计高程之差 9.50m，其余部分为左、右分离式桥梁。本桥上部构造为预应力混凝土连续箱梁，先简支后连续施工，下部构造 X13 ~ X45 号为双层框架式桥墩（最大墩高 26.8m），X12. X46 号为独柱式桥墩，其余均为双柱式桥墩，桥墩基础为钻孔灌注桩基础，桥台为一字形重力式桥台，扩大基础。

2　桥梁盖梁施工基本方案

本双层桥共计墩柱 188 根，盖梁 95 个，箱梁 392 片。其中盖梁施工时是在墩柱施工时在顶部以下的适当位置预留孔洞，施工时采用柱顶搭设牛腿支架方案，用特制钢牛腿架设两根工字钢作承力结构，焊接牛腿的钢箍固定在墩柱上，两根工字钢间用拉杆连接在工字钢上，再在其上铺设底模。底模上测量放出钢筋的位置，用吊车吊到底模上绑扎安装，安装侧模，将其支撑牢固，灌筑盖梁混凝土。

2.1　盖梁支架

对双柱式墩的盖梁，由于柱间距为 6.5m 和 8.0m，盖梁支架采用两根 63b 工字钢做主梁，上面用 14 工字钢做横梁，14 工字钢间距为 1.0m。具体布置图见图 1。

对框架式墩盖梁，由于框架墩间距为 14.5m，且由于框架墩上下盖梁混凝土方量大，盖梁支架采用两根 63b 工字钢做主梁，在正中位置增加一个支撑。上面用 14 工字钢做横梁，14 工字钢间距为 1.0m。具体布置图见图 2。

2.2　盖梁钢筋

盖梁骨架钢筋采用钢筋加工厂按照每片盖梁尺寸加工好，由平车运至现场，吊车配合，按图纸和规范要求在支架上安装。施工中认真按有关图纸埋设预埋件。

2.3　盖梁混凝土

洛塘河特大桥框架式桥墩上下盖梁均采用 C40 钢纤维混凝土，拌和站按照配合比拌和混凝土，由罐车运至现场，混凝土泵车泵送入模，人工插入式振捣。

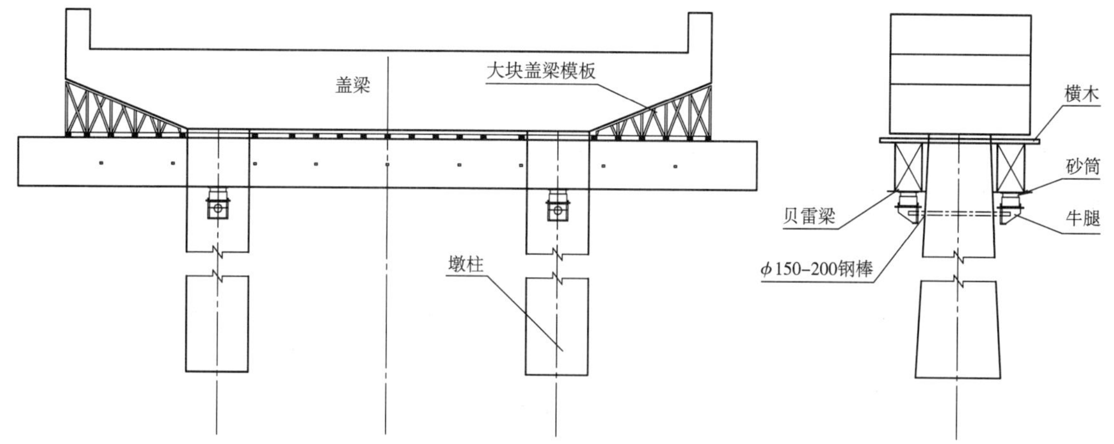

图1　双柱式墩盖梁施工

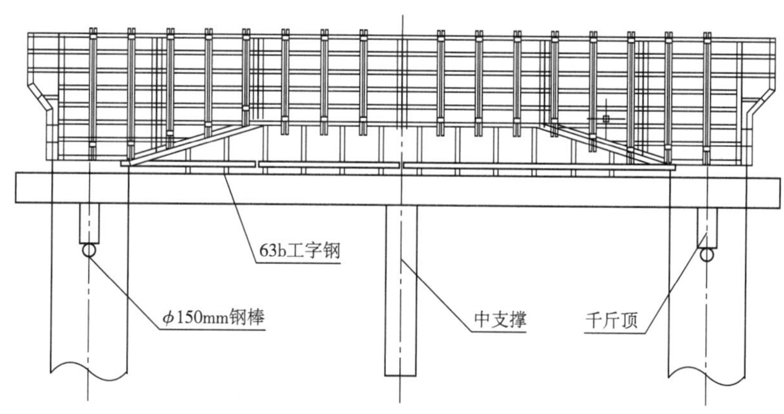

图2　框架墩盖梁施工

2.4　盖梁预应力施工

上下盖梁混凝土强度达到90%后，对盖梁预应力钢束进行张拉，控制张拉应力为1395MPa。张力预应力钢束时采用引伸量与张拉吨位双控，以引伸量为主。钢束分两批采用两端对称张拉，盖梁混凝土达到强度的90%后，先张拉第一批钢束；待箱梁架设完成后，张拉第二批钢束。

3　施工方案中控制计算

3.1　框架墩盖梁支架验算

受河道地势限制，且洛塘河特大桥盖梁离地面位置的距离较高，采用满堂支架会有较大的弹性变形，同时也不经济。

1）重量计算

第一部分：下盖梁混凝土荷载，下盖梁混凝土方量为$63.48m^3$，盖梁长16.3m

所以：$q_1 = 63.48m^3 \times 25kN/m^3 \div 16.3m = 97.36kN/m$

第二部分：模板及施工人员机具重量（含主梁上的工字钢）230kN

所以：$q_2 = 230kN \div 16.3m = 14.11kN/m$

第三部分：工字钢自重（63b工字钢，每根18m长）$200kg/m^2$

所以：$q_3 = 2 \times 1.3125kN \times 1.2 = 3.15kN/m$，其中1.3125为63b工字钢每延米重量，1.2为系数

所以：$q = 97.36kN/m + 14.11kN/m + 3.15kN/m$

2)弯矩计算

$$M=q\cdot 12/8=(97.36+14.11+3.15)\times 7.252\div 8=753.09\mathrm{kN\cdot m}$$

弯矩正应力验算:

$$\sigma=M/W=753.09\times 106/(2\times 31.64\times 105)=119.01\mathrm{MPa}$$

因为:63b 工字钢为 A3 钢,弯曲应力值为 145MPa

所以:119.01MPa < 145MPa

3)剪力计算

由于在工字钢中间加设支撑,所以最大剪力为:

$$q=(q_1+q_2+q_3)\times 16.3\div 4=(97.36+14.11+3.15)\times 16.3\div 4$$
$$=467.08\mathrm{kN}$$

$$\tau=QS/bI=(467.08\times 103)/(2\times 15\times 0.535)=29.10\mathrm{MPa}$$

因为:最大剪力为 85MPa

所以:29.10MPa < 85MPa

4)挠度验算

$$f=5q_1 4/384EIx=(5\times 467.08\times 72504)/(384\times 2\times 1.05\times 105\times 9.8\times 108)=0.21\mathrm{mm}$$

因为:按照计算,标准挠度 1/600 = 12mm

所以:0.21mm < 12mm

5)结论

支架满足要求。

3.2 盖梁钢绞线

1)计算公式

盖梁钢绞线计算公式:

$$平均张拉力计算:P_P=\frac{P(1-e^{-(kX+u\theta)})}{kX+u\theta} \tag{1}$$

式中:P_P——预应力筋平均张拉力(N);

P——预应力筋张拉端的张拉力(N);

X——从张拉端至计算截面的孔道长度(m);

θ——从张拉端至计算截面曲线孔道部分切线的夹角之和(rad);

k——孔道每米局部偏差对摩擦的影响系数,根据本标段的实际情况,取值为 0.0015;

u——预应力筋与孔道壁的摩擦系数,根据本标段的实际情况,取值为 0.25。

其中 P 的计算:

每根钢绞线设计张拉吨位	设计为 1395 × 140 = 195300N = 195.3kN
9Φs15.24 钢绞线张拉吨位	P = 9 × 195.3 = 1757.7kN

2)理论伸长量计算

公式:

$$\Delta L=\frac{P_P L}{EA} \tag{2}$$

式中:A——预应力筋的截面面积,已知一根 Φj15.24 钢绞线的截面面积为 140mm^2;

E——预应力筋的弹性模量,已知 Φj15.24 钢绞线的弹性模量为 1.95 × 105MPa;

L——预应力筋的受力长度。

ΔL 为计算得出的张拉完成后预应力钢束实际伸长量。

3)计算盖梁钢绞线理论伸长量

以 X14 - X28、X30 - X44 盖梁为例,计算 N1 - 0、N1 - 1 伸长量。

钢束锚下控制应力为0.75f_{pk} =0.75 ×1860 =1395MPa,N1 -0、N1 -1 钢束共有9 根 Φj15.24 钢绞线,则:P =1395 ×9 ×140/1000 =1757.5kN;A =9 ×140 =1260mm^2

钢绞线在盖梁内的直线长度 =(18.74 -1.8 -6.98) =9.96m

钢绞线工作长度1.03m

$$X_{直} = 9.96 + 1.03 = 10.99\text{m}; X_{曲} = 6.98\text{m}$$

角度 θ 计算

竖弯:θ_1 =20°,换算成弧度 =20 ×3.1415926/180 =0.3490658rad

曲线段平均张拉力计算,根据式1 得:PP =1674.54kN

根据式2,ΔL 曲 = 1674.54 ×6.98/(1.95 ×1260) =4.76cm =47.57mm

ΔL 直 = PL/(Ap ×Ep) =1757.7 ×10.99/1.95/1260 =78.62mm

N1 -0、N1 -1 预应力钢束张拉理论伸长量:$\Delta L = \Delta L_{曲} + \Delta L_{直}$ =126.19mm

4 结语

由于洛塘河双层高架特大桥的特殊结构形式以及独特的地理位置,决定了大桥的施工方法需要进行特别的设计。其中盖梁部分的施工以及施工中的计算控制都有着重要的作用。盖梁施工包括支架、钢筋、预应力张拉等具体的工作要求及施工中的注意事项,特别是在支架形式、支架的受力计算及预应力的张拉伸长量等控制性工序上,应定量计算保障施工安全。

参考文献

[1] 中华人民共和国行业标准. JTG D60—2004 公路桥涵设计通用规范[S]. 北京:人民交通出版社,2004.

[2] 徐光辉,胡明义. 公路桥涵设计手册:梁桥(上册)[M]. 北京:人民交通出版社,2000.

[3] 徐伟. 施工结构计算方法与设计手册[M]. 北京:中国建筑工业出版社,1999.

4. 浅谈抱箍支撑体系在现浇梁施工中的应用

杨 川 侯 飞

(中铁四局集团第一工程有限公司 合肥 230041)

摘 要:本文通过例题讲述了抱箍支撑体系在现浇梁施工中的应用。抱箍作为承力主体辅以系梁来支撑支架结构施工现浇梁是一种非常用的施工方法,它主要适用于梁部重量较轻、且桥墩较高或是地形较复杂、不适于地基处理的条件下使用。采用抱箍支撑体系施工现浇梁,可不需要地基处理,该法适应地形能力较强,在提高施工效率的同时,能够节约施工成本。

关键词:抱箍 支撑体系 现浇梁 施工 成本

1 工程概述

余家湾互通立交B匝道桥现浇箱梁是连接B匝道和YK129+519主线桥的通道,该联现浇梁第四跨跨清峪沟主河道,跨径16.732m,该跨所处线路曲线半径$R=45$m,最大纵坡3.407%,最大横坡8%。余家湾互通立交B匝道桥第四跨现浇箱梁结构为单箱室钢筋混凝土连续箱梁,底宽平均5m,顶宽平均8.5m,为不等变截面,跨中截面梁高1.3m,底板厚22cm、顶板厚25cm,腹板厚40cm;梁端截面梁高1.3m,底板厚32cm、顶板厚35cm,腹板厚60cm。根据该构造图进行计算,该跨梁设计混凝土方量:82.66m^3,即梁自重214.916t。

2 方案比选

根据现场地形地势,可选现浇梁施工方案有:(1)钢管支架结构方案;(2)抱箍体系自承结构方案,下面进行具体方案比选(表1)。

方案比选 表1

序号	备选方案	比选分析		
		施工工艺	材料分析	成本分析
(1)	钢管支架结构方案	施工工艺较成熟,方案适用范围广,操作难度低	材料用量较大,附近钢材市场较缺乏,需从成都购买	一次性投入成本较大,周转效率低
(2)	抱箍体系自承方案	施工工艺较新颖,对结构计算要求较高,必须经过准确计算	材料用量较节约,只需要抱箍,可充分利用下部结构剩余抱箍	一次性投入成本较小,由于下部结构剩余大量抱箍,可多联施工,周转效率较高

根据以上比选,选择抱箍体系自承结构方案施工现浇梁。

3 支架设计

抱箍采用壁厚$\delta=1$cm厚的钢板卷制而成,高度1m,螺栓眼共30个。在抱箍顶面安装横向分配梁,横向分配梁采用2I36a并排双根工字钢，纵梁采用32a工字钢，安装在横向分配梁上，为安装脚手架钢管做准备，预先将纵梁间距计算好，纵梁上钢管采用φ48mm，壁厚$\delta=3.5$mm普通扣件式脚手架钢管，钢管丝杆顶托上纵向方木横截面尺寸15cm×15cm，模板背带（横向方木）采用10cm×10cm方木，模板采用厚度$\delta=15$mm竹胶板。

现场抱箍支撑体系支架连接构造照片如下（图1、图2）。

图1 现场施工照片1

图2 现场施工照片2

抱箍支撑体系细部结构尺寸图如下（图3）。

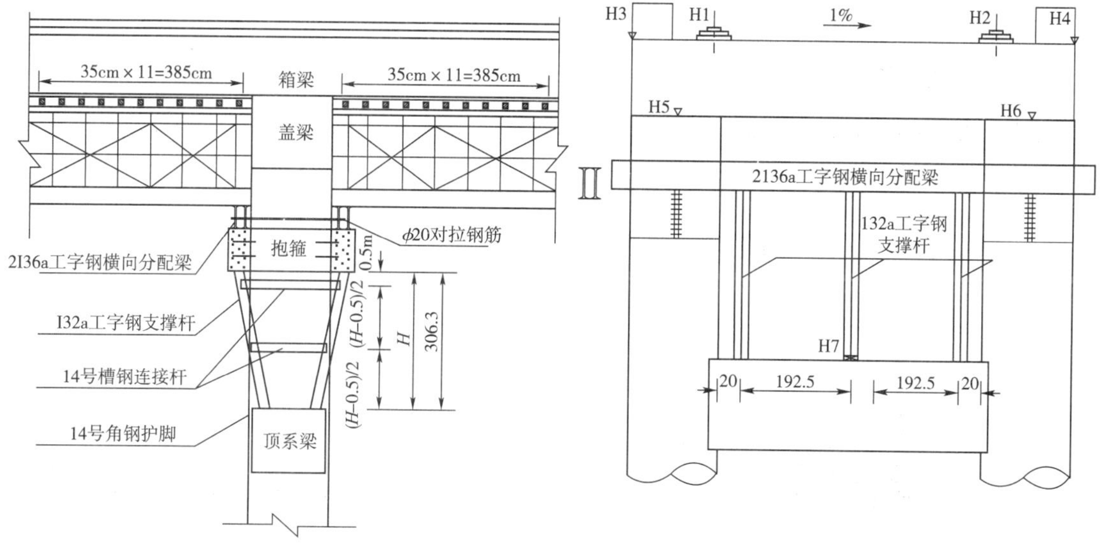

图3 抱箍支撑体系细部结构尺寸图

4 结构分析计算

4.1 抱箍支撑体系检算

根据对结构的计算得，桥墩抱箍体承受上部荷载$N=688.608$kN（摘自《武罐22标余家湾互通立交B匝道桥现浇梁支架结构计算书》）。荷载由纵梁32a工字钢直接作用于2I36a横向分配梁，2I36a横向分配梁支撑在抱箍和支撑杆件上。横向分配图如下（图4～图11）。

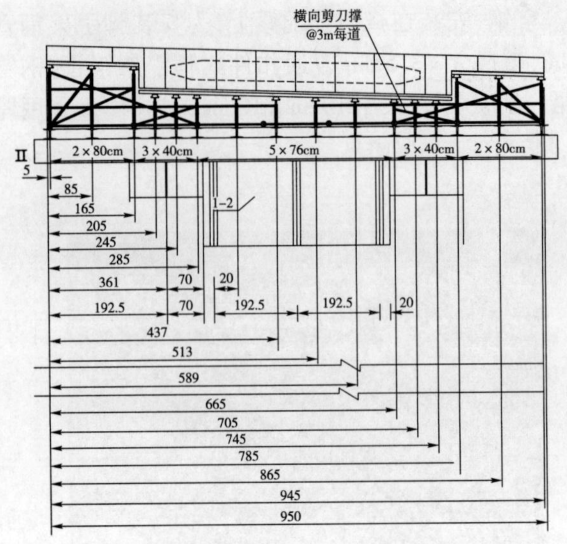

图4　荷载横向分配图(尺寸单位:cm)

序　号	面积（m^2）	总面积（m^2）	横向分配系数	荷载作用长度（m）	分配荷载（kN）
1	0.225	6.725	0.033457249	0.45	23.021
2	0.4	6.725	0.059479554	0.8	40.926
3	0.379	6.725	0.056356877	0.6	38.777
4	0.524	6.725	0.077918216	0.4	53.613
5	0.413	6.725	0.061412639	0.4	42.256
6	0.41	6.725	0.060966543	0.58	41.949
7	0.513	6.725	0.076282528	0.76	52.488
8	0.512	6.725	0.076133829	0.76	52.385
9	0.609	6.725	0.075687732	0.76	52.078
10	0.507	6.725	0.075390335	0.76	51.874
11	0.403	6.725	0.059925651	0.58	41.233
12	0.408	6.725	0.060669145	0.4	41.744
13	0.518	6.725	0.077026022	0.4	52.999
14	0.379	6.725	0.056356877	0.6	38.777
15	0.4	6.725	0.059479554	0.8	40.926
16	0.225	6.725	0.033457249	0.45	23.021
合　计	6.725	6.725	1	9.5	688.068

图5　横向分配荷载计算表

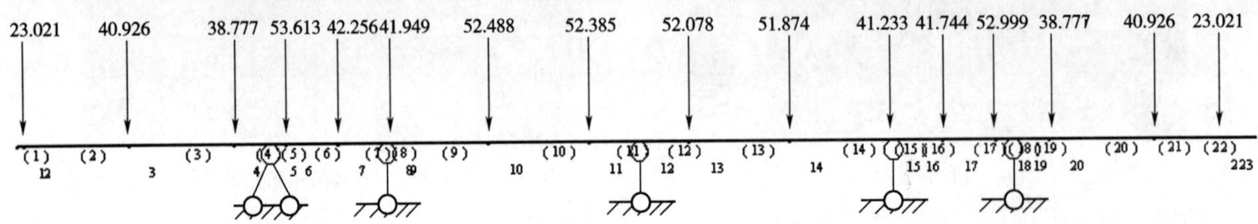

图6　横向分配梁受力图

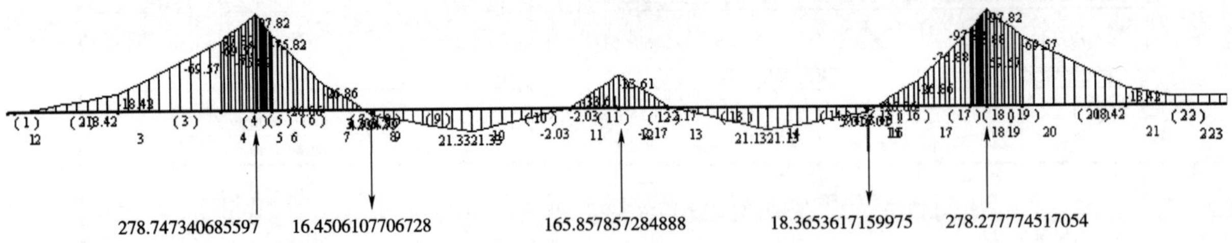

图7　横向分配梁弯矩图

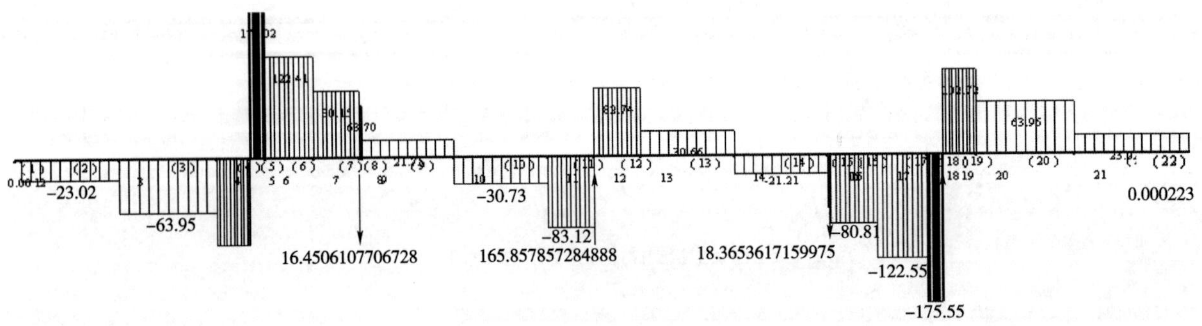

图8　横向分配梁剪力图

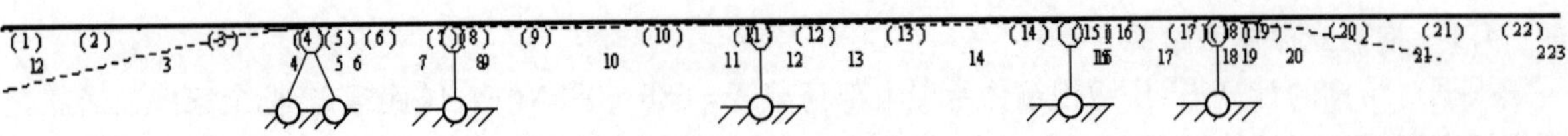

图9　横向分配梁挠度图

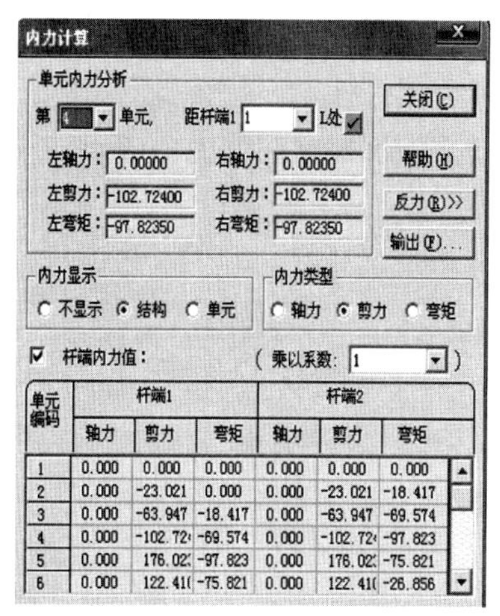

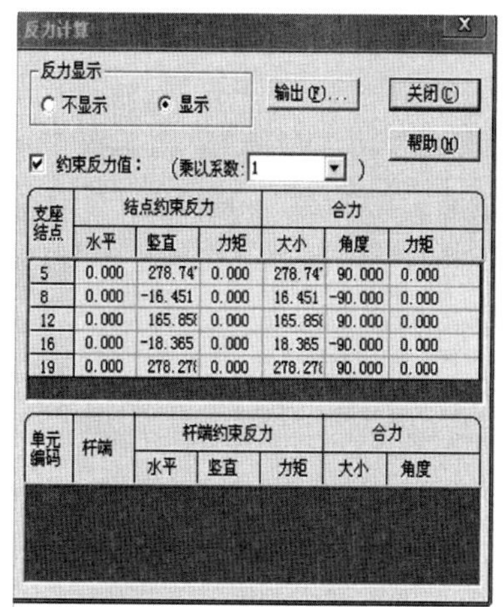

图10 横向分配梁弯矩、剪力值及抱箍承受竖向荷载值

图11 横向分配梁挠度值

4.2 抱箍体检算

4.2.1 螺栓数目计算

根据以上计算知:抱箍体需承受的竖向压力 $N = 278.278\text{kN}$

抱箍所受的竖向压力由M22的高强螺栓的抗剪力产生,查《路桥施工计算手册》第426页:M24螺栓的允许承载力:

$$[N_L] = P \times \mu \times n/K$$

式中:P——高强螺栓的预拉力,取190kN;

μ——摩擦系数,取0.3;

n——传力接触面数目,取1;

K——安全系数,取1.7。

则:

$$[N_L] = 190 \times 0.3 \times 1/1.7 = 33.529\text{kN}$$

螺栓数目 m 计算:$m = N'/[N_L] = 278.278/33.529 = 8.3 \approx 9$ 个,取计算截面上的螺栓数目 $m = 9$ 个。现场抱箍上螺栓数目为30个,满足要求!

则每条高强螺栓提供的抗剪力:$P' = N/9 = 278.278/9 = 30.92\text{kN} \approx [N_L] = 33.529\text{kN}$

故能承担所要求的荷载。

4.2.2 螺栓轴向受拉计算

墩柱混凝土与钢之间设一层橡胶,按橡胶与钢之间的摩擦系数取 $\mu = 0.3$ 计算,抱箍产生的压力 $P_b = N/\mu = 278.278\text{kN}/0.3 = 927.593\text{kN}$ 由高强螺栓承担。则:$N' = P_b = 927.593\text{kN}$

抱箍的压力由30条M22的高强螺栓的拉力产生。即每条螺栓拉力为

$$N_1 = P_b/30 = 927.593\text{kN}/30 = 30.92\text{kN} < [S] = 190\text{kN}$$

4.2.3 求螺栓需要的力矩 M

(1)由螺帽压力产生的反力矩 $M_1 = u_1 N_1 \times L_1$

$u_1 = 0.15$ 钢与钢之间的摩擦系数;$L_1 = 0.015$ 力臂

$$M_1 = 0.15 \times 30.92 \times 0.015 = 0.07\text{kN} \cdot \text{m}$$

(2)M_2 为螺栓爬升角产生的反力矩,升角为10°

$M_2 = \mu_1 \times N'\cos10° \times L_2 + N'\sin10° \times L_2$[式中 $L_2 = 0.011$(L_2 为力臂)]

$= 0.15 \times 30.92 \times \cos10° \times 0.011 + 30.92 \times \sin10° \times 0.011 = 0.109(\text{KN} \cdot \text{m})$

$M = M_1 + M_2 = 0.07 + 0.109 = 0.179(\text{kN} \cdot \text{m}) = 17.9(\text{kg} \cdot \text{m})$

偏于安全考虑,要求螺栓的扭紧力矩 $M \geq 75(\text{kg} \cdot \text{m})$。

4.2.4 抱箍体的应力计算

(1)抱箍壁为受拉产生拉应力

拉力 $P_1 = 15N_1 = 15 \times 30.92 = 2793(\text{kN})$。抱箍壁采用面板 δ8mm 的钢板,抱箍高度为 0.75m。

则抱箍壁的纵向截面积:$S_1 = 0.008 \times 0.75 = 0.006(\text{m}^2)$

$\sigma = P_1/S_1 = 463.8/0.006 = 77.3(\text{MPa}) < [\sigma] = 140\text{MPa}$。满足设计要求!

(2)抱箍体剪应力

$\tau = (1/2R_A)/(2S_1) = (1/2 \times 278.278)/(2 \times 0.006) = 11.595\text{MPa} < [\tau] = 85\text{MPa}$

根据第四强度理论:$\sigma_W = (\sigma_2 + 3\tau_2)1/2 = (77.32 + 3 \times 11.5952)1/2 = 79.866\text{MPa} < [\sigma_W] = 145\text{MPa}$

满足强度要求。

4.3 支撑杆计算

根据本文第 2 章抱箍支撑体系图知:抱箍底至顶系梁距离 4.5m,中间设置 2 道对拉钢管。据本节计算知:32a 工字钢支撑杆顶承受竖向荷载为 165.858kN,建立计算模型如下(图 12 ~ 图 17)。

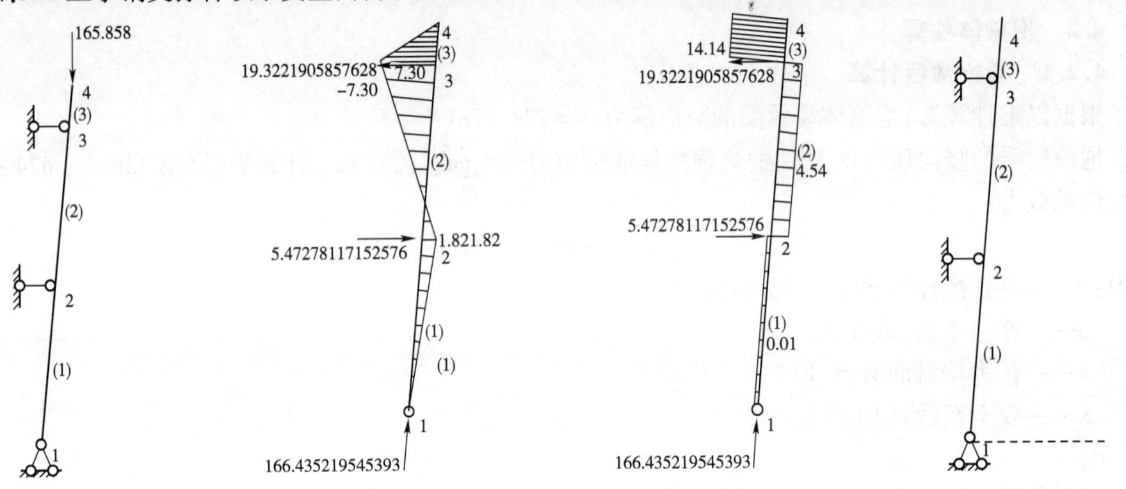

图 12 支撑杆件受力图　图 13 支撑杆件弯矩图　图 14 支撑杆件剪力图　图 15 支撑杆件挠度图

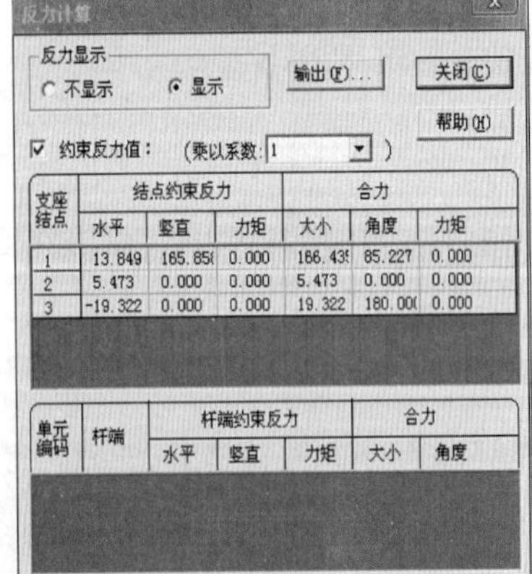

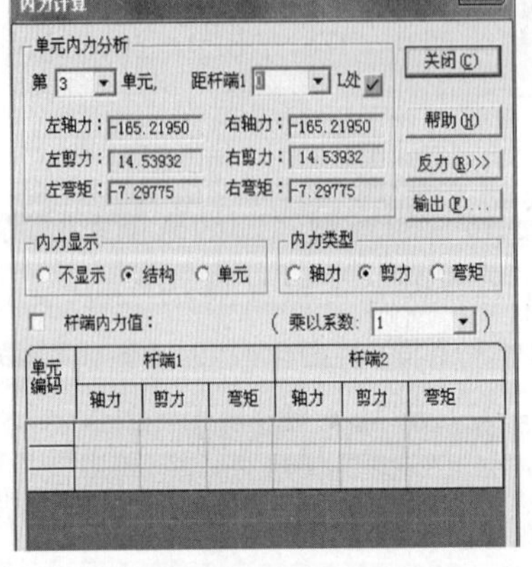

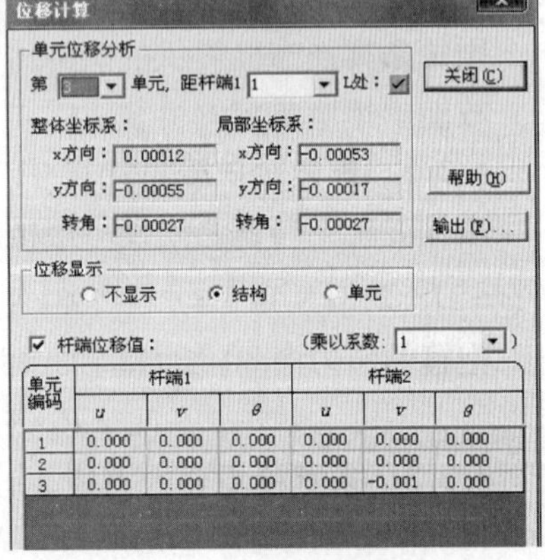

图 16 支撑杆件剪力、弯矩值及对拉焊接杆受力值　图 17 支撑杆件挠度值

根据以上计算知,32a 工字钢满足作为支撑杆件的使用要求。

5 施工方案

5.1 支架搭设

(1)按支架设计图先计算好抱箍顶高程,安装抱箍,抱箍螺栓必须全部上紧,按照计算的扭力矩逐个检查。

(2)在抱箍顶对称安装横向 2×36a 分配梁,两根横向分配梁之间采用拉杆连接固定。

(3)在横向分配梁上按照支架设计图中的纵梁间距画线,按线安装 32a 纵梁。采用 25t 汽车吊吊运至设计位置。纵梁与横向分配梁之间采用采用限位钢板进行固定。

(4)脚手架搭设。脚手架搭设严格按照支架设计图进行。搭设原则:墩中心两侧 4m 范围内和跨中 1m 范围内支架纵向间距按 60cm 控制,其余纵向间距按 90cm 控制,横向间距见支架设计图集。纵横向钢管立杆安装完成后,安装顶托并同时安装纵横向斜杆,以增加脚手架整体稳定性。

(5)在立杆顶托上铺设纵向 15cm×15cm 方木为纵梁,方木与方木之间采用码钉固定连接,注意:方木接头必须置于 32a 立杆顶托上,严禁接头悬空。

(6)在纵向 15cm×15cm 方木铺设横向 10cm×10cm 方木作为模板背带,横向 10cm×10cm 方木净间距 25cm,注意:横向方木接头必须置于纵向方木上,模板拼缝必须置于横向方木上,严禁接头悬空。

5.2 支架预压及预拱度设置

预压过程主要是检验支架系统的承载能力、消除支架及地基的非弹性变形及测试支架系统的弹性变形。

在支架经整架验收合格,横向方木铺设完成后进行支架预压,本工点现浇梁预压采用砂袋按不小于各段设计荷载 100% 进行预压。梁体底板观测点纵向布设在箱梁跨中处和每跨箱梁的 1/4、3/4 处,横向布置 4 个点。每日对其进行三次沉降观测,并做好记录。单跨预压期为 3d,累计下沉量小于 1.0mm 时可判定沉降稳定,可对支架进行卸载,算出支架弹性和非弹性变型数值。根据各对应的弹性数值及预拱度调整模板高程。

预拱度计算式为 $F=J+L+H$,其中 J 为梁体挠度(根据结构计算书为 1.5cm),L 为支架弹性变形,H 为地基弹性变形。底模安装前先安装好支座,根据设计施工图提供,预拱度最大值为 2cm,设置在梁跨中位置,按抛物线进行分配至梁端。

5.3 模板安装

模板由底板、侧板及内模三部分组成。先分别做成组件,在使用时进行拼装,底模、侧模采用高强度竹胶板,内模采用木模。相邻两模高差 <2mm,间隙 <2mm。底模、侧模直接铺装在方木横梁上,内外侧模、顶模采用框架式。为确保箱梁混凝土外观质量,内外侧模加固不用对拉杆。外侧模利用翼板钢管架做支撑,内侧模在箱室内利用钢管和顶托对顶做支撑。在侧模内放与腹板厚度一样长钢筋头做支撑,以保证侧模加固时,保证腹板厚度尺寸。

5.4 钢筋加工及绑扎

钢筋在工地加工棚内集中制作,运至现场由汽车吊提升、现场绑扎成型。绑扎钢筋前,由现场技术员测量复核模板的平面位置及高程,其中高程包括支架的计算挠度所设的预拱度,无误后方可进行钢筋的绑扎。钢筋布置按照设计图纸,钢筋绑扎与模板安装之间施工顺序为:先安装底板模板,之后安装腹板外模和翼板底模;模板拼装验收合格后开始进行钢筋绑扎,先底板钢筋,后腹板钢筋;安装内模及加固完成后,进行顶板钢筋绑扎;对梁体钢筋进行整体验收合格后,安装端模;钢筋、模板经检查合格后,浇筑箱梁混凝土。

钢筋的交叉点处采用扎丝呈梅花状绑扎结实,绑扎铁丝的尾段不应伸入保护层内。钢筋与模板之间设置 35mm 厚与梁体同级混凝土垫块,垫块与钢筋绑扎牢靠,垫块呈梅花形布置,按≥4 个/m^2 设置。

5.5 混凝土施工

混凝土采用在搅拌站集中拌和,水平运输采用混凝土运输车运输,泵送入模进行浇筑。混凝土浇筑采取施工斜层法,纵坡底处向高处对称浇筑。混凝土的浇注与振捣要密切配合,分层灌注、分层振捣。在浇注过程中应派专人负责支架和模板的变形及沉降观测,发现问题及时处理。同时,在混凝土浇注过程中,随机取样制作混凝土强度及弹性模量试件,其中强度和弹性模量试件分别从箱梁底板、腹板和顶板取样。试件要随梁体或在同样条件下振动成型,试件组数按每 80~100m^3 做一组,作为施工工序和桥梁质量检验的依据。

混凝土浇筑完毕,应加强新浇注混凝土表面的收浆抹面工作。连续梁浇筑完后,收光抹面需反复多次进行且不少于3遍,在混凝土初凝前完成收浆抹面工作,以消除收缩裂纹,并使平整度满足要求。收浆抹面后要及时洒水并采用土工布覆盖进行潮湿养护,防止水分蒸发产生收缩裂纹。混凝土潮湿养护时间不宜少于28d。养护时,注意控制养护水的温度与混凝土表面温度差,混凝土表面温度与环境温差,不得大于15℃。

5.6 模板及支架拆除

当梁体混凝土强度达到设计强度的75%,混凝土芯部与表层、箱内与箱外、表层温度与环境温度之差均不大于15℃,且能保证构件棱角完整时方可拆除侧模和端模。侧模拆模时通过顶压机构使侧模脱离梁体,再通过卷扬机滑到相应的位置上。拆模时,严禁重击或硬撬,避免造成模板局部变形或损坏混凝土棱角。在梁体混凝土强度达到设计强度100%后,方可拆除支架和底模。支架拆除的顺序和搭设顺序相反,即由上至下一次拆除。梁底模及支架卸载顺序,严格按照从梁体挠度最大处支架节点开始,逐步向两端卸落相邻节点,分几个循环卸完,卸落量开始小,逐渐增大;在纵向应对称均衡卸落,在横向应同时一起卸落;设专人观测并做好挠度及墩台变化情况记录。当达到一定卸落量后,支架方可脱落梁体。

6 效益分析

抱箍支撑体系巧妙利用了系梁的支撑作用,充分发挥了桥梁下部结构的自承能力,节约了普通支撑方式所需要的硬化混凝土、螺旋焊管或是脚手架钢管,若余家湾互通立交B匝道支架现浇梁采用普通钢管支架施工,除硬化混凝土、螺旋焊管等投入外,还需增加机械台班用于原地表整平,同时,还需对清峪沟河道进行改移处理,那么,一次性成本投入较大,且浪费了桥梁下部结构剩余的抱箍,成本浪费可想而知,本项目部仅此一项支架改进措施,节约成本约100万元。

7 结论

采用抱箍法施工现浇梁,能够节约大量成本,本标段抱箍法只适用于余家湾互通立交B匝道、余家湾互通立交D461匝道这种梁重不大,且跨径小的现浇梁。本标段在施工余家湾互通立交B匝道现浇梁时用抱箍支撑体系取代了传统由地面支撑体系支撑的现浇梁施工方式,是因地适宜的一个典范,有效的利用了结构自身的构造,取得了很好的经济效益。

参 考 文 献

[1] 周水兴,何兆益,邹毅松.路桥施工计算手册[M].北京:人民交通出版社,2001.
[2] 范立础.桥梁工程[M].北京:人民交通出版社,2001.
[3] 黄绳武.桥梁施工及组织管理[M].北京:人民交通出版社,1999.

5. 滚石与桥墩碰撞的数值仿真分析

李兴民[1]　韩建民[1]　朱东生[2]　连永庆[2]

（1 甘肃长达路业有限责任公司　兰州　730030；2 重庆交通大学土木建筑学院　重庆　400074）

摘　要：在山区恶劣地质条件下，滚石与桥墩的撞击问题十分突出。滚石与桥墩碰撞是一个非常复杂的非线性动力问题，相关研究很少。本文利用有限元方法对该问题进行了初步研究，重点分析了滚石与桥墩发生正碰的情况。运用大型结构分析程序，研究了碰撞过程中桥墩的动力响应，得到了撞击力随滚石质量和速度的变化关系。

关键词：滚石　桥墩　碰撞　撞击力

0　引言[1,2]

在深沟峡谷地带，高墩数量很多。目前国内公路高墩桥梁常采用薄壁空心墩，这类桥墩在满足刚度、强度和稳定性要求的情况下，还能节省材料。但此类桥墩存在一个较为明显的弱点：防撞击能力差，在巨大撞击荷载作用下，宜发生整体破坏或局部薄壁损坏。撞击造成的高墩损坏情况近年来已多次出现。

对于桥墩的防船舶撞击，目前研究已较多。但在西部山区，许多桥梁并不存在船舶撞击问题，更多的是滚石撞击问题。而国内很少有文献涉及滚石和桥墩碰撞的研究。

本文结合某山区高速公路工程，根据该线路上漂流物、落石情况，以其中的高墩桥梁为研究对象，对滚石与桥墩碰撞问题进行了初步研究。通过建立滚石、桥墩有限元模型，利用非线性动力有限元软件，对滚石与桥墩碰撞过程进行了仿真计算，得到了滚石撞击桥墩时桥墩的动力反应，分析了撞击速度、撞击质量等主要参数对桥墩响应的影响。研究结果可供同类型桥墩的防滚石撞击设计参考。

1　计算方法

1.1　非线性有限元控制方程[3,4]

建立有限元分析的控制方程有两种方法，即 Lagrange 方法和 Euler 方法。对于碰撞问题，一般采用拉格朗日描述方法来建立非线性有限元控制方程。Lagrange 方法是把坐标系原点固定在系统的某个质点上，当系统的位形发生改变时，坐标也跟着一起移动。当物体发生变形时，节点随物体在空间移动，也发生相应的变形，而单元的质量保持不变。

根据连续介质力学理论，整个运动系统必须保持质量守恒、动量守恒和能量守恒。质量守恒方程为

$$\rho = J\rho_0 \tag{1}$$

式中：ρ——当前构形的质量密度；

J——体积变化率；

ρ_0——初始构形的质量密度。

动量守恒方程为

$$\sigma_{ij,j} + \rho f_i = \rho \ddot{x}_i \tag{2}$$

式中：$\sigma_{ij,j}$——柯西应力张量；

f_i——单位质量的体积力；

$\ddot{x}_i$——质点加速度。

式(2)应满足下列边界条件：

$$\sigma_{ij}n_j = t_i(t) \tag{3}$$

$$x_i(X_a, t) = D_i(t) \tag{4}$$

$$(\sigma_{ij}^+ - \sigma_{ij}^-)n_i = 0 \tag{5}$$

式(3)为应力边界条件；式(4)为位移边界条件；式(5)为接触面间断处的跳跃条件。能量守恒方程

$$E = VS_{ij}\varepsilon_{ij} - (p+q)V \tag{6}$$

式中：E——当前构形的能量；

V——当前构形的体积；

ε_{ij}——应变率张量；

S_{ij}——偏应力张量，由下式求得

$$S_{ij} = \sigma_{ij} + (p+q)\delta_{ij} \tag{7}$$

$$p = -\frac{1}{2}\sigma_{ij}\delta_{ij} - q = -\frac{1}{3}\sigma_{kk} - q \tag{8}$$

上式中，p 为压力；q 为体积黏性阻力；δ_{ij}是 Kronecker 函数。根据虚功原理，

$$\int_V (\rho\ddot{x}_i - \sigma_{ij,j} - \rho f)\delta x_i dV + \int_{\partial b_1} (\sigma_{ij}n_j - t_i)\delta x_i dS + \int_{\partial b_3} (\sigma_{ij}^+ - \sigma_{ij}^-)n_j\delta x_i dS = 0 \tag{9}$$

这里的 δx_i 在∂b_1，上满足所有边界条件。应用散度定理可得：

$$\int_V (\sigma_{ij,j}\delta x_{i,j})dV = \int_{\partial b_1} \sigma_{ij}n_j\delta x_i dS + \int_{\partial b_3} (\sigma_{ij}^+ - \sigma_{ij}^-)n_j\delta x_i dS = 0 \tag{10}$$

$$(\sigma_{ij,j}\delta x_{i,j}) - \sigma_{ij,j}\delta x_i = \sigma_{ij}\delta x_{i,j} \tag{11}$$

于是，可以得出碰撞系统中的控制方程式：

$$\delta\pi = \int_V \rho\ddot{x}_i\delta x_i dV + \int_V \delta x_{i,j} dV_{i,j} - \int_V \rho f_i\delta x_i dV - \int_{\partial b_1} t_i\delta x_i dS = 0 \tag{12}$$

式中的各个积分项分别表示单位时间内系统的惯性力、内力、体积力和表面力所作的虚功。积分范围 V 为单元体积，∂b_1 为面力的作用面。对式(12)进行离散化，得到离散方程为

$$M\ddot{x}(t) = P(x,t) - F(x,\dot{x}) \tag{13}$$

式中：M——总体质量矩阵；

$\ddot{x}(t)$——总体加速度矢量；

P——总体荷载向量；由节点荷载面力、体力等组成；

F——单位应力场的等效节点向量组集而成。

考虑到黏性阻尼项，式(13)变为：

$$M\dot{X}(t) = P(x,t) - F(x,\dot{X}) - c\dot{X} \tag{14}$$

式(14)与材料的动态本构方程及边界条件一起构成碰撞问题的控制方程。

1.2 撞击中的接触算法[5]

碰撞过程中，用接触来模拟两个相互碰撞的物体。对于发生碰撞的两个物体，相互之间需要定义接触，相互接触的两个面一个称为主面，另一个称为从面(图1)。接触面能有效地模拟相撞结构之间的相互作用，并允许结构之间连续不断的接触和滑动。本文使用的是主从面接触算法，在求解的每一时间步，检查从属节点的位置坐标，看它是否已经穿透主面，如果还没有穿透，则计算工作不受影响的继续进行；如果已经穿透，则在垂直于主面的方向上施加一作用力，以阻止从属节点的进一步穿透，这个作用力就是接触力。在进行网格划分时，网格划分细密，同时单元形状良好，有利于提高计算精度。在主接触面和从

接触面的网格划分中，为防止发生主接触面过多地贯入从接触面，从接触面上的网格划分稀疏些，而主接触面的网格划分密集些。如图 2 所示。

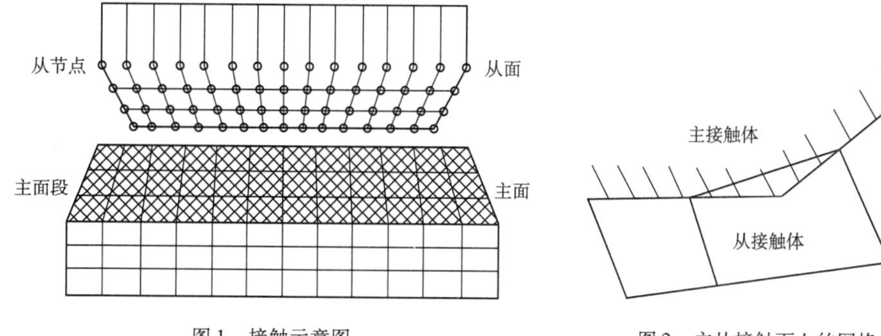

图 1　接触示意图

图 2　主从接触面上的网格划分

1.3　材料模型——动力硬化盖帽模型[6]

在撞击过程中，由于撞击力很大，撞击部位的材料一般进入了非线性。对于桥墩材料，本文采用了动力硬化帽模型（又称盖帽模型），该模型是基于 Simo 理论的一种扩展的两不变量帽盖模型。帽盖模型采用应力张量的不变量来描述，在 $\sqrt{J_2}-J_1$ 空间由三个面组成，如图 3 所示。在图 3 中，f_1 是破坏面，其函数表达式为：

$$f_1=\sqrt{J_2}-\min[F_e(J_1),T_{\text{mises}}] \tag{15}$$

$$F_e(J_1)=\alpha-\gamma\exp(-\beta J_1)+\theta J_1 \tag{16}$$

$$T_{\text{mises}}=|X(k_n)-L(k_n)| \tag{17}$$

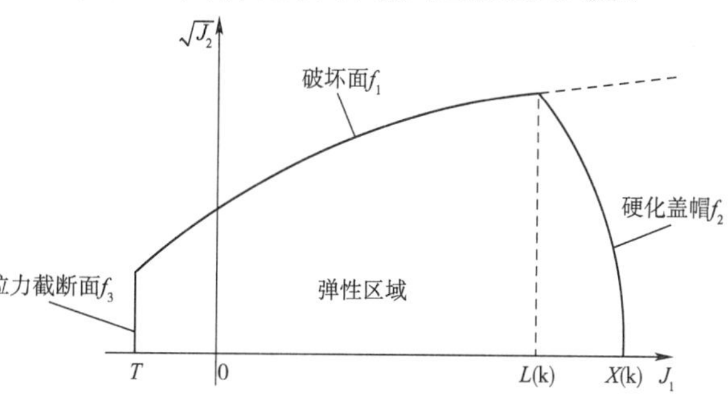

图 3　混凝土材料动力硬化盖帽模型

破坏面在 $\sqrt{J_2}-J_1$，空间中的位置是固定的，因此在无动力硬化的条件下，破坏面不会出现硬化现象。第二个面是帽盖面 f_2，其表达式为

$$f_2=\sqrt{J_2}-F_c(J_1,k) \tag{18}$$

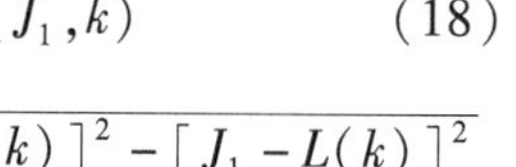

$$F_c(J_1,k)=\frac{1}{R}\sqrt{[X(k)-L(k)]^2-[J_1-L(k)]^2} \tag{19}$$

$X(k)$ 是帽盖面与 J_1 轴的交点。

$$X(k)=k+RF_e(k) \tag{20}$$

$L(k)$ 定义为

$$L(k)=\begin{cases}k & k>0\\ 0 & k\leqslant 0\end{cases} \tag{21}$$

k 是硬化参数，它通过硬化法则与塑性体积应变 ε_v^p 有下列关系

$$\varepsilon_v^p=W\{1-\exp[-D(X(k)-X_0)]\} \tag{22}$$

式中 W、D、X_0 是硬化指数。

第三个面是拉伸截断面，用 f_3 表示为

$$f_3\equiv T-J_1 \tag{23}$$

式中 T 是材料所能承受的最大静水压力。在 $\sqrt{J_2}-J_1$ 空间中，由这三个面所围成的区域即为弹性范围。该模型的屈服条件可用下式表示：

$$\begin{cases}f_1(\sigma)\leqslant 0\\ f_2(\sigma,k)\leqslant 0\\ f_3(\sigma)\leqslant 0\end{cases} \tag{24}$$

2 有限元仿真结果及分析

2.1 有限元模型

本文分析对象为一混凝土连续梁桥空心薄壁墩,截面尺寸为顺桥向长3m、横桥向长6m,壁厚0.5m,混凝土强度等级为C40。滚石与桥墩均采用的单元类型为solid164,材料模型为前面介绍的动力硬化盖帽模型。计算主要考虑滚石和桥墩发生正碰的工况,有限元模型如图4所示。

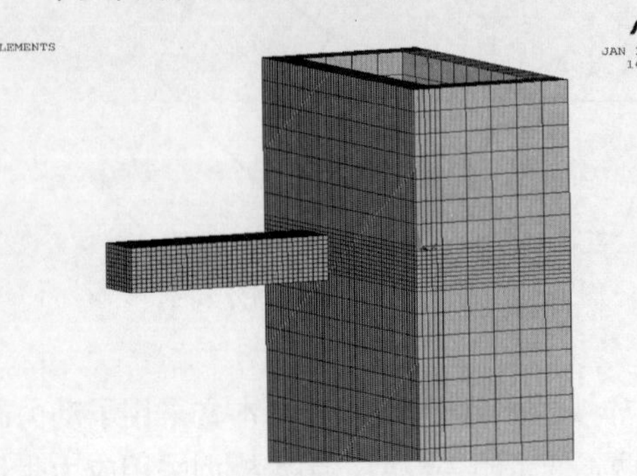

图4 滚石与桥墩碰撞的计算模型

2.2 撞击过程中桥墩的动力响应

图5显示了滚石质量为15t,速度为7m/s时,桥墩撞击区的应力时程曲线。从图中可以看出,在$t=0.08$s时,桥墩撞击区局部应力瞬间变大达到峰值,然后迅速减小后又出现新的应力峰值,但后续的几个应力峰值远小于首次应力峰值,在本算例中,第二次应力峰值只有第一次应力峰值的1/2.5,之后应力在一个较小的范围附近随时间震荡变化。上述应力变化过程表明,滚石与桥墩撞击时,最危险的时刻在撞击发生的瞬间,如果结构在撞击瞬间不发生破坏,之后发生破坏的可能性较小。

图6显示了滚石质量为15t,速度为7m/s时,撞击力的时程曲线。从图可以看出,在$t=0.08$s时,撞击力达到最大值;在$t=0.1$s时,撞击力迅速减小为0。整体碰撞过程在0.02s内完成。上述结果表明,滚石与桥墩的碰撞在一瞬间完成,撞击的瞬间撞击力达到最大,当滚石被弹开后,撞击力迅速减小为0。

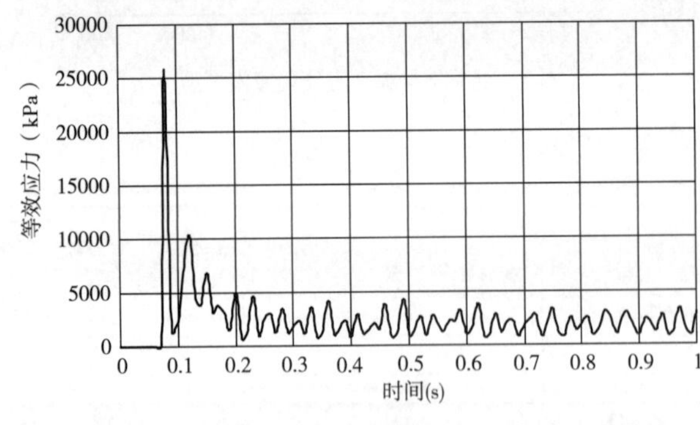

图5 等效应力时程曲线

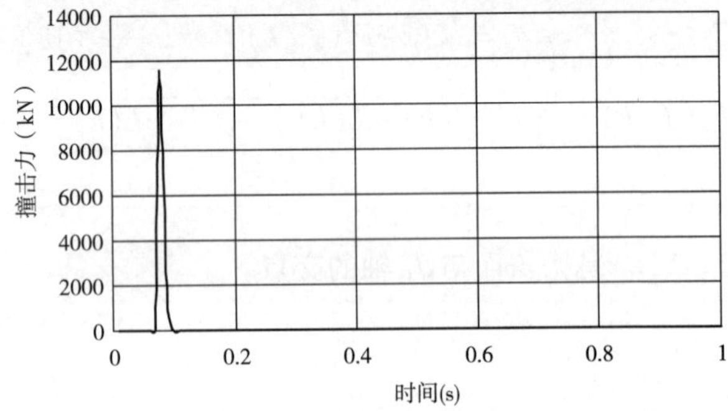

图6 撞击力时程曲线

综合图5和图6的结果可以发现,滚石与桥墩的碰撞的瞬间,撞击力达到最大,应力达到最大;当滚石被弹开后,撞击力迅速减小为0,应力减少至一个较小的值并随桥墩自身的振动而震荡变化。

2.3 撞击力随撞击质量、撞击速度的变化

为分析撞击速度、撞击质量等参数对撞击力大小的影响,本文选择同一桥墩,分析了不同质量的滚石以不同速度撞击该桥墩时的动力响应。图7、图8是计算得到的最大撞击力与撞击速度下、撞击质量之间的关系曲线。

从图7可以看出,当撞击质量较小时,随着撞击质量的增加,撞击力呈线性增长,如撞击质量为1t,撞击速度为1m/s时,撞击力为89.6kN;撞击速度增加到7m/s时,撞击力为601.5kN;但当撞击质量为10t,撞击力增长速率变慢,如撞击速度为1m/s时,撞击力为1320kN;撞击速度增加到7m/s时,撞击力为7971.8kN。

从图8可以看出,当撞击速度较小时,随着撞击速度的增加,撞击力呈线性增长。如撞击速度为1m/s,撞击质量为1t时,撞击力为172.4kN;撞击质量增加到6t时,撞击力为935.1kN。但当撞击速度为

7m/s,撞击力增长速率变慢,如撞击质量为1t时,撞击力为1118.5kN;撞击质量增加到6t时,撞击力为5708.4 kN。

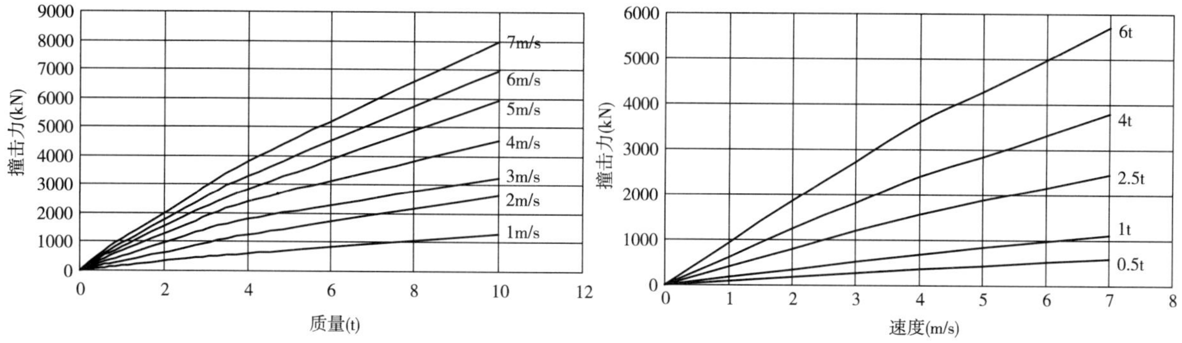

图7 不同速度下撞击力—质量曲线

图8 不同质量下撞击力—速度曲线

综合上述计算分析可知:撞击质量和撞击速度是影响撞击力的两个主要因素,当撞击速度和撞击质量均较小时,撞击力与撞击质量和撞击速度均呈线性变化关系。而当撞击速度和撞击质量较大时,撞击力与撞击质量和撞击速度均呈非线性变化关系。在桥梁防撞设计中,一般只考虑桥墩处于弹性阶段的情况,通过图7和图8的计算分析可以得弹性阶段时计算撞击力的一般公式:

$$P = K \cdot v \cdot m \tag{25}$$

式中:P——等效撞击力(N);

m——滚石质量(t);

v——滚石冲击速度(m/s);

K——常数,根据计算K的取值约为1.6×10^5。

3 结语

通过上述分析,可以得出以下结论:

(1)滚石与桥墩撞击时,撞击力的变化非常剧烈,最大撞击力出现的时刻非常短暂。

(2)如果设计目标确定为滚石撞击时桥墩不发生大面积的塑性破坏,即桥墩被撞击部位基本上处于弹性阶段,则撞击力与撞击速度、撞击质量之间为线弹性关系。

参考文献

[1] 李升玉,王曙光. 船舶与桥墩防撞系统碰撞的数值仿真分析[J]. 自然灾害学报,2006,15(5):100-106.

[2] 郭德昌. 浅谈山区桥梁施工过程中的若干问题[J]. 建材与装饰,2010 (5):301-302.

[3] 赵海鸥. LS-DYNA动力分析指南[M]. 北京:兵器工业出版社,2003.

[4] 白金泽. LS-DYNA3D理论基础与实例分析[M]. 北京:科学出版社,2005.

[5] 王勖成. 有限单元法[M]. 北京:清华大学出版社,2003.

[6] LSTC. LS-DYNA USER'S MANUAL:Version970[Z]. USA:LSTC, 2003.

6. 框架式钢管混凝土桥墩非线性地震反应分析

常　山　朱东生
（重庆交通大学土木建筑学院　重庆　400074）

摘　要：本文以框架式钢管混凝土桥墩为研究对象，并以钢筋混凝土空心薄壁墩作为比较对象。采用纤维单元建立了框架式钢管混凝土桥墩及钢筋混凝土空心薄壁墩的非线性动力分析模型，输入3条地震波，计算得到了框架式钢管混凝土桥墩与钢筋混凝土空心薄壁墩的线性及非线性地震时程响应，比较了不同类型桥墩地震响应的差异，讨论了框架式钢管混凝土桥墩的地震反应特点。

关键词：框架式　钢管混凝土桥墩　地震响应　非线性　时程分析

将钢管混凝土结构用作桥梁的墩柱，近年来在日本使用较多，其优越性主要表现在[1]：(1)能够充分发挥钢管混凝土结构抗压强度大的优势；(2)钢管混凝土结构施工简单、快捷；(3)钢管混凝土结构具有较好的延性；(4)钢管混凝土结构经济效益显著；(5)钢管混凝土结构耐火性能好。

在1995年的日本阪神地震发生后，由于地震区大量的钢筋混凝土桥墩和钢桥墩的毁坏，广大科研工作者开始探索新的抗震结构。研究发现，钢管混凝土桥墩具有良好的抗震性能[2]。钢管混凝土结构诸多优良的力学性能和综合经济效益，使得其成为桥墩设计的一个理想选择，并已在国外得到了广泛应用[3]。T. Kitada[4]综述了日本1998年之前关于钢管混凝土桥墩承载能力、强度方面的研究成果；Shinichi Tamai[5]等进行了采用钢套筒对铁路桥梁桥墩进行抗震加固方面的研究；Michel Bruneau[6]等讨论了钢管混凝土桥墩的抗震设计方法，并总结比较了 AISC LRFD 、CAN/CSA－S16 和 Eurocode4 三种设计规范在计算钢管混凝土压弯构件承载力时的区别，并将计算值与试验结果进行了对比，结果表明上述三种设计规范偏于保守，作者进而提出了一个更为合理的承载力计算公式，该公式已被 AISC LRFD、CAN/CSA－S16 的修订版采纳；Julia Marson[7]等完成了4个圆钢管混凝土桥墩的拟静力试验，分析了钢管混凝土桥墩与基础的连接。目前，国内对钢管混凝土结构的研究也逐渐兴起，如王占飞，张海，张敏江[8]等对部分填充的钢管混凝土桥墩抗震性能进行了数值分析，在确定数值分析与实验数据吻合的基础上，指出了钢管径厚比和桥墩柱长细比对填充圆形钢管混凝土柱的变形和能量吸收的影响程度，以及填充混凝土高度对钢管局部变形发展位置的影响；刘晶波，郭冰，刘阳兵[9]采用不同的截面本构模型，建立组合梁结构的弹塑性分析模型，对一个15层的钢筋混凝土组合梁—方钢管混凝土柱框架结构开展了多遇地震、罕遇地震下的 pushover 分析；臧华，刘钊，李红英[10]等为研究钢管混凝土桥墩的抗震性能，对钢管混凝土桥墩和钢筋混凝土桥墩进行了拟静力对比试验研究。

以往的研究多是采用试验的方法对钢管混凝土结构的抗震性能进行分析，且多数研究主要集中在基本构件的研究。而对于框架式钢管混凝土体系，目前动力方面试验研究很少，而理论方面的研究更少[11]。

本文对框架式钢管混凝土桥墩进行顺桥向非线性时程地震反应分析，计算模型中桥墩立柱与横梁都采用纤维单元模拟。采用框架式钢管混凝土桥墩，主要是由于框架柱以受压为主，这对于钢管混凝土构件来说，能更好地发挥其良好的受压性能，有较好的抗震效果。目前，国内的“亚洲第一高墩”腊八斤特大桥10号桥墩就是采用了钢管混凝土组合柱的结构形式。由此可见，框架式钢管混凝土桥墩应用于实际工程是可行的。

1 计算模型及输入的地震波

目前国内尚没有框架式钢管混凝土桥墩的应用实例。在我国公路桥梁中，大多数桥梁为预制安装的中小跨径梁桥，其跨径多数在 25 ~ 40m 之间。一般情况下，高速公路上单幅桥的主梁重量大约为 200kN/m，跨径 40m 时，一跨上部结构总重约为 8000kN。在高烈度地震区，当墩高超过 40m 时，公路桥梁桥墩多采用钢筋混凝土空心薄壁墩。

根据上述国内桥梁常用的设计方案，本文参考某高速公路中的实际桥梁工程，拟定了所要研究的框架式钢管混凝土桥墩的基本形式及主要参数。本文研究的框架式钢管混凝土桥墩由 4 肢钢管混凝土立柱组成，4 肢立柱由水平横梁连接，立柱间距沿横桥向 6m，顺桥向 2.5m，横梁间距 5m，桥墩高 50m。墩顶集中质量为 800t，分别设置在四肢立柱顶点，即墩顶四个角点各 200t。横梁采用 1000mm × 10mm 空心圆形钢管，分为是否内填混凝土两种形式，立柱采用内填混凝土的 1200mm × 24mm 圆形钢管。结构主要材料均选用普通强度材料，立柱采用 C30 混凝土，抗压强度标准值 20.1N/mm^2，钢管及横梁均采用 Q235，屈服强度为 235N/mm^2，立柱与横梁采用固结方式。

为了比较研究框架式钢管混凝土桥墩的抗震性能，采用目前实际工程常用的空心薄壁墩作为对比，该空心薄壁墩墩高 50m，横桥向 6m，顺桥向 2.5m，墩顶质量 800t，壁厚 0.5m。材料同样采用 C30 混凝土与 Q235 钢材，图 1 为框架式钢管混凝土桥墩和空心薄壁墩的计算模型。

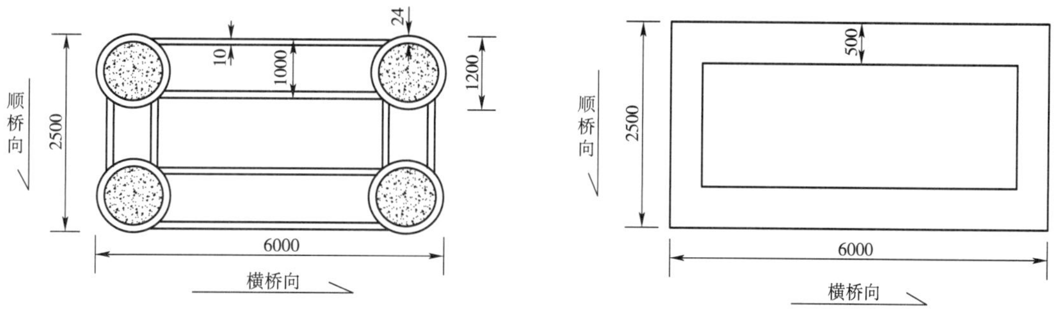

图 1 计算模型(尺寸单位:mm)

之所以选择这两类桥墩进行对比研究分析，主要是因为空心薄壁墩是目前比较广泛采用的桥墩形式，按照拟定的设计方案，这两类桥墩自身基频比较接近，也就是说在相同的地震波激励下，作用在两类桥墩的加速度大小接近，具有可比性。框架式钢管混凝土桥墩与空心薄壁墩相比，有着自身的优势主要是：桥墩钢管可以分段在工厂制作，现场逐段拼装，钢管还是浇筑混凝土的模板，施工简便，能缩短施工周期。这种施工方式适应现代施工技术工业化需求，复合土木工程施工的发展趋势。虽然钢管混凝土桥墩的用钢量稍多于钢筋混凝土桥墩，但随着经济水平的发展，钢材价格的相对降低，人工成本的快速上涨，钢管混凝土桥墩的综合优势还是显著的。

1.1 单元模型

对桥墩进行动力时程分析时，选择基于平截面假定的纤维单元，采用纤维单元主要是因为框架式钢管混凝土桥墩立柱的轴力变化比较明显，纤维单元基于材料的应力应变关系进行计算，通过纤维的划分，可以模拟杆件压弯耦合情况下中性轴的移动，特别是轴力变化对构件力位移关系的影响。故建立计算模型时采用纤维单元。图 2 为桥墩立柱的钢管和混凝土纤维的划分方式。

1.2 地震波的选择

本文计算时选择了 3 条地震波，一条为汶川地震波(编号 W1)，其峰值加速度为 0.3048g，一条为中硬场地条件下的地震波 Northrige 0 DEG(编号 W2)，其峰值加速度为 0.3703g 最后一条为中软场地条件下的地震波 EL Centro 180 DEG(编号 W3)，其峰值加速度为 0.2142g，之所以选择这几条地震波，主要是因为这几条波所反映的场地条件与工程中常见的场地条件相似。3 条波的加速度反应谱如图 3 所示。为比较方便，计算时将两条波的加速度峰值均调整为0.51g,相当于文献[12]中0.3g地区的E2地震情况。

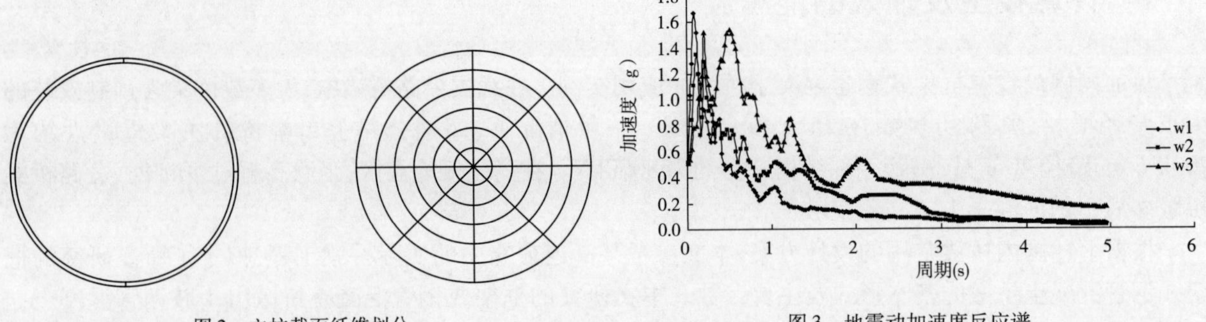

图2　立柱截面纤维划分

图3　地震动加速度反应谱

2　动力特性

对框架式钢管混凝土桥墩的研究发现[2],影响框架结构自振频率的主要因素有:立柱间距、立柱尺寸、横梁间距以及横梁的直径、壁厚,其中横梁刚度对框架式高墩的整体刚度影响较大。

为讨论横梁刚度对框架式高墩自振频率的影响,选择一框架式钢管混凝土桥墩进行研究,其基本参数为:墩高40m;墩顶质量800t,分别设置在四个角点上,即墩顶四个角点各200t。桥墩立柱纵横向间距均为6m,立柱钢管尺寸为1000mm×20mm,横梁间距8m,横梁壁厚10mm。横梁采用空心钢管,为比较横梁刚度对框架式高墩刚度的影响,选择4个模型进行了对比,不同模型选择了不同直径的横梁,其他参数均相同,建立各桥墩模型的有限元计算模型,计算得到了结构的基频。表1是各模型的基频。

各模型结构基频　　表1

模型编号	横梁直径(mm)	横梁截面抗弯惯性矩(m^4)	结构基频(Hz)
1	400	0.00023298	0.2562
2	500	0.00046196	0.3217
3	600	0.00080634	0.3831
4	800	0.00193549	0.4848

从表1的计算结果可以看出,随着横梁刚度的提高,结构的基频也随之提高,此现象表明当横梁刚度很小时,随着横梁刚度的增加,框架式桥墩频率迅速增大,表明横梁刚度对框架式桥墩的水平刚度有较大影响。原因是横梁刚度太小时,横梁不能有效地将4肢立柱连接起来形成框架,4肢立柱接近于相互独立,所以整个体系的水平刚度很小,导致频率很低,随着横梁刚度的增加,4肢立柱被横梁有效连接起来,形成空间框架,整个体系的水平刚度增加,频率增大。

下面分析本文中的框架式钢管混凝土桥墩的动力特性。按照建立的计算模型,采用PERFORM－3D程序,计算框架式钢管混凝土桥墩的自振特性,其前5阶频率及振型特点如表2所示。从表2可以看出,由于桥墩较高,刚度相对较小,自振频率也相对较小。框架式钢管混凝土桥墩的横梁由空心变为实心后,其顺桥向、横桥向基频都有所提高。

桥梁前五阶频率　　表2

阶数	框架桥墩(空心横梁)		框架桥墩(实心横梁)	
	频率(Hz)	振型特征	频率(Hz)	振型特征
1	0.401	桥墩纵向振动	0.407	桥墩纵向振动
2	0.513	桥墩横向振动	0.638	桥墩横向振动
3	1.333	桥墩扭转振动	1.118	桥墩扭转振动
4	2.619	桥墩横向2阶对称振动	2.742	桥墩纵向2阶对称振动
5	2.858	桥墩纵向2阶对称振动	2.942	桥墩横向2阶对称振动

分析表 2 的结果,并结合表 1 结果可以发现:

(1)当横梁刚度很小时,增加横梁刚度可以提高框架式桥墩的水平刚度,频率增加,但横梁刚度增加到一定程度后,对框架式桥墩水平刚度的影响程度迅速减小。如表 2 中横梁由空心变为实心时,框架式桥墩纵向一阶自振频率基本没有变化,但横向自振频率变化较大,提高了 20%。原因在于影响横梁联结立柱效果的主要因素是横梁的整体抗弯变形能力,横梁的抗弯变形能力不仅与横梁的惯性矩有关,还与横梁的长度有关。立柱横向间距较大,此方向横梁也较长,横梁的整体抗弯变形能力相对较弱,所以横梁由空心变为实心后,横桥向基频明显提高。

(2)立柱间距对框架式桥墩的自振频率也有较大影响。本文所分析的框架式桥墩顺桥向和横桥向参数除立柱间距不同外,其他参数都相同,而表 2 结果表明,该框架式桥墩横桥向频率大于纵桥向频率,表明立柱间距增大时,框架式桥墩的刚度也增大。

3 框架式桥墩地震响应特点

为研究框架式桥墩在地震作用下内力沿墩高的变化特点,首先采用反应谱法计算了上述框架式钢管混凝土桥墩,以及对应的空心薄壁墩的地震响应,计算采用 ANSYS 程序。图 4 是采用反应谱法计算得到的空心薄壁墩和框架式桥墩剪力,弯矩、轴力沿墩高分布的示意图。对于框架式桥墩,各内力值均为单肢立柱响应值。

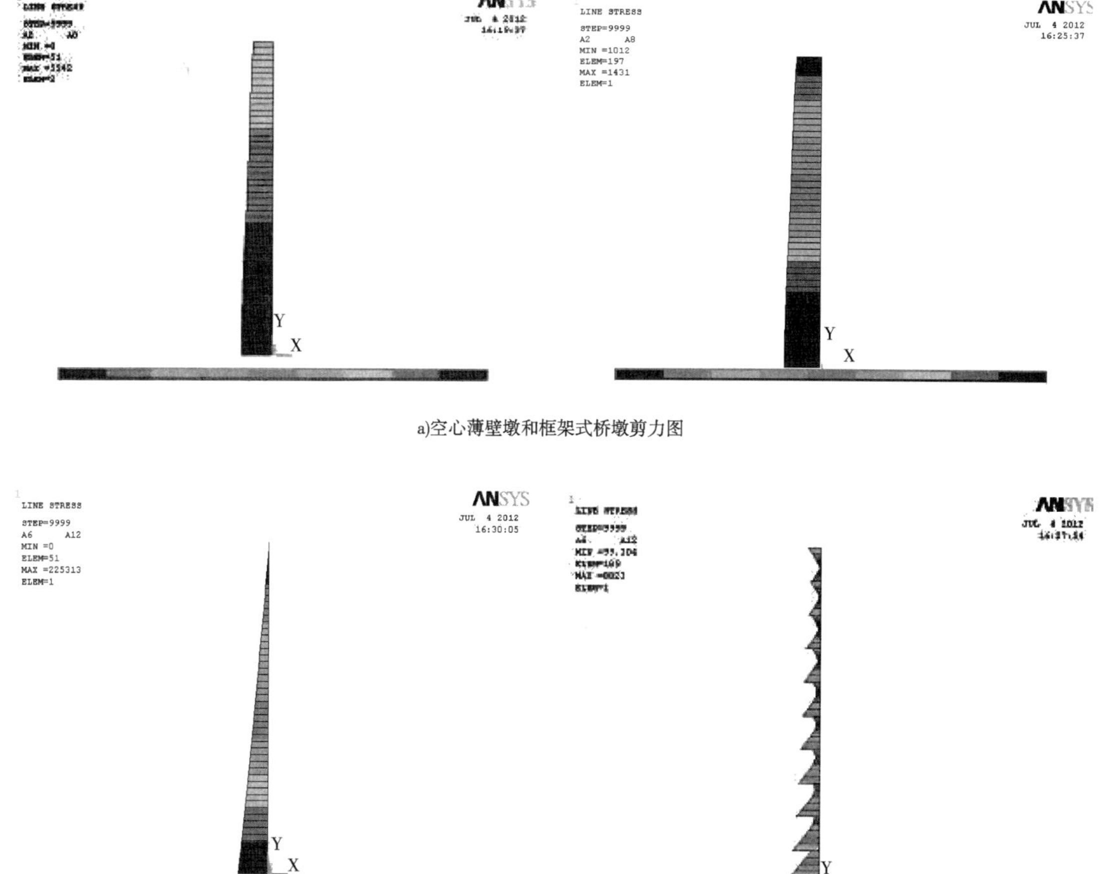

a)空心薄壁墩和框架式桥墩剪力图

b)空心薄壁墩和框架式桥墩弯矩图

图 4

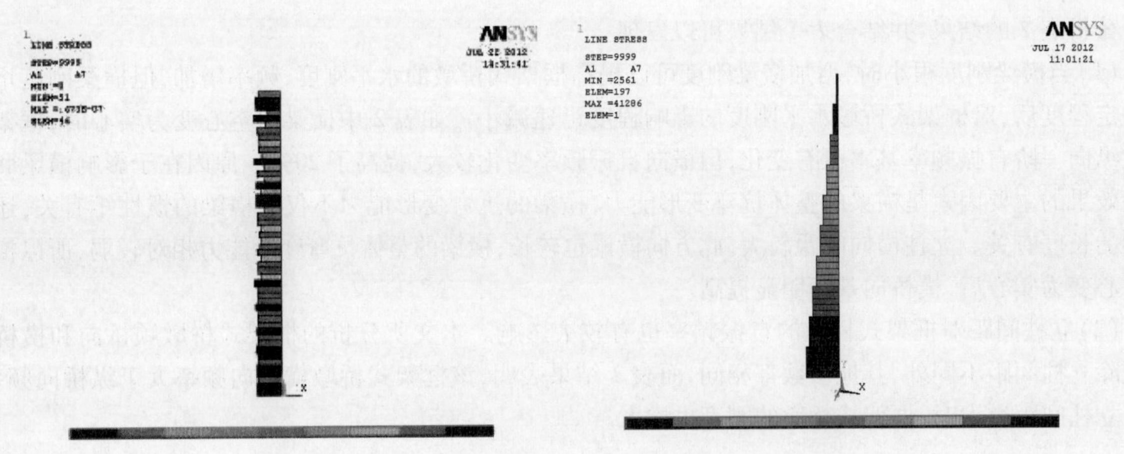

c)空心薄壁墩和框架式桥墩轴力图

图4　空心薄壁墩和框架式桥墩沿墩身高度的剪力,弯矩和轴力图

从图4可以看出,空心薄壁墩和框架式桥墩的剪力分布特点类似,都呈线性分布,且两种形式桥墩的墩顶剪力和墩底剪力,相差不大,这是因为两桥墩的墩顶剪力,都是由墩顶质量在地震作用下产生的水平地震力引起的,而墩底剪力除了包含墩顶质量产生的水平力外,还有墩身质量在地震作用下产生的水平力。

空心薄壁墩的弯矩由墩顶至墩底是线性分布的,呈逐渐增大的趋势,墩顶弯矩为零,墩底弯矩最大,而框架式桥墩立柱的弯矩分布呈现锯齿形,且在桥墩较高处两个横梁之间的桥墩立柱节段,会有弯矩为零的点出现,也就是出现反弯点,最大弯矩出现在每层的底部横梁处,以墩底的弯矩最大。

空心薄壁墩在地震动作用下产生的轴力很小,可以忽略不计,而框架式桥墩的轴力,墩顶轴力最小但不为零,墩底轴力最大,轴力从墩顶到墩底不是线性分布,而是呈阶梯状增大的特点。

这是由于计算中只输入了水平向地震波,空心薄壁墩的轴力只是恒载轴力,水平地震动不在空心薄壁墩中引起轴力。而框架式桥墩立柱的轴力则由两部分组成,一是恒载引起的立柱轴力,另一部分则是弯矩引起的立柱轴力。因为框架式桥墩受弯时,一侧立柱受压、一侧立柱受拉,这两侧立柱的轴力形成一个力偶,抵抗外部弯矩,所以弯矩越大,立柱中的轴力也越大。因为框架式桥墩越接近桥墩底部,弯矩越大,所以立柱中的轴力也越大。

实际上空心薄壁墩受弯时,也是一侧薄壁受压,一侧薄壁受拉,只是拉力和压力大小相等,当将空心薄壁墩作为一个构件来看时,弯矩变化不引起轴力。框架式桥墩立柱轴力主要由弯矩引起,每肢立柱是一个独立的构件,计算时采用一个独立的单元计算,弯矩引起的立柱轴力变化能够在计算结果中反映出来。而空心薄壁墩横截面是一个完整的截面,受压侧薄壁的轴力和受拉侧轴力相互平衡,整个空心墩作为一个构件计算时,只显示出很大的弯矩,而没有轴力。空心薄壁墩的薄壁通常是矩形薄壁,当薄壁受到很大压力时,为增强其非线性变形能力,保证核心混凝土不压溃,需要配置复杂的箍筋,而采用圆形钢管混凝土构件做立柱,则可以充分发挥圆钢管混凝土构件的抗压能力。

4　地震时程响应结果及分析

采用PERFORM－3D程序,计算横梁为空心钢管的框架式桥墩与空心薄壁墩在上述3条地震波作用下的线性和非线性时程响应。表3为两种类型桥墩内力线性时程响应最大值,表4为两种类型桥墩内力非线性时程响应最大值,表5为两种类型桥墩墩底的最大曲率。图5为框架式桥墩在地震波W2作用下的墩底轴力—应变滞回曲线,图6为两种类型桥墩在地震波W2作用下的墩底弯矩—曲率滞回曲线。表3和表4的框架式桥墩时程计算结果,均是单肢立柱响应值,图5和图6分别为框架式桥墩同肢立柱的轴力—应变滞回曲线和弯矩—曲率滞回曲线。

桥墩内力线性时程最大响应值

表3

地震波编号	墩顶剪力(kN)		墩底剪力(kN)		墩底轴力(kN)		墩底弯矩(kN·m)	
	空心薄壁墩	框架式桥墩	空心薄壁墩	框架式桥墩	空心薄壁墩	框架式桥墩	空心薄壁墩	框架式桥墩
W1	765.90	260.49	1196.38	357.29	17701.3	12450.2	44713.2	2085.10
W2	1779.30	599.77	2468.28	835.83	17701.3	29388	66405.93	5169.68
W3	3656.10	932.84	4942.94	1293.82	17701.3	38295	210654.8	8011.10

桥墩内力非线性时程最大响应值

表4

地震波编号	墩顶剪力(kN)		墩底剪力(kN)		墩底轴力(kN)		墩底弯矩(kN·m)	
	空心薄壁墩	框架式桥墩	空心薄壁墩	框架式桥墩	空心薄壁墩	框架式桥墩	空心薄壁墩	框架式桥墩
W1	957.61	254.80	1828.69	391.60	17701.3	11179.5	59226.64	2332.68
W2	1532.94	341.82	2461.78	584.81	17701.3	14800.5	86336.67	3613.08
W3	2168.41	656.92	3725.82	1087.54	17701.3	20774.24	117570.10	6674.36

4.1 框架式桥墩和空心薄壁墩地震响应的对比

前文根据反应谱法计算结果,对框架式桥墩和空心薄壁墩的地震响应特点进行了初步讨论。下面通过空心薄壁墩与框架式桥墩的线性时程分析结果,以及非线性分析得到的轴力—应变滞回曲线、弯矩—曲率滞回曲线,进一步比较这两类桥墩的地震响应特点。

由表3可以看出,空心薄壁墩的剪力与框架式桥墩的剪力大小相当,如地震波W1作用下,空心薄壁墩墩顶剪力和墩底剪力分别为765.90kN和1196.38kN,而框架式桥墩单肢立柱墩顶剪力和墩底剪力分别为260.49kN和357.29kN。地震波W2作用下,空心薄壁墩墩顶剪力和墩底剪力分别为1779.30kN和2468.28kN,而框架式桥墩单肢立柱墩顶剪力和墩底剪力分别为599.77kN和835.83kN。

与空心薄壁墩相比,框架式桥墩的墩底轴力较大,如在地震波W1、W2和W3作用下,框架式桥墩单肢立柱的轴力分别达到了12450.2kN、29388kN和38295kN,而空心薄壁墩在这两条地震波作用下,轴力没有变化,只有恒载轴力为17701.3kN。

框架式桥墩与空心薄壁墩相比,框架式桥墩的墩底弯矩要小,如在地震波W1和W2作用时,空心薄壁墩墩底弯矩达到了44713.2kN·m和66405.9kN·m,而框架式桥墩单肢立柱的墩底弯矩为2085.10kN·m和5169.68kN·m。随着地震反应的增大,弯矩的差别进一步增大,如地震波W3作用下,空心薄壁墩的墩底弯矩达到了210654.8kN·m,而框架式桥墩单肢立柱的墩底弯矩为8011.10kN·m。

这是因为空心薄壁墩的弯矩呈线性分布,墩底弯矩最大,而对于框架式桥墩,由于框架式结构本身的特点,会把弯矩转化成轴力作用在桥墩立柱上,这就出现了弯矩比较大的位置,其对应的轴力也很大。

对于两种形式的桥墩,在地震波W1和W2作用下的内力响应均比在地震波W3作用下的内力响应小,这主要是因为这两种类型桥墩高度较大,刚度较小,其自振周期就相对比较大,而不同类型的地震波其峰值区间不同,地震波W1和W2的峰值区间主要集中在周期较小的范围,而地震波W3的峰值区间主要集中在周期较大的范围,所以两种形式桥墩在地震波W3的作用下其内力响应相对较大。

从图5可以看出,框架式桥墩的轴力出现了较大的浮动,轴力大小随着地震波的作用,在轴压力与轴拉力之间不断变化,单肢立柱响应最大值和最小值处于20000kN左右,框架式桥墩最大应变达到了0.0061左右。

从图6和表5可以看出,框架式桥墩的弯矩—曲率滞回曲线,由于轴压比相对较大,滞回曲线非常的不规则,框架式桥墩的单肢立柱响应的最大弯矩达到了6000kN·m,桥墩最大曲率为0.0049m^{-1},而空心薄壁墩的弯矩—曲率滞回曲线,有明显的捏拢现象,且最大弯矩达到了120000kN·m左右,墩底最大曲率为 0.00071m⁻¹。

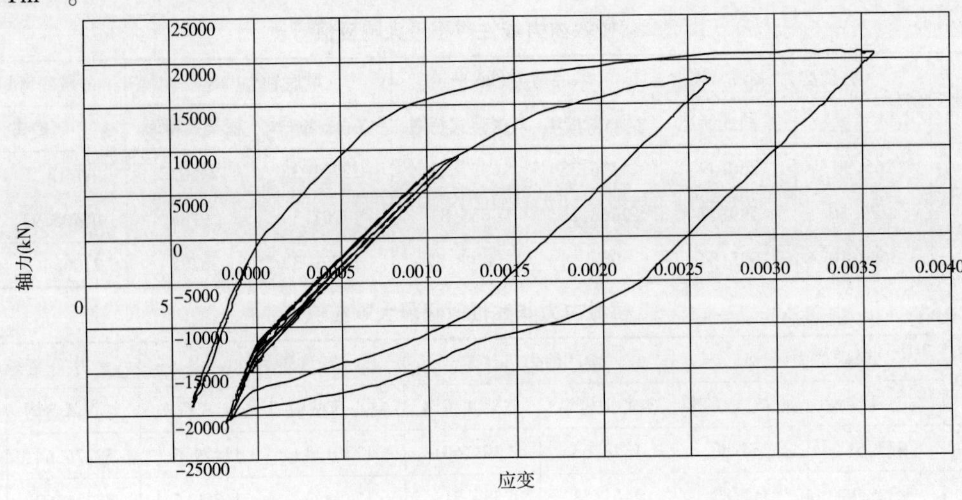

图5 框架式桥墩在 W2 波作用下的墩底轴力—应变滞回曲线

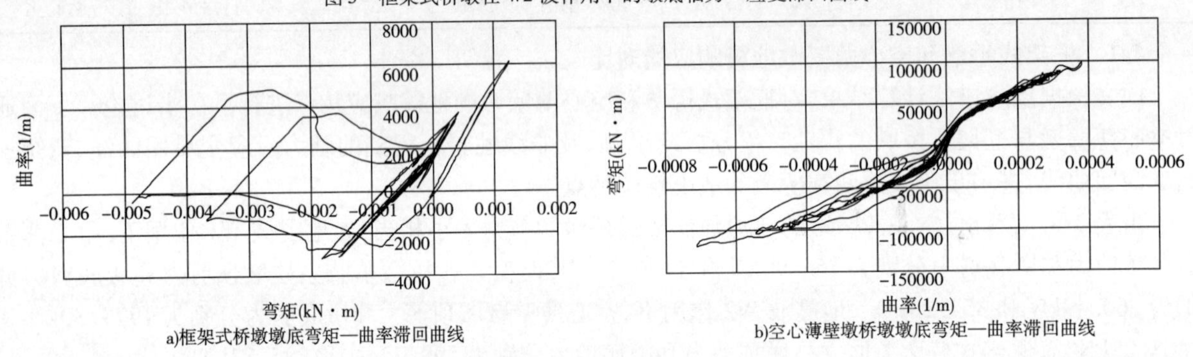

a)框架式桥墩墩底弯矩—曲率滞回曲线　　b)空心薄壁墩桥墩墩底弯矩—曲率滞回曲线

图6 桥墩在 W2 波作用下的墩底弯矩—曲率滞回曲线

墩底最大曲率　　表5

地震波编号	空心薄壁墩墩底(m^{-1})	框架式桥墩墩底(m^{-1})
W1	3.0×10^{-4}	7.0×10^{-4}
W2	7.1×10^{-4}	4.9×10^{-3}
W3	5.1×10^{-4}	4.7×10^{-4}

4.2 线性与非线性时程响应的比较

由表3和表4可以看出，两种形式桥墩线性与非线性时程响应的特点：

(1)剪力：对于框架式桥墩，在地震波 W1 作用下，非线性时程响应的墩顶剪力和墩底剪力是线性时程响应墩顶剪力和墩底剪力的98%和110%，在地震波 W2 作用下，非线性时程响应的墩顶剪力和墩底剪力是线性时程响应墩顶剪力和墩底剪力的57%和70%，在地震波 W3 作用下，框架式桥墩的非线性时程响应的墩顶剪力和墩底剪力是线性时程响应墩顶剪力和墩底剪力的70%和84%。

对于空心薄壁墩，在地震波 W1 作用时，非线性时程墩顶剪力和墩底剪力响应值分别是线性时程墩顶剪力和墩底剪力值的125%和153%，在地震波 W2 作用时，非线性时程墩顶剪力和墩底剪力响应值分别是线性时程墩顶剪力和墩底剪力值的86%和99%，而在地震波 W3 作用时，非线性时程墩顶剪力和墩底剪力响应值分别是线性时程墩顶剪力和墩底剪力值的60%和75%。

(2)弯矩：对于框架式桥墩，在地震波 W1 作用时，非线性时程响应墩底弯矩值与线性时程墩底弯矩响应值的比值在112%，在地震波 W2 作用时，非线性时程响应墩底弯矩值与线性时程墩底弯矩响应值的比值在70%左右，在地震波 W3 作用时，非线性时程响应墩底弯矩值是线性时程墩底弯矩响应值的83%。

对于空心薄壁墩，在地震波 W1 作用时，非线性时程响应墩底弯矩值是线性时程墩底弯矩响应值的 1.32 倍，在地震波 W2 作用时，非线性时程响应墩底弯矩值是线性时程墩底弯矩响应值的 1.3 倍，在地震波 W3 作用时，非线性时程墩底弯矩响应值接近线性时程墩底弯矩响应值的 56%。

（3）轴力：对于框架式桥墩，在地震波 W1 的作用下，非线性时程轴力响应值接近于线性时程轴力响应值的 90%，地震波 W2 和 W3 作用时，非线性时程响应值接近于线性时程轴力响应值的 50%。对于空心薄壁墩，在 3 条地震波作用下，线性时程响应和非线性时程响应的轴力值始终不变，只是恒载轴力大小为 17701.3kN。

从以上线性与非线性时程响应的对比，可以看出：对于框架式桥墩，在地震波 W1 的作用下，线性时程响应与非线性时程响应有没有明显差异，线性时程响应近似反映了桥墩真实的内力，而在地震波 W2 和 W3 的作用下，线性时程响应与非线性时程响应有明显差异，桥墩进入了非线性状态，线性时程响应已经不能反映桥墩真实的内力，因为桥墩结构进入非线性状态后，其刚度出现下降，而其自振周期出现增大，结合三条地震波的反应谱示意图（图 3），随着结构周期的增加，其对应的地震波加速度反应谱值也减小，从而结构的地震响应也会减小。

与空心薄壁墩相比，框架式桥墩的墩底弯矩较小，而墩底轴力较大，这对于拥有良好抗压性能的钢管混凝土结构来说是十分有利的，更有利于框架式钢管混凝土桥墩发挥其优良的抗震性能。

5 结论

本文以框架式钢管混凝土桥墩为研究对象，采用空心薄壁墩进行对比研究，对各桥墩进行了顺桥向的非线性地震反应分析，得出了以下结论：

（1）横梁刚度很小时，增加横梁刚度，频率也会增加，但横梁刚度增加到一定程度后，横梁刚度的增加对框架式桥墩水平刚度的影响程度迅速减小。影响横梁联结立柱效果的主要因素是横梁的整体抗弯变形能力。

（2）框架式桥墩立柱的剪力呈线性分布，弯矩分布呈锯齿形，且在桥墩较高处两个横梁之间的桥墩立柱节段，会有弯矩为零的点出现，也就是出现反弯点。框架式桥墩的轴力，从墩顶到墩底不是线性分布，而是呈阶梯状增大的特点，且有弯矩较大位置其对应的轴力也较大的规律。

（3）空心薄壁墩和框架式桥墩高度都较大，刚度相对较小，其自振周期就相对比较大，中硬场地的地震波的峰值区间主要集中在周期较小的范围，而中软场地的地震波的峰值区间处在周期较大的范围，所以两种形式桥墩在中硬场地的地震波作用下内力响应相对较大。

参考文献

[1] 蔡绍怀. 现代钢管混凝土结构[M]. 北京：人民交通出版社，2003.

[2] 臧博. 钢管混凝土桥墩抗震性能分析[D]. 重庆：重庆交通大学研究生部，2010.

[3] 臧华，刘钊. 钢管混凝土桥墩的应用与研究[J]. 中国工程科学，2007，9(7)：71-74.

[4] T. Kitada. Ultimate strength and ductility of state – of – art concrete – filled steel bridge piers in Japan [J]. Engineering Structure, 1998, 20(4):347-354.

[5] Shinichi Tamai, Tsutomu, Masaru Okmoto. Hysteretic model of steel jacked RC columns for railway viaducts[C].//IABSE Congress Report:16th Congress of IABSE. Lucerne:IABSE,2000:590-597.

[6] Michel Bruneau, Julia Marson. Seismic design of concrete – filled circular steel bridge piers [J]. Journal of Bridge Engineering, 2004,9(1): 24-34.

[7] Julia Marson, Michel Bruneau. Cyclic testing of concrete – filled circular steel bridge piers having encased fixed – based detail[J]. Journal of Bridge Engineering, 2004,9:15-23.

[8] 王占飞，张海，张敏江，等. 部分填充钢管混凝土桥墩抗震性能的数值分析[J]. 沈阳建筑大学学报自

然科学版,2008,24(6):949-953.

[9] 刘晶波,郭冰,刘阳兵.组合梁－方钢管混凝土柱框架结构抗震性能的 pushover 分析[J].地震工程与工程振动,2008,28(5):87-92.

[10] 臧华,刘钊,李红英,等.钢管混凝土桥墩抗震性能试验研究[J].防灾减灾工程学报,2010,30(4):442-446.

[11] 陈雪莲.方钢管混凝土柱－钢梁组合框架抗震性能研究[D].长沙:湖南大学研究生部,2009.

[12] 中华人民共和国行业推荐性标准.JTG/T B02－01—2008 公路桥梁抗震设计细则[S].北京:人民交通出版社,2008.

7.山区高速公路双层高架桥框架式桥墩拟静力试验分析

杨宝林　艾　杰　刘允中
（甘肃省交通规划勘察设计院有限责任公司　兰州　730030）

摘　要:山区公路双层高架桥通常属于典型的非规则桥梁。山区双层高架桥桥墩高,高阶振型对结构的地震响应及位移延性能力有显著的影响;桥墩在遭受横向地震作用时,受力非常复杂,结构潜在的塑性铰区域可能多达8个,因此其设计超出了现有国内外抗震设计规范的应用范围。基于以上背景,本研究针对洛塘河双层高架特大桥进行了缩尺模型的拟静力试验,研究了低周反复荷载作用下双层高架桥的破坏形态、特征荷载、位移延性、刚度退化、耗能能力等性能进行了深入分析和讨论;并针对双层高架桥在设计中横梁、墩柱的设计提出了优化方案。与同行交流。

关键词:双层高架桥　双层框架式桥墩　拟静力试验　破坏状态　延性性能

1　概述

双层高架桥梁结构的应用始于20世纪五六十年代,美国在旧金山海湾地区修建了以Cypress双层高架等形式桥梁的交通动脉,由于当时认识水平和抗震设计方法的缺陷,使设计的双层高架桥抗震性能不足。在1989年Loma Prieta地震中,美国的双层高架桥梁大多出现了损坏,Cypress高架桥更是发生了倒塌,造成了较大的人员伤亡和财产损失,使人们对双层高架桥梁的性能产生了怀疑,吸引了很多学者对双层高架进行了研究。国内近年来也设计建造了一些立体交通和双层高架桥梁,其中上海市共和新路一体化高架结构为国内首座双层高架结构,为检验作为生命线工程的城市双层高架的抗震能力,同济大学土木工程防灾国家重点实验室对共和新路一体化高架结构的桥墩进行了拟动力试验研究,为国内城市高架结构的抗震设计提供了宝贵的试验资料。相对于单层桥墩,双层高架桥桥墩在遭受横向地震作用时,受力非常复杂,结构潜在的塑性铰区域可能多达8个(图1),在结构达到延性能力之前有可能先发生结构整体稳定问题。相对于城市桥梁,山区桥梁的一个显著特点即为桥墩较高,高阶振型对结构的地震响应和位移延性能力可能有显著影响,因此双层高架高墩体系的抗震性能相对城市高架更加复杂,需要进行专门的研究。1989年Loma Prieta地震中双层高架墩柱、盖梁和节点的震害还揭示了能力设计方法和构件合理抗震细部构造的重要性,不合理的钢筋搭接,过短的钢筋锚固长度以及梁柱节点剪切钢筋的设置等都会对双层高架的抗震性能产生不利影响。

我国处于环太平洋地震带和地中海-喜马拉雅两大地震带之间,地壳不稳定,是世界上的多震国家之一。洛塘河双层高架特大桥结构新颖,投资很大,而且在政治经济上具有非常重要的地位,一旦在地震中遭到破坏,可能导致的生命财产以及间接经济损失将会非常巨大。因此,进行正确的抗震研究,确保其抗震安全性具有非常重要的意义。

武罐高速公路洛塘河双层高架特大桥位于甘肃南部山区洛塘河峡谷,该桥上部结构采用30m预应力混凝土箱梁,左线桥长1500m、右线桥长1200m,其中双层高架部分长度960m,其余均为分离式桥梁。平面纵面均位于连续曲线上,最小平曲线半径350m、最大超高横坡6%、最大纵坡1.96%,两线设计高程之差9.50m。分离式部分采用双柱式桥墩,矩形截面,双层高架部分采用框架式桥墩,最大墩高27m,基础为钻孔灌注嵌岩桩基础;桥台为重力式U型桥台,扩大基础。

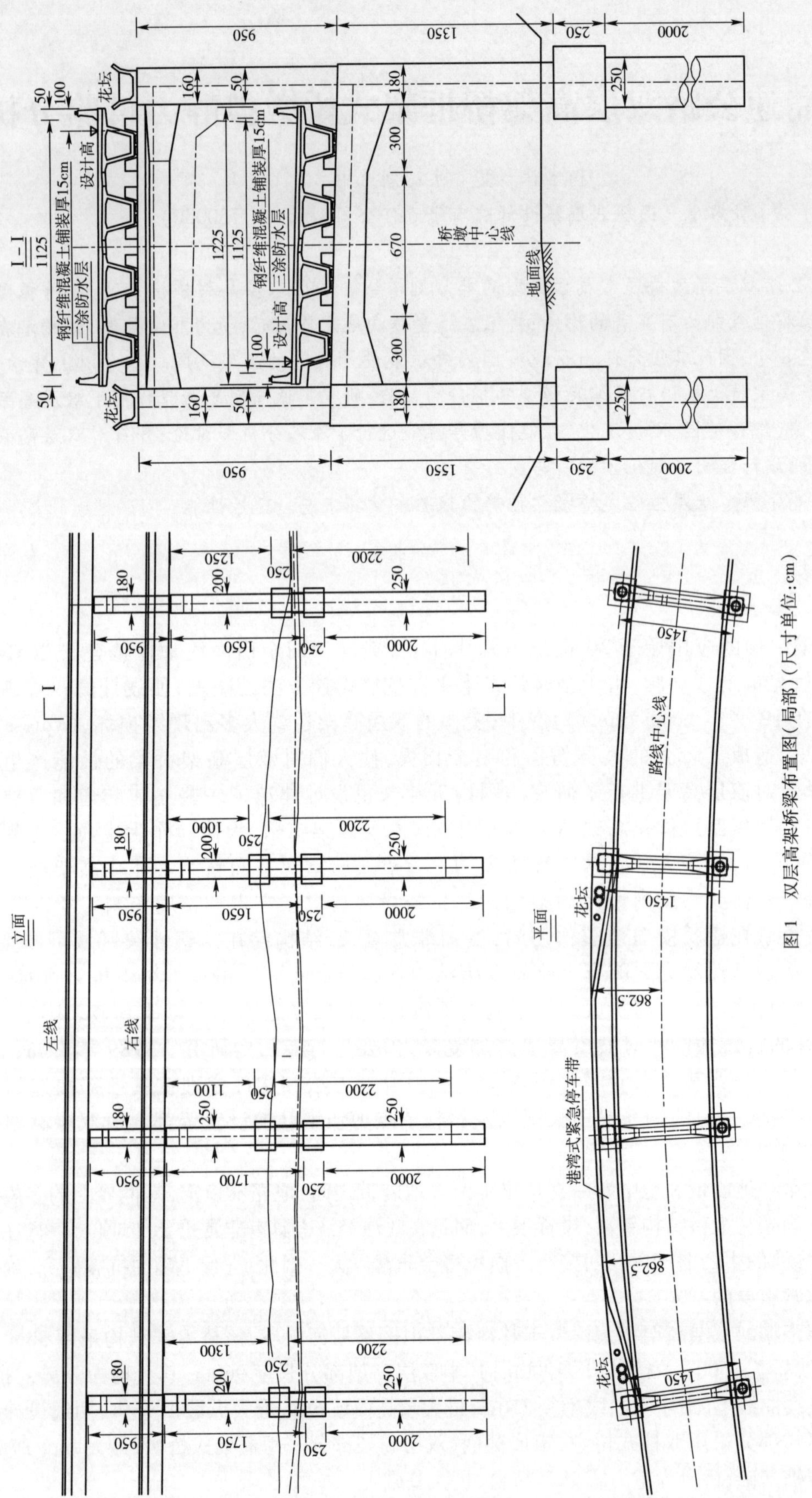

图1 双层高架桥梁布置图(局部)(尺寸单位:cm)

鉴于以上因素，针对洛塘河双层高架特大桥进行了试验研究，本试验以洛塘河大桥 X38 号桥墩为原型，设计制作了缩尺比为 1/7.5 的双层高架桥桥墩模型。对模型进行拟静力试验后，对低周反复荷载作用下双层高架桥的破坏形态、特征荷载、位移延性、刚度退化、耗能能力等性能进行了深入分析和讨论；并针对双层高架桥在设计中横梁、墩柱的设计提出了优化方案。通过对两个桥墩的拟静力实验研究，对洛塘河双层高架特大桥的抗震性能提出了评价意见，并对双层高架桥的抗震优化设计提出了建议。

2 拟静力试验设计

静力试验又称低周反复荷载试验，是对结构施加多次往复循环作用的静力试验，使结构在正反两个方向重复加载和卸载的过程，用以模拟地震时结构在往复振动中的受力特点和变形特点。这种方法是用静力方法求得结构振动时的效果，因此称为拟静力试验，或伪静力试验。它采用一定的荷载控制或位移控制对试件进行低周反复循环的加载方法，使试件从开始受力到破坏的一种试验方法，由此获得结构或结构构件非弹性的荷载—变形特性，因此又称为恢复力特性试验。

2.1 试验目的

洛塘河特大桥桥墩为双层框架式桥墩，拟静力试验的主要目的，首先是建立结构在地震作用下的恢复力特性，确定结构恢复力的计算模型，通过对双层框架墩试件进行拟静力试验，对原型结构的抗震设计进行验证，考察其在地震荷载下的破坏形态、滞回性能、延性性能等特性。通过试验所得的滞回曲线和曲线所包围的面积求得结构的等效阻尼比，衡量结构的耗能能力，同时还可得到骨架曲线，结构的初始刚度及刚度退化等参数。由此可以进一步从强度、变形和能量等三个方面对洛塘河双层高架特大桥桥墩的整体抗震性能做出评价。

2.2 试件设计

由于钢筋混凝土为非均匀材料，试件比例过小会带来许多失真的问题，尺寸效应比较明显，而且构造也难以模拟，考虑到实验室现场条件，采用相似比为 1/7.5 的方案进行模型设计。1/7.5 缩尺比例模型自下立柱底到上盖梁顶高 3.534m，上、下盖梁中心线距离 1.355m，上下立柱均为竖直但截面不同，上立柱为 213mm×240mm，下立柱为 240mm×267mm。实验底座按照能力保护设计，高墩处底座高 550mm，低墩处底座高 1215mm。

双层框架式桥墩的上、下立柱纵筋均为 $\phi8$，配筋率分别为 1.32% 和 1.24%；立柱箍筋选用 $\phi6$ 的光圆钢筋，间距为 0.06m。上盖梁的纵筋为 $\phi10$ 的钢筋，配筋率为 1.80%；下盖梁纵筋采用 $\phi10$ 和 $\phi8$ 的钢筋，下盖梁纵筋配筋率为 1.46%；上、下盖梁的箍筋为 $\phi6$ 的光圆钢筋，间距分别为 0.075m 和 0.06m；在盖梁中布置 $2\phi20$ 和 $1\phi16$ 的钢筋，替代原结构中的预应力筋试件；在上盖梁加腋处布置 $2\phi14$ 的斜筋，下盖梁布置 $3\phi12$ 的斜筋。底座采用 $\phi10$ 的钢筋，纵、横向钢筋间距为 0.05m。模型结构满足《公路桥梁抗震设计细则》中的有关规定。

3 加载方案

3.1 恒载模拟

考虑到实验室现场条件，水平荷载在上、下盖梁处用两个水平千斤顶进行加载，上下横梁上的竖向荷载采用竖向千斤顶、分配梁方案。竖向反力由四根竖向拉杆提供，拉杆下端锚固于基座，在上下横梁处分别设置一个反力平台，反力平台下设置同步千斤顶，千斤顶下面放置一根分配梁，采用两点加载模式。试验中需注意千斤顶、反力平台、分配梁的对中，并注意试验过程中千斤顶力的变化。

3.2 地震荷载模拟

(1)上下作动器的荷载比例

通过对洛塘河双层高架特大桥的反应谱分析和线性时程结果分析的统计，考虑到结构进入到非线性后,上、下两层的位移比例不是线性的。针对实验模型结构进行了IDA分析,由IDA分析的结果拟合得出了上、下两层的位移曲线。然后通过位移曲线确定了上、下两点的位移加载比例。

(2)加载策略

由于采用荷载控制时上、下两个加载点的同步加载不容易实现,因此在试验中全程采用位移控制进行加载,以减小不同步造成的误差。加载过程中全部采用位移控制进行加载,在试验开始阶段,采取5mm的位移增量进行加载,后期位移增量取为10mm试验过程中的加载控制位移见表1所示。加载时,每级位移控制荷载循环加载3周。

加载控制位移　表1

位置	位移(mm)														
上加载点	4	8	13	18	23	28	38	48	58	68	78	88	98	108	118
下加载点	2	4	8	11	15	18	25	32	40	47	55	63	70	78	86

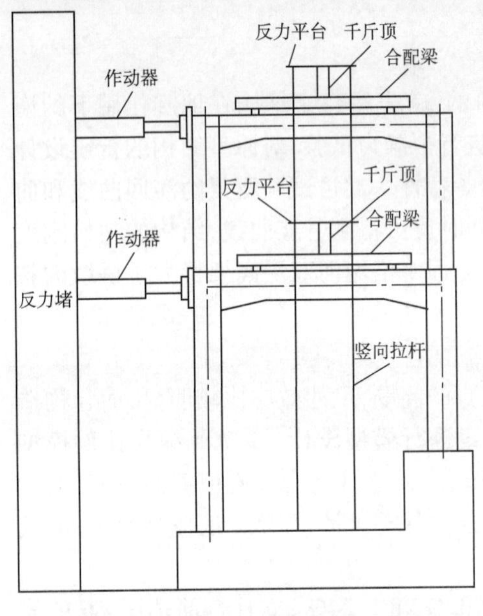

图2　加载装置示意图

3.3　试验装置

洛塘河双层高架特大桥墩拟静力试验在同济大学土木工程防灾重点实验室抗震试验室进行,试验装置如图2所示,实验前试件安装如图3所示。试件与底座一体浇筑,底座利用地锚固定在反力地槽上。模拟恒载用的竖向千斤顶采用自反力体系,两个千斤顶采用同一个传感器控制进行同步加载,在试验过程中注意调整千斤顶荷载保证竖向力不变。水平推拉反复荷载由两台德国SHENK公司生产,吨位为600kN的液压伺服加载系统施加;加载控制位移见上述加载策略。

在水平侧移较大的情况下,上下两个施加竖向荷载的千斤顶均随着梁体一起移动,在试验中保证了竖向荷载的稳定。试验数据采集采用国产DH3817数据自动采集系统进行采集,采样频率最高可达8Hz。

3.4　量测内容

为控制试验进程,掌握试件破坏进展;同时为了了解、分析低周反复荷载作用下洛塘河双层高架特大桥桥墩结构模型的破坏形态、破坏机制、特征荷载、恢复力模型、变形恢复能力、位移延性、刚度退化、耗能能力、黏滞阻尼系数等参数,并结合实验室现有测量设备,应观测各时间的破坏现象、侧向反复荷载值(作动器加载值)、梁端位移与墩底核心区塑性区域曲率和塑性区域墩柱纵筋应变。

图3　加载装置图

4 试验结果分析

4.1 试件破坏状态

试验过程中,可以看到试件的破坏集中于低墩墩底、低墩侧下立柱柱顶、上墩柱墩底,节点损伤较轻。实验结束后试件的全貌如图 4 所示。

图 4 试件破坏后全貌

桥梁抗震设计中,必须保证结构的传力路径不中断,而且还应该保证震后桥梁的行车功能。盖梁的损伤会影响桥梁的行车条件,甚至会造成落梁等震害,因此盖梁应作为能力保护构件进行设计;而桥墩在结构进入延性后会形成结构整体的延性机制,发生损伤后也比较容易检查和修复,故而比较适宜作为延性构件进行设计。针对洛塘河双层高架特大桥的工程情况以及《公路桥梁抗震设计细则》(JTG/T B02-01—2008)的规定,洛塘河双层高架特大桥的抗震设计性能目标如表 2 所示。

洛塘河双层高架特大桥抗震性能目标 表 2

设防水平	性能目标
P1 概率	盖梁、桩基础、桥墩不受损坏或者不需要修复可继续使用
P2 概率	盖梁、桩基不受损坏或者轻微损伤
	桥墩可进入塑性状态,但不倒塌,震后可修复,可供紧急救援车辆通行

根据以上所述的破坏状态并结合性能目标,对比两个试件的试验结果,可以看出:

(1)对于下盖梁,从最终的破坏状态上看,下盖梁梁底的混凝土出现了轻微的剥落,横梁破坏轻微,贴合弱柱强梁的结构抗震设计性能目标。

(2)对于墩柱,试件下立柱的上、下端塑性铰均出现在墩柱两端的区域,充分利用了墩柱的延性,因此塑性铰区域的分布更为合理,这种破坏模式符合抗震性能目标要求。

(3)对于节点,在结构抗震设计中普遍要求节点设计满足"强节点弱构件"的性能要求。试验过程中,试件节点均发生了一定的程度的损伤,究其原因主要是节点区域尺寸相对较小,尤其是下盖梁,节点区域发生损伤也就难免了。

综上所述,试件破坏模式符合能力保护设计的构件承载能力梯次分布要求,试件在塑性铰位置分布、节点强度等方面均满足抗震设计的要求。

4.2 试验分析

4.2.1 滞回曲线

结构的滞回曲线是指结构在低周反复荷载作用下,结构的作用力和位移之间的关系曲线。它是结构抗震性能的综合体现,也是进行结构抗震弹塑性动力反应分析的主要依据。图 5 ~ 图 7 是不同荷载工况下的低周反复荷载试验的 P - Δ 滞回曲线。

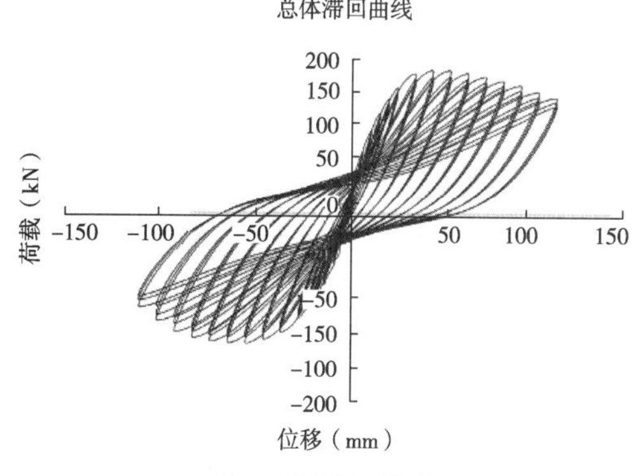

图 5 总体滞回曲线图

结合试验现象并对比各工况的滞回曲线,可以发现:

(1)在试验初期(前两级荷载),荷载和位移基本呈线性变化关系,$P-\Delta$ 曲线基本呈一直线,且保持斜率不变,表明结构基本处于弹性工作状态。

(2)第三、第四级荷载加载时,随着下墩柱墩底、墩顶的开裂,$P-\Delta$ 曲线上明显可以看到斜率减小,体现了构件开裂对割线刚度的影响。随着加载的继续,构件逐渐进入屈服,这种刚度减小的趋势就越明显。

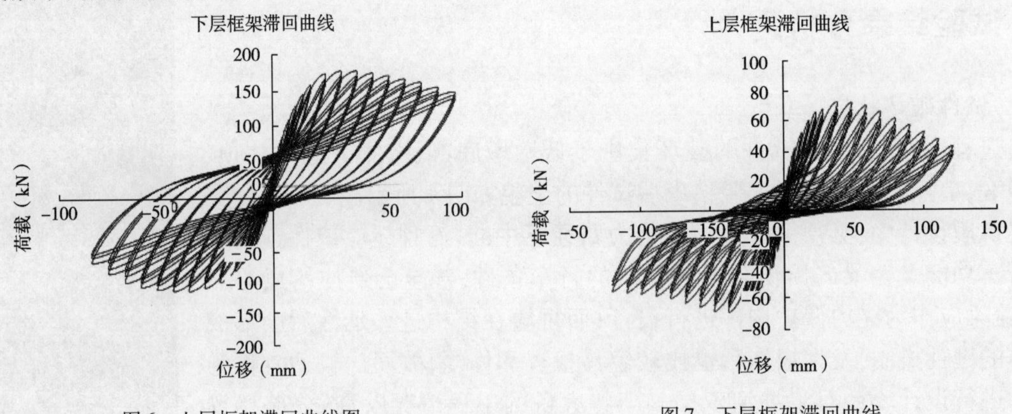

图6　上层框架滞回曲线图　　　　图7　下层框架滞回曲线

(3)从第四级荷载开始,滞回曲线逐渐出现反S形状,斜率进一步减小,滞回曲线向位移轴倾斜,滞回曲线包络面积越来越大,框架刚度退化明显,表明结构进入非线性的弹塑性工作阶段。

(4)在第四级荷载至第八级荷载加载阶段,荷载峰值继续增加;对于同一级位移下的不同加载循环,三次循环的曲线非常接近,包络最大荷载峰值以及滞回环包络面积均非常接近,表明框架试件在校位移控制下的低周反复荷载下累积损伤不明显,同级位移循环加载下刚度未见明显退化,耗能能力亦基本保持不变。

(5)从第八级荷载开始,荷载的峰值基本稳定;在同级位移加载中,第二次循环达到的最大荷载峰值以及滞回环包络面积明显小于初次加载,而第三次加载循环又小于第二次,这表明框架试件在低周反复荷载下发生显著的累积损伤,耗能能力也发生退化。

(6)第十级荷载至加载结束阶段,峰值荷载不断下降,结构表现出接近极限破坏的抗力状态。

4.2.2　骨架曲线

骨架曲线是评价结构抗震性能的重要参数,是分析结构弹塑性地震反应的基本资料。骨架曲线就是结构在拟静力试验下每次循环的荷载—位移曲线达到最大峰值的轨迹。在任一时刻的运动中,峰值点不能超越骨架曲线,只能在到达骨架曲线后沿着该曲线前进。图8是本试验得出的双层框架式桥墩试件的骨架曲线,由此可以看出:

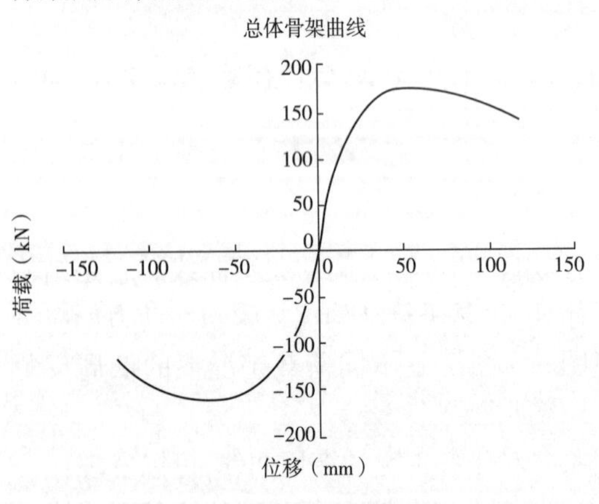

图8　总体骨架曲线

(1)在试验初期(前2级荷载),荷载和位移基本呈线性变化关系,②P－Δ②曲线基本呈一直线,且保持斜率不变,表明结构基本处于弹性工作状态。

(2)在结构弹性极限点之前,骨架曲线为一直线,框架在弹性范围内工作,此时刚度可视为框架的初始切线刚度;墩柱、横梁开裂后,骨架曲线仍然保持逐级增加但位移增长大于荷载增长,试件的刚度逐渐降低;试件屈服后,随位移增加,峰值荷载亦逐渐增加,但是试件的刚度持续不断的降低;达到最大荷载点之后峰值荷载开始缓慢下降,直至框架发生极限破坏。

(3)骨架曲线中可以看到,试件的正向承载力均要大于其反向承载力,这可能是因为两侧柱高不同,结构在正、反两个加载方向的刚度不一致;另一方面,由于梁在正向加载中是压弯状态,而在反向加载过程中是拉弯状态,这也造成了正、反向加载的承载力不同。

4.2.3　延性性能

延性大小是构件抗震能力强弱的重要标志。延性是指在初始抗力没有明显退化的情况下,构件的非变形能力。延性的量化设计指标包括曲率延性系数和位移延性系数。曲率延性系数仅表征截面的延性，而位移延性系数和塑性铰长度、曲率大小、构件的长度等均有关，所以常用位移延性系数来表征结构或构件的延性。最大延性系数：

$$\mu_{\mathrm{m}}=\frac{U_{\mathrm{m}}}{U_{\mathrm{y}}}$$

其中，U_{m} 和 U_{y} 分别表示极限位移和屈服位移。

为得到结构的位移延性系数，首先要确定结构的屈服位移和极限位移。由于荷载—位移实测骨架曲线往往没有明显的屈服点，这是由于钢筋和混凝土材料的非线性因素较多，不同的材料不同时进入屈服等原因造成的。确定结构屈服点是一个难题。本桥采用如图 9 所示的等能量法来确定屈服位移。等能量法的基本原理是利用骨架曲线所包围面积相等将试件的荷载—位移关系等效成理想双线性。其中，B 点为荷载峰值点，U 点为极限点，“OA”“BCD”面积之和与“AYC”与“DEU”的面积之和相等。

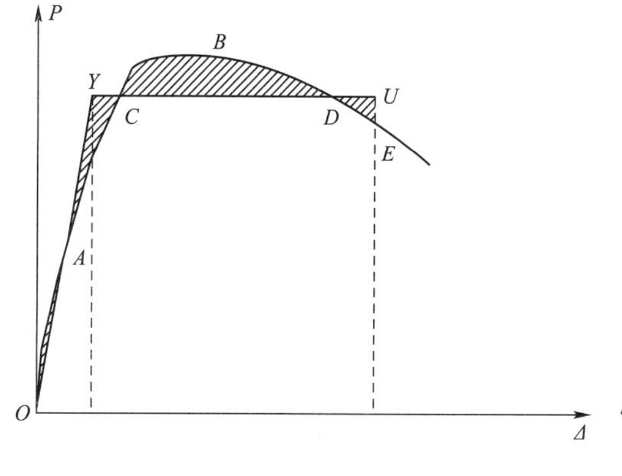

图 9　荷载—位移曲线

对于极限位移的定义也有多种，包括核心混凝土达到极限压应变，钢筋达到极限拉应变、受压钢筋达到屈服应变以及峰值荷载的折减。因为大多数结构在峰值荷载后抗力没有明显退化前仍能承受一定的位移需求，所以本桥采用通常的防治荷载下降至最大荷载 85% 时对应的变形为极限变形。

根据上述判断准则，可以确定试件的屈服位移为 21.09mm；极限位移为 108.70mm。通过计算，得到试件的位移延性 $\mu_{\mathrm{m}}=108.7/21.09=5.15$。

根据洛塘河双层高架特大桥抗震分析结果表明，结构在 P2 概率的地震下，横向的最大位移为 0.17m。根据试验得到的极限位移，可以反推原型结构的极限位移。试件的极限位移为 108.70mm，考虑实际结构缩尺比和安全系数（安全系数取 2）后，可以得到结构的实际位移能力为 0.41m。两者均大于结构位移需求 0.17m，说明双层框架式桥墩设计满足结构的延性需求。

5　结语

本试验以洛塘河双层高架特大桥双层框架式桥墩为原型，设计了缩尺比为 1/7.5 的原结构缩尺模型，进行了拟静力试验，对低周反复荷载作用下结构的破坏形态、特征荷载、位移延性、刚度退化、耗能能力等性能进行了深入分析和讨论，通过拟静力试验研究，可以得出以下结论：

（1）试件在第三级荷载时钢筋首次屈服，第十级开始结构抗力进入下降段，并在第十六级荷载时钢筋拉断，结构破坏，此时位移为 118mm；结构的破坏模式为低墩墩底纵筋拉断。

（2）试件塑性铰出现在低墩一侧下立柱的上、下端，上、下节点的损伤轻微，结构的破坏模式合理。

（3）洛塘河双层高架特大桥桥墩的荷载－位移滞回曲线呈反 S 型滞回，与常规的框架试件和梁柱节点时间的拟静力试验的滞回环形状相一致。结构的骨架曲线经历了弹性—屈服—极限破坏这三个阶段；根据等能量法得到试件等效屈服位移为 21.09mm，延性系数为 $\mu=\Delta u/\Delta y=5.15$，双层框架式桥墩设计满足结构的延性需求。

参考文献

[1] 中华人民共和国行业推荐性标准. JTG/T B02-01—2008 公路桥梁抗震设计细则[S]. 北京：人民交通出版社，2008.

[2] 范立础，李建中，王君杰. 高架桥梁抗震设计[M]. 北京：人民交通出版社，2001.

[3] 彭天波,李建中,范立础.能力设计方法在双层高架桥梁抗震设计中的应用[J].世界桥梁,2009(1).
[4] 彭天波,李建中,胡世德,等.双层高架桥的抗震性能[J].同济大学学报(自然科学版),2004,32(10).
[5] 彭天波.双层高架桥的拟动力试验研究[D].上海:同济大学桥梁系,2003.
[6] 杨宝林,韩友续,马胜午,等.山区高速公路双层高架桥梁设计探讨[J].公路,2010(1).

8. 山区高速公路双层高架桥梁设计探讨

杨宝林　马胜午　李玉平　艾　杰
（甘肃省交通规划勘察设计院有限责任公司　兰州　730030）

摘　要：双层高架桥梁是城市立交中常见桥梁形式之一，如何成功地将其应用到山区高速公路中，是一个值得研究的问题。本文通过介绍甘肃南部山区高速公路洛塘河双层高架桥梁的设计，分析探讨了山区高速公路双层高架桥梁的结构体系、上下部构造形式，以及双层高架桥梁有别于常规桥梁的特殊之处，就荷载组合、抗震设计、施工顺序、运营安全等问题进行了探讨，与同行交流。

关键词：山区高速公路　双层高架桥梁　设计探讨

1　概述

山区高速公路具有地形地质条件复杂、生态环境脆弱、地面横坡陡峻、河流沟道狭窄、滑坡泥石流崩塌等不良地质灾害频发的特点，受山区地形和高速公路线形标准的制约，山区高速公路设计中一般遇山凿洞、逢沟架桥，桥梁、隧道在路线中所占比例大。

山区高速公路桥梁受地形的影响，顺河桥梁、傍山桥梁、陡坡桥梁经常出现；受路线平纵面的限制，连续曲线桥梁、长大纵坡桥梁、高墩大跨桥梁、长大桥梁成为山区桥梁的一大特征，常常是斜、弯、坡、高、长、大加陡边坡等几个因素的相互影响，增加了桥梁结构设计的复杂性。

在山区高速公路桥梁设计中，路线平纵横三向受地形地质河道的限制，很难与地形相融洽，受城市立交桥梁设计思路的启发，将高速公路左、右幅的桥梁上下叠置起来，形成双层高架桥梁，从而减小横向宽度，很好地改善公路线形，最大限度地减少占用土地，从空间上绕避不良地质，最大可能地保护生态环境，减小桥墩阻水面积。对于在这种地形狭窄、地质复杂、河道弯曲、洪水量大、桥墩阻水严重的特定条件下，双层高架桥梁也是一种山区高速公路桥梁设计中值得选择的方案。

双层高架桥梁在山区高速公路桥梁设计中尚属首次，复杂的地理环境和大量的构造物，给山区高速公路的养护和维修带来一定的困难，结构物的耐久性问题引起人们的进一步重视，也给设计提出了更高的要求。本文结合甘肃南部山区武罐高速公路洛塘河双层高架特大桥的设计，对山区高速公路双层高架桥梁设计中一般应该考虑的诸多问题与同行探讨。

2　双层高架桥梁结构形式的选择

双层高架桥梁是在不具备常规桥梁的条件而设置的，同时路线的纵面也具备能够将左右幅桥梁叠置起来的条件。桥梁的平面、立面线形构成了桥梁体系的几何特征，双层高架桥梁选择何种结构体系来适应连续曲线、长大纵坡、陡坡桥墩组合下的几何特征，使结构设计更趋合理、更具耐久性，是设计必须首要考虑的问题。

2.1　结构体系

高速公路桥梁基于运营的整体性、舒适性和耐久性的考虑，往往必须设计为预应力连续结构。常规的高速公路桥梁，一般采用简支结构桥面连续、简支转连续（刚构）体系或简支—连续—刚构组合体系、现浇连续（刚构）结构等几种体系，根据各桥实际均有所采用。双层高架桥梁需要分别确定上层桥梁和下层桥梁的结构体系，上下层不同体系之间的组合受力使结构更加复杂，下面就各种体系的适应性分别说明如下。

2.1.1　简支结构桥面连续

简支结构桥面连续结构体系是比较传统的结构形式，形式简单、受力明确，而抗震性能差，容易发生落梁，行车舒适性差，在高速公路桥梁中逐渐被淘汰。双层高架桥梁的上层部分可以利用这种体系，可以将上层桥的上部结构支点断面设计成牛腿形式，可以消隐部分上层盖梁高度，增加下层桥梁的视线通透性和美观效果，减小上下层桥梁之间的高度，这在净高受限制的城市立交桥梁中普遍应用，在有净高要求限制时上层桥梁可以采用这种形式。而下层桥梁一般不考虑净空等问题，不需采用这种形式。

2.1.2 简支转连续(刚构)体系

山区高速公路大中桥较多采用简支转连续(刚构)体系或连续—刚构混合体系。由于全刚构体系桥墩高差相差较大，需要通过调整桥墩的线刚度来改善桥墩受力，会导致桥墩尺寸比较多，美观性降低，施工相对麻烦，因此全刚构体系只适用于桥墩高度较大且刚度相差不大的顺河桥梁或其中的一联。全连续结构体系联长太长，舒适性差，墩台所受水平力较大，墩柱尺寸较大，相对较浪费材料，因此全连续体系适用于桥墩高度不大的多跨桥梁。在山区高速公路桥梁中，一般根据地形把桥梁高度较大的相邻几个桥墩固结起来，利用其柔性适应桥墩所受的温度收缩、徐变、制动力等水平力，较矮的边墩设置滑板支座或橡胶支座，形成连续梁。这样的刚构—连续组合体系，高墩矮墩的受力性能都得到了改善，且适应地形特点。而对于曲线、大纵坡上的桥梁，上部梁体处于弯扭耦合共同作用下，具有沿某一不动点变形的趋势，单向行驶的大纵坡长桥在长期反复的汽车制动力和温度影响力的作用下，梁体具有沿下坡方向滑移的趋势，这种滑动趋势往往造成梁体相对下部的移动及支座受力的不均匀，甚至脱空，同时使桥墩产生较大的纵横向水平力和附加弯矩。在桥墩具有一定柔度的情况下，充分利用桥墩的柔性变形吸收车辆制动力和温度影响力，采用连续—刚构组合体系，在避免桥梁上下部错动的同时，增加了体系对下部的约束力，桥墩的变位相对减少，压弯稳定性增加，既可以适当改善不利的受力状态，又可以增强结构的整体稳定性。

在双层高架桥梁的桥墩是一个空间框架墩，上下两层桥梁结构体系作用在一个桥墩上，互相影响，受力情况更为复杂。双层高架桥梁的下层桥墩一般较低，桥墩墩柱截面刚度较大，不适宜采用全刚构体系或连续—刚构混合体系，而应设计成全连续体系；上层桥梁可以选择全刚构体系、全连续体系或者连续—刚构混合体系，当一联内墩高较大且高度相当时可采用全刚构体系，当墩高差别较大而桥面纵坡较大时，可采用连续—刚构混合体系，选择高度较大的一个桥墩设置成墩梁固结，当桥梁为连续小半径曲线且墩高差别大、左右桥墩高低差别大时一般采用全连续体系。结构体系选择时以尽量减少上部结构与下部桥墩的不利组合作用、减少上层桥梁与下层桥梁的不利组合，而使上下部结构、上下层桥梁之间相互协调、受力明确。

2.1.3 现浇结构

现浇结构具备曲线桥梁的性能优势和较强的可塑性，应用也较为普遍，尤其适合互通式立交的小半径曲线桥梁。山区中由于预制场地和运输条件不便利，适当加大现场浇筑结构的应用，从经济效益及环境保护的角度看大有裨益。然在双层高架桥梁都位于地形陡峻、河道狭窄的地方，不具备搭设支架的场地，另外现浇结构施工周期长，影响行洪。因此，现浇结构体系一般应用在地形较为开阔的山区立交桥梁中。

2.2 上部构造型式选择

(1)桥梁跨径选择

山区高速公路桥梁上部结构大多采用标准化、装配化的形式。双层高架桥梁的跨径以20～40m之间为最佳。跨径过小，桥墩个数较多，影响下层桥梁的行车视线；跨径过大造成桥墩截面尺寸较大，结构不协调，另外山区高速公路曲线半径一般不大，而路拱超高横坡较大，大跨径桥梁适应性差。因此双层高架桥梁的跨径一般不宜太大，以25m、30m、35m三种跨径是经济性与美观效果俱佳的选择。城市立交双层高架桥梁结合小半径曲线，跨径可以更小。

(2)上部结构类型选择

上部构造型式的选择，应结合桥梁具体情况，综合考虑其受力特点和经济性。结合近年来高速公路桥梁的上部构造形式，一般以组合小箱梁和组合T型梁较为普遍，设计施工工艺成熟，工厂化程度高。

2.3 桥墩形式的选择

高速公路桥梁的桥墩形式主要有柱式墩、薄壁墩、空心墩等，跨越城区和有景观要求的路段也采用花瓶墩、Y形墩等形式，其中尤以柱式墩和空心薄壁墩最为普遍。一般来说，高度不大($H<50$m)、采用强度

控制设计的桥墩宜采用柱式墩;高度相对较大($H>50$m)、采用稳定控制设计的桥墩多采用空心薄壁墩。

山区高速公路桥梁结合山区特殊微地形采用一些特殊的桥墩形式,充分利用凸出的岩咀或独立山包设置悬臂式桥墩、门架式桥墩等。双层高架桥梁的桥墩高度不大,空心薄壁墩不适用,分离式部分桥梁桥墩采用柱式墩,上下叠置部分桥梁采用双层框架式桥墩。

2.3.1 双柱式桥墩

双柱式墩是公路桥梁广泛采用的桥墩形式,其自重轻,结构稳定性好,施工方便、快捷,外观轻盈美观,桥墩布设灵活性大。双柱式墩截面形式可以做成圆形和方形,圆柱墩施工中外观质量容易控制,且与桩基础衔接方便;方柱墩与上部梁体更加协调,有一定的视线诱导性,较美观挺拔。从截面特性看,面积相等的方柱与圆柱,方柱抗弯刚度大于圆柱,受力也优于圆柱。方柱的缺点是墩柱与桩基之间需要通过承台连接,无端增加工程量,且增加承台构造对山区桥梁来说还会增加挖方工程量,引起边坡失稳。双柱式桥墩由于其横向刚度大和良好的抗震稳定性,在山区高速公路中得以普遍使用。

双层高架桥梁的分离式部分桥跨一般均采用双柱式桥墩,结合双层框架式桥墩的截面形式,均采用方柱墩形式,利于整桥美观统一。

2.3.2 独柱式桥墩

在山区高速公路桥梁中,独柱式桥墩往往能使诸多难点问题迎刃而解。当桥位地面横坡陡峭时,采用双柱墩势必造成墩柱高度悬殊,相应的刚度差造成两墩柱受力不均,给设计造成难度。若采用独柱墩则受力明确,可减小施工难度,并且减少开挖,利于桥位区环境保护。当桥梁与跨越交叉路或河道时,采用独柱墩可避免采用斜交主梁或错孔布置,可提高下穿道路通视性,提高行车舒适性。当路线斜跨河床时,采用独柱墩有利于减小阻水面积,还可减少水下施工量。独柱墩的劣势在于由于纵横向刚度得不到保证,桥墩的抗震稳定性差,因此不能做得过高,且高地震烈度区尽量不宜采用,一般以 20m 控制为宜,其次独柱墩加大盖梁尺寸,一般情况下需采用预应力结构。此外山区高速公路曲线半径小,车辆离心力比较大,曲线桥梁都会沿每联的固定点向离心力的方向滑移,因此每联联端设置伸缩缝处的桥墩不宜采用独柱墩。

在双层高架桥梁中,当上层桥梁与下层桥梁即将合并与分离时,上层桥梁在最接近下层桥梁处设置独柱式桥墩。这样可以最大限度地减小第一个双层框架墩的跨度。为了增大截面抗弯惯性矩,采用矩形截面,上下盖梁均采用预应力混凝土结构,以减小盖梁截面高度,节约净高且较美观。

2.3.3 双层框架式桥墩

双层高架桥梁上下叠置部分采用双层框架式桥墩,在山区高速公路中,尚未见到这种类型的桥墩。在城市立交双层高架桥梁中,常采用 H 型框架式桥墩,上层桥梁通过将上部梁板的端横梁做强做大,既做端横梁又做上层盖梁,简支在 H 型框架式桥墩的两墩柱上;下层桥梁直接支撑在下层盖梁上,这种体系受力明确,结构超静定次数较低,上下层桥梁受力相互影响小,但整体稳定性比较差,不适宜在山区高速公路中应用。一般公铁双层高架桥梁,上层公路桥梁桥面宽度大而下层铁路桥梁铁路宽度小,上层桥梁通过双悬臂盖梁架设在 H 型框架式桥墩上。借鉴以上两种做法,将 H 型框架式桥墩两侧上墩柱通过上盖梁固结起来,做成框架式桥墩,上下层桥梁分别支承在上下盖梁上,也可将上层桥梁墩梁固结,形成上层刚构下层连续的混合体系,上下盖梁均采用预应力混凝土结构,上下墩柱采用钢筋混凝土结构。

2.4 洛塘河双层高架桥设计

洛塘河双层高架桥位于武都区枫相乡,桥址区线路顺洛塘河展布,为“V”形峡谷,河道弯曲,地形狭窄,岸坡陡峻。本桥平面纵面均位于连续曲线上,最小平曲线半径 350m、最大超高横坡 6%、最大纵坡 1.96%。左线桥梁总长 1500m、右线桥梁总长 1200m,其中双层高架桥梁部分长度 960m,其余部分均为分离式桥梁。左线在上层、右线在下层,两线设计高程之差 9.50m。本桥桥梁高度不大、左右墩柱高度差别较大,上下层桥梁均采用简支转连续体系,跨径选用 30m 预应力混凝土组合小箱梁,分离式桥梁部分采用双柱式桥墩,矩形截面,上下叠置部分桥梁双层框架式桥墩(最大墩高 27m),两处独柱式桥墩(最大墩高 17m),基础为钻孔灌注嵌岩桩基础;桥台为重力式 U 型桥台,扩大基础。双层高架桥梁布置形式(局部)如图 1 所示,双层高架桥梁的效果图如图 2 所示。

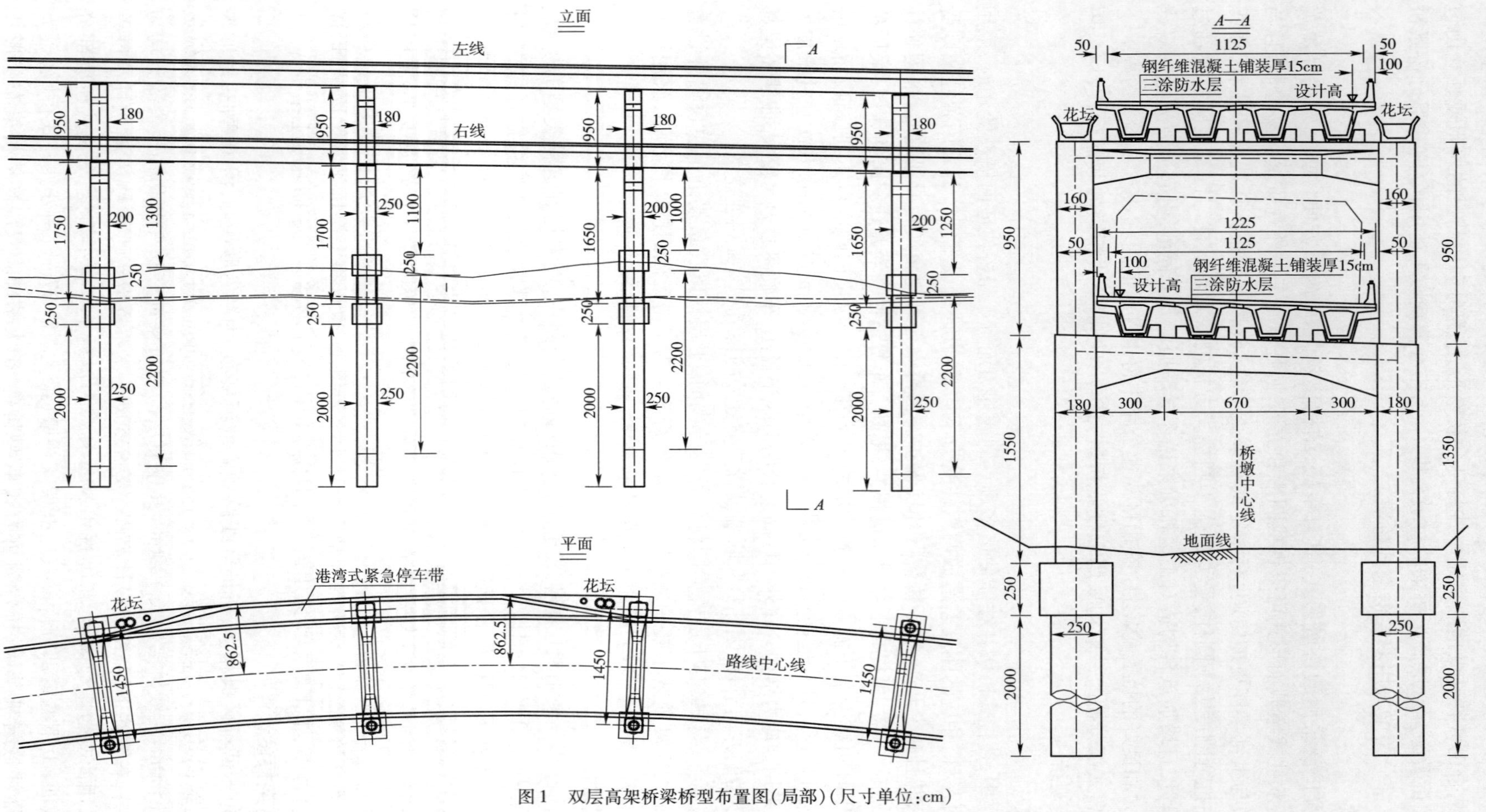

图1　双层高架桥梁桥型布置图(局部)(尺寸单位:cm)

图2 双层高架桥梁效果图(局部)

3 双层高架桥梁设计上的特殊考虑

与常规山区高速公路桥梁相比,双层高架桥梁除了具备连续小半径曲线、长大纵坡、高桥墩、长大桥等特点以外,还在荷载组合、抗震设计、桥梁安全、施工顺序、运营安全等方面具有特殊性,分别说明如下。

3.1 双层高架桥梁的荷载组合

双层高架桥梁设计尚没有相应的设计细则,特别是上下两层活载组合取值没有明确的规定,一般是分别按照上下层桥梁进行荷载组合,将上下层桥梁的各项按照最不利荷载组合在一个桥墩上,进行各部构造分别设计。一般的,将双层框架桥墩作为一个空间框架进行结构分析,其中上下层桥梁的汽车制动力方向相反、横向活载偏心布置、上层桥梁考虑冰雪荷载、分别计列汽车冲击系数、小半径曲线汽车离心力、基础的三向变位、向阳侧墩柱升温降温荷载、靠山侧墩柱考虑山坡滚石冲击荷载、靠河侧墩柱考虑河道滚石等漂流物撞击荷载。下层桥梁防撞护栏必须考虑汽车撞击荷载,不得对框架墩柱产生一点影响。同时结合桥梁施工考虑施工步骤、施工荷载,全面地分析框架桥墩的受力状态,进行结构设计。

3.2 双层高架桥梁的抗震设计

1989 年,美国发生洛马·普里埃塔地震,震级 7.1 级,位于旧金山的塞普里斯双层高架桥梁发生严重震害,长度 800m 的上层公路桥桥面因框架墩柱断裂而塌落在下层桥面上,上层框架完全毁坏。在灾后的事故分析中,发生事故的原因与软土地基上建造柔性结构有关,还与框架墩柱节点含筋量不足、框架横向刚度不连续、框架横向箍筋不足有关,致使框架桥墩的墩柱和盖梁发生断裂和剪切破坏。

双层高架桥梁抗震设计应按照三级抗震设防原则进行三阶段设计,当遭受多遇地震、设计地震、罕遇地震时能达到小震不坏、中震可修、大震不倒。首先通过抗震概念设计,选择合理的结构布局,选择地震中预期出现的弯曲塑性铰的合理位置,保证结构能形成一个适当的塑性耗能机制,通过强度和延性设计,确保塑性铰区域截面的延性能力。按照能力设计原则,通过设计使结构体系中的延性构件和能力保护构件形成强度等级差异,确保结构构件不发生脆性的破坏模式。在双层高架桥梁中,其潜在的塑性铰区域为上墩柱的顶部和底部、下墩柱的顶部和底部,上、下墩柱作为延性构件设计,上、下墩柱的设计剪力值、上下横梁、节点及基础均按照能力保护构件设计方法计算,均应为墩柱的极限弯矩(考虑超强系数)所对应的弯矩、剪力和轴力值,同时还应考虑所有潜在塑性铰的位置以确定最大的弯矩、剪力和轴力值。按照三级设防的抗震设防原则,在多遇地震作用下采用反应谱方法进行立柱的强度验算,在设计地震作用下采用非线性时程方法进行桥梁上部结构和下部结构的连接构件验算,在罕遇地震作用下采用非线性时程方法进行立柱塑性铰区域的转动能力验算,以确定立柱塑性铰区域的容许转动能力。根据能力保护原则进行能力保护构件设计,以确保在地震作用下能力保护构件处于弹性反应范围,最后进行抗震构造的细节设计。

3.3 双层高架桥梁的施工顺序

双层高架桥梁的施工顺序,桩基础施工→承台施工→下墩柱施工→底层盖梁施工→张拉下盖梁第一批预应力钢束→架设底层箱梁→张拉下盖梁第二批预应力钢束→上墩柱施工→顶层盖梁施工→张拉上盖梁第一批预应力钢束→架设顶层箱梁→张拉上盖梁第二批预应力钢束→桥面系施工。

3.4 双层高架桥梁陡坡桥墩设计

山区桥梁位于陡边坡上的桥墩,由于地形高差大,往往造成同一桥墩两墩柱的高度悬殊。墩柱刚度差造成的下部构造受力不均匀,甚至可使其中一个墩柱受力成倍增加。当墩的高差悬殊,两墩柱的受力差很大时,可采取在矮墩的地面下设置一定长度套筒,增加矮墩高度的措施,也可采取高墩的地面以上一定长度加大截面,减小高墩高度的措施,其目的都是减少两墩柱的刚度差。山区桥梁位于陡边坡上桥墩的另一个突出问题,是由于陡边坡临空面的存在,削弱了岩体对桩基的抗力。其削弱程度除与深度有关外,还与桩基距临空面的距离密切相关。它的确定对于陡边坡上桩的设计长度影响极大。这一问题的分析涉及岩土工程和结构工程,较精确的方法是采用有限元分析,但由于岩土体的特性各异,计算较复杂,目前还缺乏深入的研究。对于这一问题,从实际工程出发,可以将其简化为关于岩土体对桩基产生足够抗力或嵌固力所需平面范围的确定,也即假想桩基起算位置的确定。我们可以结合岩土工程和结构工程,通过桩基作用力在岩土体的应力分布范围分析、岩土体抗剪能力分析、岩性裂隙分析等多角度分析结果综合确定。在洛塘河双层高架桥梁位于陡边坡桩基设计中,采用上述方法确定桩长,在一定程度上减少了陡边坡桩基设计的盲目性。

3.5 双层高架桥梁运营安全性的考虑

车辆行驶在双层高架桥梁上,下层桥梁容易产生心理压迫、视线阻隔等感觉,因此,双层桥梁长度不宜过大,对在施工及运营过程中,出现的各种紧急情况,应做好应急处理措施。主要表现在如下几个方面:

(1)桥梁港湾式紧急停车带

山区高速公路桥隧比例高,运营期间出现紧急情况时,需要一定数量的紧急停车带以供停车救援,因此必须在桥梁上设置港湾式紧急停车带,停车带长度30m,渐变段长度两侧各15m,停车带加宽宽度2.5m。双层高架桥上层桥梁可以通过增加相邻三个墩的上盖梁悬臂设置港湾式紧急停车带,下层桥梁若在框架式桥墩内设置停车带会增加框架跨度,一般选择在分离式桥梁部分设置港湾式紧急停车带。洛塘河双层高架桥梁上下层各设置了两处港湾式紧急停车带。

(2)防火措施

当下层桥梁遇到火灾等情况时,除了有高速公路交通工程消防设施的配置以外,还应该提高结构自身的防火能力,洛塘河双层高架桥梁是在上层箱梁的底部及侧面、上层盖梁的底部及侧面、墩柱的内层涂刷消防涂料,提高结构防火能力。

(3)桥墩防撞设施

山区桥梁位于河道和陡坡上的桥墩经常受到山坡滚石的撞击,在桥梁设计中,一般先清除桥位两岸山坡上的孤石、悬石,以免石头滚落到桥面上或者冲撞桥墩;对距离较近山体采用主动柔性防护网进行防护,同时对桥墩底部3~5m高度范围设置钢筋混凝土防撞套筒,套筒与桥墩之间设置5cm厚橡胶缓冲层,以吸收撞击能量。

3.6 双层高架桥梁其他细节设计

(1)防撞护栏构造

双层高架桥梁应较常规桥梁更多地考虑运营安全问题,在洛塘河双层高架桥梁的设计中采用了加强型混凝土防撞护栏,最大可承受520kJ的碰撞能量。确保失控车辆不会越出、冲断护栏。同时还加强了与行车道板连接部的设计。此外,还应在框架墩墩柱距离护栏边缘预留一定的安全富裕宽度,加强下层桥梁两边抗震挡块构造尺寸,在抗震的同时起到限制主梁横向位移的作用。

(2)支座设置

一般高墩桥梁均设计为刚构体系,但交接墩或矮墩上却难免要设置支座。对于曲线桥,除了应考虑由于扭矩造成的支座反力差外,支座设计还应考虑曲线桥变形引起的变位方向的差异,所设支座应能满足不同方向变位的需求。对于连续墩,墩顶设置双排支座的优点是不需要设置临时支座,减少体系转换的施工工序,且在使用初期,橡胶支座处于弹性支承状态,在恒活载作用下不会发生脱空,所以对墩顶负弯矩起到一定的削峰作用,从而减小负弯矩索的用量。但经长期使用,支座弹性不能得到保证,使上部结构的支撑体系发生变化,结构受力模式不甚明确,导致结构安全度降低。单排支座存在拆除临时支座的麻烦,但可以避免上述结构受力上的弊端。

(3)桥面平顺措施

在大纵坡的交点上,由于竖向线形不平顺,会造成汽车冲击力动态增量加大。在曲线且大纵坡桥上,跨中动载冲击能量的增加,将增加曲线桥扭矩的影响。因此,纵坡变化点不宜设在跨中,而应设在支点附近。为了减少桥面冲击动量,宜采用柔性桥面铺装。同时,应采用加强型的桥面铺装材料,避免桥面病害造成路面不平顺。

(4)伸缩缝的设置

曲线桥由温度变化、混凝土收缩引起的伸缩,因内外侧梁长不同而不同,造成桥梁平面沿纵横向变形的矢量和方向变形。温度变化、混凝土收缩下的变形方向以体系的总体变形零点位置控制,反映到伸缩缝处,伸缩量存在横桥向的差异,造成伸缩量较直桥大。另外,大纵坡高墩长桥活载长期作用产生的累积变位较一般桥梁大。因此曲线、大纵坡高墩长桥所选的伸缩装置变形量应比常规的桥梁大,双层高架桥梁的伸缩缝应该上下同时设置在同一个框架墩上。

4 结语

在山区高速公路桥梁设计中,双层高架桥梁设计尚无先例,双层高架桥梁在地形狭窄、地质复杂、河道弯曲、洪水流量大、桥墩阻水严重的条件下,是一种值得选择的方案。本文通过介绍甘肃南部洛塘河双层高架桥梁的设计,分析探讨了双层高架桥梁的结构体系、上下部构造形式以及有别于常规桥梁的特殊之处,得出如下结论:

(1)双层高架桥梁上层桥梁高度较大,可以采用全连续、全刚构、连续刚构组合和简支梁四种结构体系之一,下层桥梁一般采用全连续和简支梁体系,确定双层高架桥梁的结构体系时宜结合路线平纵横线形、桥墩高度等做整桥分析。

(2)双层高架桥梁跨径一般采用25m、30m、35m三种,上部结构可以采用组合小箱梁或组合T型梁,下部构造采用双柱式墩、独柱式墩、框架式桥墩等,一般均采用矩形截面。

(3)双层高架桥梁的荷载组合、抗震设计、施工顺序、陡坡桥墩等与常规桥梁有较大差别,还应结合地形设置港湾式紧急停车带,考虑运营期间的应急抢险措施。

(4)双层高架桥梁的防撞护栏、支座、伸缩缝、桥面铺装等细部,与常规平原区桥梁不同,设计中应予以特别重视。

参考文献

[1] 陈四德,李章喜. 山区高速公路桥梁设计探讨[J]. 中外公路,2006,26(1).

[2] 祝敏方. 山区高速公路桥梁设计探讨[J]. 公路,2003(5).

[3] 陈奉民,汪宏,曾辉. 山区高速公路桥梁的设计体会[J]. 公路交通技术,2008(2).

9.圆钢管混凝土桥墩弯矩—曲率关系分析

臧　博[1]　朱东生[1]　冯长友[2]　向中富[1]

(1 重庆交通大学土木建筑学院　重庆　400074;2 甘肃长达路业有限责任公司　兰州　730030)

摘　要:依据两个常用的钢管混凝土材料本构模型,采用纤维模型法编制了 MATLAB 计算程序,以分析钢管混凝土桥墩的截面弯矩—曲率关系。理论计算得到的弯矩—曲率关系曲线与国外学者进行的实验结果吻合较好,表明程序具有良好的适用性。并进一步分析了套箍系数、轴压比对钢管混凝土桥墩弯矩—曲率关系以及荷载-挠度关系的影响。

关键词:钢管混凝土桥墩　纤维模型法　弯矩—曲率关系

1　概述

钢管内填充混凝土可以显著提高构件的强度和延性:钢管对核心混凝土提供约束作用,可提高其承载能力,同时混凝土可以延缓钢管的局部屈曲。两种材料相互弥补了彼此的弱点,从而使钢管混凝土的承载力高于钢管和核心混凝土单独承载力之和。此外,钢管混凝土还有用料省、自重轻、施工方便等优点,因此在工程中的应用越来越广泛。在桥梁工程中,钢管混凝土主要用于拱桥拱圈中。

随着钢管混凝土结构的应用推广,近年来,国内外学者对钢管混凝土结构性能进行了大量的研究工作。Michel Bruneau 等[3]比较了 AISC LRFD 、CAN/CSA-S16 和 Eurocode4 三种设计规范在计算钢管混凝土压弯构件承载力时的区别,并将计算值与试验结果进行了对比。结果表明,上述三种设计规范偏于保守,作者进而提出了一个更为合理的承载力计算公式,该公式已被 AISC LRFD、CAN/CSA-S16 的修订版采纳。

George D. Hatzigeorgiou[4]根据其完成的钢管混凝土短柱在轴压、纯弯以及压弯组合作用下的承载力试验结果,发现 Eurocode4 的推荐公式比较适用,而由 ACI、AISC、CECS 设计规范计算得到的结果与试验结果相差较大。并在试验结果的基础上,采用回归分析法提出了圆钢管混凝土极限轴力计算公式和 N-M曲线的函数关系式。

Yong Bong Kwon 等[5]进行了方钢管混凝土在轴力作用下的水平往复荷载试验,试件包括 6 个方钢管混凝土短柱、13 个长柱以及 8 个方形空钢管。研究结果表明,方形钢管混凝土有着较好的延性和较高的承载力,构件的屈服弯矩主要受到轴压比和宽厚比的影响。

潘友光[6]采用纤维模型法研究钢管混凝土的轴压荷载—变形关系,并提出了简化的承载力计算公式。谭克峰[7]对 18 个圆钢管高强混凝土试件的试验结果表明圆钢管混凝土短柱具有较好的延性和较高的承载力。

上述研究多是关于钢管混凝土常规设计承载力的试验,而在抗震设计中,更多的是考虑构件的非线性变形能力,但是针对这方面的研究相对较少。日本学者最早开展钢管混凝土抗震性能的研究工作。1995 年阪神地震中,许多钢桥墩发生了局部屈曲破坏,为防止此类破坏现象的再次发生,提高钢桥墩的抗震性能,之后的加固工作采用了在既有钢桥墩内填充混凝土的方法。研究发现,钢管混凝土桥墩具有良好的抗震性能。H. B. Ge 等[8]对比了钢管部分填充混凝土桥墩非线性动力分析的两种方法:①单自由度体系法(SDOF),在分析过程中使用双线性或三线性力—位移滞回模型;②纤维分析法,分析过程中钢材、混凝土分别使用各自在往复荷载作用下的应力—应变关系。并将计算值与拟动力试验值进行了比较,结果表明:在最大位移需求方面,采用三线性滞回模型的单自由度体系法和采用纤维分析法计算得到的结果与试验结果吻合较好。此后,日本在震后桥梁抗震加固工作中,除了钢桥墩内填混凝土外,许多混凝土桥墩也采用了外套钢管加固技术[1,2]。

2 材料的应力—应变关系

为了分析钢管混凝土构件的弯矩—曲率关系,首先应该确定钢材和核心混凝土的应力—应变关系模型。钢管混凝土力学性能的复杂之处主要在于难以准确描述钢和核心混凝土之间的相互作用,不同学者分析的角度不同,因而采取的计算参数也不同。国内学者多采用套箍系数,国外多采用径厚比(宽厚比)。

本文选取了两个常用的圆钢管混凝土本构模型,分别是由韩林海和 George D. 首先提出来的。这两个圆钢管混凝土材料本构模型的主要特点如下所述。

2.1 韩林海提出的材料本构模型[11]

(1)混凝土本构关系(图1)

核心混凝土达到峰值应力之前,曲线形式为上升抛物线;达到峰值应力之后,下降段的应力—应变关系曲线随着套箍系数的增大逐渐抬升,趋于平缓甚至成为上升段。

$$y = 2x - x^2 \quad (x \leqslant 1) \tag{1}$$

$$y = \begin{cases} 1 + q(x^{0.1\xi} - 1) & (\xi \geqslant 1.12) \\ \dfrac{x}{\beta(x-1)^2 + x} & (\xi < 1.12) \end{cases} \quad (x > 1) \tag{2}$$

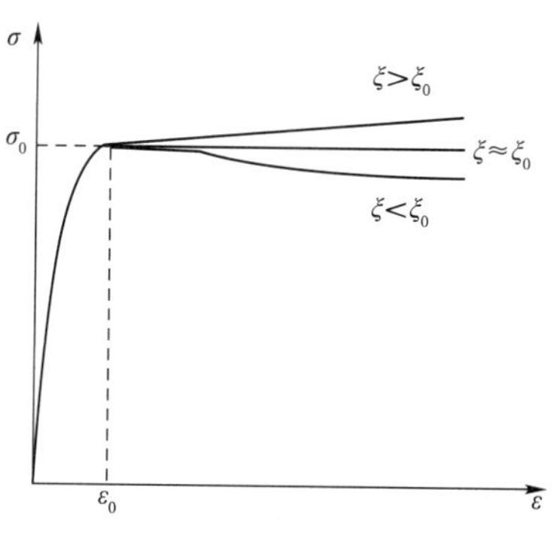

图1 混凝土本构关系曲线

其中:无量纲参数 x、y 分别为:

$$x = \frac{\varepsilon}{\varepsilon_0} \tag{3}$$

$$y = \frac{\sigma}{\sigma_0} \tag{4}$$

套箍系数:

$$\xi = \frac{A_s f_y}{A_c f_{ck}} \tag{5}$$

式中:A_s——钢管面积;

A_c——核心混凝土面积;

f_y——钢材屈服强度;

f_{ck}——混凝土抗压强度标准值。

峰值应力 σ_0、峰值应力处的应变 ε_0:

$$\sigma_0 = \left[1 + (-0.054\xi^2 + 0.4\xi)\left(\frac{24}{f_c}\right)^{0.45}\right] f_c \tag{6}$$

$$\varepsilon_0 = \varepsilon_{cc} + \left[1400 + 800\left(\frac{f_c}{24} - 1\right)\right]\xi^{0.2} (\mu\varepsilon) \tag{7}$$

$$\varepsilon_{cc} = 1300 + 12.5 f_c \quad (\mu\varepsilon) \tag{8}$$

$$q = \frac{\xi^{0.745}}{2 + \xi} \tag{9}$$

$$\beta = (2.36 \times 10^{-5})^{[0.25 + (\xi - 0.5)^7]} f_c^2 \times 3.51 \times 10^{-4} \tag{10}$$

(2)钢材本构关系(图2)

对于钢材,采用双折线模型,其中强化段的模量可以取 $0.01E_s$,E_s 为钢材的弹性模量。

2.2 George D. 提出的材料本构模型[12]

(1)混凝土本构关系(图3)

①曲线 I 采用三次多项式。

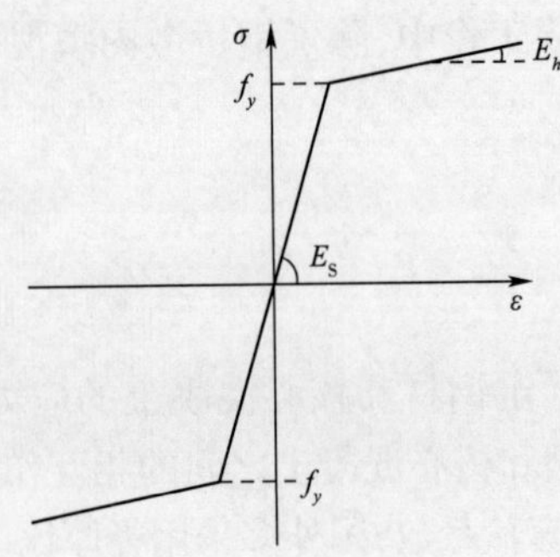

图2　钢材本构关系曲线

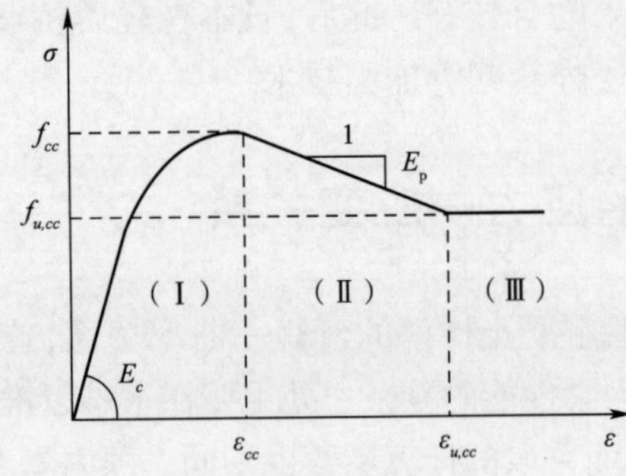

图3　混凝土本构关系曲线

$$\sigma = A\varepsilon + B\varepsilon^2 + C\varepsilon^3 \tag{11}$$

$$A = E_c$$
$$B = \frac{3f_{cc} - 2E_c\varepsilon_{cc}}{\varepsilon_{cc}^2} \tag{12}$$
$$C = \frac{E_c\varepsilon_{cc} - 2f_{cc}}{\varepsilon_{cc}^3}$$

E_c 为混凝土的初始模量,采用 Eurocode 推荐的公式计算:

$$E_c = 600f_c \tag{13}$$

峰值应力 f_{cc} 处的应变:

$$\varepsilon_{cc} = 0.0022\frac{f_{cc}}{f_c} \tag{14}$$

f_c 为无约束混凝土的抗压强度。

f_{cc} 为约束混凝土的峰值应力,采用 Richart 等得出的经验公式:

$$f_{cc} = f_c + kf_{rp} \tag{15}$$

f_{rp} 为约束应力,可由平衡关系导出:

$$f_{rp} = \frac{2\sigma_h t}{D - 2t} \tag{16}$$

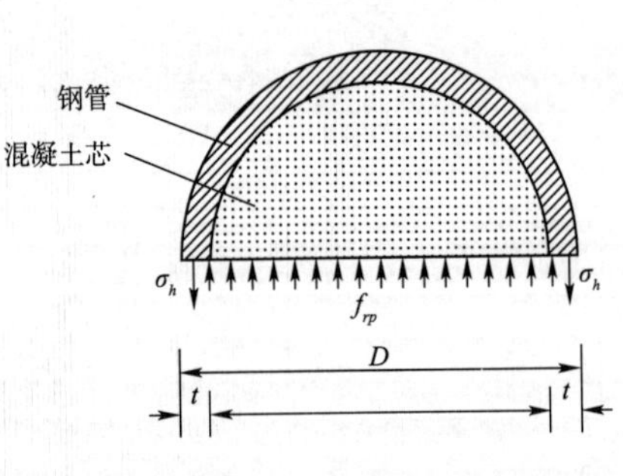

图4　约束应力与套箍应力平衡关系

σ_h 名义套箍应力,与钢材的屈服应力 f_y 有如下的关系(图4):

$$\frac{\sigma_h}{f_y} = \exp[\ln(D/t) + \ln(f_y) - 11] \leqslant 1.0 \tag{17}$$

②曲线Ⅱ采用下降直线的形式,斜率 E_p 为混凝土的塑性模量。

$$E_p = -1500\left\{1 - \left[1 + \exp\left(\frac{D}{t}\frac{f_c}{f_y} - 6\right)\right]^{-1}\right\} \tag{18}$$

③曲线Ⅲ为水平直线。

$$f_{u,cc} = f_{cc} + E_p(\varepsilon_{u,cc} - \varepsilon_{cc}) \tag{19}$$

$$\varepsilon_{u,cc} = 0.06f_c^{-0.7} + 0.003f_{rp} \tag{20}$$

(2)钢材的本构关系(图5、图6)

采用线性硬化弹塑性模型,并考虑 Von Mises 屈服条件。

$$E_h = 0.0025E_s \tag{21}$$

$$f_{su} = 1.25f_y \tag{22}$$

由 Von Mises 屈服准则可得:

$$f_{yt} = 0.5(\sigma_h + \sqrt{4f_y^2 - 3\sigma_h^2}) \tag{23}$$

$$f_{yc} = 0.5(\sigma_h - \sqrt{4f_y^2 - 3\sigma_h^2}) \tag{24}$$

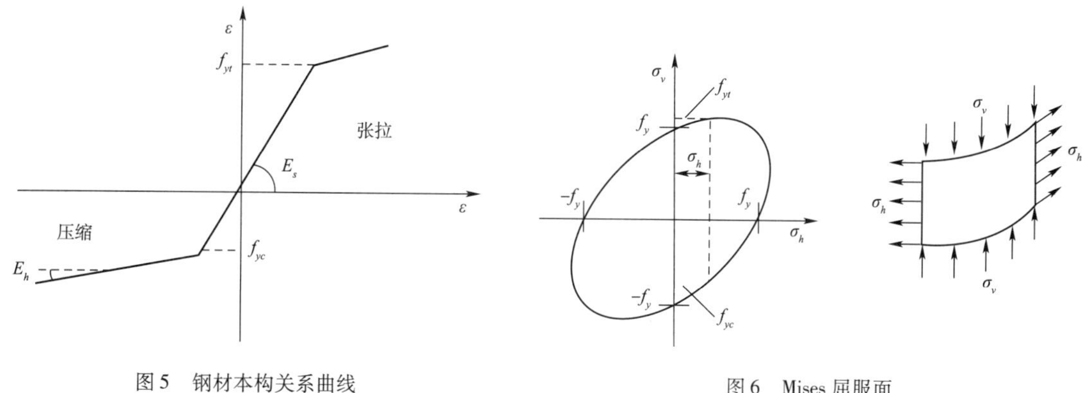

图5　钢材本构关系曲线

图6　Mises屈服面

3　基于纤维模型法的弯矩—曲率关系计算

3.1　计算方法简介

纤维模型法是计算构件截面弯矩—曲率关系的一种常用方法,其基本思想是将构件截面划分为若干小的长条或方块,假定各条块上的应变在条块内是相同的,由截面曲率得到各条块的应变,根据本构关系可以得到各条块的轴力,进而得到整个截面的轴力及弯矩。本文在计算时采用了如下假定。

(1)在变形过程中平截面假设始终成立;

(2)钢和混凝土之间无相对滑移;

(3)忽略剪力对变形的影响。

将截面合理划分条块后,按照下述过程计算就可得到截面的弯矩曲率关系:

(1)给定轴力 N,并设定截面底端的参考应变 ε:从0开始,每一级加 $\Delta\varepsilon$;

(2)假设中和轴高度 h;

(3)确定截面曲率 $\varphi=\varepsilon/h$;

(4)计算各纤维条块中心处的应变;

(5)由材料本构关系,计算得到各纤维条块的应力;

(6)计算纤维条块内力,计算 N_{min},并输出 N_{min} 和相应的 φ 值;否则调整受压区高度:$N_{min}>N$,降低受压区高度;反之,则增大受压区高度;

(7)重复(1)~(6),直至满足如下任何一个破坏条件:①混凝土超过极限应变;②钢材超过极限应变;③弯矩值下降至最大弯矩的80%。

3.2　算例对比

根据上述过程,作者利用Matlab编写了计算程序,程序数据输入简单,使用方便。为验证程序的正确性,选择文献[13,14]中的试件作为计算对象。图7是采用作者编写的程序计算得到的结果与试验结果的比较,图中 D 为钢管直径,t 为钢管壁厚,f_y 为钢材屈服强度,fcu为混凝土抗压强度,N 为作用在构件上的轴向荷载,粗实线表示实验得到的弯矩—曲率关系曲线,“o”表示采用韩林海提出的材料模型计算出来的弯矩—曲率关系曲线,“∇”表示采用George D.提出的材料模型计算出来的弯矩—曲率关系曲线。对比结果表明,在实验条件下,两个计算模型并无较大差别。理论计算得到的弯矩—曲率关系曲线与实验结果总体上吻合较好,各试件的极限承载力、极限曲率的试验值和计算值基本吻合,计算结果较准确地反映了构件的刚度、屈服弯矩等基本信息。

4　弯矩—曲率关系的影响因素

国内外学者结合各自的研究分析了各种因素对弯矩—曲率关系的影响。文献[15]认为影响弯矩—

曲率关系的因素主要有径厚比(D/t)、钢材屈服强度(f_y)、混凝土抗压强度(f_c)、轴压比(n),并采用纤维模型法编制了基于性能的分析程序(PBA Program),通过该程序计算上述因素对弯矩—曲率关系的影响,得到以下结论:提高钢材和混凝土的强度可以增大构件的承载力,但降低了构件的延性;增大径厚比、轴压比会降低构件的承载力、刚度、延性。文献[16]研究了含钢率(α)、钢材屈服强度(f_y)、混凝土抗压强度(f_c)、轴压比(n)对弯矩—曲率关系的影响,得到了类似的结论,但认为钢材、混凝土强度的变化对构件刚度影响不大,提高钢材屈服强度可以增大构件的屈服弯矩。

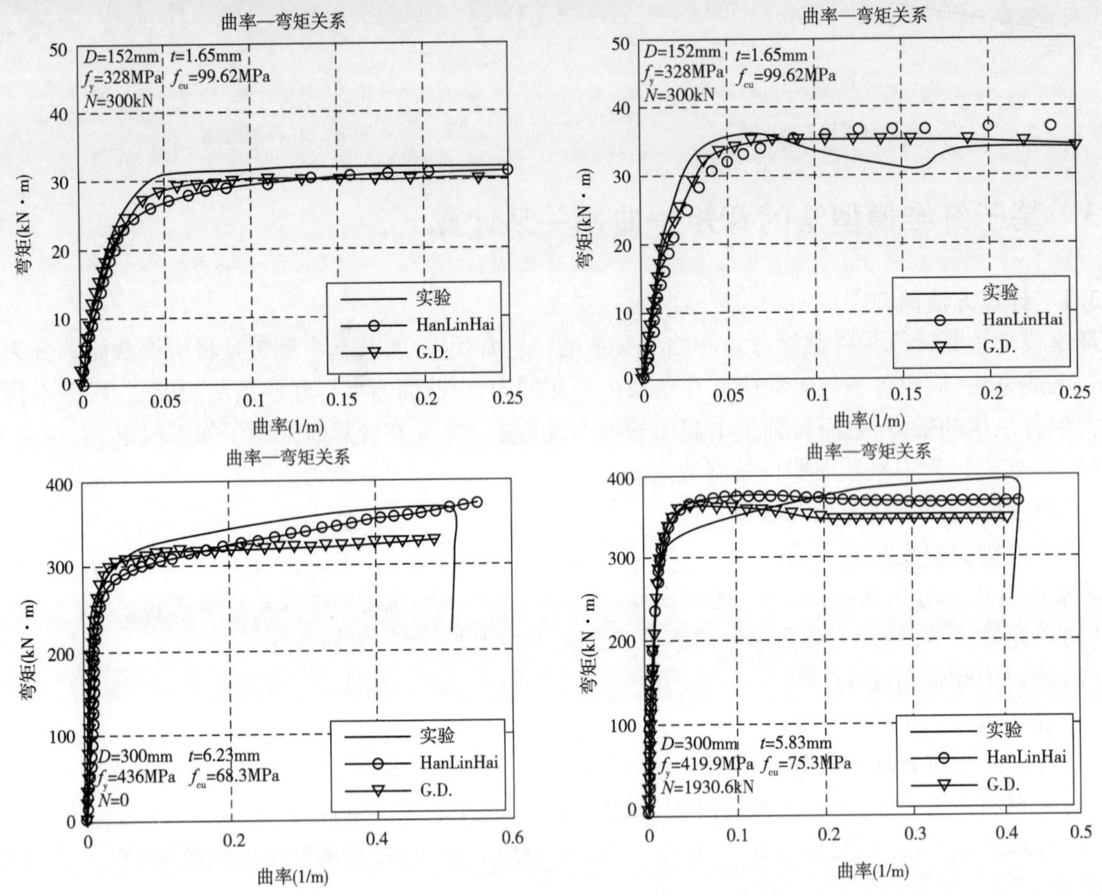

图7 圆钢管混凝土 $M-\varphi$ 关系曲线

本文针对两个对钢管混凝土桥墩弯矩—曲率关系曲线影响比较大的因素:套箍系数和轴压比进行分析。计算采用如下基本条件:$D=1000$mm,HRB335 钢,C40 混凝土。

4.1 套箍系数 ξ

在截面尺寸一定的情况下($D=1000$mm),通过改变钢管厚度可以调整套箍系数。固定轴压比的同时($n=0.2$),取不同的套箍系数,采用本文第3节所述的自编程序,可以计算得到不同套箍系数下的截面弯矩—曲率关系曲线,图8是部分计算结果。

从图8可以看出,在其他条件相同的情况下,随着套箍系数的不断增大,构件在弹性阶段的刚度逐渐提高,而构件进入弹塑性阶段后,两个模型计算出来的弯矩—曲率关系曲线有一定差距。这主要是由于两个模型对核心混凝土本构关系定义不同造成的:在钢管厚度 t 较小时(如图8中的 $\xi=0.51$,此时 $t=10$mm,$D/t=100$),G. D. 模型中钢管对混凝土的约束效应不明显,在这种情况下两个模型在弹塑性阶段的弯矩—曲率关系曲线差别较大。随着钢管厚度 t 不断增大,在韩林海模型中,套箍系数 ξ 逐渐增大,由公式2可知,混凝土本构关系中的下降段不断抬升,甚至当 $\xi>1.12$ 时成为上升段;而在 G. D. 模型中,径厚比 D/t 不断减小,由公式18可知,斜率 E_p 逐渐趋近于0,混凝土本构关系中的下降段不断抬升逐渐趋近水平,但不会出现上升段。

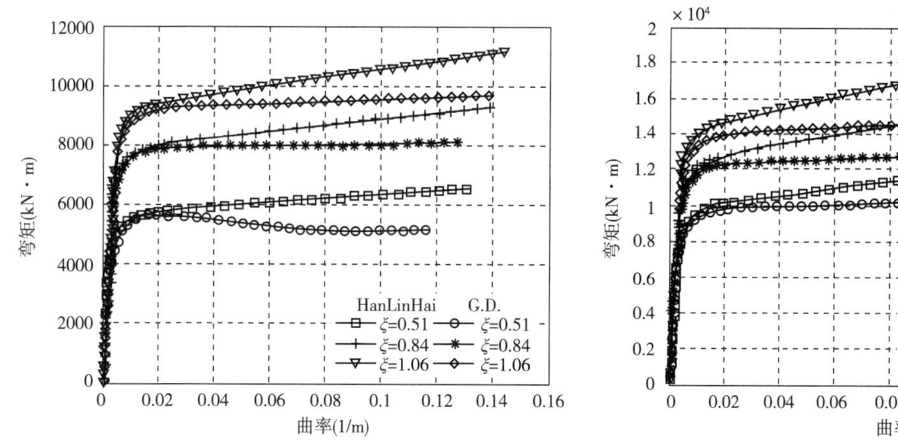

图8 套箍系数对 $M-\varphi$ 关系曲线的影响

从图9可以看出，随着套箍系数的增大，屈服弯矩也越来越大，二者之间有比较明显的线性关系。

4.2 轴压比 *n*

在截面尺寸及钢管厚度一定的情况下（$D=1000\text{mm}$，$t=16\text{mm}$，此时 $\xi=0.84$），采用前述的自编程序，取不同的轴向压力，可以计算得到不同轴压比下的截面弯矩—曲率关系曲线，图10列出了部分计算结果。从图10可以看出，在其他条件相同的情况下，轴压比 n 对构件弹性阶段的刚度影响不大。

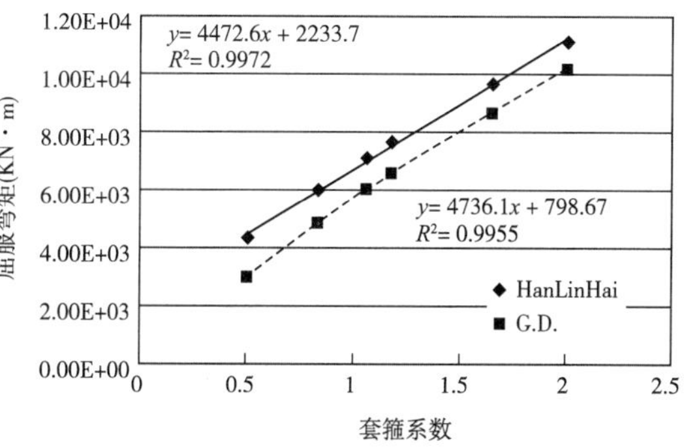

图9 屈服弯矩与套箍系数的关系

图11列出了不同轴压比下的屈服弯矩，可以看出，屈服弯矩与轴压比有着较好的二次相关性。在 n 较小时，屈服弯矩随轴压比增大而增大；当 n 增大到一定程度后，屈服弯矩反而随着轴压比增大而减小。同时，两个模型计算得到的屈服弯矩开始出现一定差距，并且随着 n 的增大而增大。这是因为在轴压比较大的情况下，压弯构件一般处于全截面受压状态，构件的屈服弯矩主要受材料的抗压屈服强度控制。而在 G. D. 模型中，钢材应力—应变关系考虑了 Mises 屈服条件，由公式24可知，G. D. 模型中钢材的抗压屈服强度小于韩林海模型中钢材的抗压屈服强度。

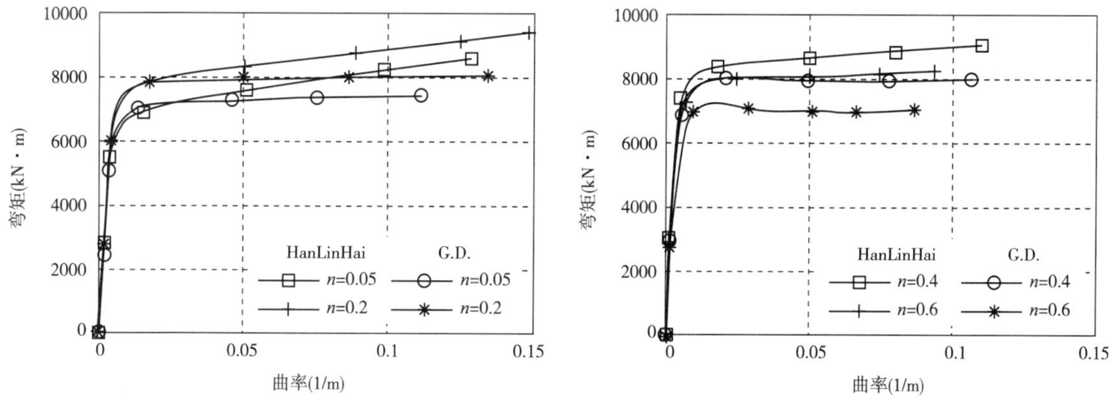

图10 轴压比对 $M-\varphi$ 关系曲线的影响

5 圆钢管混凝土桥墩的荷载—挠度关系

5.1 计算方法简介

钢管混凝土桥墩属压弯构件，在计算该类构件的荷载挠度关系曲线时，需要将悬臂杆分成若干段，并

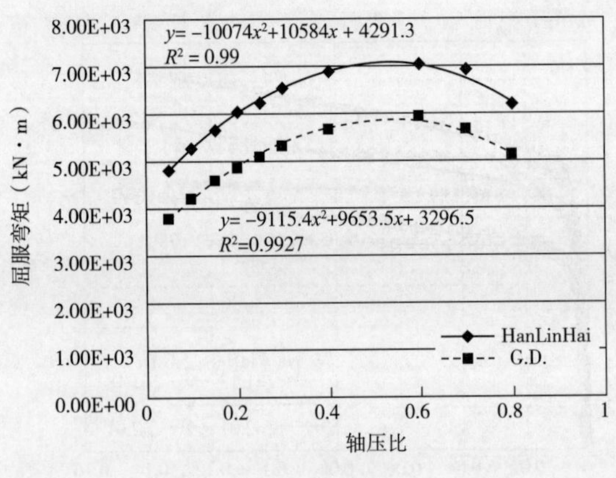

图 11　屈服弯矩与轴压比的关系

假设每一小段内各截面曲率是线性变化的，由前述方法计算得到的 $M-\varphi$ 曲线查出各各段两端的曲率，这样就把构件的实际曲率分布图形简化成了一个折线图形，采用图乘法或共轭梁法就可以求出杆件上任一截面处的侧向位移。只要分段足够细，就可以得到比较满意的计算结果。

压弯构件在轴向力作用下，由于构件的挠度要产生二次矩，反过来，二次矩又要影响挠度。因此，在压弯构件计算中既包括材料非线性，又包括几何非线性。对于这种非线性问题只有通过反复计算逐次逼近，在实际应用中常采用分级加曲率的方法。其总的原则是：首先由新的支座弯矩 M_m，轴力 N，以及上一次计算所得的杆端挠度 δ_s，求得新的挠曲线，并以此为基准。然后，不断调整 φ_m，使求得的挠曲线逼近基准挠曲线。计算流程如下所述：

(1) 每次 $\varphi_m=\varphi_m+\Delta\varphi$；

(2) 由 φ_m 查得 M_m；

(3) 假定挠曲线 δ_s，i(每次可取上一次的挠曲线)；

(4) 由 M_m, N, δ_s, i，求 P；

(5) 由 P, N，反求各截面的 M_i，并由 M_i 查得 φ_i；

(6) 由 φ_i 求得新的挠曲线 δ_i,1 ；

(7) 以 δ_i,1 作为新的假定值重复(4)～(6)求得 δ_i,2。要求 δ_0,2 与 δ_0,1 接近并小于允许值。否则要改变 φ_m 重新计算挠曲线；

(8) 再检查所有截面的 δ_i,2 是否与 δ_i,1 接近。如小于允许误差可进行下一轮加变形，否则要重复(2)～(7)直到满意为止。

5.2　$P-\Delta$ 关系的影响因素

根据上述过程，作者使用 Matlab 编写荷载挠度计算程序($M-\varphi$ 关系采用第 3 节所述的程序计算得到)，以分析套箍系数 ξ 和轴压比 n 这两个重要参数对 $P-\Delta$ 关系曲线的影响。计算采用如下基本条件：$D=1000$mm，$L=10$m，HRB335 钢，C40 混凝土。

5.2.1　套箍系数 ξ

图 12 所示为套箍系数对 $P-\Delta$ 关系曲线的影响(计算中取轴压比 $n=0.2$)。可以看出，随着套箍系数的提高，构件弹性阶段刚度和水平承载力都有所提高，不同套箍系数下 $P-\Delta$ 关系曲线下降段大致平行。当套箍系数增大到一定程度，构件的非线性变形能力并没有明显提高。总的来说，套箍系数主要影响曲线的数值，对曲线的形状影响不大。

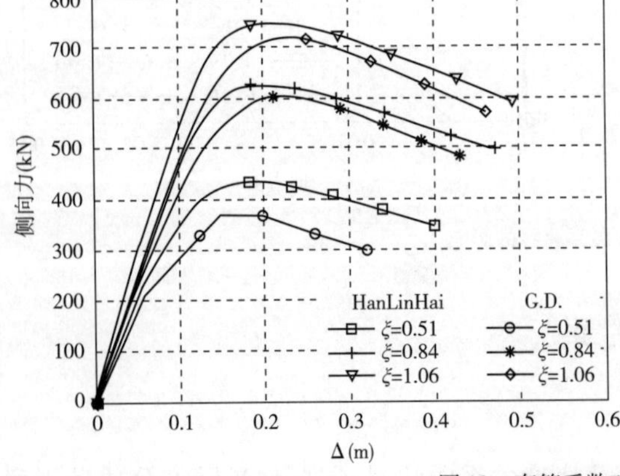

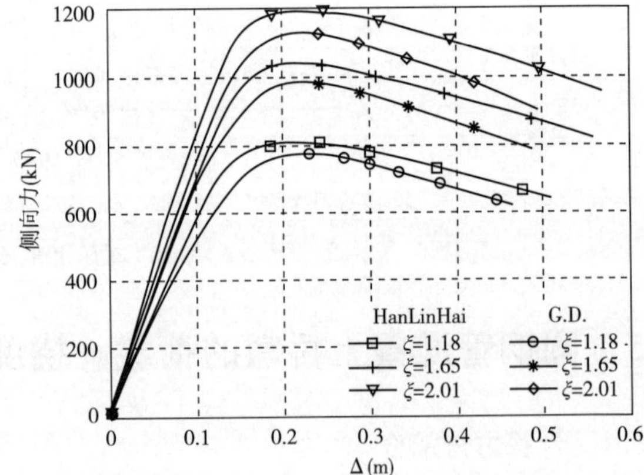

图 12　套箍系数对 $P-\Delta$ 关系曲线的影响

图 13 列出了不同套箍系数下的最大侧向力，可以看出，随着套箍系数的不断增大，最大侧向力也随之增大，二者之间的线性相关性较强。

5.2.2 轴压比 *n*

从图 14 中可以看出，轴压比对 $P-\Delta$ 关系曲线影响比较大（计算中取套箍系数 =0.2）。小轴压情况下，轴压比对弹性阶段的刚度几乎没有影响，这是由于此时构件的变形很小，因而可以忽略二次矩的影响。在轴压比较小的情况下，杆端挠度随着轴压比增加而略微增加；当轴压比较大时，杆端挠度随着轴压比的增大而减小。

图 15 列出了最大侧向力与轴压比之间的关系，可以看出，随着轴压比不断增大，构件的水平承载力逐渐下降，并且下降的幅度越来越大。

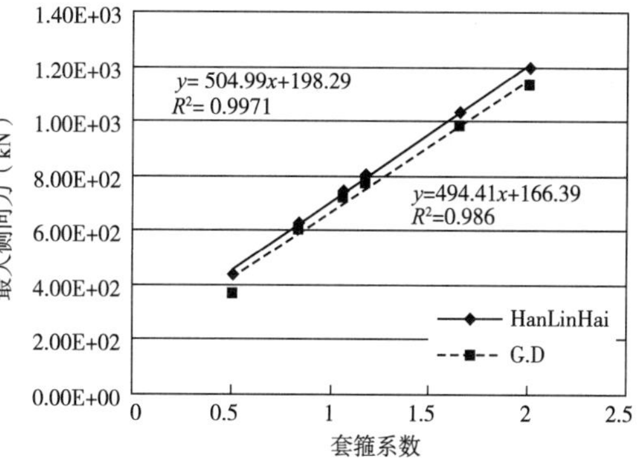

图 13 不同套箍系数下的最大侧向力

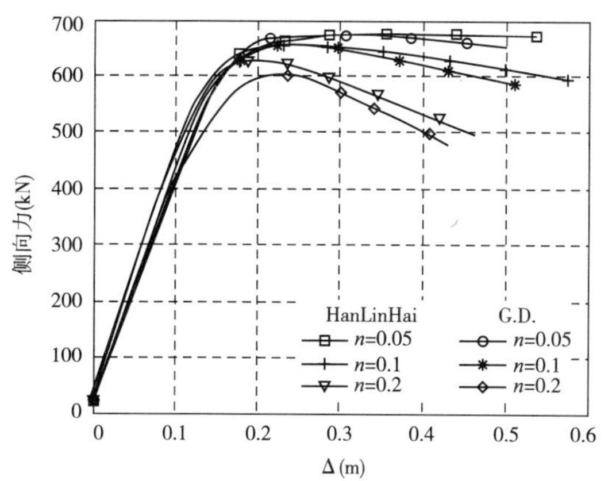

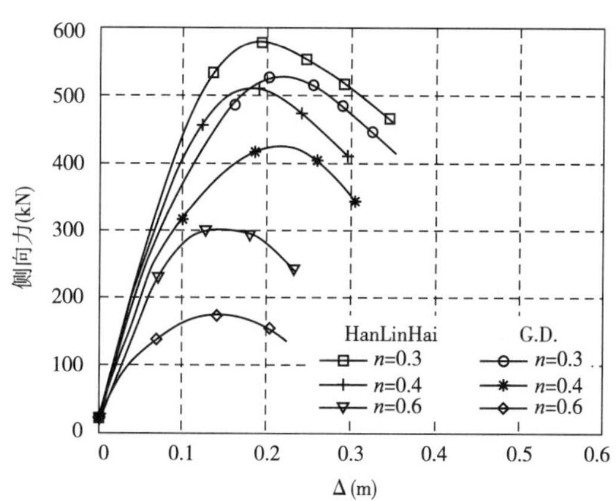

图 14 轴压比对 $P-\Delta$ 关系曲线的影响

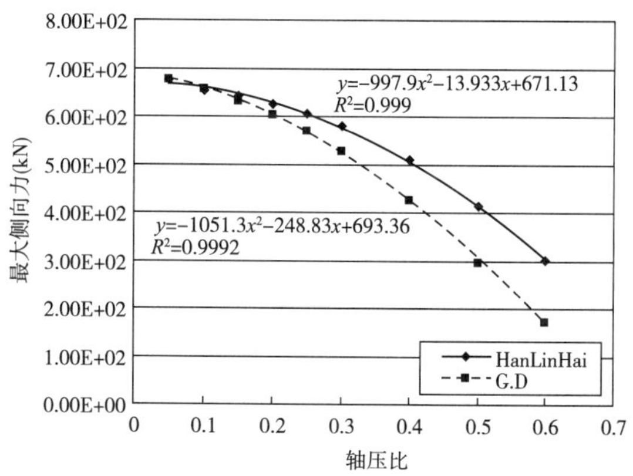

图 15 不同轴压比下的最大侧向力

6 结语

基于本文的研究，可以得到如下结论。

（1）采用纤维模型法编制了圆钢管混凝土桥墩的弯矩—曲率关系分析程序，并运用该程序对圆钢管混凝土桥墩进行仿真分析。经对比，计算值与国外学者的试验结果吻合良好，表明纤维模型法用于分析圆钢管混凝土桥墩弯矩—曲率关系是可行的。

（2）两个模型采用不同的参数来考虑钢管和混凝土之间的相互作用，在实验条件（小尺寸、低轴压）

下的弯矩—曲率关系计算结果较为相符,而在大尺寸、高轴压比的情况下的计算结果有所差异。为了更好地服务于工程实践,两个模型在高轴压比下的适用性有待进一步研究。

(3)随着套箍系数的不断增大,构件的刚度、屈服弯矩也越来越大;轴压比对构件的刚度影响不大,随着轴压比不断增大,屈服弯矩先增大后减小。

(4)套箍系数主要影响 $P-\Delta$ 关系曲线的数值,对曲线的形状影响不大。随着套箍系数的提高,构件弹性阶段刚度和水平承载力都有所提高。当套箍系数增大到一定程度,继续增大套箍系数并不能显著提高构件的非线性变形能力。

小轴压情况下,轴压比对弹性阶段的刚度几乎没有影响。随着轴压比不断增大,构件的水平承载力逐渐下降,$P-\Delta$ 关系曲线的下降段越来越陡。在轴压比较小的情况下,杆端挠度随着轴压比增加而略微增加;当轴压比大于0.2时,随着轴压比的增大而减小。

参考文献

[1] T. Kitada. Ultimate strength and ductility of state - of - art concrete - filled steel bridge piers in Japan [J]. Engineering Structures,1998,20(4):347-354.

[2] Shinichi Tamai, Tsutomu Sato, Masaru Okmoto. Hysteresis model of steel jacketed RC columns for railway viaducts[C]. 16th congress of IABSE,2000.

[3] Michel Bruneau, Julia Marson. Seismic Design of Concrete - Filled Circular Steel Bridge Piers[J]. Journal of Bridge Engineering,2004:24-34.

[4] George D. Hatzigeorgiou. Numerical model for the behavior and capacity of circular CFT columns ,Part II: Veryfication and extension[J]. Engineering Structures, 2008(30):1579-1589.

[5] Young - Bong Kwon, Jun - Yeup Song, Kim - Sung Kon. The structure behaviour of concrete - filled steel piers[C]. 16th congress of IABSE,2000.

[6] 潘友光.钢管混凝土受弯构件承载力研究[J].哈尔滨建筑工程学院学报,1990(2):41-49.

[7] 谭克峰,蒲心诚,蔡绍怀.钢管超高强混凝土的性能与极限承载力的研究[J].建筑结构学报,1999,20(1):10-15.

[8] H. B. Ge, K. A. S. Susantha, Y. Satake, T. Usami. Seismic demand predictions of concrete - filled steel box columns [J]. Engineering Structures, 2003 (25): 337-345.

[9] 韩林海.钢管混凝土结构—理论与实践[M].北京:科学出版社,2004.

[10] George D. Hatzigeorgiou. Numerical model for the behavior and capacity of circular CFT columns, Part I: Theory [J]. Engineering Structures, 2008 (30):1573-1578.

[11] Prion H. G. L, Boehme J. Beam - column behaviour of steel tubes filled with high strength concrete[J]. Canadian Journal of Civil Engineering, 1994,21:207-218.

[12] Ichinohe Y, Matsutani T, Nakajima M, Takada K. Elasto - plastic behaviour of concrete filled circular columns. Proceedings of 3rd International Conference on Steel - Concrete Composite Structures(I), ASCCS,Japan,131-136

[13] Qing Quan Liang. Performance - based analysis of concrete - filled steel tubular beam - columns, Part II: Verification and applications[J]. Journal of Construction Steel Research, 2009,65(2).

[14] 韩林海,陶忠,闫维波.圆钢管混凝土构件弯矩—曲率滞回特性研究[J].地震工程与工程振动,2000(3):50-54.

10. 洛塘河双层高架特大桥结构设计及施工技术研究

刘立星　周好学
（甘肃长达路业有限责任公司　兰州　730000）

摘　要：本文以武罐高速公路洛塘河双层高架特大桥为例，从抗震设计和结构优化方面分析结构设计的特点，对实际施工中下部结构、上部结构遇到的困难提出具体的解决方案，并从科研的角度对新型护栏结构及安全性能进行评价、对双层桥抗震优化设计及灾害防治技术进行研究分析，揭示结构设计的合理性和施工方案的可行性，为其他类似工程提供参考借鉴。

关键词：桥梁　双层高架　结构设计　施工技术

1　洛塘河双层高架桥概况（图1）

洛塘河双层高架特大桥是全国首座用于高速公路建设的双层高架桥。该桥属于兰州至海口国家高速公路武都至罐子沟段建设项目，位于甘肃陇南武都区枫相乡草坪村，地处西秦岭山地，高中山地貌，境内山高谷深，沟谷狭窄，地层破碎，地质构造复杂，地震活动频繁且强度大。

桥址区路线顺“V”字形洛塘河布设，如采用常规布设法（即左右幅桥平行布设）将占用河道多，桥墩阻水严重，沟岸开挖较大，对自然环境破坏严重。因此洛塘河特大桥设计为左、右线双层并行高架桥梁，大桥右线全长1281.642m，左线全长1526.157m，其中左右线合并段943m/32跨，左线在顶层，右线在底层，两线设计高程差9.5m，其余部分为左、右分离式桥梁。本桥上部构造为预应力混凝土连续箱梁，先简支后连续施工，下部构造X13～X45号墩为双层框架式桥墩，X12、X46号墩为独柱式桥墩，其余均为双柱式桥墩，钻孔灌注桩基础，桥台为重力式桥台，扩大基础。

图1　洛塘河双层高架桥

2　洛塘河双层高架桥结构设计

武罐高速公路洛塘河双层高架特大桥由甘肃省交通规划勘察设计院有限责任公司负责设计。该桥距离“5·12汶川特大地震”震源300km，地震动峰值加速度参数0.2g，生态环境脆弱，以滑坡、泥石流为主的地质灾害极为发育且危害严重，是甘肃省地形条件和地质构造最为复杂的地区。洛塘河双层高架桥具有节省空间、最大可能地保护生态环境、最大限度地减少占地、可从空间上绕避不良地质、减小桥墩阻水面积、桥梁结构型式新颖、结构受力复杂、抗震性能要求高的特点。第一设计处桥梁设计工程师们在该桥的设计中,做了一些创造性的工作。

2.1 高速公路双层高架桥结构

双层高架桥梁结构型式新颖独特。洛塘河双层高架桥是高速公路上是第一座双层高架桥,且位于高地震烈度区、深山峡谷区。相对于高速公路常规单层桥梁,双层高架桥节省空间、绕避不良地质,结构新颖,造型独特;相对于城市高架桥梁,双层高架桥桥梁高度较大,最大高度27m,桥址区风险更大。因此,该桥从路线布置、桥型比选、跨径选择、双层框架式桥墩选型等方面独具匠心,具有原创性,在国内外均属首例。

2.2 双层高架桥的抗震设计

洛塘河双层高架桥位于地震烈度Ⅷ度区,对双层框架式桥墩抗震要求高。相对于单层桥墩,双层高架墩在遭受横向地震作用时,受力非常复杂,结构潜在的塑性铰区域可能多达8个,在结构达到延性能力之前有可能先发生结构整体稳定问题。相对于城市桥梁,山区桥梁的一个显著特点即为桥墩较高,高阶振型对结构的地震响应和位移延性能力可能有显著影响,因此双层高架高墩体系的抗震性能相对城市高架更加复杂,需要进行专门的研究。为此,设计工程师针对洛塘河双层高架特大桥建立了空间动力计算模型,研究了该结构的动力特性,采用反应谱和时程分析方法,分析得到了两个设防水准的地震作用下结构主要构件的地震反应,并对结构进行了验算,确定了墩柱的合理配筋。同时还进行了缩尺模型的拟静力试验,对低周反复荷载作用下双层高架桥的破坏形态、特征荷载、位移延性、刚度退化、耗能能力等性能进行了深入分析和讨论,同类型桥梁桥墩拟静力试验研究技术国内领先。

2.3 双层高架桥的结构优化

设计采用 MIDAS/Civil,Civil2006(Rclease Xo 2)和 DOCTOR BRIDGE3.1 两套软件双层框架桥梁,对初步设计采用的断面尺寸进行优化,上下盖梁均按照部分预应力A类构件进行计算,上下盖梁均采用C40钢纤维混凝土,框架桥墩下墩柱顶部1.55m和底部3.0m段落采用C40混凝土,与下盖梁混凝土一次浇注,其余墩柱采用C30混凝土浇筑,根据计算结果,对双层框架墩截面尺寸进行了优化,下墩柱采用2.0m(顺桥向),上墩柱采用1.8m(顺桥向)×1.6m(横桥向),上下盖梁均采用变截面型式,靠近墩柱采用矩形断面(上1.8m宽×2.1m高,下2.0m宽×2.6m高)中部采用T形断面(上顶宽1.8m下顶宽2.0m梁高1.6m肋宽1.2m)框架式桥墩采用抗弯扭性能好矩形截面,提高了结构稳定性,尤其适合于地震烈度高的高墩,上下盖梁采用变截面型式,减小了结构自重,使结构具有一定的柔性,适应地震时的结构变形,降低了地震对结构的破坏程度。

引进此类桥型是高速公路建设理念的提升和设计思路的拓展,在以后的发展趋势中,双层高架桥梁的形式越来越普遍的应用于中小跨径桥梁中、城市立交桥梁中、山区高速公路桥梁中,它具有节省空间、线形灵活的特点,是在某些特定条件下桥梁设计方案的一种必然选择。

3 洛塘河双层高架桥施工技术

洛塘河双层高架桥由北京市海龙公路工程公司承建。作为高速公路桥梁建设中的首例双层桥,洛塘河双层高架桥的施工无先例可循。设计图纸给出施工顺序如下:钻孔桩施工→下墩柱施工→底层盖梁施工→底层盖梁第一批钢束张拉→架设底层箱梁→张拉底层盖梁剩余钢束→上墩柱施工→顶层盖梁施工→张拉顶层盖梁第一批钢束→架设顶层箱梁→张拉顶层盖梁剩余钢束→浇筑桥面铺装及护栏→附属工程。实际组织施工时,遇到了大截面钻孔灌注桩施工、框架式桥墩上下层盖梁浇筑、双层高架桥的箱梁吊装等各种难题,一些工序因受地形等实际因素限制,无法采用常规的普通桥梁的施工方法施工。面对重重困难,武罐项目成立了攻关小组,对逐道工序进行研究讨论,现场解决施工中遇到的问题,难点工序实施专项管控,不断优化施工方案,高标准、严要求,使双层高架桥的施工一直处于安全、平稳、可控的状态。

3.1 下部结构施工方案和方法

3.1.1 桩基施工

洛塘河双层高架桥设计钻孔灌注桩 123 根。桩径 1.7m 钻孔灌注桩 360m/18 根，最小桩长 16m，最大桩长 30m。桩径 1.8m 钻孔灌注桩 640m/34 根，最小桩长 16m，最大桩长 24m。桩径 2.5m 钻孔灌注桩 1490m/71 根，最小桩长 18m，最大桩长 28m。其中 X12 ~ X46 号墩为框架墩和独柱墩，基础设计为直径 2.5m 的大截面钻孔灌注桩，下钢筋笼和灌注混凝土难度大，为解决这个难题，我们采用以下方法组织施工。

(1)2.5m 钻孔灌注桩钢筋笼每延米重约 0.6t($L=27$m 钢筋笼重达 16t)，为防止起吊时钢筋笼变形，将钢筋笼分节段加工，制作时按照规范要求预留搭接接头(同断面搭接接头小于 50%)，在孔口进行钢筋笼对接。

(2)2.5m 钻孔灌注桩每延米混凝土量约 5m^3，开始灌注时，首批混凝土储量不得小于 8m^3。20m 长的桩需要约 100m^3 混凝土，为保证连续灌注，采用三台混凝土拌和楼同时拌和，通过多辆混凝土罐车集中运输，部分桩基采用混凝土泵车进行浇注，确保混凝土拌和、运输灌注顺畅。

3.1.2 盖梁施工

双层桥设计了框架式桥墩盖梁、独柱式桥墩盖梁、双柱式桥墩盖梁 3 种形式。框架式桥墩盖梁在设计时根据结构计算结果，上下盖梁均为 C40 预应力混凝土，每片盖梁设计 10 束钢绞线；独柱式桥墩盖梁采用 C40 预应力混凝土，该盖梁设计 8 束钢绞线；双柱式墩盖梁采用 C30 钢筋混凝土。考虑到洛塘河特大桥盖梁离河道高差大，采用满堂支架会有较大的弹性变形，并且受河道洪水影响施工的安全性难以保障，同时也不经济。因此墩柱施工时在顶部以下的适当位置预留孔洞，盖梁施工时采用墩顶搭设牛腿支架方法(图 2)，用特制钢牛腿架设两根工字钢作承力结构，焊接牛腿的钢箍固定在墩柱上，两根工字钢间用拉杆联接在工字钢上，再在其上铺设底模。底模上测量放出钢筋的位置，用吊车将钢筋骨架吊到底模上绑扎安装，安装侧模，将其支撑牢固，灌筑盖梁混凝土。

(1)双柱式墩盖梁(图 3)。对双柱式墩的盖梁，由于柱间距为 6.5m 和 8.0m，盖梁支架采用两根 I63b 工字钢做主梁，上面用 I14 工字钢做横梁，间距为 1.0m。

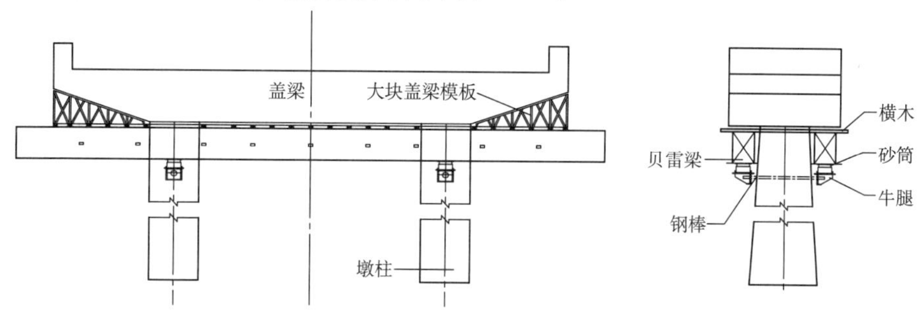

图 2 盖梁牛腿支架

(2)框架墩盖梁。由于框架墩上下盖梁混凝土方量大(柱间距 14.80m，下盖梁 C40 钢纤维混凝土用量为 79.3m^3，质量约 195t)，配筋量大(柱间距 14.80m，下盖梁钢筋、预应力钢束共重 23t)，加上模板及施工人员机具质量(含主梁上的工字钢)23t，牛腿支架总承重达到 241t。经对牛腿支架进行设计验算后，决定采用两根 I63b 工字钢做主梁，上面用 I14 工字钢做横梁，间距为 1.0m。

(3)墩身与盖梁钢筋安装(图 4)。双层高架桥框架式桥墩上盖梁设计 21 片骨架，10 束钢绞线，下盖梁设计 23 片骨架，10 束钢绞线。由于区域内地震烈度较高，设计中加强了场地地震安全评价工作，加强了桥梁防震和耐久性设计，按照 VIII 度区要求设防，提高了墩柱含筋率(柱身主筋含筋率在 1.1% 以上，桩身主筋含筋率在 0.9% 以上，均比以往提高 0.1% 以上)，桥墩与盖梁接头处钢筋、预应力管道密布。下盖梁与墩柱连接处(类似于梁柱节点核芯区)盖梁钢筋平面最小间距为 8cm × 10cm，盖梁骨架配筋为 ϕ28、盖梁箍筋配筋为 ϕ12、墩柱主筋配筋为双排 ϕ28，该处部分位置钢筋间空隙仅余 1.6cm × 1.2cm，混凝土粗集料无法填充该处。

图3　盖梁施工

图4　盖梁钢筋

为解决上述施工难题，经会同设计单位研讨，对交互影响的部分钢筋位置进行了适当调整；实际施工中，加强对混凝土的集料粒径、混凝土的和易性、混凝土浇筑、振捣工艺的施工控制，保证该关键部位的顺利施工。

3.2　上部结构施工方案和方法

3.2.1　箱梁预制

洛塘河双层高架桥共有384片预应力混凝土箱梁，其中27m箱梁40片，30m箱梁344片。按照项目办的统一要求，箱梁预制实施标准化施工：钢筋加工采用模具精确定位，预应力钢束穿束采用梳编穿束，养生采用喷淋装置洒水养护，冬季施工采用蒸汽养生。

3.2.2　双层桥梁箱梁的吊装（图5）

作为高速公路桥梁建设中的首例双层桥，洛塘河双层高架桥的箱梁架设无先例可循。受地形和场地限制（洛塘河双层高架桥起点与破为石隧道、麻柳隧道相连，终点与柿树沟隧道相连），常规吊装方案无法实施。经仔细研究，最终探索出一套可行的吊装方案：即合理统筹安排下层箱梁吊装、上层箱梁吊装与下盖梁、上墩柱、上盖梁的施工顺序，分阶段逐步实施上下层箱梁吊装，分解后的各阶段均可通过常规的箱梁吊装作业来完成，具体流程如下。

（1）下墩柱开始施工，箱梁开始预制。

（2）在墩柱高度较低的X33～X35号墩之间安装两台30m高（桥梁高度＋预留工作高度）、25m宽（桥梁宽度＋预留工作宽度）的跨墩龙门吊，在两墩柱间用跨墩龙门吊直接架设第35跨下层箱梁。

（3）利用跨墩龙门吊，在架设好的梁板上拼装架桥机，继续架设下层箱梁。

（4）上墩柱、上盖梁开始施工。X33号上墩柱和上盖梁暂不施工，箱梁均通过龙门吊从X33～X35号墩之间提升至第35跨下层箱梁上，通过运梁车给架桥机喂梁，继续架设下层箱梁，待下层箱梁架设完毕后，再施工X33号上墩柱和上盖梁。

a)跨墩龙门吊

b)下层吊装

图　5

c)预制梁场

d)上层吊装

图5 双层桥梁箱梁吊装

(5)用跨墩龙门吊直接架设第35跨上层箱梁,将架桥机提升至上层,继续架设上层箱梁。

3.2.3 现浇连续段、防撞护栏的施工控制

武罐项目将连续梁板桥体系转换施工中所有湿接缝钢筋焊接绑扎、防撞护栏钢筋安装作为关键工序,专项管理、专人负责,进一步加强了质量控制薄弱环节的监控力度。

4 基于洛塘双层高架桥的科学研究

4.1 武罐高速公路洛塘河双层高架特大桥新型护栏结构及安全性能评价研究

4.1.1 科研内容

根据道路事故调查分析,车辆碰撞特大桥的事故概率高,事故程度严重,死亡率高;洛塘河双层高架特大桥结构特殊,一旦发生车辆碰撞护栏事故,则易造成车辆坠落桥下,或砸伤下层桥梁正常行驶车辆等恶性二次事故,甚至有可能影响桥梁主体结构,存在较大的安全隐患,因此应进行特殊防护设计;现行规范最高等级桥梁护栏不满足洛塘河双层高架特大桥的安全防护需求;结合洛塘河双层高架特大桥特性、规范规定,对该桥梁护栏进行专项研究,并进行特殊设计。

4.1.2 研究成果

(1)根据国内外现行规范及相关规定,结合洛塘河双层高架特大桥交通流特性和特殊防护需求,通过研究确定洛塘河双层高架特大桥桥梁护栏碰撞条件与评价标准。

(2)根据碰撞条件选定车型及护栏结构,按照1:1比例建立车辆和护栏仿真模型,采用多次实车碰撞试验结果对仿真模型参数进行修正和校核,确定仿真模型各项参数,保证仿真模型的可靠性,为采用仿真模型进行护栏设计和评价奠定了基础。

(3)针对洛塘河双层高架特大桥的特殊防护指标要求,通过实地调查以及计算机仿真计算等方法,综合不同结构方案的防护性能、景观效果和造价费用,确定高防撞等级桥梁护栏和桥墩处特殊防护桥梁护栏的结构形式和基本结构参数。

(4)完成车辆碰撞护栏荷载对桥梁翼缘板的影响分析研究,对桥梁具有设置该等级护栏的条件进行论证,并提出加强措施。

(5)采用可靠的计算机仿真模型,对护栏结构进行系统的优化设计,确定优化结构。

(6)根据已确定的碰撞条件和评价标准,采用计算机仿真方法对高防撞等级桥梁护栏和桥墩处特殊防护桥梁护栏的安全性能进行分析评价,根据仿真分析结果,两种护栏各项安全性能评价指标均满足评价标准要求。

4.2 武罐高速公路抗震优化设计及灾害防治技术

4.2.1 科研内容

武罐高速公路是国家和甘肃省公路网的重要组成部分,该公路处于复杂地质条件和高烈度强震区。

本课题依托武罐高速公路,通过公路沿线重要场地地震动参数及地震地质灾害预测研究、强震峡谷区路线优化设计及典型边坡支挡技术研究、双层高架桥及高墩连续长桥的抗震关键技术及优化设计、山岭隧道抗、减震技术及优化设计研究等内容,对武罐高速公路的路线、支挡结构、桥梁、隧道等主要方案的抗震性能进行优化设计,提出了抗震优化和灾害防治的关键技术措施,研究成果为武罐高速公路的整体安全性、综合抗震及防灾减灾提供了理论指导和技术支持,也为国内其他类似地质条件下高速公路建设中的抗震设防提供有益的参考。

4.2.2 研究成果

(1)双层高架桥减小墩柱配筋对于改善构件承载能力梯次分布不合理非常有效,能有效的控制结构的塑性铰分布以及能力保护构件的损伤状态。

(2)双层桥墩双层框架上立柱尺寸不宜过低,上立柱尺寸与下立柱尺寸应保持一致。

(3)降低墩柱的纵筋配筋率对于改善构件能力梯次分布,改善能力保护构件的损伤十分必要。

(4)增大上下横梁的高度。在基本保持上下横梁配筋量不变的情况下,增加横梁的高度可以有效的提高横梁的抗弯能力,从而进一步确立和实现“强梁弱柱”的设计理念。同时,增加横梁的尺寸也就意味着增加了节点区域的尺寸,对提高节点的承载能力至关重要,因此可以同时确立“强节点、若构件”的设计要求。并且,由于盖梁的钢筋基本没有增加、墩柱的钢筋又有较大幅度的降低,将极大地改善现有节点区域配筋过密的状况。

5 洛塘双层高架桥设计施工技术总结

开工以来,洛塘双层高架桥已经受了多次余震考验。现阶段,洛塘双层高架桥下部构造已完工,下层箱梁已全部顺利吊装到位,正在进行上层箱梁吊装,各项工作正在有序进行中。实践证明,洛塘双层高架桥的结构设计是成功的,难点工序的解决方案是可行的,关键工序的管控是到位的。

双层高架是高速公路桥梁设计中的一项创新,在山区高速公路建设中具有明显优势。我国西部多山,高速公路建设难免遇到类似地形,因地制宜的采用双层高架设计,可以更好的优化线路,节约用地,减少对环境的破坏。双层高架桥造型独特,在狭长的山谷中桥梁与两岸的景观相得益彰,给人以强烈视觉冲击,得到业内外人士的一致好评,相信双层高架桥将在山区高速公路建设中大放异彩。武罐项目作为先行者,在建设中克服重重困难,取得了宝贵的经验,创建了成熟的管理体系,为后来者提供了参考的范例。

Ⅳ.隧道工程篇

1.隧道地表裂缝施工技术措施

张　勇
（中铁隧道集团有限公司武罐九标　陇南　746043）

摘　要：小石村山岭隧道洞口段从浅埋、偏压的黄土、角砾、碎石互层松散堆积体的不良地质中穿过，它是实现该隧道安全施工的重点，本文介绍了通过正确对地表产生裂缝原因分析，采取合理的工程技术措施，有效地保证了结构稳定及安全施工，为今后类似工程提供参考。

关键词：隧道　洞口地表裂缝　施工技术措施

1　工程简介

小石村隧道位于甘肃省武都区境内，为高速公路特长分离式曲线隧道，隧道全长左线3424m、右线3367m，设计行车速度80km/h，按新奥法原理设计施工，为同心圆曲拱墙断面，锚喷支护，复合式衬砌，采用双向施工，其中我方负责隧道出口右洞K49+820~K48+120段长1700m、左洞ZK49+840~ZK48+120段长1720m的施工任务。

本地地震动峰值加速度为0.20g，地震反应谱特征周期0.040s，对应的地震基本烈度为Ⅷ度。隧址区属于西秦岭山地中低山地貌的峡谷地带，山梁走向为东西向，最大埋深225m，主要为Ⅴ级浅埋、Ⅴ级深埋、Ⅳ级深埋的强~中、中~弱风化片岩，节理发育，岩石破碎，完整性差，稳定性差，地下水为基岩裂隙渗水，特别是洞口Ⅴ级浅埋地质条件较差，开挖后极易失稳坍塌。

2　洞口段地质地貌及施工支护情况

2.1　洞口段地质、地貌

根据设计图纸及现场揭露的实际地质情况，出口端洞口段为Ⅴ级浅埋，地质条件较差，地形坡度350~400，山坡陡峻，地表覆盖层裸露，水土流失严重，右洞埋深11~14m，左洞埋深13~22m，洞口浅埋、偏压，洞口K49+740~K49+820段80m范围内为$Q_{3_{eol}}$和$Q_{3_{al+pl}}$冲积、风积黄土、粉质黏土、碎石、角砾堆积层，呈稍密~中密状态，稳定性差，厚度大于26m，勘察未揭穿，属不良地质。

2.2　施工支护情况

根据洞口地质条件及开工初期对洞口支护的复核，隧道右洞洞口YK49+815~YK49+775段进行了加强支护，具体支护参数为：拱部设置Φ89mm×5mm热轧无缝钢管超前管棚，环向间距40cm，每洞口共31根，长度40m，管棚间设置4.5m长Φ50小导管，洞口K49+815~K49+705段初期支护系统锚杆和全弧度20a型钢支撑间距60cm，喷射C20混凝土厚26cm，二次衬砌C25钢筋混凝土50cm厚。

3　洞口段地表裂缝原因分析

3.1　地表及初支产生裂缝

采用上下台阶预留核心土环形开挖进洞，右洞开挖进洞20m后改用三台阶法施工，于2009年12月至2010年2月进洞38m（里程YK49+777）后，在此期间已开挖段洞顶地表相继出现4道裂缝，与洞口穿越的山嘴基本垂直，初始裂缝宽度3~5mm，继续观察，裂缝逐渐增大，影响范围扩大，地表累计最大沉降

12mm，其裂缝发展情况见表1，观测期洞内拱顶下沉速度2～5mm/d，最大7mm/d，累计下沉最大达35mm。

小石村隧道右洞出口地表裂缝观测数据 表1

裂缝编号	裂缝产生时间	裂缝与洞轴线相交里程	裂缝长度（m）	裂缝宽度（mm）	裂缝深度（m）	裂缝走向	地表累计沉降（mm）	洞内累计拱顶下沉（mm）	洞径收敛（mm）
1号裂缝	2009年12月26日	YK49+810	13	10～40	5～6	沿洞轴线呈环状，仰坡喷混凝土有剥落现象	12	35	未见异常
2号裂缝	2010年1月1日	YK49+804	23	8～50	6～7	沿洞轴线呈环状	12	24	未见异常
3号裂缝	2010年1月16日	YK49+795	30	12～70	5～7	沿洞轴线呈环状并延伸至左洞洞顶仰坡口	9	20	未见异常
4号裂缝	2010年2月10日	YK49+775	61	15～60	6～8	沿洞轴线呈环状并延伸至右洞外侧山嘴	10	22	未见异常

洞径收敛未见异常，属于整体下沉，且地表裂缝、洞内位移变形的发展随洞内开挖而呈增长趋势（图1、图2），YK49+804初期支护喷射混凝土拱部开始产生裂纹（图3），停止掘进后，裂缝未见进一步扩大。

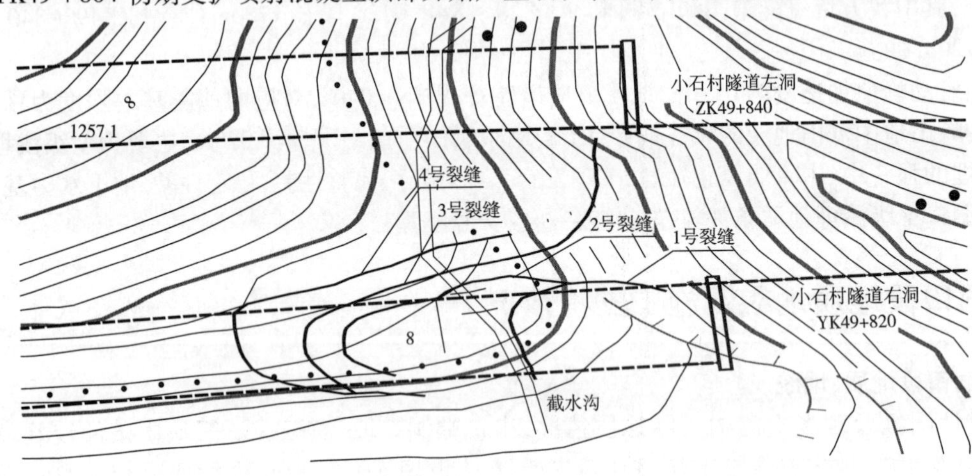

图1 小石村隧道右洞出口洞顶地表裂缝平面示意图

图2 右洞出口洞顶地表裂缝实摄图片

图3 拱顶初支喷射混凝土裂纹

3.2 地表裂缝原因分析

业主、监理、设计(与地质)及施工单位现场多次共同查勘,根据小石村隧道上述地质情况及现场实际情况分析,排除了滑坡迹象,并分析了地表裂缝产生的原因主要有以下几点。

(1)隧道上覆土层表层为松软土,结构松散,稍湿,物理力学性能差,隧道施工中对上覆土层形成扰动,开挖使得山体原有的岩体稳定得到改变,山体内应力重新分配,在地表产生反射裂缝,松软土的工程性质决定了其必然因下沉而开裂,产生裂缝。

(2)由于隧道出口段围岩为黄土、碎石、角砾堆积层,围岩承载力低,在隧道开挖后,隧道基础产生整体的微小下沉,以致在地表产生反射裂缝。

(3)由于隧道右线地形存在一定的偏压作用,隧道右侧临空面较高,导致隧道在施工过程中随着施工的推进,地表出现一定的裂缝。

(4)由于洞口段为风积黄土,反坡施工,部分施工用水下渗到隧道基础下部土体,风积黄土遇水产生自重湿陷,使得地表下沉、开裂。

(5)隧道上覆土层地表有一土坑,坑内有积水,水下渗黄土湿陷,且超前地质预报和开挖揭露显示土体中有水囊,也是地表下沉、开裂的一个因素。

4 右洞出口地表裂缝施工技术措施

4.1 右洞出口地表裂缝施工技术措施

根据地表裂缝及拱部初支变形的形成原因,我们根据设计对该洞口段不良地质采取以下技术措施进行处置。

(1)尽快浇注二衬混凝土:对于洞口已施工仰拱及定位墙段落,尽快浇注二衬混凝土,使隧道衬砌成环,整体受力。

(2)隧底及墙脚小导管注浆加固:对洞口准备浇筑二衬混凝土的 YK49 +820 ~ YK49 +795 段在隧道两侧拱脚处进行小导管注浆加固,每侧三排;对洞口已开挖未浇筑仰拱 YK49 +795 ~ YK49 +783 段和未开挖的 YK49 +783 ~ YK49 +685 段隧道两侧拱脚仰拱下和边墙进行小导管注浆加固,仰拱下每侧四排,边墙上每侧三排。小导管注浆加固横向间距 0.8m,纵向间距 1.0m,导管长 5m,注浆采用水泥浆水灰比 1:1(图 4、图 5)。

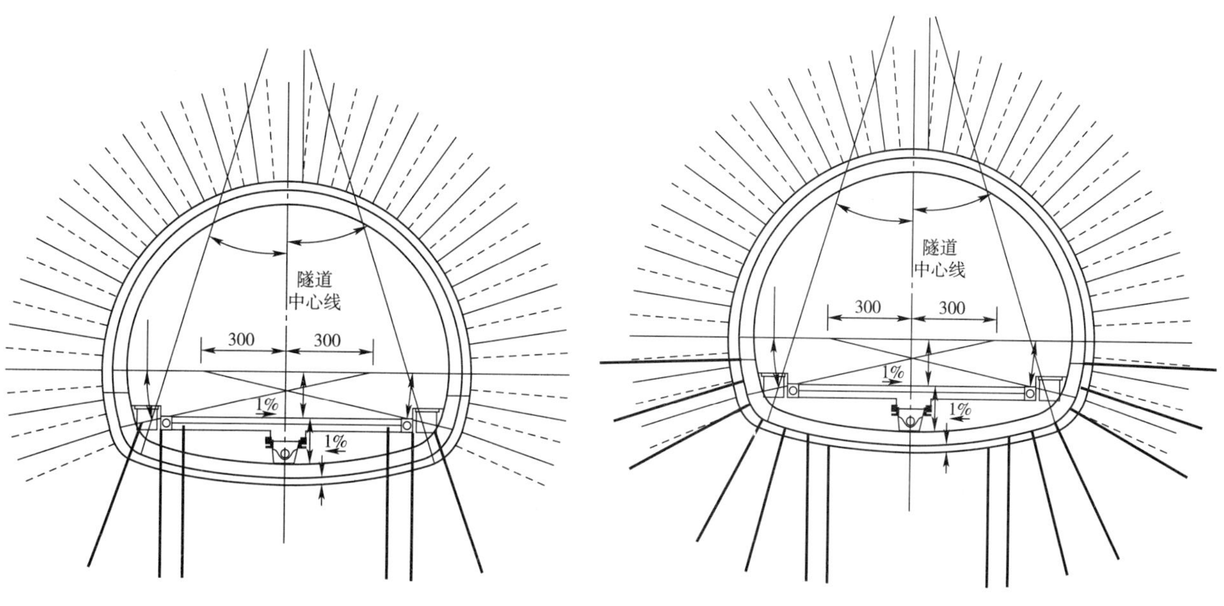

图 4 已施作仰拱段隧底注浆加固

图 5 未施作仰拱段边墙脚及隧底注浆加固

(3)超前支护加强:在 YK49 +777 ~ YK49 +685 段拱部设置 Φ50 密排超前小导管注浆预加固,小导管长度 4.5m,环向间距 35cm,纵向间距 3m,每环 35 根,上层小导管外插角度 100 ~ 150,下层小导管外插角度 50 ~ 70,上下层纵向间距 1.5m。

(4)明洞延长,右洞明洞延长 4m,明洞长度 9m,左洞明洞延长 5m,明洞长度 10m,及时进行明洞衬砌和作明洞回填,提高洞口明洞回填土的高度,增强对仰坡的护脚稳定作用。

(5)地表裂缝采用水泥浆进行灌浆回填,裂缝处灌浆密实,并做好洞顶防排水措施,地面坑穴用土回填夯实砂浆封闭,防止和减小雨水下渗。

(6) YK49 +820 ~ YK49 +685 段二次衬砌节段间的施工缝设置止水带增强施工缝防水。

4.2 洞口段施工注意事项

(1)尽可能减少对山体的扰动,严格按照"强支护、管超前、短进尺、弱爆破、紧支护、勤量测"方针进行施工。

(2)做好洞顶地表防排水,将地表散水拦截归槽排入洞口排水系统排出,防止雨水冲刷边坡浸泡表土。

(3)隧道右洞土质地段采用人工开挖,石质地段采用控制爆破,控制爆破对山体的扰动。

(4)加强地表沉降及裂缝观测和洞内监控量测,及时对量测数据进行分析,反馈信息,动态施工。

5 实施效果

通过采取采取小导管注浆加固隧底和墙脚技术措施,隧道地基得到加固,经观测地表裂缝及洞内初支下沉变形得到控制,确保了施工安全及工程安全,防止了隧道洞内复工开挖掘进裂缝和初支的进一步发展,避免了安全事故的发生,以及雨季地表围岩覆水后对工程安全的影响。采用该措施处置具有时间短,隧道掘能尽快恢复施工,减少了工期损失;易施工,操作简单便于施工人员掌握;投资小,见效快的特点,到达了预期目的。

几点体会和建议:

(1)隧道洞室从冲积、风积黄土、粉质黏土、碎石、角砾堆积层中穿过,稳定性差,应缩短各工序时间,快速强支护封闭成环,二衬跟近掌子面,整体受力。

(2)隧道洞室位于湿陷性黄土中,基础应保证足够的承载力,设计中应考虑地基加固措施。

(3)施工中做好反坡施工排水,防止施工用水下渗浸泡拱脚、墙角及隧底而降低承载力。

(4)优化施工方法,黄土采用人机配合,挖机环形开挖,周边人工开挖,杜绝超、欠挖现象,同时左右洞施工应错开 50m,以尽可能地减少对洞室周围土体的扰动。

6 结语

通过客观、科学地分析地质条件和裂缝成因,采取合理、经济、可靠的技术措施,是约束黄土隧道地表裂缝、初支变形的有效途径。

参考文献

[1] 张伟. 浅埋大断面黄土隧道地表裂缝成因及其防治措施——为我国西北黄土地域地铁工程推荐经验[J]. 现代城市轨道交通,2007(3):29-31.

[2] 钱征宇. 湿陷性黄土地区铁路的主要技术问题及其工程措施[J]. 中国铁路,2006(2).

2. 机制砂喷射混凝土配合比设计及应用

冯　鹏
（中国路桥工程有限责任公司武罐十标　陇南　746043）

摘　要：结合我标段承建的麻崖子特长隧道开挖后支护喷射混凝土的施工概况，主要介绍了隧道锚喷支护采用机制砂配制 C25 喷射混凝土配合比的原材料选择、配合比的初步拟定及其调整，为机制砂喷射混凝土配合比设计提供了参考依据。

关键词：机制砂　喷射混凝土　配合比设计　应用

针对武罐高速公路第十合同段因受自然环境条件所限，项目所在地附近无合格天然砂，按照图纸设计调查如果采用远距离运输河沙的方案，会因交通不便砂价过高导致工程造价大幅提高。因此，就近生产或购买机制砂用于混凝土工程施工，不失为最佳选择。可是机制砂由于表面形状差，颗粒级配不理想，且级配波动较大，容易造成混凝土的和易性不佳，混凝土的质量不易控制。所以，为较好地掌握机制砂在我项目喷射混凝土的使用性能及特点，配制出技术保证指标与经济指标均较合理的喷射混凝土，我试验室对机制砂配制喷射混凝土配合比进行了进一步的探讨。

1　材料选择

根据工地现有的施工设备，采用潮喷法喷射混凝土。各种原材料的选定是严格按照规范要求并结合本地原材料实际情况而定。

1.1　水泥

喷射混凝土所用水泥应优先选用新鲜的硅酸盐水泥、普通硅酸盐水泥、矿渣硅酸盐水泥或火山灰质硅酸盐水泥，必要时，可采用特种水泥。但不得使用过期或受潮结块的水泥，水泥等级强度不应低于 32. 5MPa，结合本项目的施工实际，通过质量稳定性，产量和价格综合评价，经过各方面的综合试验，本着“经济、实惠、运距近”的原则，确定选用产品质量稳定好，产量有保证的天水祁连山水泥有限公司生产的“祁连山”牌 P. O42. 5R 普通硅酸盐水泥。各项技术指标见表 1，品质指标符合 GB 175—1999 国家标准。

祁连山牌 P. O42. 5R 水泥技术指标　　表 1

试验项目		标准值	试验结果
安定性	沸煮法	必须合格	合格
凝结时间	初凝	初凝≥45min	206min
	终凝	终凝≤600min	266min
抗压强度（MPa）	3d	22.0	28.0
	28d	42.5	45.8
抗折强度（MPa）	3d	4.0	4.7
	28d	6.5	8.1
标准稠度用水量（%）		—	27.2
比表面积（m^2/kg）		300	377

1.2　细集料

喷射混凝土所用细集料应优先采用坚硬耐久的中砂或粗砂，细度模数应大于 2.5，潮喷施工时。砂的含水率宜控制在5%～7%，其余指标符合JTG/T F60—2009《公路隧道施工技术细则》的有关规定。本项目根据当地的实际情况，细集料采用自产的机制砂。各项技术指标试验结果见表2。

机制砂技术指标试验结果 表2

试验项目	规定值	试验结果
表观密度(kg/m³)	>2500	2686
堆积密度(kg/m³)	>1350	1589
石粉含量(%)	<5.0	2.2
泥块含量(%)	<1.0	—
压碎值(%)	<25	12.8
空隙率(%)	<47	40.1
有机质含量	浅于标准色	合格
坚固性(%)	<8	2.0

1.3 粗集料

喷射混凝土所用粗集料应优先采用坚硬耐久的卵石或碎石，所采用粗集料的最大粒径不宜大于16mm，粗集料宜采用连续粒级级配，但使用碱性速凝剂时，不得使用含有活性二氧化硅的石材，其余指标符合JTG/T F60—2009《公路隧道施工技术细则》的有关规定，本项目贯彻“因地制宜，就地取材”的原则，在洞口附近自建料场，采用反击破碎方法机制碎石、砂，母岩为本项目隧道内石灰岩，经检测母岩抗压强度为62.5MPa，经过多次试验调整，生产5～10mm、10～20mm、16～31.5mm碎石，可掺配5～31.5mm连续级配碎石，级配合理。根据喷射机输送管道最小直径的大小，喷射混凝土采用5～10mm碎石。各项技术指标试验结果见表3。

5～10mm碎石技术指标试验结果 表3

试验项目	规定值	试验结果
表观密度(kg/m³)	>2500	2704
堆积密度(kg/m³)	>1350	1440
石粉含量(%)	<1.0	0.8
针片状含量(%)	<8	3.5
压碎值(%)	<20	—
空隙率(%)	<47	43.0
有机质含量	浅于标准色	合格
坚固性(%)	<8	—

1.4 速凝剂

喷射混凝土所用速凝剂应符合规范要求的质量，且掺加后的喷射混凝土各项性能指标满足设计要求。在使用速凝剂前，应进行与水泥的相容性试验和水泥净浆凝结效果试验。其掺量不宜超过水泥重量的5%，水泥净浆初凝时间不应大于5min，终凝时间不应大于10min。在采用其他类型的外加剂或几种外加剂复合使用时，也应做相应的性能试验和使用效果试验。喷射混凝土施工应选用与水泥适应性好，凝结硬化快，回弹小，28d强度损失少，低掺量的速凝剂品种，速凝剂掺量一般为2%～8%，掺量可随速凝剂品种，施工温度和工程要求适当增减。对于我项目喷射混凝土所用速凝剂，经相容试验（水灰比0.45），考虑工程实际，经比较选用山西黄河新型化工有限公司生产的“恒久”牌 HJ－1 型速凝剂，工程实际中掺量随部位及岩石状态、施工现场温度、围岩的动态性质综合考虑，调整为 3%～5%。

1.5 拌和用水

喷射混凝土拌和用水，应符合工程用水的标准要求。水中不应含有影响水泥正常凝结与硬化的有害杂质或油脂、糖类及游离酸类等；污水、pH 值小于 5 的酸性水及硫酸盐量按 SO_4^{2-} 计超过水的质量 $0.27mg/cm^3$ 的水不得使用；不得使用海水拌制混凝土；供饮用的水，一般能满足上述条件，使用时可不经试验。结合本项目实际情况，我项目混凝土拌和用水采用地下井水，经检测达到饮用水标准，可用于混凝土工程拌和用水。

2 混凝土的配制

2.1 配制强度的确定

混凝土配制强度必须超过设计强度标准值，以满足强度保证率的需要。我国现行行业标准 JGJ 55—2000《普通混凝土配合比设计规程》中规定了普通混凝土强度保证率为 95%，即：

$$F_{cu,o} \geqslant F_{cu,R} + 1.645\delta$$

式中：$F_{cu,o}$——混凝土的配制强度（MPa）；

$F_{cu,R}$——混凝土设计强度标准值（MPa）；

δ——混凝土强度标准差，经验选定为 5.0MPa。

所以，C25 喷射混凝土配制强度等级 $F_{cu,o} = 25 + 1.645 \times 5.0 = 33.2$MPa。

2.2 水灰比的确定

由公式 $W/C = A_a F_{ce} / F_{cu,o} + A_a A_b F_{ce} = 0.46 \times 42.5/33.2 + 0.46 \times 0.07 \times 42.5 = 0.57$

而规范规定宜为 0.42～0.50，取 $W/C = 0.44$。

2.3 用水量的确定

根据坍落度宜为 80～120mm 的要求，选定用水量为 210kg。

2.4 砂率的确定

喷射混凝土是依赖喷射过程中水泥与集料的连续撞击，压密而形成的一种混凝土，为了能够最大限度地吸收二次喷射时的冲击能量，所以砂率应较普通混凝土的高，它对喷射混凝土的稠度和黏滞性影响很大。由于机制砂的细度模数比较大，我们拌制了三组不同砂率的混凝土拌和物，它们的用水量及水泥用量均相同，砂率值以每组 2% 的间隙变动，测定每组拌和物的坍落度，并同时检测其黏聚性和保水性，根据洞挖工程的锚喷支护，侧墙和拱顶部位应采用较大的砂率，砂率宜为 50%～60%，根据经验初步拟选 50%、52%、54% 三种砂率。用坐标纸作坍落度——砂率关系图，如图 1 所示：曲线最高点对应砂率的拌和物，坍落度最大，黏聚性、保水性良好，我们认为砂率取 52% 是比较合理的。

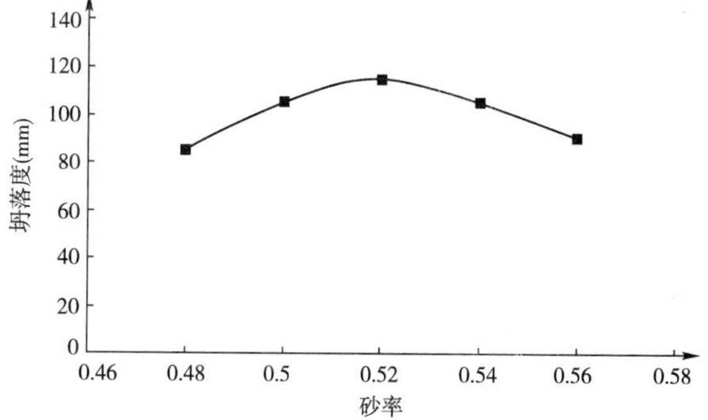

图 1 坍落度—砂率关系图

2.5 水泥用量、砂石用量的确定

严格控制集料质量，根据表 2、表 3 的结果，粗集料采用 5～10mm 连续级配碎石，细集料采用石粉含量 6%～9% 的机制砂，在配合比设计中尽量降低粗集料空隙率和增加单方混凝土的用量，由此减少水泥用量，节约经费而且降低混凝土的收缩和徐变值。根据规范，潮法喷射水泥与砂、石之重量比宜为（1∶3.5）～（1∶4.0），水灰比取为 0.44，根据水灰比为 0.44，计算单位水泥用量为 477kg，依砂率为 52%

为例计算砂、石用量,单位砂用量为:477×3.5×52% =868kg;单位碎石用量为477×3.5-868=802kg。

2.6 基准配合比

基准配合比所用各材料用量见表4。

基准配合比各材料用量　　表4

配合比编号	砂率(%)	材料用量(kg/m^3)				
		水泥	砂	碎石	水	速凝剂(%)
基准1	50	477	835	835	210	4
基准2	52	477	868	802	210	4
基准3	54	477	902	768	210	4

3 配合比的调整

喷射混凝土配合比设计区别于常规混凝土配合比设计,最大特点是其配合比要经过现场实际试喷确定。

3.1 试拌坍落度值测定

经过试验试拌,基准1的坍落度值为95mm;基准2的坍落度值为105mm;基准3的坍落度值为120mm,均在规定80~120mm范围之内,可以进行现场试喷。

3.2 喷射混凝土现场试喷调整的目的

喷射混凝土现场试喷调整应满足以下要求:

3.2.1 抗压强度要求,满足工程喷射混凝土计算的配制强度;

3.2.2 可喷性要求,要满足现场喷射混凝土与围岩有好的黏结力和密实性,且回弹量少,不发生喷射管道堵塞;

3.2.3 环境要求,要满足现场喷射混凝土施工作业面粉尘少,粉尘浓度降低在规定的范围内。

3.3 喷射混凝土配合比参数调整、确定

3.3.1 单位用水量的调整、选定。在试喷时,判定喷射混凝土用水量是否适当,是通过操作手调整水阀实现的,当喷射混凝土表面干湿不一,出现干斑、且喷射物附着性差,施工工作面粉尘多,回弹量较大时,应调大水阀,增加单位用水量;当喷射混凝土表面出现流淌、滑移、成块拉裂时,应调小单位用水量;配合比用水量适宜时,喷射后的混凝土表面平整,湿润均匀,有光泽,无干斑滑移流动和开裂现象,用水量适宜稳定后,在受喷测试区内做好厚度标志,水表计量用水量,喷射施工完成后,抹平该片区域,结合各材料所含自然含水率,折算成混凝土立方体用水量,即得单位用水量。现场实际试喷的最佳单位用水量恰好为210kg。

3.3.2 砂率的调整与确定。试喷时,回弹率的大小是一个重要的指标。回弹率大,主要是砂率不合适,应增大砂率。在几种设定的砂率下,通过测定每一种砂率下的回弹率,经比较最小的回弹率对应的砂率即为最佳砂率。现场实际试喷时,经测算,侧立受喷面最小的回弹率为13%,其对应的最佳砂率为52%;倒立受喷面最小的回弹率为24%,其对应的最佳砂率为52%,回弹率均小于规范关于边墙受喷面回弹率应不大于15%;顶拱受喷面回弹率应不大于25%的规定,满足规范要求。

3.3.3 水灰比的确定(即水泥用量的调整)。试喷时,按照规范成型大板试块,做抗压强度试验,能满足配制强度的水灰比,最小的水泥用量的配合比即为要确定的最佳配合比。

经过以上步骤,洞内开挖初期支护用喷射混凝土最佳配合比见表5。

洞内锚喷支护喷射混凝土配合比　　表5

使用部位	水灰比	砂率(%)	材料用量(kg/m^3)					抗压强度 MPa	
			水泥	机制砂	碎石	水	速凝剂掺量(%)	7d	28d
拱部、边墙	0.44	52	477	868	802	210	4	26.1	33.8

4 机制砂与天然砂在混凝土配比设计时的不同之处

(1)机制砂与天然砂相比,除了颗粒级配、颗粒形状有所区别外,其他性能基本相同,所以在混凝土配合比设计时可以等量取代天然砂。

(2)机制砂配制的混凝土各项力学性能以及耐久性能均能达到有关国家标准规定的要求。因此,混凝土配合比设计可采用与天然砂相同的方法。

(3)机制砂中所含有的石粉吸附了部分水分,实际上降低了混凝土的水灰比。因此,同强度等级混凝土配合比的水灰比较天然砂配制的混凝土配合比要适当增加。

(4)因机制砂加工的特殊性,会产生一定量的石粉,当石粉含量增加,混凝土单位用水量要比用天然砂配制的混凝土增加5~10kg。

(5)机制砂中石粉含量对混凝土强度的影响很大,石粉含量越高,混凝土的强度随之降低。经过试验以及在施工中的应用,我们把石粉含量控制在6%~9%之间,较天然砂混凝土,机制砂混凝土在这个范围内对强度的影响不是很大,和易性、泌水性也很好。

(6)由于机制砂的颗粒形状多为尖锐、棱角形,表面粗糙,有别于浑圆状的天然砂,故用机制砂配制混凝土时,砂率要相应增大。经试验,用机制中砂配制混凝土时的砂率与天然砂相同,但用机制粗砂时,砂率宜增加1%~2%,使混凝土拌和物的和易性得到改善。

5 结语

机制砂喷射混凝土在工程中被广泛应用,其配合比的设计既与普通混凝土有相似之处,又有其特殊性,其配合比的选定,在遵守规范规定下,应特别重视现场试喷调整这一过程,这是喷射混凝土配合比设计的重点和难点。在试喷中,喷射面混凝土要能满足现场喷射要求,较低的回弹率、最低的水泥用量和喷射混凝土强度满足要求的配合比即为设计的最佳配合比。

参考文献

[1] 中华人民共和国行业标准.JGJ 55—2011 普通混凝土配合比设计规程[S].北京:中国建筑工业出版社,2011.

[2] 中华人民共和国行业标准.JTG F60—2009 公路隧道施工技术规范[S].北京:人民交通出版社,2009.

[3] 中华人民共和国行业推荐性标准.JTG/T F60—2009 公路隧道施工技术细则[S].北京:人民交通出版社,2009.

[4] 中华人民共和国国家标准.GB 50086—2001 锚杆喷射混凝土支护技术规程[S].北京:中国计划出版社,2001.

[5] 中华人民共和国国家标准.GB/T 14684—2011 建筑用砂[S].北京:中国标准出版社,2011.

3. 麻崖子特长隧道施工通风技术

金文宗　黄良艳

（中国路桥工程有限责任公司武罐十标　陇南　746043）

摘　要：本文主要针对麻崖子特长隧道长度长，作业面狭小致使施工通风排烟困难的特点，介绍了麻崖子隧道通过风力供应计算，合理布置轴流式风机，解决了通风排尘困难。

关键词：麻崖子隧道　施工通风　通风排尘

1　前言

在隧道施工中，凿岩、爆破、出碴、喷射混凝土等作业过程经常会产生大量的粉尘和有害气体，严重危害作业人员的身体健康，也不利于施工作业的正常进行。因此，施工通风是隧道施工中不可缺少的环节，也是制约隧道快速施工的一个重要因素。

2　工程概况及施工规划部署

武（武都）罐（罐子沟）高速公路麻崖子特长隧道位于甘肃省陇南市武都区境内，是武罐高速全线的控制性工程之一。中交一公局一公司武罐十标项目部承担隧道前半段的施工任务。主体工程为麻崖子特长隧道4.5km，采用双向四车道，左右线分离式设计，左线长4495m，右线长4500m。隧道在主洞K56+750处设置一通风斜井，斜井全长786.04m，斜长797.85m，最大纵坡达18.575%。合同工期43个月，总造价3.983亿元。存在隧道长度长，通风排烟困难等特点。

根据工程实际，麻崖子隧道在完成斜井施工后，由斜井进入主洞，通过开辟临时施工导洞的方式，在斜井工作面新增开两个工作面，将原有2个工作面增至4个，同时向合同终点掘进（图1）。这样一方面提高了施工效率，减轻了工期压力；另一方面，也加大通风困难。

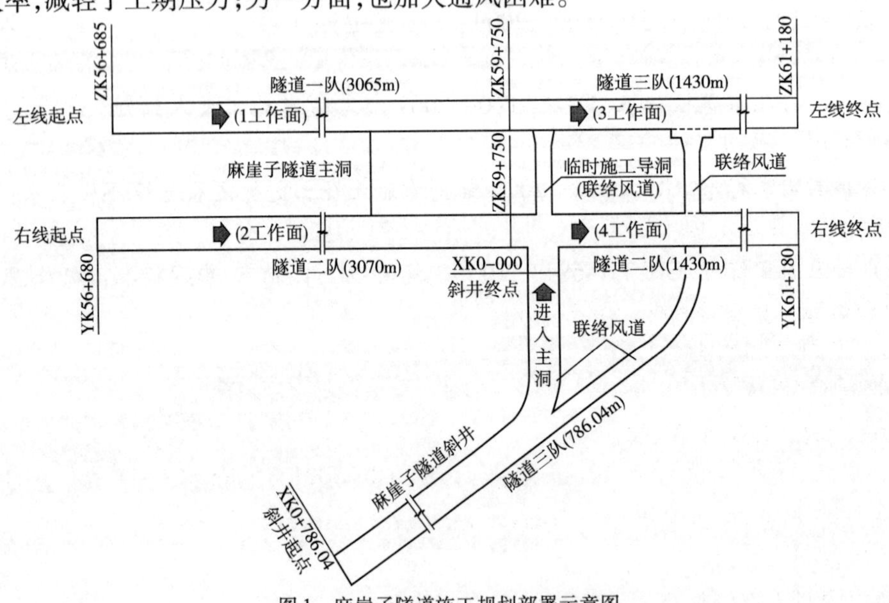

图1　麻崖子隧道施工规划部署示意图

3 通风设计

3.1 通风方案的确定

3.1.1 通风方案的制订依据

在隧道施工中,采取何种通风方式应根据隧道的施工方法、坑道特点和污染源的特性以及设备条件等因素加以确定。因此在制订通风方案时主要考虑以下因素:

(1)采用的是钻爆法、大断面开挖方式;

(2)采用无轨运输出渣进料;

(3)没有可以利用的辅助坑道;

(4)柴油汽车排放的废气发生在整个运输巷道内,且愈往里风处废气浓度愈大;

(5)采用可提供足够风量、风压的风机;

(6)采用大直径、漏风少、阻力小的风管。

3.1.2 通风方案比较

隧道施工通风主要采用机械通风,其通风方式按风道类型一般分为巷道式和管道式两种,其中后者按送风方式不同又可分为压入式、抽出式和混合式三种。它们各有其优缺点(表1)。

几种管道式通风方案的比较　　表1

序号	通风方式	布置形式	优　　点	缺　　点
1	压入式	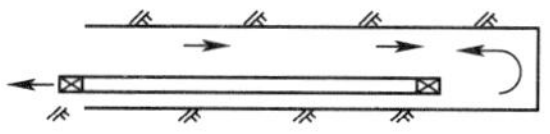	能很快地排除工作面的污浊空气,拆装简单	污浊空气流经全洞
2	抽出式	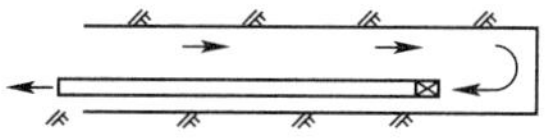	工作面净化较快,洞内空气较好	风机移动频繁,噪声大,管道漏风可造成循环污染
3	混合式	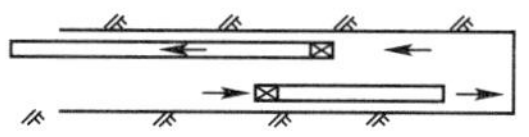	洞内空气好、净化快	噪声大,受空间限制

3.1.3 方案确定

经分析比较后,认为压入式通风较为适合无轨运输施工,它可使足够的新鲜空气能很快被送至工作面,实现通风排尘。考虑到柴油机废气污染,风机选型要求大风量、高风压,风管要求选用大直径柔性风管,风机要安设在洞外开阔处,向洞内送风,以避免循环污染。

最后确定方案为:主洞使用大功率风机连接1.2m直径风带送风至掌子面;斜井则使用大功率风机配2m大直径风带,最后在分岔口用三通接1.2m小直径风带分开送至左右洞掌子面的方案。

3.2 主洞通风系统的设计计算

隧道施工通风旨在为洞内施工人员创造一个适宜的作业环境,以保证作业人员的身体健康和作业的效率。因此在计算时考虑了以下因素:

(1)保证洞内作业人员有足够的新鲜空气;

(2)作业面有害气体浓度降到允许范围内;

(3)保证工作面最低风速不低于0.15m/s。

3.2.1 风量计算

(1)按洞内同时工作的最多人数计算

$$Q_1 = 3k \cdot m = 3 \times 1.15 \times 40 = 138(\mathrm{m^3/min}) \tag{1}$$

式中:3——每人每分钟呼吸所需新鲜空气量($\mathrm{m^3/min}$);

k——风量备用系数,取1.15;

m——洞内同时工作的最多人数,40人。

(2)按同时爆破的最多炸药量计算

$$Q_2 = \frac{5Ab}{t}(\mathrm{m^3/min}) = \frac{5 \times 240 \times 40}{30} = 1600(\mathrm{m^3/min}) \tag{2}$$

式中:5——稀释1LCO需要$5\mathrm{m^3}$空气(空气中一氧化碳体积不能超过0.02%);

A——同时爆破的炸药消耗量,240kg;

b——每公斤炸药爆破时所一氧化碳体积,40L;

t——通风时间,按30min计。

(3)按爆破后稀释CO至许可最高浓度计算

$$Q_3 = \frac{5}{b} \times \frac{10 \cdot A \cdot K}{t} \times 60(\mathrm{m^3/min}) = \frac{5}{40} \times \frac{10 \times 240 \times 1.1}{30} \times 60 = 660(\mathrm{m^3/min}) \tag{3}$$

式中:K——风量备用系数,取1.10;

A、t符号意义同前。

(4)按压入式通风30min内将齐头工作面爆破产生的有害气体浓度稀释到允许浓度计算

$$Q_4 = \frac{7.8}{t}\sqrt[3]{A \cdot (SL)^2} = \frac{7.8}{30}\sqrt[3]{240 \times (87 \times 100)^2} = 683(\mathrm{m^3/min}) \tag{4}$$

式中:S——隧道开挖断面积,$87\mathrm{m^2}$;

L——通风区段长度,取100m,即掌子面向洞口方向100m范围内;

A、t符号同前。

(5)按满足工作面最小风速计算

$$Q_5 = 60V \cdot S = 60 \times 0.15 \times 87 = 783(\mathrm{m^3/min}) \tag{5}$$

式中:V——工作面最小风速,≥0.15m/s;

S——同前。

(6)按内燃机需要风量计算

$$Q_6 = Q_0 \Sigma p = 4 \times 345 = 1380(\mathrm{m^3/min}) \tag{6}$$

式中:Σp——同时在洞内作业的各种内燃机的功率总和(kW);

Q_0——内燃机单位功率所需风量指标,按《隧道设计手册》,取$Q_0 = 4.0\mathrm{m^3/min \cdot kW}$。

按规范及综合考虑各种因素后,功率总和按额定总功率的65%计算;掌子面装载机1台额定总功率135kW,自卸汽车3台,每台额定总功率132kW,总功率$\Sigma p = (135 + 132 \times 3) \times 65\% = 345\mathrm{kW}$;

取上述风量的最大值作为设计风量,故工作面所需风量应大于$1600\mathrm{m^3/min}$。

考虑漏风因素:

据风管厂提供的技术指标,采用PVC增强塑纤布作风管材料,如果维修及保养得当,百米漏风率正常时可控制在1%左右,按1%取值,本方案通风距离3000m,据此计算漏风系数:

$$P = \frac{1}{1 - \frac{L}{100}P_{100}} = \frac{1}{1 - \frac{3000}{100} \times 1\%} = 1.4 \tag{7}$$

式中:L——通风距离,3000m;

P_{100}——百米漏风率,取1%。

则风机供风量应不小于:$Q_{\max} = PQ = 1.4 \times 1600 = 2240(\mathrm{m^3/min})$

3.2.2 系统风压计算

从理论上讲,通风系统克服通风阻力后在风管末端风流具有一定的动压,克服阻力则取决于系统静压,动压与静压之和即为系统需供风压。

(1)动压计算

$$H_{动} = \frac{1}{2}\gamma \cdot \nu^2 = \frac{1}{2} \times 1.2 \times 11.5^2 = 79.35(\mathrm{Pa}) \tag{8}$$

式中:γ——空气密度,$1.2kg/m^3$;

ν——末端管口风速,11.5m/s(按工作面最小风速折算,全断面开挖面积为$87m^2$)。

(2)静压计算

①管道摩擦阻力:

$$h_{摩} = \lambda \frac{L\gamma}{2d}\bar{\nu}^{2} = 0.001425 \times \frac{3000 \times 1.2}{2 \times 1.2} \times 27.9^2 = 1664(\text{Pa}) \tag{9}$$

式中: λ——PVC 增强塑纤布管道摩阻系数,0.001425;

$\bar{\nu}$——管道内平均风速,$\sqrt{Q_{max}Q}/\left(\frac{\pi d^2}{4}60\right) = 27.9m/s$;

L,γ,Q_{max},Q——符号意义同前;

d——风管直径。

②局部阻力:

$$h_{局} \approx 0.1h_{摩} = 0.1 \times 1664 = 166.4(\text{Pa}) \tag{10}$$

系统静压:

$$h_{静} = h_{摩} + h_{局} = 1830(\text{Pa}) \tag{11}$$

(3)系统风压:

$$h = h_{动} + h_{静} = 1909.35(\text{Pa}) \tag{12}$$

3.3 主洞通风设备选型

设备选型关系到整个方案的成败,是通风系统运行好坏的基本保证。在立足现有、国产设备的基础上,选用了咸阳 SDDY-2 型轴流式风机,功率为 110kW×2,高效率风量达 $2250m^3/min$,全压为 6000Pa。它具有空气流动性能好、效率高、节省能量、噪声低、结构紧凑、安装方便等特点。风管则选用了 PVC 增强塑纤布拉链式 ϕ1.2m 柔性风管。该风管具有较强的抗拉强度和较小的伸长率,接头方式新颖,使用方便,重量轻,易安装,径向变形小,而且接头光滑、严密,能有效地减少漏风和系统阻力。

3.4 斜井通风系统的设计计算

斜井通风计算假设最不利条件是斜井工作面两个主洞同时需要最大供风量且平均分取主风管供风量。

3.4.1 风量计算

(1)按洞内同时工作的最多人数计算

$$Q_1 = 3k \cdot m = 3 \times 1.15 \times 40 = 138(m^3/min) \tag{13}$$

式中:3——每人每分钟呼吸所需新鲜空气量(m^3/min);

k——风量备用系数,取 1.15。

m——洞内同时工作的最多人数,40 人。

(2)按同时爆破的最多炸药量计算

$$Q_2 = \frac{5Ab}{t}(m^3/min) = \frac{5 \times 192 \times 40}{40} = 960(m^3/min) \tag{14}$$

式中:A——同时爆破的炸药消耗量,192kg;

b——每公斤炸药爆破时所构成的有害气体体积,40L;

t——通风时间,按 40min 计。

(3)按爆破后稀释 CO 至许可最高浓度计算

$$Q_3 = \frac{5}{b} \times \frac{10 \cdot A \cdot K}{t} \times 60(m^3/min) = \frac{5}{40} \times \frac{10 \times 192 \times 1.1}{40} \times 60 = 396(m^3/min) \tag{15}$$

式中:K——风量备用系数,取 1.10;

A、t 符号意义同前。

(4)按压入式通风40分钟内将齐头工作面爆破产生的有害气体浓度稀释到允许浓度计算

$$Q_4 = \frac{7.8}{t}\sqrt[3]{A \cdot (SL)^2} = \frac{7.8}{40}\sqrt[3]{192 \times (103 \times 100)^2} = 532.5(\mathrm{m^3/min}) \tag{16}$$

式中:S——隧道开挖断面积,$103\mathrm{m^3}$;

L——通风区段长度,取100m,即掌子面向洞口方向100m范围内;

A、t 符号同前。

(5)按满足工作面最小风速计算

$$Q_5 = 60V \cdot S = 60 \times 0.15 \times 103 = 927(\mathrm{m^3/min}) \tag{17}$$

式中:V——工作面最小风速,≥0.15m/s;

S——同前。

(6)按内燃机需要风量计算

$$Q_6 = Q_0 \Sigma P = 4 \times 173 = 692(\mathrm{m^3/min}) \tag{18}$$

式中:ΣP——同时在掌子面作业的内燃机功率总和(kW);

Q_0——内燃机单位功率所需风量指标,按《隧道设计手册》,取 $Q_0 = 4.0\mathrm{m^3/min \cdot kW}$。

按规范及综合考虑各种因素后,功率总和按额定总功率的65%计算;掌子面装载机1台额定总功率135kW,自卸汽车1台,每台额定总功率132kW,总功率 $\Sigma p = (135 + 132) \times 65\% = 173\mathrm{kW}$;

取上述风量的最大值作为设计风量,故工作面所需风量应大于 $960 \times 2 = 1920\mathrm{m^3/min}$

考虑漏风因素:

百米漏风率取1%,本方案风带总长为3786m,据此计算漏风系数

$$P = \frac{1}{1 - \frac{L}{100}P_{100}} = \frac{1}{1 - \frac{3786}{100} \times 1\%} = 1.6 \tag{19}$$

式中:L——通风距离,3786m;

P_{100}——百米漏风率,取1%。

则风机供风量应不小于: $Q_{max} = PQ = 1.6 \times 1920 = 3072(\mathrm{m^3/min})$ (20)

3.4.2 系统风压计算

(1)动压计算

$$H_{动} = \frac{1}{2}\gamma \cdot \nu^2 = \frac{1}{2} \times 1.2 \times 13.66^2 = 112(\mathrm{Pa}) \tag{21}$$

式中:γ——空气密度,$1.2\mathrm{kg/m^3}$;

ν——末端管口风速,13.66m/s(按工作面最小风速折算,断面面积为 $103\mathrm{m^2}$)。

(2)静压计算

①管道摩擦阻力:

主管道摩擦阻力

$$h_{摩} = \lambda\frac{L\gamma^{-2}}{2d}\bar{\nu} = 0.001425 \times \frac{786 \times 1.2}{2 \times 2} \times 13.9^2 = 64.9(\mathrm{Pa}) \tag{22}$$

式中:λ——PVC增强塑纤布管道摩阻系数,0.001425;

$\bar{\nu}$——管道内平均风速,$\sqrt{Q_{max}Q}/\left(\frac{\pi d^2}{4}60\right) = 13.9\mathrm{m/s}$;

L——主风管长度为786m;

γ,Q_{max},Q 符号意义同前;

d——主风管直径。

支管摩擦阻力

$$h_{摩}=\lambda\frac{L\gamma^{-2}}{2d}\bar{\nu}=0.001425\times\frac{3000\times1.2}{2\times1.2}\times19.3^2=796(\mathrm{Pa})\tag{23}$$

式中：λ——PVC增强塑纤布管道摩阻系数，0.001425；

$\bar{\nu}$——管道内平均风速，$\sqrt{Q_{\max}Q}/\left(\frac{\pi d^2}{4}60\right)=19.3\mathrm{m/s}$；

L——支管总长度为3000m；

γ，$Q_{\max}$，Q 符号意义同前；

d——支管直径。

②局部阻力：

$$h_{局}\approx0.1h_{摩}=0.1\times796=79.6(\mathrm{Pa})\tag{24}$$

③系统总静压：

$$h_{静}=h_{摩}+h_{局}=64.9+796+79.6=940.5(\mathrm{Pa})\tag{25}$$

(3)系统风压：

$$h=h_{动}+h_{静}=1052.5(\mathrm{Pa})\tag{26}$$

主风管与支管有两个三通直角拐弯，每个直角弯损失压力系数高达0.3，所以风机应提供总压力为：1084/(1－0.3×2)＝2710(Pa)

3.5 斜井通风设备选型

根据计算结果，斜井主风机选用SDF(C)－NO12.5型大功率轴流风机，并配Φ2m大直径PVC增强塑纤布风带，支管风带则选用Φ1.2m直径PVC增强塑纤布风带，该型风机最大风量达3212$\mathrm{m^3/min}$，大于供风所需3072$\mathrm{m^3/min}$，最大风压达5355Pa，所以该设备及方案能满足通风要求。

4 结语

麻崖子隧道在施工过程中，针对通风排烟困难，除了采用隧道空气检测设备和洒水车等降尘设备进行除烟排尘外，主要通过以上计算合理配置洞口风机，营造了良好的施工环境。以上方法对其他特长隧道具有一定的借鉴意义。

参 考 文 献

[1] 中华人民共和国行业标准. JTG D70—2004 公路隧道设计规范[S]. 北京：人民交通出版社，2004.

[2] 中华人民共和国行业标准. JTG F60—2009 公路隧道施工技术规范[S]. 北京：人民交通出版社，2009.

[3] 中华人民共和国行业标准. JTG/T F60—2009 公路隧道施工技术细则[S]. 北京：人民交通出版社，2009.

4. 浅谈长管棚预注浆超前支护在麻崖子隧道进洞施工中的应用

王浩东

（中国路桥工程有限责任公司武罐十标　陇南　746043）

摘　要：长管棚预注浆超前支护是隧道施工中穿越软弱、破碎围岩的一种有效的加固施工方法。本文以长管棚预注浆超前支护的施工工艺为内容，结合麻崖子隧道进洞施工实例，论证了长管棚预注浆超前支护在隧道施工中的应用价值。

关键词：隧道施工　超前管棚支护　施工工艺

1　工程概况

武罐十标麻崖子特长隧道位于甘肃省陇南市武都区境内，隧道共有主洞左洞、右洞及斜井3个洞口，洞口区段围岩均为强风化片岩，节理发育，稳定性差，设计级别为Ⅴ级浅埋，其中左洞处于偏压地段，斜井在开挖洞顶边仰坡时，发生山体滑坡现象。在隧道进洞时，三个洞口均采取了长管棚预注浆超前支护施工技术，确保了洞口段围岩的稳定，顺利完成了洞口段施工。

2　施工工艺

2.1　施工方案设计参数

(1)管棚钢管采用Φ89热轧无缝钢管，壁厚5mm，管节长度4～6m，采用丝扣相接，接头错开，单根管长20m。管口段2.5m钢管不开孔，其余部分按照15cm间距交错设置注浆孔，孔径12mm。

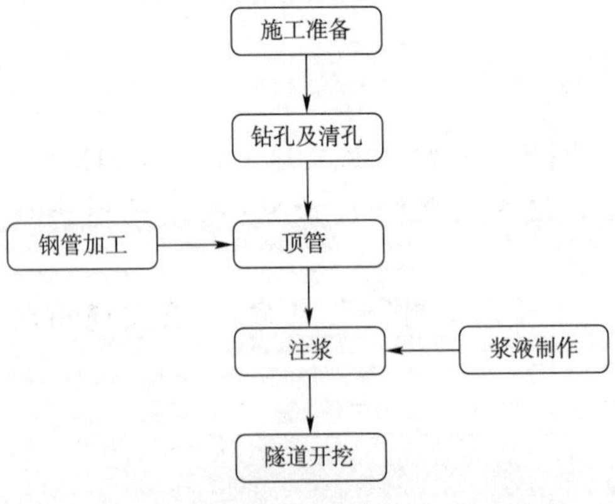

(2)管棚钢管共设置31根，环向间距40cm，倾角1°～3°。

(3)超前注浆材料采用水泥浆，水灰比1∶1，注浆孔压力初压0.5～1.0MPa，终压1.5～2.5MPa。

2.2　具体施工工艺

2.2.1　总体施工工艺流程图(图1)

施工准备 → 钻孔及清孔 → 顶管 → 注浆 → 隧道开挖
钢管加工 → 顶管
浆液制作 → 注浆

图1　长管棚预注浆超前支护工艺流程图

2.2.2　施工准备(表1、表2)

(1)在参照设计图纸的基础上，进一步调查地质情况，熟悉施工条件；

(2)准备原材料，准备施工机具和器材；

每个洞口超前管棚工程数量表　　表1

序　号	名　称	规　格	单　位	数　量	备　注
1	注浆	水泥浆	m^3	41.4	
2	注浆管棚	Φ89	m	620	壁厚5mm

主要施工机具

表2

序　号	名　称	型　号	单　位	数　量	备　注
1	空压机	20.0m³	台	3	
2	潜孔钻	KQ150	台	1	
3	制浆机	2TGZ-60/210	台	1	
4	电焊机	500 交流	台	3	

(3)测量放样完成定向、布孔和套拱施工。

在开挖轮廓线以外拱部120°范围内施作套拱,纵向设置2m,套拱厚60cm,采用C25混凝土浇筑,内设3榀间距75cm的I18型钢拱架,在套拱顶部沿隧道开挖轮廓周边准确定位预埋31个$\Phi108\times4$的导向钢管。套拱施工方案立面图见图2,侧面图见图3。

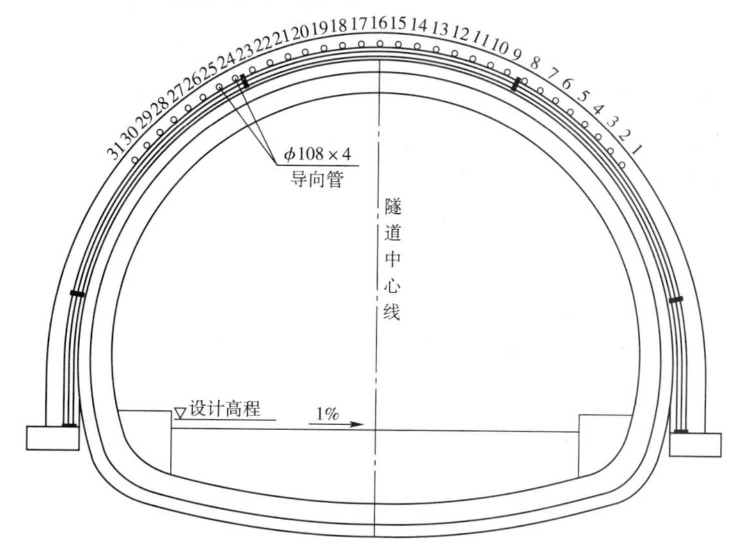

图2　套拱施工方案立面图

套拱施工过程中注意做到以下几点。

①布设导向管时,确保相邻孔位误差不超过5cm;并固定在钢拱架上(图4)。

②采取挂线定向,距离10m,通过前后两点挂线确定管棚方向,在定向时要考虑路线纵坡对插角的影响。

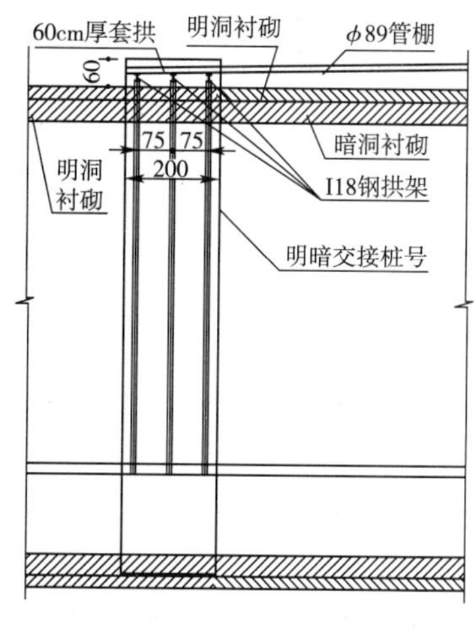

图3　套拱施工方案侧面图(尺寸单位:cm)

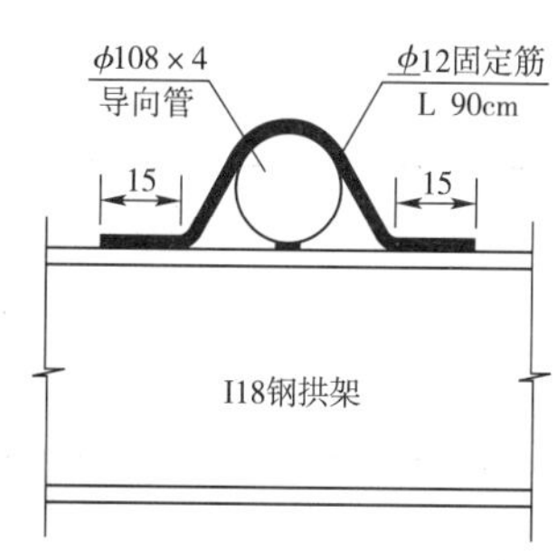

图4　导向管与钢拱架连接示意图

2.2.3 钻孔施工

(1)钻孔施工工艺流程(图5)

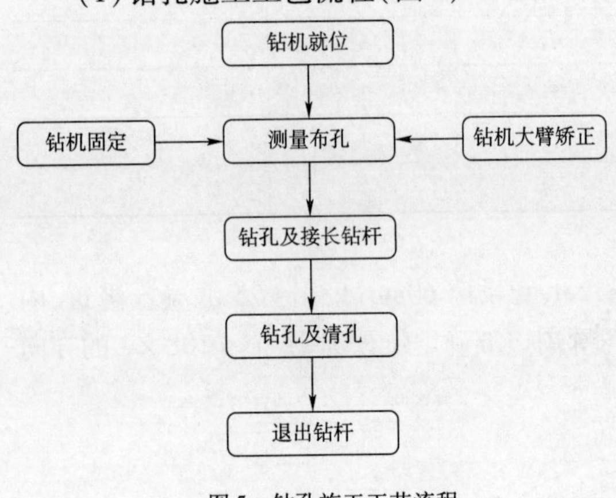

图5 钻孔施工工艺流程

(2)钻孔施工工艺操作要点

①钻孔前洞口开挖形成工作平台。完成测量布孔,在设计孔位点上标记。

②钻机就位。将钻机就位处的土层夯实,确保在钻进过程中,钻机不发生倾斜或滑动。钻机的底座应用水平尺或水准仪将其调平。钻臂的仰角保证与设计仰角相同。为了让管棚顺利顶进,钻孔直径比管直径稍大,采用 Φ100mm 钻头。

③钻进。施钻时,钻机大臂必须顶紧在套拱外缘上,以防止过大颤动,提高施钻精度。钻机开孔时钻速宜低,钻深 20cm 后转入正常钻速。

第一节钻杆钻入岩层尾部剩余 20 ~ 30cm 时停止钻进,用两把管钳人工卡紧钻杆(并注意不得卡丝扣),钻机低速反转,脱开钻杆。钻机沿导轨退回原位,人工装入第二根钻杆,并在钻杆前段安装好连接套,钻机低速送至第一根钻杆尾部,方向对准后连接成一体。每次接长钻杆,均按照上述方法进行连接。

换钻杆时,要注意检查钻杆是否弯曲,有无损伤,中心水孔是否畅通等,不符合要求的要更换以确保正常作业。钻进过程中采用测斜仪量测钻孔放向,发现偏斜超过设计要求,及时纠正。

④在钻进过程中对石粉进行收集分析,根据钻进深度对石粉取样并做好记录,对地质情况进行判断、描述,指导开挖。

⑤清孔验孔。用钻机进行反复扫孔,清除浮渣,确保孔径、孔深符合要求,防止堵孔。用高压风、水从孔底向孔口清理钻渣。

2.2.4 顶管钢管施工

(1)顶管施工工艺流程(图6)。

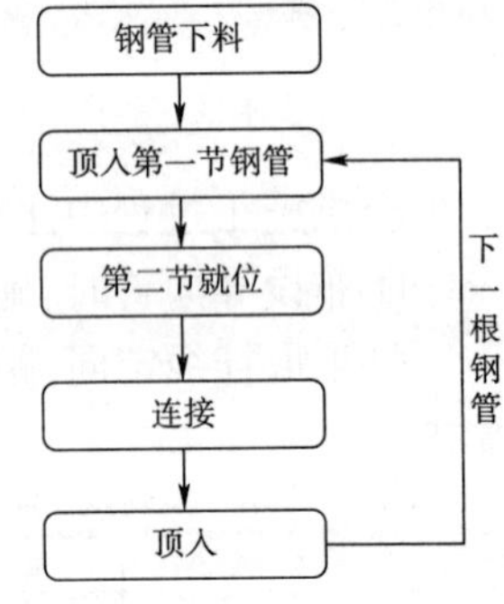

图6 顶管施工工艺流程

(2)顶管前,根据施工方案设计指标,对钢管进行下料,钻注浆孔,孔径 12mm,间距 15cm,呈梅花状布置,尾部止浆段 2.5m(图7)。按照编号,奇数的第一节为 3m,其他为每节 6m。

(3)钻孔完成后,及时安装钢管,避免出现塌孔。顶入采用人工,借助挖掘机、手动液压千斤顶、凿岩机、液压钻的冲击力等机具辅助进行顶入施工。

(4)连接。采用焊接连接,先将两根钢管端头精确切割出对接槽,对接槽长度 10 ~ 15cm,完全咬合并保证两根管中心在同一直线上,然后进行焊接,焊缝不小于 5mm(图8)。

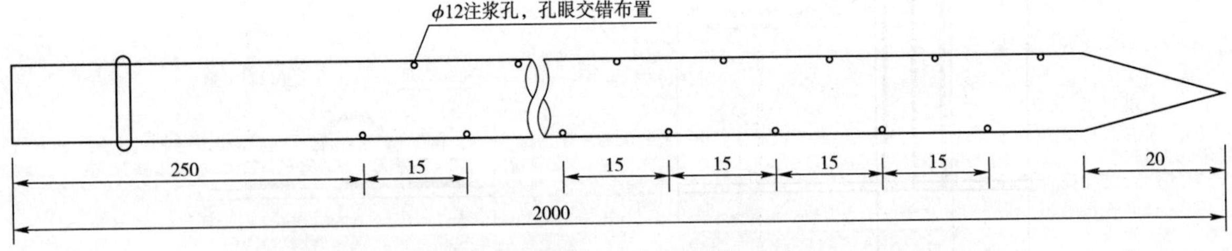

图7 Φ89 钢管加工图(尺寸单位:cm)

图8 钢管咬合焊接示意图

(5)接长钢管要满足受力要求,相邻钢管的接头前后错开。按照编号,奇数的第一节采用3m钢管,偶数第一节采用6m钢管,以后每节均采用6m长钢管,保证隧道纵向同一截面内接头数不大于50%,相邻钢管接头至少错开1.5m(图9)。

(6)接管完毕后,外露钢管口采用钢板焊接封堵。钢板中间焊接注浆用的八分管,并安装止水阀门(图10)。

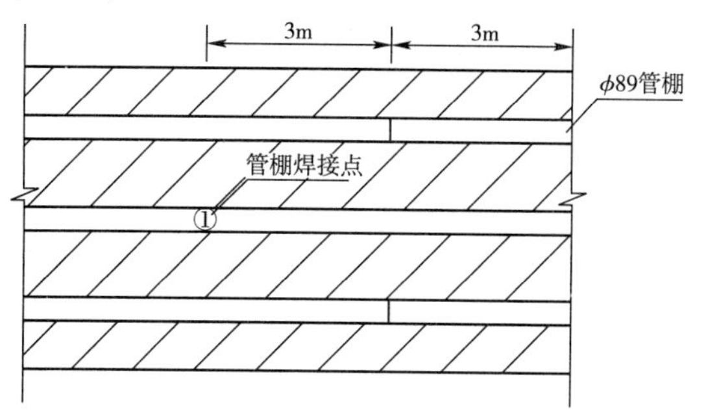

图9 钢管接头布置示意图(尺寸单位:m)

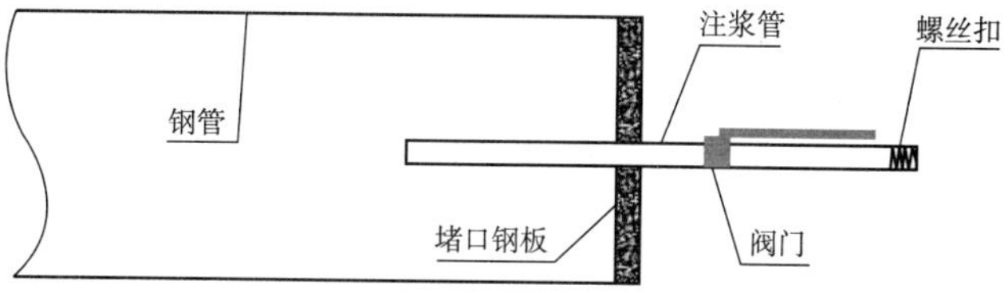

图10 封管示意图

2.2.5 注浆施工

(1)注浆施工工艺流程图(图11)

(2)注浆施工工艺注意要点

①注浆材料:素水泥浆[42.5(R)普通硅酸盐水泥],水灰比1:1。

②注浆前,导向管与钢管端部应用较黏的素水泥浆封堵严密,待其凝结硬化后方可开始注浆。

③注浆时要徐徐加压,初压控制在0.5~1.0MPa之间,终压控制在1.5~2.5MPa之间,达到压力后,表示已注满,注满后,浆液有时会从封口处均匀溢出,有时也会从周围的岩隙裂缝处溢出。

④注浆量完毕后,把注浆量与理论数值相比较,当注浆量小于理论数值时,说明管内未注满,此时应停止注浆查明原因后再进行压注(按照注浆量为钻孔圆柱体1.5倍来控制)。压注过程中,有时刚刚压注,就有浆液不断溢出,这时可用锚固剂或干水泥浆出浆口堵住,然后再进行注浆。有时注浆量超限,未达到压力要求,应调整浆液浓度继续注浆。

⑤注浆时先灌注"单"号浆孔,再灌注"双"号浆孔,做好记录,防止漏注。

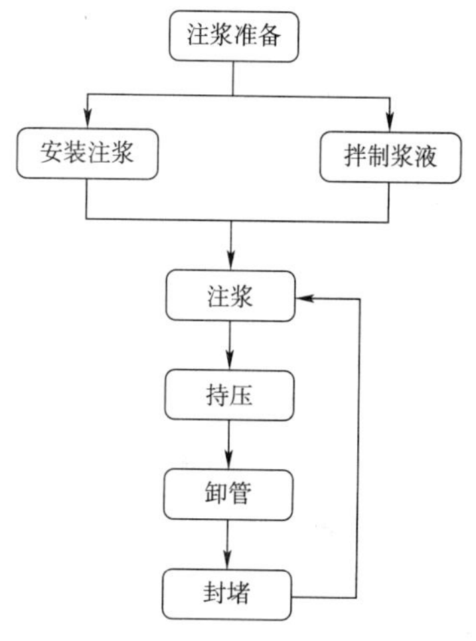

图11 注浆施工工艺流程图

(3)检查验收及封孔

在注浆过程中,现场要有专人留守检查,看注浆量、注浆压力是否达到要求。注浆完成后,采用砂浆及时封闭注浆孔,避免出现空漏现象。

2.3 质量保证措施

(1)挑选熟练工人进行作业,严格执行技术交底。

(2)根据现场需要,施工中可适当增加套拱中锚固钢筋,确保套拱施工质量。预埋导向管要与套拱钢拱架焊接牢固,确保浇筑混凝土时位置不发生变化。

套拱浇筑时要加强振捣,确保混凝土外光内实。套拱拱架安装垂直度误差应在±2°。

(3)钻孔施工时,严格控制钻进方向,以保证外插角满足要求。钻孔中经常采用测斜仪量测钢管钻进的偏斜度,钻杆晃动时,降低钻速,防止因扩孔导致改变仰角,钻孔结束后应对孔深进行量测。孔位偏差不得超过±50mm,孔深偏差不超过±50mm。钻头直径大于钢管直径并小于孔口管直径。钻孔方向由高孔位向低孔位进行(由上而下)。要打一眼,装一管。

(4)第一节钢管前端要加工成尖锥状,以利导向插入。接管时,两钢管断面应相吻合,并保证中心线在同一轴线上。钢管接头焊接,要保证质量,焊缝饱满,无漏洞。钢管插入长度不得短于设计长度的95%。钢管插入后,应外露孔口管0.1m。

(5)出现卡钻、塌孔时,可注浆后再钻。水泥浆搅拌在拌和机内进行,配置水泥浆要在规定时间内完成,要拌制均匀,具有良好的流动性和黏稠度。严格保证持压时间。注浆应连续进行,中途不得间断,如被迫中止时,应用清水将孔内浆液冲净。卸管后应立即进行封堵,并在注浆过程中随时观察岩隙或其他外露部位有无溢浆现象,待浆液均匀流出时,再进行封堵。

(6)施工前对各孔进行编号,认真做好注浆记录。制作浆液试件,为开挖时间提供依据。

2.4 安全保证措施

(1)加强对作业人员安全教育,并经培训后才能上岗。进入现场施工必须正确佩戴安全帽,高空作业必须系好安全带,并保证附着物的牢固、安全。

(2)套拱施工时支架应坚固、稳定。

(3)拆卸钻杆时,要统一指挥,扳钳卡钻方向正确,防止管钳及扳手打伤人。

(4)注浆过程中,需观察注浆施工对周围岩层的扰动,发生险情时,立即暂停施工,组织人员撤离。注浆管口不得对着人员。注浆完毕后,卸管及封堵人员应侧身进行操作。

3 结语

武罐十标麻崖子特长隧道三个洞口在进洞初期,通过采用长管棚预注浆超前支护的施工技术,顺利完成了洞口浅埋段、偏压地段(左洞)及滑坡地段(斜井)的施工,确保了工程质量,同时也大大提高了施工效率和安全系数,为隧道的安全掘进奠定了坚实基础,也为后续隧道施工过程中遇到同类问题提供了宝贵经验。

参考文献

[1] 中华人民共和国行业标准. JTG D70—2004 公路隧道设计规范[S]. 北京:人民交通出版社,2004.

[2] 中华人民共和国行业标准. JTG F60—2009 公路隧道施工技术规范[S]. 北京:人民交通出版社,2009.

[3] 中华人民共和国行业推荐性标准. JTG/T F60—2009 公路隧道施工技术细则[S]. 北京:人民交通出版社,2009.

5. 麻崖子特长隧道通风竖井施工设备选型与验算

邱金霖
（河北北方公路工程建设集团有限公司武罐十一标　陇南　746051）

摘　要：竖井施工当采用正井法施工时，由于所需的设备较多，工艺复杂，安全隐患高，要求严，这就要求在前期作施工方案时，要根据工程的特点，正确选择施工设备，并对提升和悬吊设备进行必要的安全验算，才能保证施工顺利开展。本文主要介绍武罐高速公路麻崖子特长隧道通风竖井施工设备的选型和验算方法，为类似工程施工提供一定的借鉴意义。

关键词：竖井　施工设备选型　安全验算

前言：公路隧道竖井当采用正井法施工时，为了满足掘进提升、翻卸渣石、砌筑井壁和悬吊井内各种施工设施的需要，必须设置一系列的结构物，主要有凿井井架、提升机、悬吊绞车、天轮平台及天轮、吊桶、卸渣台、运输导向装置、吊盘、衬砌模板等。下面笔者结合本工程的实际情况分别介绍主要设备的选型及安全性验算方法。

1　概述

麻崖子隧道通风竖井位于甘肃武罐高速公路第十一合同段麻崖子特长隧道 K63 + 000 右侧 31m 位置处，该竖井近期作为麻崖子特长隧道出口左右线隧道施工的送、排风道，远期兼作左、右线隧道运营时的送、排风道、烟道。竖井设计净直径 9.2m，井深 216.5m，衬砌结构按新奥法原理设计，采用复合式衬砌结构形式。初期支护以锚杆、钢筋网、格栅及喷射混凝土组成联合支护体系，二次衬砌采用模注（钢筋）混凝土结构。根据本工程的具体情况，采用Ⅳ-G 型型钢井架配 2JK-2.0/20 双卷筒提升机为提升设备，配合两个 $3m^3$ 的吊桶装碴提升出渣。井内设双层稳盘，层间距 3m，其结构为型钢结构，重 7464kg，选用四台 JZ-10/600 型卷扬机悬吊稳盘，用来保护井底掘进工人、机械的安全、拉紧吊桶导向绳和悬挂装渣机，还可作为井筒支护的工作平台。

2　凿井井架选型

根据本工程的特点，选用Ⅳ-G 型型钢井架，由各种加工槽钢、工字钢经高强螺栓组合而成的空间框架结构，具有承载力高（最大荷载 400t，实际不超过 60t，完全满足要求），安装、拆卸方便的特点。安装后井架总高度 24.4m，底部跨度 16m × 16m，天轮平台尺寸为 7m × 7m。

3　提升钢丝绳的选择计算

3.1　安全系数选择的依据

根据《煤矿安全规程》规定，对钢丝绳安全系数的规定如下：提人 ≥9，提人、提物 ≥9，提物 ≥6.5，悬吊吊盘、水泵、水管 ≥6，悬吊风管、压风管、混凝土输送管和拉紧装置 ≥5，悬吊安全梯 ≥9，稳绳 ≥5，计算时均选取最小值。

3.2 提升重量计算

根据工程实际，提升机主要用于人员、物料上下，载重量最大时为用吊桶运输 $3m^3$ 石碴，重约4500kg，吊桶净重 1000kg。

3.3 钢丝绳选择

3.3.1 计算单位绳重

$$p \geqslant \frac{Q_g + Q_{Zg}}{0.11\frac{\sigma_B}{m_a} - H_c} \tag{1}$$

式中：Q_g——一次提升重量（kg）；

Q_{Zg}——容器重量（kg）；

σ_B——钢丝绳抗拉强度（kN/m^2）；

m_a——安全系数，取 6.5；

H_c——绳长，井深 + 井架高，取 250m。

$$p \geqslant \frac{4500 \times 10 + 1000 \times 10}{0.11\frac{170 \times 103}{6.5} - 250} = 20.94\text{N/m}$$

选用 6×19 右捻特号钢丝普通圆股钢丝绳，直径 $d = 26$mm，查表得单位重 $p = 24.41$N/m，破断拉力和 $Q_q = 439500$N，$\sigma_B = 1700$N/mm，钢丝直径 $\delta_{max} = 1.7$mm。

3.3.2 安全系数验算

$$m_a = \frac{Q_q}{Q_g + Q_{Zg} + p_{Hc}} = \frac{439500}{4500 \times 10 + 1000 \times 10 + 24.41 \times 250} = 7.19 > 6.5$$

式中各符号与上式相同。

当提升机提人时，一次最多提 6 人，一人平均按 75kg 算，则

$$m_a = \frac{Q_q}{Q_g + Q_{Zg} + p_{Hc}} = \frac{439500}{450 \times 10 + 1000 \times 10 + 24.41 \times 250} = 21.6 > 9$$

所选钢丝绳合格。

4 提升机选择

4.1 卷桶直径 *D*

$$D \geqslant 70\text{d} = 70 \times 26 = 1820\text{mm}$$

$$D \geqslant 1100\delta = 1100 \times 1.7 = 1870\text{mm}$$

满足较大者，选用 $D = 2000$mm 的 2JK－2.0/20 双卷筒提升机（图 1），由设备说明书查得宽度 $B =$ 1000mm，最大静张力 $F_{j.max} = 60$kN，最大静张力差 $F_{jc} = 40$kN。

4.2 卷筒宽度 *B′* 校核

试验长度选取 30m，偏安全，ε 取 3mm。

$$B' = \left(\frac{H + 30 + (3 + n/)\pi D}{\text{K}\pi Dp} + 3\right)(d + \varepsilon) \tag{2}$$

式中：H——提升高度，取 250m；

D——卷筒直径，$D = 2.0$m；

d——钢丝绳直径，$d = 26$mm；

K——缠绕层数，取 K = 2；

Dp——平均缠绕直径，取 Dp = 2.052；

$n/$——错绳圈数，取 $n/=2$。

$$B'=\left(\frac{280+5\times\pi\times2}{2\times\pi\times2.052}+3\right)(26+3)=787\text{mm}$$

$B'<B$，卷筒宽度符合要求。

4.3 提升能力校核

为确保桶内渣石在提升过程中掉落，渣石不能装得太满，装满系数最大按0.9考虑。

$$F_{j\cdot max'}=0.9Q_g+Q_{Zg}+p_H$$
$$=0.9\times4500\times10+1000\times10+24.41\times250$$
$$=56603\text{N}$$
$$F_{j\cdot max'}=56.6\text{kN}<F_{j\cdot max}=60\text{kN}$$

所选提升机合格

图1 2JK-2.0/20双卷筒提升机

5 天轮选择

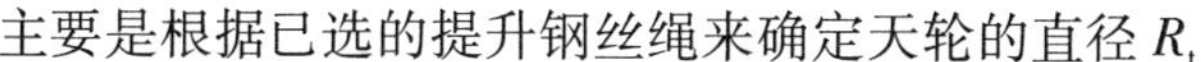

主要是根据已选的提升钢丝绳来确定天轮的直径 R_t

$$R_t\geqslant60\text{d}=60\times26=1560\text{mm}$$
$$R_t\geqslant900\delta=900\times1.7=1530\text{mm}$$

满足较大者，查天轮型号表选用TSG1600/16天轮，$R_t=1600\text{mm}$。

6 提升机与井筒相对位置

6.1 井架高度 H_j

$$H_j=H_r+H_g+0.75R_t$$

H_r：吊桶高度，取 $H_r=2.9\text{m}$

H_g：过卷高度，《煤矿安全规程》规定，$H_g\geqslant6\text{m}$，取 $H_g=6\text{m}$

R_t：天轮直径，$R_t=1.6\text{m}$

$$H_j=2.9+6+0.75\times1.6=10.1\text{m}$$

选用Ⅳ型井架 $H_j=24\text{m}$。

6.2 提升机与井筒提升中心线水平距离Ls假设为30m

6.2.1 计算弦长 L_x

本工程为双筒绞车提升，根据吊桶的布置原则，两天轮中线距离 s 取2m，两卷筒内缘距离 a 为0.1m，卷桶高出地面0.9m，需要计算偏角符合《煤矿安全规程》要求。

$$L_x=\sqrt{(24.1\times24.1+29.2\times29.2)}=37.86\text{m}$$

$L_x<60\text{m}$ 符合要求。

6.2.2 计算下绳弦与水平线夹角 β

卷桶高出地面0.9m，根据三角关系有

$$\beta=\arcsin(H_j-0.9)/L_x=\arcsin23.1/37.86=37.6°$$

$\beta>15°$ 符合要求。

6.2.3 验算绳偏角 α

钢丝绳单层缠满与双层缠满时，绳偏角最大：

$$\alpha_1=\text{arctg}[(2B+a-s)/2L_x]=\text{arctg}(0.05/75.72)=0°02'$$
$$\alpha_1<1°30'$$
$$\alpha_2=\text{arctg}[(\text{s}-\text{a})/2\text{Lx}]=\text{arctg}(1.9/75.72)=1°26'$$

$$\alpha_2 < 1°30'$$

符合要求。

7 稳盘钢丝绳选择验算

移动稳盘自重:7464kg

稳盘上重物(含人员、电焊机、钻机、混凝土喷射机等)按4000kg计,衬砌模板重量7500kg,挖掘机重量16000kg。

钢丝绳重量:选用6×7(1+6)=42钢丝绳,直径30mm,每延米重量为3.224kg/m,每根钢丝绳长度240m,稳盘需四根钢丝绳提升,总重量为3095kg。

选用6×7(1+6)=42钢丝绳,直径30mm,4根钢丝破坏拉力总和为

$$Q_d = 573500 \times 4 = 2294000\text{N}$$

安全系数 $m_a = Q_d/F_{zd} = 2294000/[(7464+4000+3095+7500+16000)\times 10] = 6.14 > 6$

钢丝绳安全系数满足规定。

8 稳车(卷扬机)验算

选用四台JZ-10/600型卷扬机(图2)悬吊稳盘,其核定起重重量为10000kg。

图2 JZ-10/600型卷扬机

起重荷载:7464+4000+3095+7500+16000=38059kg

四台卷扬机核定起重重量10000×4=40000>起重荷载=38059kg

卷扬机满足需求。

9 结语

实践证明,通过以上选型计算方法选定的该套设备,安全可靠,提升能力强。由于采用了双卷筒提升机,配合双吊桶作业,效率高,在本工程施工中不仅达到了快速、高效施工,而且整套设备的安全性能完全满足现场施工需求,确保了施工安全,在同类竖井施工中具有借鉴意义。

参考文献

国家安全生产监督管理总局,国家煤矿安全监察局. 煤矿安全规程[M]. 北京:煤炭工业出版社,2011.

6.浅谈特长隧道不良地质深大竖井施工技术

郑秉忠
（河北北方公路工程建设集团有限公司武罐十一标　陇南　746051）

摘　要：公路隧道竖井，一般较多采用反井法施工，较少采用正井法施工，但在煤矿、矿山竖井上正井法采用较多，竖井直径通常在7.0m内，即使煤矿、矿山上直径一般也不超过8.5m。设计规范要求Ⅳ级围岩和直径大于7m的竖井应作专项设计并采用特殊的支护措施。本竖井处在Ⅳ级围岩地段，直径大于7m，如此的Ⅳ级围岩地质情况下大断面深竖井施工，目前国内暂无类似工程供借鉴参考。本文主要介绍竖井实施过程中为何选择正井法施工，否定设计建议的常用的反井法施工方案，以及正井法掘砌施工工艺及分段段高选择进行分析阐述，以供类似工程参考。

关键词：大直径　竖井　正井法　施工工艺　设备选用及注意事项的探讨

1　工程概况

麻崖子隧道，位于甘肃省武罐高速公路K55+680～K64+680，全长9.0km，通风竖井位于隧道K63+031右侧位置，近期作为隧道出口左右线隧道施工的送、排风道，远期兼作左、右线隧道运营时的送、排风道、烟道。竖井衬砌后净直径9.2m，井深216.5m。竖井井口明挖段长3.0m，采用现浇厚50cm钢筋混凝土衬砌结构。井身段衬砌结构按新奥法原理设计，采用复合式衬砌结构形式。初期支护以锚杆、钢筋网、格栅及喷射混凝土组成联合支护体系，二次衬砌采用模注（钢筋）混凝土结构。

根据设计地勘资料，竖井自0～23m为强风化碳质片岩，节理发育，围岩稳定性差，开挖后易产生坍塌，围岩级别为Ⅴ级围岩，从23m以下为中～微风化薄层碳质片岩，节理较发育，地下水为基岩裂隙水，富水性弱，围岩稳定性一般，侧壁有时失稳，施工时洞壁潮湿或滴水，围岩级别为Ⅳ级。实际开挖后围岩均比设计差，为强～中风化薄层碳质片岩，强度低，遇水易软化膨胀。因竖井的垂直性，一旦出现地下水，自此以下均受水浸害，给水稳定性差、吸水强、易膨胀的碳质片岩井壁造成巨大侧压力，极易造成初期支护失稳变形。

2　施工方案比选

本井设计建议采用一般常用的反井法施工方案。为此在开工前，对反井法施工的可行性进行一番调查研究，发现本井不适宜采用反井法施工，必须采用正井法施工。为了阐述为何采用正井法不采用反井施工，从正、反井法施工方法，以及各自施工安全、成本效益、工期、适用条件方面，包括竖井设计地勘资料及设计参数进行分析说明。

目前常用的有两种：一种是正井法，从井口机械起吊出渣，另一种是反井法，是井底具备出渣通道时，从井底自然坠落出渣。正井法是自上往下掘砌循环交替下去。反井法施工是在竖井中心位置先施工Φ1～2m导孔，然后通过爆破手段由上向下或由下向上反扩至Φ3～3.5m导孔、再由上而下、由内圈向外圈层层扩孔，最后形成开挖设计断面；但它的先决条件是井底具备水平出碴通道。

通过有关文献查阅，正井法施工在煤矿、矿山竖井普遍采用，也是传统做法，其直径大多介于6～8.5m。反井法在公路竖井较多采用，直径多在7m内。为了全面了解它们之间的优缺点，从正、反井法施工安全、成本、效益、工期等方面进行分析比较（表1）。

正井法与反井法比较　　表1

序号	施工方法	正井法	反井法
1	开挖方式	自上而下全断面开挖	自上而下，先井身中心小导孔到底，再扩孔、再扩孔至全断面开挖
2	出渣方式	采用机械方式起吊从井口出碴	井渣依次通过导孔、扩孔自由坠落到井底出渣通道，再装运出去
3	开挖支护分段段高	视地质情况及支护参数情况选择分段段高	自上往下全井段到底
4	衬砌分段段高	视地质情况及支护参数情况选择分段段高	自下而上衬砌到顶
5	成本效益	通过测算，本竖井正井法施工比反井法施工增加施工费用约1000万左右，经济效益差，投入设备费用大	经济效益好，投入设备费用少
6	施工工期	19个月	11个月
7	安全	工艺工序复杂，施工过程中全部上下采用起吊高空作业，存在储多生产安全隐患，当选用合理段高分段施工，能根本上确保井壁的安全稳定	洞渣全部通过自然坠落出渣，减少起吊出渣安全隐患，但当围岩有异常变化，突然变差，支护不当，会危及井壁安全稳定
8	适用地质条件	任何地质，但当地质条件好的情况下，除通过竖井为隧道增辟工作面外，公路竖井较少采用正井法施工	适用于围岩级别好的，井壁基本上能自稳，或通过适当支护后自稳能力较强的地段，不适用于不良地质或地质较差地段

从上表比较来看，当地质条件和使用要求相同时，正井法施工从井口出渣，工作量大，工艺工序复杂，效率相对低下，设备投入费用大，安全生产隐患多；反井法施工，从井底通道自然坠落出渣，便捷、经济、安全，特别当竖井直径大于7m，断面大，反井法施工的安全、经济效率工期短优点更为突出。当地质条件不同和使用要求（如利用竖井增辟工作面）不同时，二者没有实质性的可比性。只有地质围岩好，满足反井法施工中导孔、扩孔、全断面全井段开挖后全井壁安全稳定时采用，即反井法施工只适用于竖井围岩级别较好的地段。正井法可适用于任何地质，但当地质较好时，而没有特别使用要求时，从成本效益、安全考虑，一般不宜采用正井法施工。当围岩地质不良情况下（在Ⅳ级以下），考虑到井壁最基本的安全条件（紧跟开挖及时永久支护），必须采用正井法施工。

通过本竖井设计地勘资料详细核查，发现竖井缺乏直接的井位或临近井位的地勘资料，设计图上竖井地质柱状图是Ⅳ、Ⅴ级围岩。核对分析后竖井围岩地质在Ⅳ级以下，属较差，且无直接的井位地勘资料，意味着地质情况并不完全了解掌握。在竖井动工前，通过隧道出口现场同样为Ⅳ级围岩地段开挖揭露的地质情况观察分析判断，这种定为Ⅳ级围岩的碳质片岩，强度低，极易遇水软化、膨胀。在无主动防护措施下，井壁侧压力会随着井深不断加大，稳定性随之减弱，直至坍塌。说明这种Ⅳ级围岩地质无法满足反井法施工中导孔、扩孔，以及全断面开挖后全井段井壁的安全稳定。经研究分析，认为竖井为Ⅳ级不良地质围岩，级别低，且无直接地质资料，同时直径大于7m，根据设计规范要求，本井应做专项设计和特殊支护，而设计意图恰似相反。为了施工安全，决定放弃原设计建议方案——反井法施工方法。选择设备投入大，生产安全隐患多，效率低下的，不很经济的保守施工方法——正井法施工。

实践证明，选择的正井法施工是正确的。在本井正井法施工过程中，也曾发生过二次因井壁支护参数不足，导致井壁变形开裂侵限。第一次是为了减少二次衬砌接茬数和接茬处平顺，采用长段分段掘砌单行作业，计划段高为50m左右。当井口段（锁口盘及Ⅴ级围岩段合计36.5m）掘砌施工完毕，安装井架设备后，继续开挖至90m时，围岩受水侵害膨胀，初期支护短时间内出现严重变形侵限。后立即采取回填洞碴至已完二次衬砌位置，增加支护参数重新开挖换拱支护。通过这次失败，总结经验教训。自此以后，全部采用短段掘砌单行施工，即视地质情况，采用一掘一砌、二掘一砌或三掘一砌施工，确保了井壁根本安全，施工到底。第二次是施工到底且永久衬砌支护后，进入下道中隔墙施工时，发现自井底以上54m由圆形过渡至矩形的变截面段发生开裂变形，圆形截面未发现变形开裂。经分析，也是由于在不良地质情况下,井壁侧压力大,圆形过渡至矩形的变截面受力比圆形截面差,永久支护参数不够,引起的变形。在不良地质情况下,采用正井法施工,居然因支护参数不够,发生二次井壁变形开裂,更谈不上反井法在这种地质情况下施工。

总之,在不良地质或不明的情况下,首选正井法施工,再视揭露的实际地质情况,选择合理段高,分段及时永久支护到位,确保施工安全。

3 正井法施工方法

3.1 正井法施工工艺流程(图1)

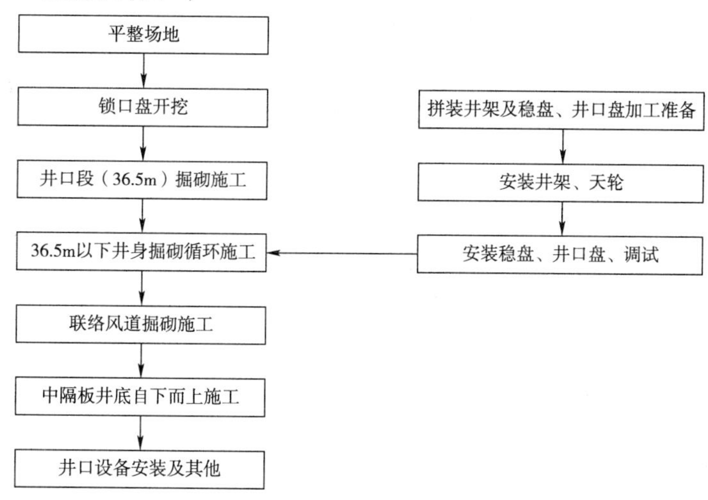

图1 竖井施工总体工艺框图

3.2 施工工艺

3.2.1 锁口盘施工

锁口盘0~3.0m段采用挖掘机配合自卸汽车开挖,立钢模浇筑钢筋混凝土锁口圈。

3.2.2 井口段施工

井口段3.0~36.5mⅤ级围岩段采用全断面自上而下普通钻爆法短尺掘进,并及时跟进支护和衬砌。挖掘机装渣,移动龙门架提升卷扬机将吊桶提升出井口,通过纵向移动将石碴运至自卸车上卸落,运至弃渣场。

3.2.3 井架、井盖板、稳盘安装

当井口段Ⅴ级围岩段(深36.5m)开挖、衬砌施工完成后,在井口设置井盖板(封口盘),搭设井架,搭设卸渣台,安装提升机及凿井稳车,井内安装双层活动稳盘作为操作平台及导向绳罐道。竖井井筒设计直径比通常的大(最大开挖直径达10.4m),施工时所需设备多,大部分设备须利用井架或井壁悬挂,出渣、进料竖直运输,开挖、支护、衬砌单工序作业,施工干扰大、施工条件差、安全要求严等特点。以及井深要求综合选取Ⅳ-G型型钢井架配2JK-2.0/20双卷筒提升机为提升设备。

3.2.4 竖井掘砌施工

(1)开挖

采用普通钻爆法全断面自上而下短尺掘进。竖井井身段开挖Ⅴ级围岩采用挖掘机挖装,个别较硬处采用风镐挖松或手持凿岩机钻孔小药量炸松后挖掘机挖装;Ⅳ级围岩采用手持凿岩机打眼,非电毫秒雷管簇联,火雷管起爆,周边眼采取小药卷间隔装药,以达到光面爆破的效果。

(2)出渣

采用PC150挖掘机配合两个$3m^3$的吊桶装碴提升,提升卷扬机提升吊桶沿导向绳罐道将石碴运至井口上方设置的卸渣平台与溜渣槽,将渣自动卸到自卸汽车上,运至弃渣场。

(3)初期支护

初期支护紧跟开挖工作面及时施作，以减少围岩暴露时间，抑制围岩变位，防止围岩在短期内松弛剥落。初期支护所用物料及人员通过吊桶升降运输来完成，喷射机由井口稳车下放至工作面，结束施工后再提升备用。

(4)竖井衬砌施工

二衬采用整体式钢模板衬砌台车施工。安装双层移动操作稳盘，以稳盘为操作平台从下至上进行分段二衬施工，操作稳盘可使上下层同时施工的工人互不影响，同时有效防止上层坠落物对下层操作工人造成危害。二衬视开挖围岩地质情况，选择合理段高进行分段施工，因为本竖井以碳质片岩为主，极易受地下水浸害软化膨胀变形，前期选用的长段掘砌单行施工遭创失败，后期全部采用短段掘砌单行施工，确保成功安全施工到底。

4 正井法竖井井架、提升、悬吊设备选型

竖井开凿时，为了满足掘井提升、翻卸渣石、砌筑井壁和悬吊井内各种施工设施的需要，必须设置一系列结构物，主要有井架、提升绞车、悬吊绞车、天轮平台及天轮、卸渣台、井盖、运输轨道等设施。井架高度选择、提升绞车选型、悬吊绞车的选择在竖井施工中认真考虑和注意问题。

4.1 凿井井架部分

凿井井架作为提升渣石、下放物料、升降人员及吊挂各种凿井设备的支撑架。主要考虑井身直径、卸渣台高度、提升过卷高度、提升系统中吊桶、钩头、连接装置、滑架所占的空间高度选用井架高度，和井架天轮平台尺寸。根据本井的特点、煤炭部定型产品型号适用范围，选用Ⅳ－G型型钢井架，由各种加工槽钢、工字钢经高强螺栓组合而成的空间框架结构，具有承载力高(最大荷载400t)，安装、拆卸方便的特点。井架基础采用钢筋混凝土扩大基础独立结构，保证基础牢靠，确保使用过程中不会产生沉降现象。

4.2 提升机部分

提升机作为提升渣石，升降人员、物料的垂直运输设备，主要考虑井深和吊桶容量，所需的钢丝绳长度和型号，再根据提升能力、容绳量选用绞车，且一定严格按安全规范要求，绞车卷筒上缠绕的钢丝绳层数不得超过规范要求，这里按缠绕二层设计。综合考虑后本井选用由洛阳矿山机械厂生产的2JK－2.0/20双卷筒提升机，其最大静张力为60kN，最大静张力差为40kN，提升速度3～6m/s。

提升机的主要部件主轴承、卷筒、减速箱、电动机等体积和重量都比较大，安装精度要求比较高，先行安装，然后再安装其他部件：电控系统、液压系统、制动器、深度指示器、操纵台等。安装过程中认真检查钢丝绳、制动器的质量和连接的牢固程度；安装后对提升机进行调整试车直至符合要求。

4.3 悬吊绞车

悬吊绞车又称稳车，是提升速度缓慢、平稳的一种卷扬机。本工程共设置了4台10t的JZ10/600，用以悬挂吊盘、模板、装渣机及各种施工设备；设置了2台5t的卷扬机，用以悬吊压风管、吊泵；设置了4台3t卷扬机用以拉紧导向绳。

稳车安装时，对称布置在井架的两侧，使井架受力平衡。经过探索，借鉴其他单位的成功经验，采用多台稳车同步集中控制技术，使四台吊盘稳车能够同步起落，并修建一个稳车棚便于起落时统一指挥。安装后经过调试运行，能够达到吊盘平稳的起落。

4.4 吊桶

吊桶用于出渣、排水、升降人员和物料的主要容器。本工程采用容量$3m^3$坐钩式圆形吊桶，吊桶通过钩头与提升钢丝连接，上方装有保护伞及滑架，沿吊桶两侧导向绳上下升降，确保吊桶在升降过程中不出现晃动现象。

4.5 自动卸渣装置

吊桶提出的渣石通过自动卸渣装置卸入运渣车上运往弃渣场，本工程采用的是座钩式自动卸渣装

置,安装在井架第二层平台上。

这种装置主要是在活动溜渣槽上架设一个带钩子的偏心托梁,吊桶偏心倾覆时,钩子钩住吊桶底空穴,使吊桶实现自动卸渣,使得卸渣工作既快速又可靠省力。

4.6 吊盘

吊盘是竖井施工中井内重要的结构物。吊盘可在井筒中上下移动,既可用来保护井底掘进工人、机械的安全、拉紧吊桶导向绳和悬挂装渣机,还可作为井筒支护的工作平台。

本工程采用双层吊盘,层间距3m,其结构为型钢结构,由钢圈和钢梁作骨架,上铺防滑钢板,设计直径比井筒直径小200mm,重量7.464t。吊盘在地面组装,检查合格后,平移至井口由四台稳车吊挂,然后放入井内,通过全面检查和调整,进行试提升,达到了吊盘升降平稳。

5 施工注意事项

5.1 设备安装、调试、日检

当所有设备安装完毕,先单机运行,后联动调试,再通过试吊试运行,综合检查各设备机械性能,联动协调性,机动性,各型号钢丝绳连接处是否牢靠安全,所有绞车混凝土基座和连接是否安全牢靠,无变形,并做好相应记录。日后的生产日检就以此为依据,当发现异常时,立即停止,直至查出原因排除故障正常后,恢复施工。

5.2 选择合理的段高分段施工

为了流水平行作业,创造多工作面,提高效率,往往会选择长段施工,但是在不良地质中,围岩变化不确定性,长段施工会大大增加危险,若段高选择小,显然安全,但效率低下。所以应视地质情况,选择合理的段高分段施工,若围岩较差,有水的情况下,尽量选用保守一点。本井地质为碳质片岩,有水。多次出现坍方,受地下水侵害膨胀,初期支护变形侵限,存在严重安全隐患。为了安全,最后选用一掘一砌,段高为3m。

5.3 变形塌方处理

当井口段36.5m段掘砌施工完毕,安装井架后,继续按拟定的长段掘砌单行施工方案施工至90m时,突然在短时间内井壁初期支护发生变形侵限,危及井下作业人员的生命安全。分析原因:自2011年四月中旬开始,气温开始回暖,地表土开始解冻,雨季开始,地表水开始大量渗透,地下水受补给丰富起来,碳质片岩受水浸害后,急速软化膨胀,挤压初期支护变形侵限。经过讨论研究对策,竖井属井下高空作业,采用回填洞渣至已完二次衬砌位置,既简捷方便,又安全、费用低。利用回填的洞渣做作业平台,按增加的支护参数重新逐环开挖换拱支护。

6 结语

在Ⅲ级以上较好地质围岩的竖井施工一般采用反井法,与正井法施工相比,经济、安全;但在地质较差(Ⅳ级以下)的情况下,因反井法是无法保证施工时导孔、扩孔及全断面全井深开挖后井壁稳定和安全,不宜采用,必须采用正井法施工。虽然正井法施工比反井法施工,吊碴难度大,增加设备投入、工艺复杂,生产安全隐患多,成本高,施工工期长。但当围岩地质不良情况下(在Ⅳ级以下),且直径大于7m的深大竖井施工时,必须考虑井壁施工最基本的安全条件,应严格按照设计规范要求,进行必要的专项设计和特殊支护措施,选择合理的支护参数,以确保施工安全。在目前施工条件,一般首选正井法施工;当选择正井法施工,可以通过边开挖边根据不同的地质条件,不断调整支护参数和施工工序等,以确保竖井施工安全;同时衬砌分段段高还要根据实际开挖后的地质情况选择合理的段高进行分段施工。

参考文献

[1] 国家安全生产监督管理总局,国家煤矿安全监察局.煤矿安全规程[M].北京:煤炭工业出版社,2011.

[2] 王毅才.隧道工程(上册)[M].2版.北京:人民交通出版社,2006.

[3] 中华人民共和国行业标准.JTG F60—2009 公路隧道施工技术规范[S].北京:人民交通出版社,2009.

[4] 中华人民共和国行业标准.JTG D70—2004 公路隧道设计规范[S].北京:人民交通出版社,2004.

7. 特长隧道涌水综合反坡排水施工技术

滕丽华
(河北北方公路工程建设集团有限公司武罐十一标　陇南　746051)

摘　要:以武罐高速麻崖子隧道出口段涌水反坡排水为例,简要概述在特长隧道反坡排水中的施工难点和工作要求,并着重从施工组织、设备配备等角度阐述隧道反坡排水施工方案,并结合每一施工阶段分别进行了详细阐述。

关键词:特长隧道　综合排水　施工技术　设备配备

1　工程简述

武罐高速公路麻崖子特长隧道为分离式双洞隧道,起讫桩号为 K56 +680(ZK56 +685) ~ K65 +687(ZK65 +670),其中出口左线 4490m、右线 4507m 为本合同段施工内容,隧道出口左线位于 R = 1150m 的平曲线上,纵坡采用 +1.78% 、-3.8% 的人字坡;隧道出口右线位于 R = 1000m 的平曲线上,纵坡采用 +1.78% 、-3.8% 的人字坡。隧道出口段围岩以Ⅳ级围岩为主,全部采用上下台阶法开挖,上下台阶距离保持在 50m 左右。根据设计图纸对水文地质情况的描述,左线 ZK64 + 127 ~ ZK63 + 219 段、右线 YK64 +060 ~ YK63 +221段为Ⅲ级围岩地段,微风化浅变质灰岩,节理较发育,岩体较完整,该灰岩段主要接受大气降水补给,渗透系数(K)0.10 ~ 0.11m/d,水量 305m^3/d,水量丰富。

2　涌水及水量监测情况

麻崖子隧道左线施工至 ZK63 +525 位置时(2011 年 9 月 30 日晚),掌子面出现涌水,水流呈喷射状,有关人员立即组织洞内人员全部撤离,并对洞内涌水情况及水位进行实时监测,10 月 2 日上午,隧道出水已涌至二衬部位(距掌子面 140m),至 10 月 5 日上午,经过几天的水位监测,结合抽排水量,计算实时涌水量,结果表明隧道出现最大涌水量约为 60m^3/h,主要集中在开始两天,之后涌水量出现回落,水量基本保持在 20 ~ 30m^3/h 之间。

麻崖子隧道右线施工至 YK63 +540 位置时(2011 年 11 月 14 日上午),掌子面同样出现涌水的情况,经过几天的水位监测,涌水量与左线基本一致。

技术人员在对洞内水位进行监测的同时也对地表水流进行了详细调查,在山顶位置发现位于左右线之间有一股水流,流速约为 1.5m/s,其源头为一片湿地,植被茂密,通过走访及实际勘察判定这股水流为季节性流水,排除了存在融洞水及水库的可能。

3　总体方案

3.1　应急排水方案

麻崖子隧道出口段此前已施工的段落围岩均以薄层状碳质片岩为主,干燥无水,掌子面积水仅仅是由施工用水汇集而成,采用 2.5kW 抽水泵并配合水车排出洞外。当涌水情况出现后,根据监测确定的涌水量,选用两台 WQS 型污水潜水泵,该水泵抽水流量为 50m^3/h,扬程 35m,利用隧道原有的进水管直接将水排出洞外,水泵放在水位较深的位置,并随着水面的逐渐回落而移动,直至掌子面达到可以施工的条件。

3.2 前期施工阶段排水方案

掌子面积水已基本排除干净，具备施工条件，在上台阶一侧开挖一个宽2m长4m深1m的集水坑，将上台阶积水汇集到集水坑当中，该集水坑与掌子面距离不宜超过30m，当超过30m时应重新设置，由于反坡开挖的原因，掌子面附近会有少量积水，使用5.5kW污水泵将积水抽到集水坑当中，集水坑位置安装一台流量为50m³/h的潜水泵。在下台阶二衬已施工完成的地段安置一储水罐，该水罐储水容量为45m³，罐内用钢板分隔成两个仓。安装一台D型多级离心泵，该离心泵抽水流量为85m³/h，扬程135m。集水坑内的水被抽到储水罐的一个仓内经过沉淀后流入另一个仓，使用离心泵接隧道原有的进水管直接将水排出洞外。

隧道原有的进水管被用作排水，无法由洞外提供施工用水，因此施工用水必须依靠洞内解决。下台阶水箱内的水经过沉淀后基本能达到使用要求，将离心泵排水管接通至掌子面附近，由离心泵提供动力，一边向洞外排水，一边向掌子面提供施工用水。施工用水压力要求不小于0.2MPa，离心泵设计扬程达到135m，产生的压力可达到1.3MPa，完全满足需要。具体布置见图1所示。

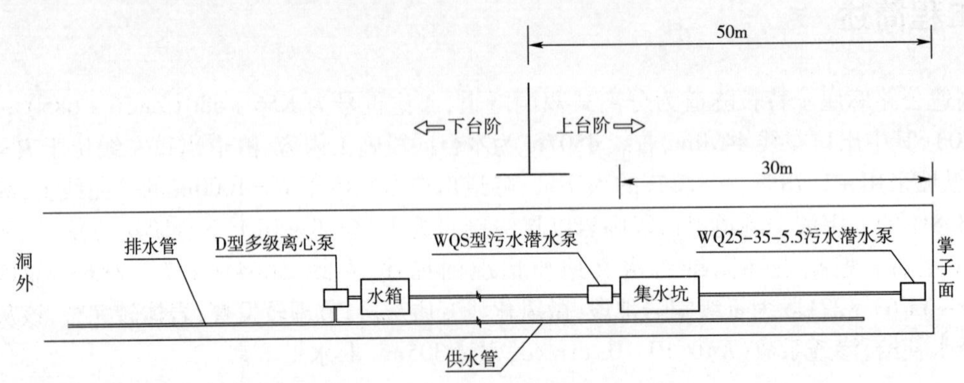

图1 前期施工阶段排水布置图

3.3 后期施工阶段排水方案

在隧道前期施工过程中，施工用水依靠离心泵提供，水箱内的积水经过沉淀后仍然存在少量泥沙，钻机经常被泥沙堵塞，影响正常施工，需要对排水线路进行进一步改造。

2011年11月4日上午，麻崖子隧道右洞施工至YK63+540位置时掌子面同样出现涌水的情况，采取与左洞相同的措施进行应急排水，之后对左右洞排水线路进行优化改造。在合理利用原有管路设备的基础上，制定如下排水方案。

将6号人行横洞(ZK63+699、YK63+687)打通连接隧道左右洞，以左洞原有供水、供风管为主供应管，在6号人行横洞位置使用三通连接阀门分别接至左右洞，提供施工用水及高压风。左右洞上台阶集水坑内的积水及下台阶开挖面的积水通过潜水泵抽排至右洞水箱内，使用离心泵接右洞原有的进水管直接将水排出洞外。左洞原先安装的离心泵及水箱做应急时使用。具体布置见图2所示。

3.4 穿过渗水地段后排水方案

当麻崖子隧道左洞施工至ZK63+350、右洞施工至YK63+320位置时，掌子面围岩出现变化，围岩干燥无水，以薄层状碳质片岩为主，结合设计图纸判定该位置已穿过水量丰富的Ⅲ级围岩地段，进入无水的Ⅳ级围岩地段。此时渗水地段的出水量仍然保持在20m³/h，渗水经二衬防水板后的半圆水管汇集后进入拱脚两侧的纵向排水管，通过横向引水管流入仰拱中心排水沟内，由于反坡施工的原因，积水将一直流入到下台阶开挖面附近，Ⅳ级围岩岩体较破碎，单轴抗压强度低，遇水迅速软化，若被积水长时间浸泡，将会造成极大的质量隐患，为此制定以下方案。

当下台阶穿过渗水地段后，立即施工仰拱混凝土以封闭下台阶围岩不受渗水浸泡，浇筑单侧仰拱回填，另一侧靠中间位置预留宽3m长8m的空间作集水坑，上面架设栈桥以方便通行，仰拱中心排水沟在集水坑位置被断开，将靠开挖面一侧的排水管管口堵塞，以防止积水流入开挖面继续浸泡围岩。积水由中心排水沟流至集水坑内通过潜水泵抽排至右洞水箱内，再利用离心泵将水抽排出洞外。

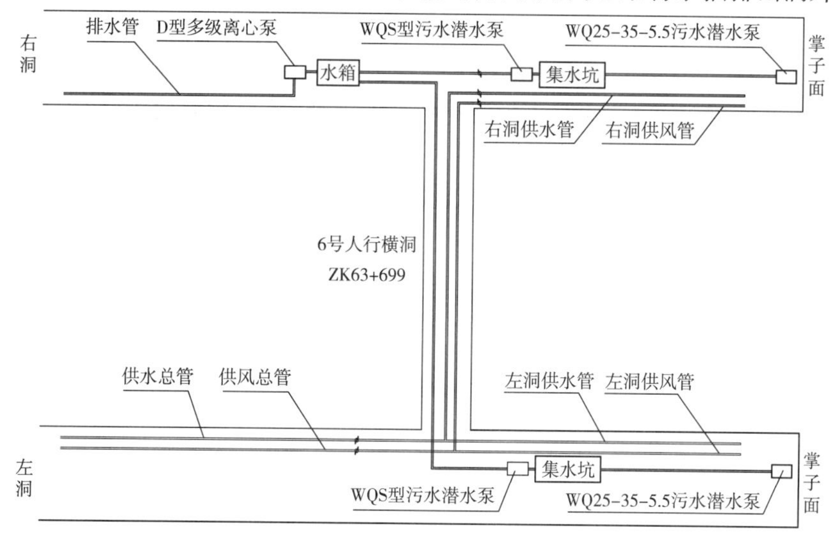

图2 后期施工阶段排水布置图

围岩渗水由设计的引水管道进入集水坑，未受到其他扰动，水质干净、无泥沙，使用一台5.5kW潜水泵与进水管连接直接抽水用于施工，也可将排水管连接至洞顶的高压水池内，由高压水池供水。当隧道全线贯通以后，将管口堵塞物凿开，重新施工该段中心排水管，积水将沿设计通道至进口段排出洞外。

3.5 洞外沉淀池设置

在前期施工排水阶段，洞内渗水主要集中在上台阶，渗水汇集到集水坑后较为浑浊，泥沙含量大，在水箱内虽然经过一道沉淀过滤的工序，但仍然含有一定的泥沙，排出洞外后若直接流入河道将会造成环境危害，为防止河道污染，沿洞外排水通道设置三个沉淀池，每个沉淀池宽3m长5m深2m，底部用片石铺砌，污水经过三道沉淀过滤后已基本干净，可以排入河道。

3.6 排水管管径验算

根据对隧道内涌水情况的分析，依据应急排水时最大排水量$100m^3/h$对管径进行验算。

直径的选取d。

$$d = \sqrt{4Q/(\prod V_P)}$$

其中Q为水管流量(m^3/s)，V_P为管道流速(m/s)，管内流速按2.5m/s考虑。

根据上述公式计算$d=0.12m$，隧道原有进水管管径为0.15m满足要求。

4 人员组织与管理

4.1 人员安排

在排水施工阶段，由左右洞队长全面负责排水的组织安排，每个洞安排1名设备检修人员及两个排水工班，每个工班由2名工人，分别负责掌子面及离心泵站排水。

4.2 运行和检修

(1)上下台阶集水坑内的水泵进水口应包裹铁丝网，同时把水泵放在竹筐内，防止污泥及杂物进入而发生堵塞。

(2)当水位下降超过底座，水泵间歇出水时，应立即停机进行检查；运行一定时间后，须进行维护保养，及时进行保养和维修是确保设备正常运转的必要措施。

(3)施工人员及时对集水坑及水箱内的污泥杂物等进行清理。

5 结语

实践证明,我们在各个施工阶段所选择的排水方案,都能及时有效地排除围岩积水,达到了节约、及时、实用的目的,尤其是在穿过渗水地段以后,及时将水流阻断,防止围岩浸泡软化,既改善了施工环境,又保证了仰拱的施工质量,取得了良好的效果。

8. 浅析不同地形、地质条件下隧道进洞方案选择

江海浪
(中交二公局第三工程有限公司武罐十三标　陇南　746051)

摘　要: 山区高速隧道工程中一直存在"进洞难、出洞难"的说法,本文以武罐高速13标连拱隧道一座、分离式隧道两座的进洞方案为例,结合工程施工情况,浅析了在不同地形、地质条件下正确选择进洞方案的力学机理及重要性,最后进行了经验总结,以期指导实践。

关键词: 不同地形　地质　连拱隧道先行洞口　分离式隧道边仰坡

在隧道设计选线已确定的情况下,针对施工单位而言,隧道进洞方案的选择主要参考两个大的方面:(1)根据连拱隧道的围岩结构产状及覆盖山体地形,在中隔墙施作后选择哪一个主洞作为先行洞口;(2)根据分离式隧道的边仰坡稳定性评估,在进洞前采取必要的处置方案对边仰坡进行加固。从而制定科学的、安全可靠的进洞方案或及时向业主、设计单位提出变更申请,这对工程安全、质量的保证、施工单位的生产效益起着至关紧要的作用。

武罐高速13标承建的四座隧道,其中孟家磨隧道为不对称偏压连拱隧道、韩家磨2号隧道为与山体正交进洞分离式隧道、韩家磨3号隧道为傍山偏压浅埋、陡峭高边坡分离式隧道,均具有很强的山区隧道不同地形、地质代表性,下面我们就以这三座隧道的成功进洞方案为例,阐述选择进洞方案的原因,浅析力学机理,以此总结经验,达到推广在连拱隧道上举一反三分析其他情况下的先行洞口选择、在分离式隧道上高边坡稳定性评估的工作思路及推荐边仰坡加固处置方案的目的。

1　偏压连拱隧道(孟家磨隧道)

1.1　情况概述

该隧道为不对称连拱隧道,左洞三车道跨径为15.5m,右线两车道跨径为11.5m,全长135m,因生产场地布设、电力等原因,施工选着由出口向进口单向进洞,出口山体偏压明显,三车道洞位于深埋侧,两车道洞位于浅埋侧,经中导洞开挖后得知:山体围岩产状呈与坡面平行板状灰岩构造(图1)。

1.2　先行洞口

中隔墙施工完毕后,根据规范要求左右洞掌子面距离在30~50m左右,鉴于孟家磨隧道较短,为避免相互扰动,计划选择一个主洞贯通后,在开挖另一主洞,所以面临选择先掘进三车道洞还是两车道洞的选择,即先行洞口的确定。

1.3　根据地形、地质判断两车道洞为先行洞口

1.3.1　机理分析一

山体边坡岩体沿板状滑移面在重力作用下,沿板岩的分层结构面会存在剪应力,山体未受扰动时,岩层间的结摩擦力或岩体间的胶结力大于滑动趋势的剪应力,所以山体保持稳定(图1)。

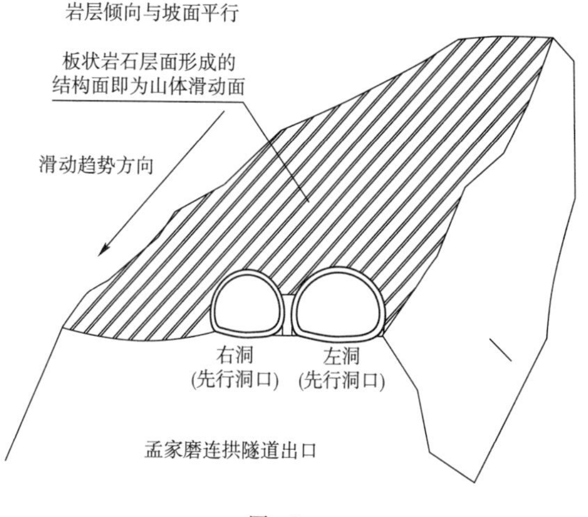

图　1

1.3.2 机理分析二

隧道开挖会形成凌空面，边坡岩土体沿局部滑移面向临空方向缓慢滑移和变形称为蠕滑。蠕滑发生的部位在均质岩土体中一般受最大剪应力迹线控制，受坡脚稳固性控制，所以先行洞口两车道进洞时只要采用弱爆破、短进尺，强支护，便可形成一道稳固的板岩坡脚基础，遏制岩体的蠕滑趋势。

1.3.3 机理分析三

先行洞贯通并衬砌施作完毕后，对后进洞的三车道隧道来说，相当于分离式隧道加固了偏压侧的岩体，遏制了滑动面的滑动趋势，便能顺利安全的进洞。

1.3.4 机理分析四

若采用三车道洞为现行洞口，其本身开挖中能够通过工艺控制顺利开挖，但随即在施工两车道洞时，由于工程爆破的影响，两车道外侧的浅埋侧由于不稳固，容易失稳诱发新的瞬间凌空面的形成，围岩在重力作用下所发生的向临空方向同步弯曲的现象称为弯折倾倒。弯折倾倒的机制，相当于悬臂梁在弯矩作用下所发生的弯曲，弯折倾倒发展下去，可形成崩塌和滑坡，从而增大两车道隧道的进洞难度，甚至还有可能发生在滑动过程中的冲击荷载破坏已完成施工的三车道洞的衬砌结构。

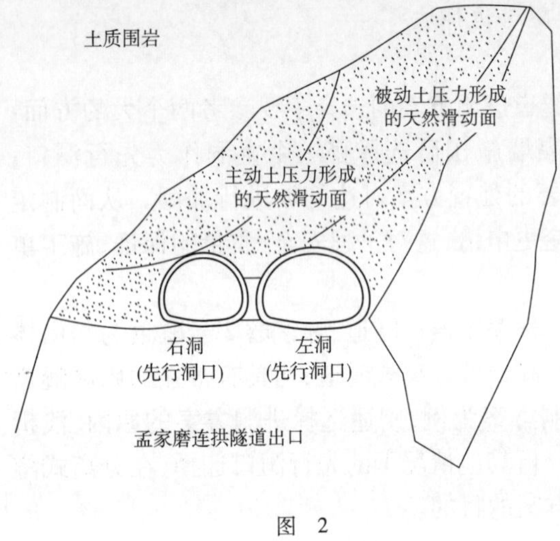

图 2

1.4 推广分析

若孟家磨隧道山体围岩为土质或松散坡积体，则应该选择被动土压力侧，即三车道洞为先行洞口，因为若先开挖主动土压力侧（两车道洞），山体的弧形滑动带极易产生轻微滑动，从而诱发三车道侧被动土压力的释放，诱发出新的潜在滑动面，即使在主动土压力侧洞口开挖时潜在滑动面并未滑动，但已经有了滑动趋势，再回头开挖被动土压力侧时，这个潜在滑动面极易受扰动后形成滑动引起塌方等病害（图 2）。

2 与山体正交进洞分离式隧道（韩家磨 2 号隧道）

韩家磨 2 号隧道右线进洞口仰坡较高，洞顶为土加石松散覆盖层，成契型，最大厚度约 5m，此覆盖层一直延伸至山顶，如果不加固进洞势必会导致坡积体下滑，对环境造成较大破坏（图 3）。所以在进洞前，项目部积极与业主、设计研讨，制定了具体进洞方案如下。

(1) 提前 5m 进洞，即避免继续刷破至明暗交界桩号后，山体松散覆盖层形成倒坡，基础失稳，产生滑塌。

(2) 增大正交坡面坡积体的基础稳固能力，即在原设计管棚基础上方，在施作一层管棚混凝土护拱（图 4）。

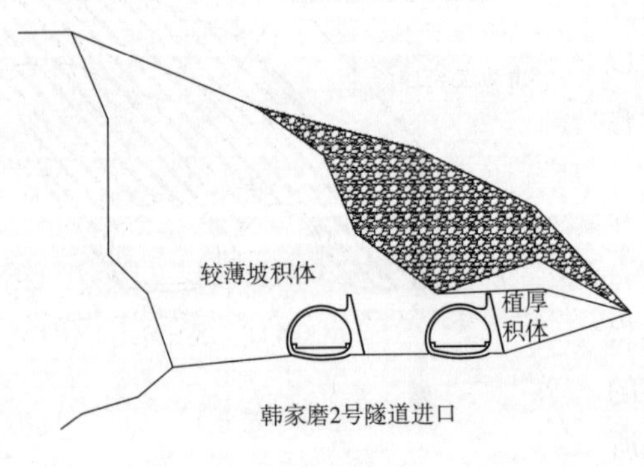

图 3

图 4

(3) 对上方坡积体进行锚喷支护，加大洞顶截水沟断面。

通过上述方案的落实，该隧道目前实现顺利进洞，仰坡处于稳定状态。

3 傍山浅埋陡峭高边坡进洞分离式隧道(韩家磨3号隧道)

韩家磨3号隧道出口洞口段，覆盖山体地势左低右高，为陡坡地貌，覆盖层为漂石土，左洞洞口段覆盖厚度最小处只有1.5m左右，在按设计进洞在后，施工过程中山顶裂缝、初支开裂、套拱外扩开裂、仰拱开裂、地表塌陷等病害频发(图5)。

3.1 病害机理分析

3.1.1 山体地表裂缝

此病害是是由于边坡岩体结构面的存在以及开挖等施工因素的影响，破坏了原有的平衡，使得岩体沿着软弱结构面产生平面滑动破坏，产生的剪应力和张拉应力造成山顶地表开裂(图6)。

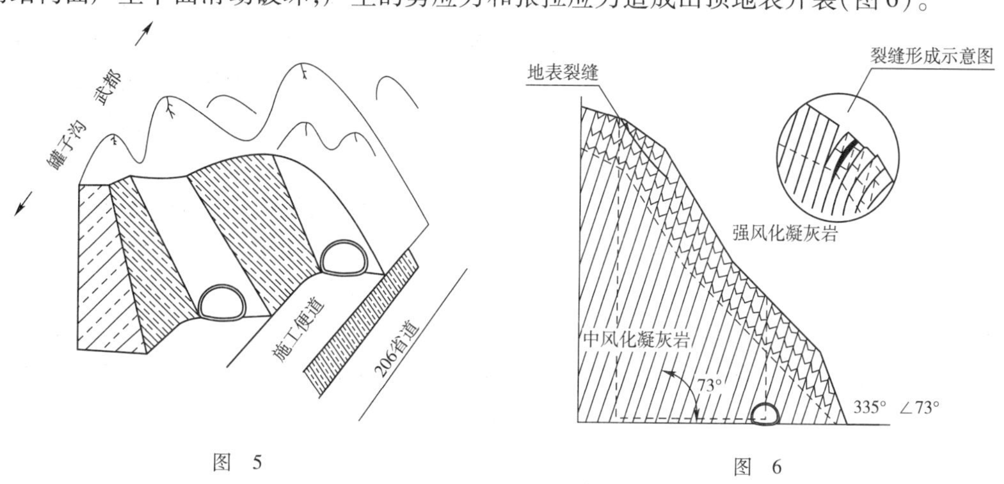

图 5　　　　图 6

3.1.2 地表塌陷

此是由于隧道的开挖，使得原有平衡被破坏，极有可能使边坡的关键块被挖除，使得上部岩块缺少必要的支撑，再加上围岩较松散，黏聚力较小，不能形成平衡拱以达到自平衡，因此，将发生洞口段塌陷破坏，直至冒顶。

3.1.3 套拱外扩、洞内支护开裂

由于开挖凌空面的形成，山体原有平衡被破坏，使得偏压现象越来越严重，围岩受到由上到下低的剪切作用，和埋深大侧到浅侧从内到外的推移作用，由于偏压和应力集中，此时隧道洞口的永久支护结构已经被挤压出来，发生隧道洞口结构形式的破坏(图7)。

3.2 处置方案选择

项目部通过组织分析病害机理、聘请专家调研等方式，并积极与业主、设计研讨，制定了主要采取锚锁框架结合锚抗滑桩防护方式对此山体及开挖边坡进行加固。其具体方案如下(图8)。

图 7

(1)根据推测破裂面厚度确定锚索长度，分为30m和25m两种，并保证入岩深度达到10m以上，达到固结和锚固山体的目的。

(2)左洞下边坡采取抗滑桩遏制山体滑动趋势。

(3)由于傍山隧道偏压严重，且开挖凌空后，围岩应力集中且施放应力速度较快，将原设计原设计Ⅳ支护中超前锚杆改为超强注浆小导管以固结围岩预防开挖塌方、将原设计Ⅳ支护中格栅拱架改为20工字钢，以增加支护刚度达到抵抗脆性破坏和冲击荷载的

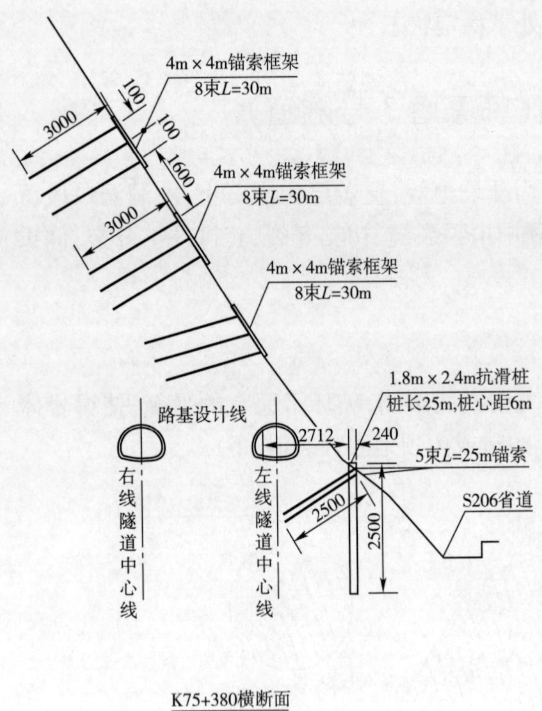

图 8

目的。

4 经验总结

4.1 进洞前的工作思路

通过武罐13标3座隧道的进洞方案的选择和机理分析,总结出了隧道施工进洞前的工作思路即:工前地形、地质勘察→边坡岩质产状及稳定性评估→选择先行洞/研讨边坡加固方案→变更申请→组织施工。

4.2 连拱隧道先行洞口选择的重要性

连拱隧道山体围岩为倾斜产状时,要以先难后易的思想,选择倾斜围岩的坡脚侧的洞口作为先行洞,达到稳固山体滑动面基础、抵消和遏制滑动趋势的作用,以此保证后行洞的不受病害影响,避免后行洞自身进洞困难的情况下,还波及已建成的先行洞。

4.3 隧道山体稳定性评估的重要性

隧道工程的成败和进洞方案的选择密切相关,隧道山体边坡的稳定对隧道结构的安全起着至关重要的作用,同时隧道结构和施工技术措施又是边坡稳定与否的决定性因素。而隧道洞口段一般处于受地表水侵蚀严重、风化裂隙发育的斜坡面上,结构上部岩土体难以形成承载拱,洞口仰坡地表坡面容易受拉开裂,其稳定性很难得到保证。所以在边仰坡加固方案的选择(推荐方案图9)上隧道施工时必须认真对待的问题。

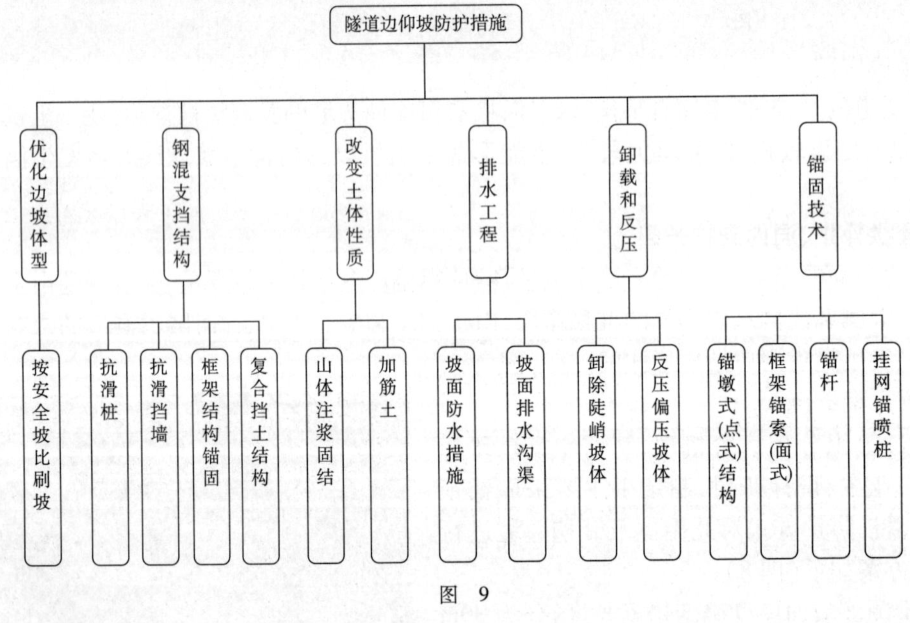

图 9

参 考 文 献

[1] 陈建平. 高切坡岩堆段隧道斜交进洞的设计与施工[C]//中国铁道学会,中国土木工程学会,茅以升科技教育基金委员会,等. 中国交通土建工程学术论文集. 成都:西南交通大学出版社,2006:571-574.

[2] 中华人民共和国行业标准. JTG D70—2004 公路隧道设计规范[S]. 北京:人民交通出版社,2004.

9. 山区高速公路隧道洞口危石处理方案探讨

曹广岭　严　寒

(中交第二航务工程局有限公司武罐十五标　陇南　746052)

摘　要:以武罐高速公路毛坝里隧道为例,对隧道洞顶的危石群稳定性进行了分析,并提出了具体的处理方案。通过实践证明,处理后的危石群安全稳定,处理方案切实可行,达到了预期效果,可为山区高速公路隧道洞口危石的综合治理提供借鉴经验。

关键词:隧道洞口　危石　爆破　被动防护

0　引言

随着经济的快速发展,原有的普通公路已难以承受大量的运输需求,现在山区都已开始大规模的高速公路建设。但是,山区高速公路地质条件复杂,生态环境脆弱,极易产生地质灾害。山区高速公路一般设计有较多隧道,很多为桥隧相连,洞口处为悬崖峭壁。由于常年受雨水冲刷与风化作用,使得裸露在洞口上面的岩石十分松散,形成了大量危石(图1)。这些危石在暴雨、地震等地质灾害或者隧道爆破开挖造成的震动影响下,很容易失稳坍落,对隧道洞口施工及通车后的运行安全产生威胁。因此,必须采取切实有效的方案对这些危石进行处理,彻底消除其安全隐患,确保隧道施工及高速公路的运营安全。

图1　毛坝里隧道洞顶危石

1　工程概况

毛坝里隧道位于洛塘河右岸的毛坝里,遂址区属构造剥蚀中山地貌单元,隧道进口为砂质板岩组成的岩质坡岸,隧道洞口外为猫儿咀大桥,设计为桥隧相连,桥下为S206省道。根据现场勘查,隧道北端右线进口洞顶上约14~17m处存在大量危石,面积约150m^2。该片危石群多处危石悬空嵌挂,山体围岩破碎,裂隙发育明显,岩体裂化严重,大部分岩体已垂直切割,有明显的下滑趋势,裂隙宽度达40cm,形成多个临空面,随时都有坠落可能,存在巨大安全隐患。在汛期期间,该处已经发生过巨石滚落的情况,对S206省道的交通造成了堵塞。武罐高速设计线路从危石群下通过,若不进行有效处理,对隧道洞口施工以及通车后的运营将造成极大的安全隐患。

2　处理方案

经过现场勘查发现,该危石群风化情况十分严重,而且数量和面积都较大。一般情况下,清理危石采用爆破处理,但是此处危石地处位置高且数量较大,而且下面经过206省道,若爆破控制不当的话,会造成危石大面积垮塌,造成206省道的损毁和堵塞。同时,由于山下建有混凝土搅拌站和隧道施工的临时设施,爆破产生的飞石会对这些设施造成损坏,甚至威胁到施工人员的人身安全。因此,从现场条件来看,采取大药量爆破处理危石的方案不可行。

在对现场进行了详细勘查,并会同设计人员反复论证后,最终确定采取以下方案进行危石处理。

(1)采用人工清理山上已松动的小型危石,大型危石采用微型爆破处理。

(2)危石清理干净后,在洞口仰坡山体破碎区铺挂 GPS2 型主动防护网,防止小型碎石掉落。

(3)在洞口上方立一层加强的 RX-075 型被动防护网。

(4)在洞口仰坡坡面平缓处采用现浇 C20 混凝土砌筑 3m 高拦石墙以防大型落石坍落影响施工及运营安全,拦石墙底部设 2m 长 $\varphi22$ 砂浆抗滑锚杆,间距按 100cm×100cm 梅花型布置。

(5)清除坡面松散碎石和浮土,根据现场实际地形地质条件施作管棚套拱,套拱的施作以"维持坡面基岩现状,尽可能减少开挖扰动"为原则。紧贴坡面采用台阶形,右线进口管棚长度按 12m 控制,左线出口管棚套拱为减少左侧边坡的开挖,套拱左侧拱脚可支撑于坡体稳定基岩上;管棚环向间距 40cm,共 35 根。

3 施工要点

3.1 松动危石的清理

我们聘用长期在山区高边坡从事防护施工的作业工人,在采取足够的安全措施后,爬到山上清理松动的小型危石,并派相关人员在作业面附近进行监控,防止山上落石伤人。在清理完小型危石之后,大型危石采用人工钻眼爆破。为防止爆破导致山体大面积垮塌,故在打炮眼过程中,秉着"安全第一"的原则,炮眼布置尽量浅,装药量尽量少,爆破效果只要达到将大型危石炸裂到小型危石的效果即可。爆破过程中,安全人员对现场人员设备进行撤离疏散,保证爆破过程安全无事故。爆破效果比较理想,经过几次爆破同时配合人工清理后,山上的危石基本清理干净。

3.2 主动防护网施工

铺挂 GPS2 型主动防护网,首先进行锚杆钻孔施工,我们采用的锚杆是 $\Phi16$ 双股钢绳锚杆,锚杆长度为 3m,锚杆注浆浆液采用型号 P. O. 42.5 的水泥做成的强度为 M30 的纯水泥浆。然后铺挂格栅网,等到锚杆达到牵拉轻度,进行穿拉支撑绳纵向采用 $\Phi16$,横向 $\Phi12$。等支撑绳穿拉结束后进行钢绳的铺挂和缝合,缝合绳采用 $\varphi8$ 钢丝绳,缝合采用人工缝合,在绳索尾端用锁具加固。

3.3 被动防护网施工

主动防护完成后,为了确保安全,增加一道 RX-075 型加强被动防护网。防护网由钢绳网、格栅网、钢柱、减压环、拉锚绳、基座和锚杆组成。施工过程中首先进行锚杆和基座地位,以为基岩已经裸露在外面,故基座基坑可以进行直接钻孔,之后进行锚杆和基座安装,安装完成后打锚杆试拉强度达到后,安装调试钢柱和拉锚绳,安装支撑绳并调试,铺挂钢绳网及缝合,最后铺挂钢丝网。

4 安全注意事项

(1)在进行危石清理时,首先要确保施工人员的安全,工人必须穿戴安全帽、安全绳、防滑靴等防护用品,防止人员高空坠落。

(2)作业期间,设专人对山脚 206 省道过往车辆、行人进行交通管制,防止意外产生。

(3)危石清理前及时清除危险区内的人员或机械设备,在危险区边界设立警戒哨、警示标志或拉设安全警示带。

(4)项目部建立专门的爆破作业指挥机构,明确爆破人员的职责分工;在爆破危险区边界设立警戒哨和警示标志;严格按时爆破,爆前督促人、畜撤离爆破危险区。

(5)必须重视主动柔性防护的施工质量,确保其长期作用。尤其是对锚杆深度、砂浆强度、锚杆抗拔力等指标的检查,必须符合设计及规范要求。

(6)危石清理由上至下进行,避免在不同高度立体作业,严禁在不同高度同一坡度线进行清理作业。

5 结语

通过以上方案,对毛坝里隧道洞口松动危石成功进行了清理,并对破碎坡面有效进行了加固和防护。从目前情况来看,山体处于稳定状态,在暴雨和隧道爆破施工期间未发生落石现象,说明采取的防治措施是合理有效的。

参 考 文 献

[1] 中华人民共和国铁道行业标准.TB/T 3089—2004 铁路沿线斜坡柔性安全防护网[S].北京:中国铁道出版社,2005.

[2] 中华人民共和国行业标准.JTG F60—2009 公路隧道施工技术规范[S].北京:人民交通出版社,2009.

10. 双洞小净距隧道施工技术初探

王　旭　周惠菲　曹广岭

（中交第二航务工程局有限公司武罐十五标　陇南　746052）

摘　要：随着我国高速公路建设的迅猛发展，尤其是近年来山区高速公路的兴建，小净距隧道应用得越来越广泛。以武罐高速毛坝里隧道为工程实例，通过理论研究和现场测试等手段，初步分析、研究并总结双洞小净距隧道的设计、施工和现场控制的关键技术和对策措施，对山区高速公路小净距隧道的设计及施工发挥一定的借鉴和参考作用。

关键词：双洞小净距　开挖　中间岩柱　加固

0　引言

在地质条件多变、地形复杂的山区修建高速，隧道有时候不得不设计隧道群或者桥隧相连，路线线型布置困难，土地使用量高，工程造价变高。在该种情况下，目前主要采用连拱隧道及小净距隧道等特殊结构型式。小净距隧道施工工艺同普通分离式隧道相比差别较小，较之连拱隧道施工工艺简单，造价低，施工安全性和长期可靠性容易得到保证，是近年来基于环境保护、节省用地、增添景观等设计理念下产生的一种新型隧道设计结构，越来越多地得到应用。

但由于小净距隧道中夹岩柱体的厚度较小，其围岩稳定性和变形特点，支护结构的受力机制具有自身的特征，因而支护结构的设计原则和施工方法将与其他结构型式隧道不同。隧道合理间距的选择、洞口洞身开挖支护方案、中岩柱的加固与监测等是小净距隧道建设的关键技术。

1　工程概况

武罐高速毛坝里隧道左洞全长310m，右洞全长334m，轴线距离21～26m，受地形条件的限制，隧道位于反向平曲线上，平曲线半径分别为右线$R=650$m、右线$R=850$m，左线$R=620$m、左线$R=872$m；罐子沟端150m范围隧道轴线距离较小，该段按小净距隧道设计。洞身最大埋深102.5m。

隧道的围岩级别为Ⅳ级、Ⅴ级。隧道罐子沟端洞口段主要为板岩夹千枚岩，岩体呈顺坡向发育层面裂隙，表面坡积碎石土。洞身段岩体为下古生界碧口群质砂质板岩、千枚岩互层，中薄层状结构，岩性软硬相间，易于风化，岩体中无大的断裂结构发育，仅发育层面裂隙及微小节理，多闭合，完整性差，基本无地下水，仅雨季有雨水微弱下渗。

2　洞口开挖及超前支护

2.1　洞口开挖

隧道洞口按照“早进洞、晚出洞”的原则设计施工，维护好原有的生态地貌，以最大限度地降低洞口侧、仰坡的开挖高度，减少仰坡扰动，以保证原状岩土体的稳定，减小对洞口自然生态环境的破坏。

2.2　管棚施工

洞口段采用单根22m长$\varphi89\times6$mm热轧无缝钢管超前注浆管棚加固围岩，环向间距40cm，每环35根，$\alpha-0°$，钢管每隔15cm梅花形布置打孔，孔眼直径8mm，注浆采用水泥—水玻璃双浆液，水灰比为

1∶1,水玻璃为水泥重量的5%控制。依据设计布点钻孔,用胶泥封堵导向管与长管棚之间空隙后进行双液注浆。注浆设备采用双液浆机,在孔口处设置止浆阀。注浆初压力为0.5MPa,终压力为1.5MPa。从两边向中间注浆,当每孔压力逐步升高到设计终压并继续注浆10min以上,浆液注入量已达到计算值的80%以上,或全段所有注浆孔均已符合单孔结束条件,无漏注情况时,可以结束注浆。当发现出现串孔时,停止本孔注浆,清理下一孔后对下一孔进行注浆,以此类推,到最后一孔注浆时,注浆终压达到1.5MPa以上,并持续注浆达到30min或间歇式注浆大于45min。

3 洞身开挖支护及中岩柱加固方案

3.1 Ⅳ级围岩小净距开挖支护及中岩柱加固

小净距隧道Ⅳ级围岩地段中间岩柱厚度在9m<L<12m,采用短台阶法预留核心土环形开挖的施工方式,台阶总长度8~15m,开挖每循环进尺控制在1.0~1.5m,采用光面控制爆破,严格控制装药量,严禁深孔爆破,减少爆破开挖对围岩及中间岩柱的扰动破坏,以便最大限度的保护洞身岩体的完整性;先行开挖隧道二次衬砌工作面距离后行开挖隧道上半断面开挖面距离宜为25~30m,左、右线掌子面严禁同时爆破开挖,且后行开挖、支护的隧道必须采取欲裂爆破;洞口段施工时采用管棚注浆与超前小导管注浆预支护的超前支护措施,以提高洞口围岩稳定性。

对于毛坝里隧道YK87+600~YK87+725、ZK87+600~ZK87+715段小净距隧道范围,围岩级别为Ⅳ级,中央岩柱厚度为9~12m,对于此段采用XSⅣ型衬砌。即:

(1)超前支护形式为φ42mm×4mm超前注浆小导管,L=4.5m,环向间距40cm,每环35根,α=10°~15°。

(2)先行洞上台阶环形开挖,预留核心土,台阶长度3~5m。Ⅰ——先行洞隧道上台阶拱部初期支护架立100cm间距格栅拱架,施作φ25砂浆系统锚杆L-350cm,间距100cm(纵)×100cm(环),中夹岩柱位置为L-450cm,间距100cm(纵)×100cm(环),φ8钢筋网20cm×20cm,I18格栅钢架纵向间距100cm,C25喷射早强混凝土24cm厚。

(3)先行洞上台阶核心土开挖,台阶长度5~10m。Ⅱ——必要时施作临时仰拱护。

(4)先行洞下台阶开挖。Ⅱ——先行洞下台阶两侧边墙、仰拱初期支护,仰拱衬砌,仰拱填充。

(5)后行洞隧道上台阶环形开挖,预留核心土,台阶长度3~5m。Ⅳ——后行洞隧道上台阶拱部初期支护。

(6)后行洞隧道上台阶核心土开挖,台阶长度5~10m。Ⅴ——必要时施作临时仰拱支护。

(7)后行洞隧道下台阶开挖。Ⅵ——后行洞隧道下台阶两侧边墙、仰拱初期支护,仰拱二次衬砌、仰拱填充。Ⅶ——隧道双洞二次衬砌支护,主筋φ18纵横向间距25cm,双层钢筋网布置,C25衬砌厚度40cm(图1)。

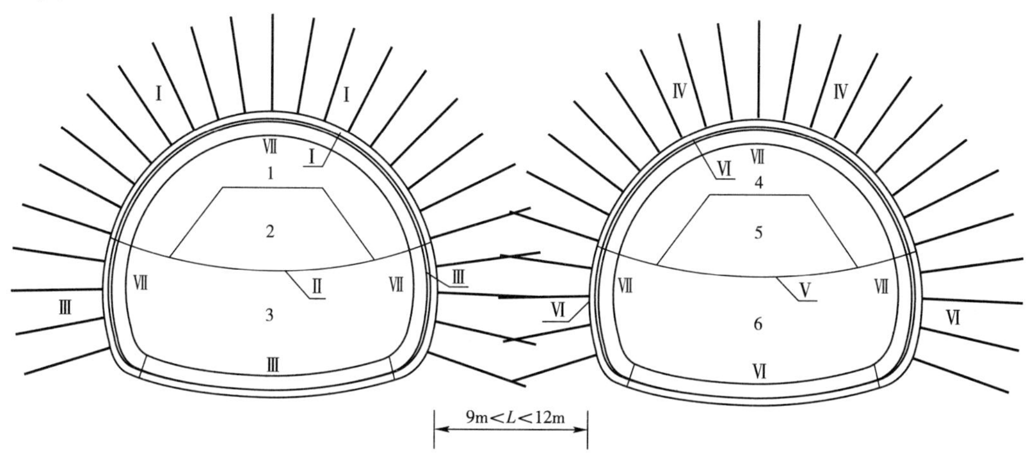

图1 小净距隧道Ⅳ级围岩施工工序立面示意图

3.2 V级围岩小净距开挖支护及中岩柱加固

小净距隧道V级围岩地段中间岩柱厚度在 $6m < L < 12m$，主要分布在隧道的进出口路段，采用短台阶法预留核心土环形开挖的施工方式，台阶总长度8~15m，二次衬砌工作面距离仰拱工作面10~15m，开挖每循环进尺控制在0.5~1.0m，采用光面控制爆破，严格控制装药量，严禁深孔爆破，减少爆破开挖对围岩及中间岩柱的扰动破坏，以便最大限度地保护洞身岩体的完整性；先行开挖隧道二次衬砌工作面距离后行开挖隧道上半断面开挖面距离应大于30m，左、右线掌子面严禁同时爆破开挖，且后行开挖、支护的隧道必须采取欲裂爆破；洞口段施工时采用管棚注浆与超前小导管注浆预支护的超前支护措施，以提高洞口围岩稳定性。

对于毛坝里隧道YK87+725~YK87+744、ZK87+715~ZK87+736段小净距隧道范围，围岩级别为V级，中央岩柱厚度为6~9m，对于此段采用XSVa型衬砌。即：

(1)超前支护形式为 φ42mm×4mm超前小导管，小导管长度 $L=4.5m$，环向间距40cm，每环35根，$\alpha=15°$。

(2)先行洞上台阶环形开挖，预留核心土，台阶长度3~5m。Ⅰ——先行洞隧道上台阶拱部初期支护架立60cm间距20a钢拱架，施作D25中空注浆系统锚杆 $L-400cm$，间距75cm(纵)×75cm(环)，中岩柱采用 φ42mm×4mm超前小导管进行加固，小导管长度 $L=6m$，环向间距40cm，每环35根，$\alpha=15°$。同时，布设长5.0mD25注浆锚杆，间距(纵)75cm×(环)75cm，铺挂 φ8(网格间距200mm×200mm)双层钢筋网。

(3)先行洞上台阶核心土开挖，台阶长度5~10m。Ⅱ——临时仰拱护，10cm厚C25喷射混凝土。

(4)先行洞下台阶左、右侧壁导坑(3-1)交错开挖。Ⅲ-1——先行洞下台阶两侧导坑交错初期支护。先行洞下台阶核心土(3-2)开挖。Ⅲ-2——先行洞隧道仰拱初期支护、仰拱衬砌、仰拱填充。

(5)后行洞隧道上台阶环形开挖，预留核心土，台阶长度3~5m。Ⅳ——后行洞隧道上台阶拱部初期支护。

(6)后行洞隧道上台阶核心土开挖，台阶长度5~10m。Ⅴ——临时仰拱护，10cm厚C25喷射混凝土。

(7)后行洞隧道下台阶左、右侧壁导坑(6-1)交错开挖。Ⅵ——后行洞隧道下台阶两侧导坑交错初期支护。后行洞隧道下台阶核心土开挖。Ⅶ——后行洞隧道仰拱初期支护、仰拱二次衬砌、仰拱填充。Ⅷ——隧道双洞二次衬砌施工，主筋 φ22纵横向间距25cm，双层钢筋网布置，C25衬砌厚度50cm(图2)。

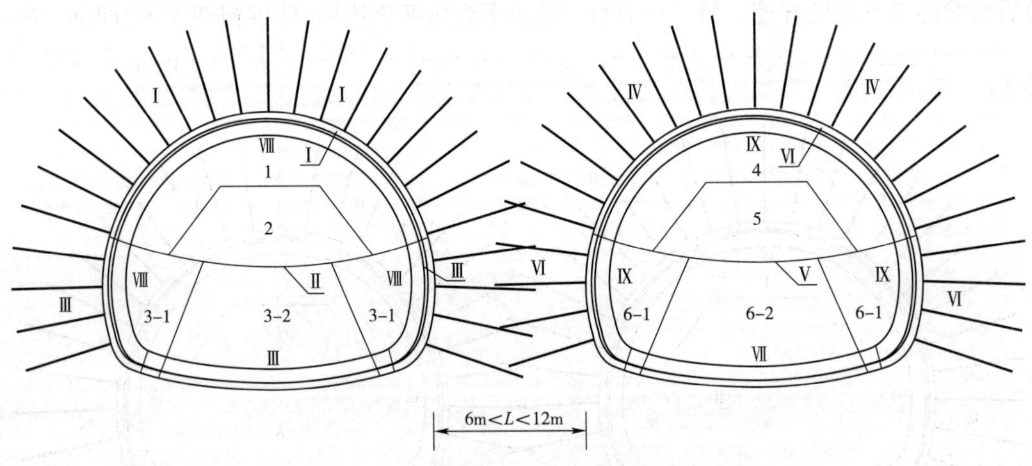

图2 小净距隧道V级围岩施工工序立面示意图

3.3 施工注意事项

(1)左右洞掌子面严禁同时爆破开挖，且后行开挖、支护的隧道必须采取预裂爆破。(预裂爆破定义：进行石方开挖时，在主爆区爆破之前沿设计轮廓线先爆出一条具有一定宽度的贯穿裂缝，以缓冲、反射开挖爆破的振动波,控制其对保留岩体的破坏影响,使其获得较平整的开挖轮廓,此种爆破技术称为预裂爆破。)当地形偏压时,宜先开挖埋深较浅一侧隧道,后开挖埋深较深一侧隧道;当地质条件较差时,应结合现场情况确定开挖、支护顺序。

(2)在上部断面初期支护基本稳定后,才能进行下半断面开挖。

(3)要认真加固拱脚、施作锁脚锚杆,若拱脚处围岩软弱破碎时,需采取必要的注浆加固措施,确保拱脚稳定。

(4)如遇地下水,先喷射混凝土封闭开挖面,然后打孔、插 PVC 管引排。

(5)监控量测工作必须及时,以观察拱顶、拱脚和边墙中部得位移值,二次衬砌的施作需满足下列要求:水平收敛速率小于 0.2mm/d,或拱顶位移速率小于 0.15mm/d;施作二次衬砌前的收敛量已达总收敛量的 80% 以上。

(6)当围岩压力极大,其变形速率增大且难以收敛时,应立即浇筑二次衬砌,或先行构件支顶,并考虑采用其他开挖方法。

(7)在初期支护基本稳定的条件下,清除锚杆及钢筋露头,补喷混凝土使其表面平整圆顺,然后铺设防水板,绑扎钢筋,最后全断面模筑 C25 混凝土,并注意有关预埋件的放置。

4 小净距隧道监控量测

为及时掌握围岩在开挖过程中的动态和支护结构的稳定状态,施工过程中必须进行现场监控量测,提供有关隧道施工的全面系统信息资料,以便及时调整支护参数,确保洞室周边岩体的稳定及支护结构的安全。

小净距隧道Ⅳ、Ⅴ级围岩地段,由于中间岩柱厚度 < 12m,主要分布在隧道的进出口段,因而必测项目为:地质及支护观察、净空位移及拱顶下沉量测、仰拱隆起量测,选测项目:围岩内部位移量测(洞内设点)、锚杆内力量测、钢拱架内力量测、喷射混凝土应力量测、二次衬砌压应力量测。量测方法及布置按照《公路隧道施工技术规范》(JTG 042—94)规定执行。

量测小组每天应及时整理量测数据资料,绘制位移和空间关系曲线:

(1)当位移—时间曲线趋于平稳时,通过数据处理或回归分析,推算最终位移和位移变化规律。

(2)当位移—时间曲线出现反弯点、非工序变化所引起的位移急剧增长时,则表明围岩和支护已出现不稳定状态,此时必须停止开挖,对危险地段加强支护,同时要密切监视围岩动态,采取必要措施保证围岩趋于稳定。

(3)通过量测数据的回归分析,对围岩稳定性和支护效果进行评价,准确掌握隧道围岩稳定性变化规律和支护结构的工作状态,进一步优化支护、衬砌设计参数,指导施工,预测和确定围岩稳定变化趋势,以便及时采取必要措施,确保隧道施工安全和结构稳定。

在监测过程中,若发现净空位移量过大或收敛速度无稳定趋势时,对结构应采取补强措施如,增加喷射混凝土厚度,或加长加密锚杆,或加挂更密更粗的钢筋网,提前施作二次衬砌,要求通过反分析校核二次衬砌厚度,提前施作仰拱。

5 结语

(1)小净距隧道的支护衬砌参数仅比普通分离式双洞隧道的支护衬砌参数略强,但其施工工艺要比连拱隧道简单很多,投资也大大节约,因此具有良好的推广前景。

(2)对小净距隧道,保持中岩柱的稳定是小净距隧道设计、施工最关键的技术,中岩柱的稳定与否决定了小净距隧道的施工成败,必须通过锚杆及注浆等加固形式保证中夹岩柱的围岩稳定性。

(3)小净距隧道爆破开挖必须采用预裂爆破及光面爆破技术,尤其是后行洞的爆破,通过预裂爆破技术可以减少对中夹岩柱的围岩扰动。

(4)小净距隧道随着隧道间净距的减小,隧道周边的围岩受力越来越大,拱顶位移明显增大,围岩稳定性也越来越差。所以对于间净距越小的隧道,洞身开挖的支护衬砌越要加强。

(5)小净距隧道施工应及时准确做好隧道监控量测工作,通过对各种数据的分析来判断初期支护及二次衬砌的结构安全情况,同时对相应支护参数作出合理调整。

参考文献

[1] 中华人民共和国行业标准. JTG D70—2004 公路隧道设计规范[S]. 北京:人民交通出版社,2004.

[2] 中华人民共和国行业标准. JTG F60—2009 公路隧道施工技术规范[S]. 北京:人民交通出版社,2009.

[3] 潘雪峰. 小净距隧道设计与施工浅谈[J]. 山西交通科技,2007(6).

[4] 朱月贵,王松. 浅谈九曲山小净距隧道的施工[J]. 现代交通技术,2008(3).

[5] 王耀明,王飞. 小净距隧道设计与结构分析[J]. 交通标准化,2006(11).

11.防水层施工技术研究与应用

高　雷

（甘肃省交通工程建设监理公司第九驻地办　陇南　746052）

摘　要:随着高速公路的快速发展,西北偏远山区隧道越来越多,隧道的防排水也越来越得到人们的重视。虽然防排水造价占隧道总的造价比例较小,但对隧道今后的使用起着至关重要的影响。本文将结合枫相3号隧道的现场施工,浅谈防水层施工技术的研究与应用。

关键词:防水层　铺设　焊接　技术

1　防水层的重要性

随着现在高速公路的快速发展,西北偏远山区隧道越来越多,隧道的防排水也越来越得到人们的重视。虽然防排水造价占隧道总的造价比例较小,但对隧道今后的使用起着至关重要的影响。如果处理不好,将来有可能出现二衬渗水、中心排水管不通水等现象,返工成本较高,费工费时,且使隧道的使用寿命大大减少。

本文将结合武罐高速枫相3号隧道,浅谈防水层施工技术的研究与应用。

2　防水层方案比较及施工工艺

2.1　防水层方案比较

在复合式衬砌中,设置防水层是当今国内公路隧道防水技术的核心。防水材料包括防水板和缓冲垫层。通过对国产防水板性能、价格等指标的综合考虑,枫相3号隧道选用了力学性能、耐温度特性及工程特性均好的乙烯—醋酸乙烯共聚物(EVA)防水卷材。尺寸为0.8×2400mm,400g/m^2的土工布。

根据防水板固定方法不同,可分为有钉铺设和无钉铺设;根据防水板拼接方法不同,可分为冷粘和热焊法。由于无钉铺设可保护防水板的完整性,双缝热焊法有利于工间接缝质量的检测,枫相3号隧道采用包括上述两种方法的防水层施工工艺。

防水板无钉铺设工艺改进途径之一是降低塑料垫片的熔点。由于塑料垫片和防水板为同质材料,固定防水板时,电烙铁是从防水板表面加热防水板和垫片的,所以经过加热,防水板先处于熔融状态,然后由于热传导,垫片才逐渐进入熔融状态,最后再加压使二者融合。在施工中发现,为了使垫片表面进入熔融状态,防水板常被"过热",导致局部强度下降,有时还被撕裂。如果垫片的熔点稍低于防水板,则加热过程中,防水板与垫片表面的温度虽不同,但两者可同时进入熔融状态,这样既可保证焊接质量,又可防止防水板"过热"。

冷粘法打"补丁"较热焊法打"补丁"容易。目前防水层施工中经常采用单一方法,即防水板接缝热焊则"补丁"也热焊,或防水板接缝冷粘则"补丁"也冷粘,这种做法不好,不利于发挥各种黏结技术的长处。从施工中可以看出,热焊法焊缝质量高,而冷粘法打"补丁"质量高,而且施工方便,速度快。因此建议在施工中可将两种黏结方法结合起来,接缝时用热焊法,而打"补丁"则用冷黏法。

2.2　防水层施工工艺

防水层由EVA防水板和土工布垫层组成。铺设时,先铺设土工布在初期支护的喷射混凝土上,用射钉或电锤凿孔下塑料胀管,设置与防水板同材料的垫片,用平头木螺丝紧固塑料胀管,使其牢固地固定在

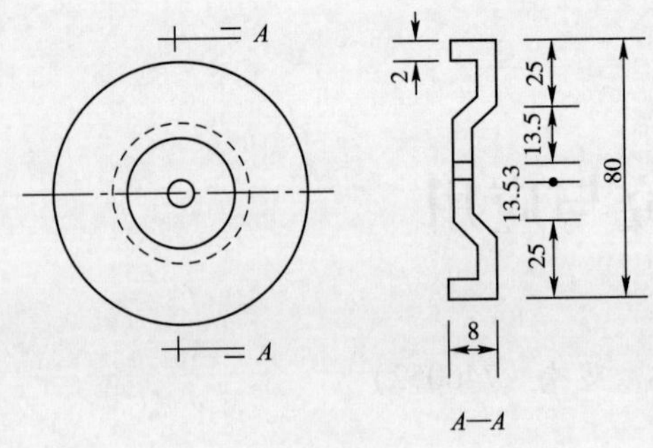

图1　塑料垫片(尺寸单位:cm)

喷射混凝土上。垫片为圆形,尺寸如图1所示。

待缓冲层土工布铺设结束,即可铺设防水板。为了做到不损伤防水板,采用电热传导方式,即用特制的压焊器,将防水板热合固定于塑料垫片上,如图2所示。

2.3　防水板接缝焊接

枫相3号隧道采用的EVA防水板幅宽为3m,屏蔽围岩的大面积防水板是由一幅一幅的防水板拼接而成的。接缝焊接是否严密是隧道防水的关键。在试验研究中,广泛调查了塑料板(膜)接缝焊接设备。经过试验选用国产自动爬行热合机;焊缝严密性与国外生产的同类设备所焊接缝相同。该机由微型直流电机驱动,经变速箱降到二定转速后,由同步齿形带传递胶带主动轮,再由胶带主动轮带动耐温胶带,需热合的防水板夹持在热楔和胶带之间;防水板受热处于熔融状态时,经胶带传动进行压合,使两层防水板牢固地熔为一体。其工作原理如图3所示。

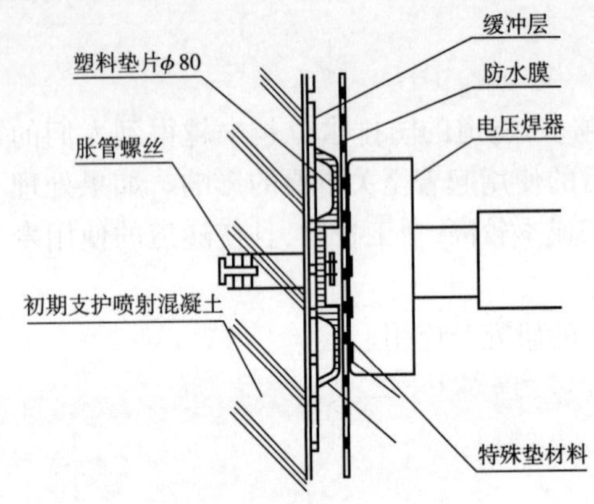

图2　防水层固定方法

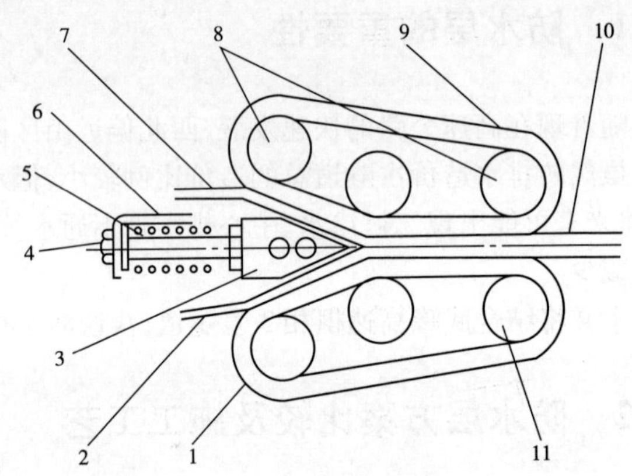

图3　热合机工作基本原理

1-下耐温胶带;2-热合材料;3-热楔;4-热楔把持螺钉;5-热楔把持弹簧;6-热楔支架;7-加热带;8-主动胶轮;9-耐温胶带;10-已热合材料;11-被主动胶轮

用热合机焊接防水板时,两层防水板搭接100mm,焊接两道焊缝,每条焊缝宽10mm,中间有一空腔用于充气检查焊缝的严密性。

2.4　防水层施工工艺

2.4.1　喷射混凝土基面处理

由于喷射混凝土基面粗糙、凹凸不平,以及锚杆头外露等对铺设防水层质量有很大影响。因此,防水层铺设前必须对喷射混凝土基面进行处理,处理要求及要点如下。

(1)基面要求

①喷射混凝土平整度要求:$D/L \leq 1/6$,拱顶$D/L \leq 1/8$,否则要进行基面处理。喷射混凝土平整度要求详见图4所示。

图中L为喷射混凝土相邻两凸面间的距离;D为喷射混凝土相邻两凸面间凹进深度。

②基面不得有钢筋、凸出的管件等尖锐突出物,否则要进行割除,并在割除部位用砂浆抹成圆曲面,以免防水层被扎破。

③隧道断面变化或转弯的阴角应抹成$R \leq 5$cm的圆弧。

④底板基面要求平整,无大的明显凹凸起伏。

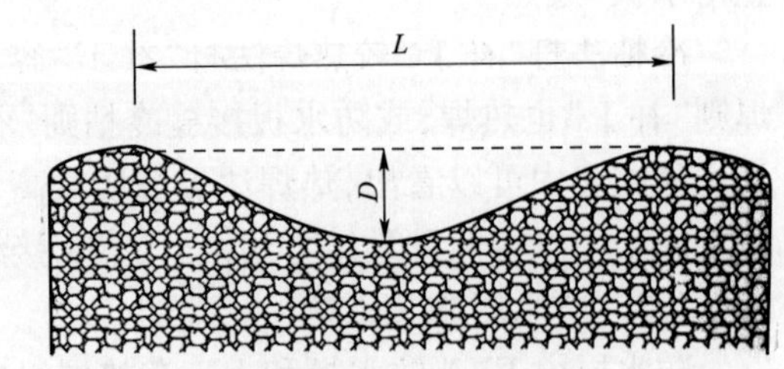

图4　喷射混凝土平整度检测

⑤喷射混凝土强度要求达到设计强度。

⑥防水层施工时基面不得有明水，如有明水应采取封堵或引排措施。

(2)方法要点

①有凸出钢筋、铁丝时，则应按图5所示施工顺序处理。

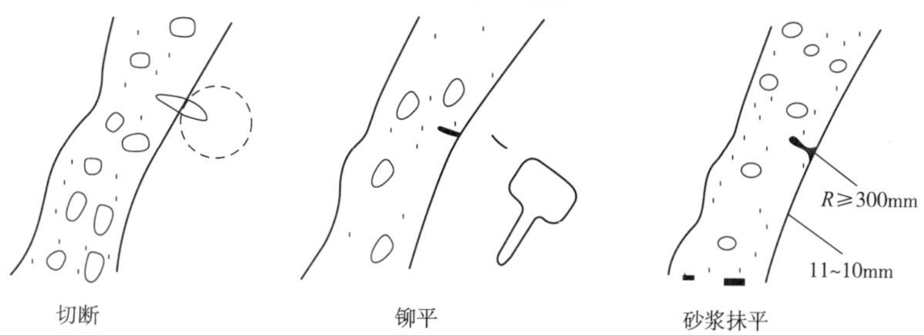

图5　基面处理方法之一

②当有钢管突出时，则应按图6所示顺序处理。

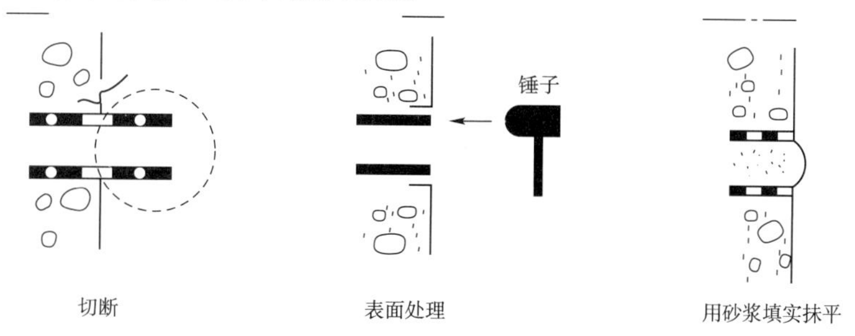

图6　基面处理方法之二

③当金属锚杆端部外漏较长时，则应从螺帽开始留5mm切断后，再用砂浆进行覆盖处理，见图7所示。

2.4.2　防水板施工工艺

为了保证防水可靠和便于施工，先将土工布垫层用机械的方法铺设在喷射混凝土基面上，然后用热合方法将EVA膜粘贴在固定土工布垫层的塑料垫片上。从而使EVA膜无机械损伤。其施工顺序为：基面清理→土工布垫层施工→塑料垫片施工→EVA铺设。

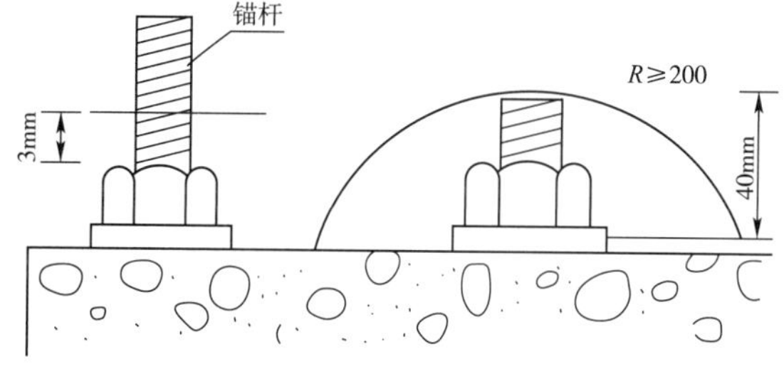

图7　基面处理方法之三

①基面清理：要求符合上述标准。

②土工布垫层施工：铺设方法是在隧道拱顶纵中心线，使土工布垫层横向中心线与喷射混凝土上的纵向中心线相重合，并从拱顶部开始向两侧下垂铺设。用塑料胀管、木螺丝或射钉和塑料垫片将土工布固定在已达要求的喷射混凝土基面上。

③塑料垫片施工：用塑料胀管和木螺丝将塑料垫片压在土工布垫层上，间隔50cm到156cm梅花状布施(拱顶50cm，边墙100cm，底板150cm)。

④EVA铺设：首先剪卷材长度(要考虑搭接在底板上)；然后与土工布垫层一样从拱顶部开始向两侧下垂铺设，边铺边热熔焊接。铺设时要注意与喷射混凝土凹凸不平相密贴，不得拉得过紧，一定要注意留搭接余量。EVA膜与垫片进行热合时，一般需要十余秒。

2.5　防水层破损的检查与修补

(1)焊接质量检查

由于接缝为双焊缝，利用中间留出的空腔做充气检查。方法是用5号注射针与压力表相接，用打气筒充气。充气时留出的空腔会鼓起来，当压力表达0.1～0.15MPa时，停止充气。如果压力表在1min不下降，说明焊接质量良好；否则，用肥皂水涂在焊缝上，找出漏气之处，补焊，直到不漏气为止。

(2)在防水层施工过程中,由于种种原因,难免会发生防水层破损现象。防水层破损后,必须立即作出明显的记号,以便逐个把破损处修补好。修补的具体要求:

①补不得过小,离破坏边沿不得小于7cm。

②补丁要剪成圆形,不要有正方形、长方形及三角形等的尖角。

3 结语

防水板无钉铺设和双缝热焊工艺效果良好,枫相3号隧道防水层EVA防水板和土工布垫层匹配合理。经长期的观察枫相3号隧道未出渗漏水问题,工程实践证明该方法是成功的。

12.浅析特长公路隧道施工围岩变更方法及程序

李鸿杰
（甘肃长达路业有限责任公司　兰州　730030）

摘　要:基于公路隧道施工中围岩变更存在的问题,依据新奥法的设计施工理论,结合武罐高速公路麻崖子特长隧道围岩变更管理实际,探讨了公路隧道围岩变更的方法和程序。

关键词:特长隧道　围岩变更　方法　程序

0　引言

新奥法作为隧道工程设计施工的方法和原则,目前在公路隧道工程中被广泛采用。由于地质条件的不确定性及复杂性,仅仅依据施工前的地质勘探成果,是不能完全真实反映出来的,所以面对施工反馈的实际地质情况,必须进行有针对性的动态设计。这也使得隧道施工过程中的围岩变更成为一个争议较大的问题,就其原因是迄今没有一套比较科学合理,操作性较强的变更程序,文章从工程变更及变更程序进行了一些探讨和尝试,望对类似工程有所借鉴。

1　特长公路隧道的工程变更

1.1　公路隧道工程变更的因素

工程变更的定义包括广义和狭义两种,广义的工程变更包含合同变更的全部内容,如设计方案和施工方案的变更,工程量清单数量的增减,工程质量和工期要求的变动,建设规模和建设标准的调整,政府行政法规的调整,合同条款的修改以及合同主体的变更,等等;而狭义的工程变更只包括以工程变更令形式变更的内容,对公路隧道的施工而言,主要是由于不可预见的因素所引起的变更,如地质和水文状况与原勘探资料差别很大,出现大断层、大裂隙、大溶洞、大变形、涌水、涌砂、高地应力、高地温、塌方或者围岩变差或变好等,都需要进行工程变更,对此业主、监理、设计和施工单位任何一方都有权提出。

1.2　公路隧道工程变更的机构

公路隧道施工过程中的工程变更,要实行分级审批的管理制度。对于一般工程变更、重要工程变更和重大工程变更的审批权限,应在合同专用条款中专门规定。

(1)法人公司是工程变更的决策机构,主要负责重要变更和属于自己职权范围之内的重大工程变更的审批。

(2)一般变更由项目建设管理办公室负责实施。由业主、设计代表、监理工程师、地质超前预报与监控量测代表组成,由业主主持,承包人列席。围岩类别的判定,由各方会商确定。

1.3　特长公路隧道工程变更的程序

工程变更控制的管理,应该遵循"必要性、可行性、经济性"的原则,对工程变更的范围、工程变更的内容、工程变更的相关责任方进行必要的界定。同时,对工程变更的目标进行确认,对工程变更的技术性进行论证,对工程变更的方式进行优化,对工程变更的费用进行权衡,对工程变更的工期影响进行评估,对工程变更所带来的风险进行预测。特长隧道一般均为项目的控制性工程,因此,项目建设单位应该要有前瞻性,承包人应该制定一系列应急预案,充分考虑可能遇到的困难,对于重大方案的变更,应提早论证,以免既造成工期延误、又增加费用。对于重大变更,项目建设单位应先行组织有关专家论证,形成详实的书面报告上报法人单位进行审批,对于一般的围岩等级变更,由现场变更领导小组实施。

1.4 麻崖子特长公路隧道工程变更管理

(1)设立变更管理小组,对工程变更进行把关

设立了以项目办分管领导为组长的变更管理小组,组织业主、监理、设计代表、地质超前预报单位、承包人对围岩地质的变更进行科学论证,严格把关。凡是围岩等级的变更,由变更管理小组签字认可。

(2)麻崖子隧道工程变更的具体做法

针对隧道地质的复杂性,麻崖子公路隧道确定了“岩变我变,确保质量”的工程变更原则。为了提高工作效率、不因变更影响工程进度,围岩变更由承包人申请,驻地办现场审查后,第一时间通知业主,由业主组织相关人员赶赴现场确定,避免了通常以文本形式上报变更导致延误工程进度的弊端。但为了避免由于岩性的频繁变化所带来的工程变更管理难度,变更管理小组规定:凡是岩性变化长度大于10m才进行工程变更。在具体围岩变更现场核实过程中,按20m核定,对于掌子面围岩介于两类围岩中间的情况,按10m核定,隧道围岩类别及塌方变更,须附原设计地质资料、监控量测资料、四方关于开挖后围岩情况的判断确认单或处理方案、变更前后设计图、工程数量对比表、掌子面变更前后彩色数码照片及委托第三方出具的岩性报告等相关资料。

2 关于隧道围岩变更中的几点思考

(1)由于时间紧,隧道设计形式上是新奥法,但设计单位并未深入研究设计隧道的围岩地质特点,常采用在隧道进出口及中间取3~5个位置钻孔取芯进行研究分析和隧址地形地貌情况来确定隧道围岩级别和复合衬砌级别,导致开挖后变更较多。为此,业主单位要强化对设计单位的监管,加大设计单位在设计阶段的投入,设计要有足够深度。

(2)在招投标时,应防止承包人的不平衡报价,不同的围岩类别,其支护参数、开挖方式、施工工序都不同,工程造价也相差较大。如果在招投标中,承包人故意采取不平衡报价,他们就会在施工过程中设法要求变更,以争取更多的利润。因此,业主可以在承包人投标单价的基础上,在不降低承包人总利润的前提下,采用协商的办法,通过补充协议,调高高类别围岩的施工单价,降低低类别围岩的施工单价。使得承包人每降低一个围岩等级,并无法带来较大的利润,故不会恶意变更。这样,不仅极大地降低变更管理难度,而且使业主的投资费用大大降低。

(3)强化对地质超前预报机构的管理,切实为围岩变更提供技术资料。

虽然业主单位提供了地质超前预报与监控量测费用,通过单独招标选择了专业的地质超前预报与监控量测单位,但由于种种原因,一些地质预报单位并未认真履新职责、并未向业主负责,在变更过程中没有发挥应有的作用。

(4)严格施工管理,防止承包人为制造塌方或者恶意变更。

在隧道的施工过程中,严格监督承包人按照围岩实际情况,依照光面控制爆破的要求准确控制装药量,同时严格控制不同围岩采取不同的施工方法,防止承包人故意加大装药量,人为制造塌方或者将掌子面炸得围岩破碎,面目全非,给围岩判别带来困难,造成岩性误判,让承包人钻了空子,加大工程造价。

(5)加强日常监督,且严把变更关。

隧道施工作业环境差、尤其是特长隧道,业主巡查频率相对较低,这就给承包人偷工减料创造了机会,在进行围岩等级调整变更时,除了仔细观察掌子面围岩岩性的同时,要观察已实施的初期支护情况,系统锚杆、初期支护网片、开挖方式是否按原设计施做,对于不按原设计施做的变更坚决不予审批。

3 结语

大型隧道的施工多采用新奥法,保护围岩,发挥围岩的自承能力是新奥法的基本理念,锚喷支护复合

式衬砌是新奥法的结构形式,监控量测是新奥法的重点,动态设计是新奥法的核心,为了真正按照新奥法思想设计和施工,必须结合隧道的实际情况,针对隧道的围岩类别,给出合理的支护参数和施工方法,并认真做好施工过程中的监控量测,根据监控量测的结果做好动态设计,为此项目业主要督促各参建方履行各自职责,只有这样才能使项目建设达到优质、安全、经济的目的。

参考文献

[1] 中华人民共和国行业标准. JTG F60—2009 公路隧道施工技术规范[S]. 北京:人民交通出版社,2009.

[2] 中华人民共和国行业标准. JTG D70—2004 公路隧道设计规范[S]. 北京:人民交通出版社,2004.

[3] 夏永旭. 我国长大公路隧道建设中的问题与对策[C]//中国公路学会. 中国公路学会2004年学术年会论文集. 北京:人民交通出版社,2005:291-295.

13.隧道洞口滑坡加固方案数值模拟研究

沈传新[1]　吴红刚[2]　余云燕[1]

(1 兰州交通大学甘肃省道路桥梁与地下工程重点实验室　兰州　730000;

2 中铁西北科学研究院有限公司　兰州　730000)

摘　要:基于武罐高速公路楼房山隧道洞口滑坡,提出先高压注浆加固,稳定局部边坡,再通过有限差分软件 FLAC3D 对普通抗滑桩和预应力锚索抗滑桩这两种支挡措施进行数值计算分析,对比施加支挡后的坡体变形量、桩身剪力及弯矩的合理分布,得出预应力锚索抗滑桩比普通抗滑桩受力更合理,可使桩的截面尺寸等的设计更加经济。

关键词:隧道洞口　滑坡　高压注浆　抗滑桩　FLAC3D

0　引言

由于受诸多因素的影响,高速公路在设计选线时出现了许多高陡边坡,隧道洞口处的高陡边坡仰坡设计也时常存在。由于工程地质、水文地质及人类活动等因素的影响,隧道施工过程中易出现各种各样的地质灾害,其中隧道洞口滑坡是隧道施工中常见的地质灾害之一[1-3]。本文在分析武罐高速公路楼房山隧道洞口滑坡时,利用有限差分软件 FLAC3D 对滑坡体采用的不同加固措施进行了数值模拟分析,对比计算结果,得出了该隧道洞口滑坡体的最优加固措施。

1　工程地质条件

滑坡区属峡谷山地地貌单元,滑坡揭露的地层主要为下古生界碧口群砂质板岩夹千枚岩、第四系坡积碎石(Q_4^{del})、滑坡堆积块石、碎石土(Q_4^{del})(图 1)。

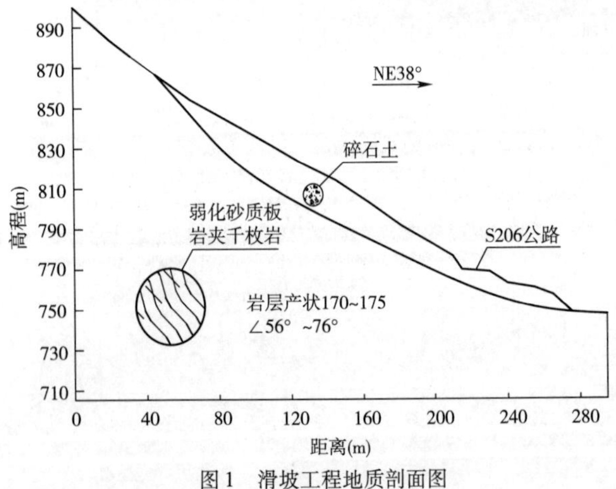

图 1　滑坡工程地质剖面图

滑坡分布于 ZK131 + 670 ~ ZK131 + 850,滑坡长 180m,宽约 290m,滑动方向为 NE38°。滑坡台地不明显,圈椅状后缘明显。通过地质钻探、物探和论证,认为楼房山滑坡为一个大型碎石土滑坡。从纵剖面分析,第四系滑坡堆积层沿着砂质板岩夹千枚岩与堆积层的分界面产生滑移,滑带垂直深度约 5 ~ 20m,属浅层基岩型滑坡。

滑坡区地处南北地震带,即天水—武都—文县地震带的中段。受 104°南北构造带和地震带的影响,该地区地震活动频繁,强度大,是著名震区之一。2008 年汶川大地震过程中坡面岩体松动有滚石滑落现象。

2　加固设计方案

该滑坡治理工程设计的主要目的是保证通车后道路的安全运营。该滑坡体物质以坡积物为主,为保证边坡局部稳定性,先采用高压注浆进行加固,然后结合预应力锚索抗滑桩来达到治理的目的。

现通过数值仿真模拟注浆加固、普通抗滑桩及预应力锚索抗滑桩的支护效果,以期能够通过数值计算分析达到节省材料、经济合理的目的,减少工程不必要的浪费。计算结果表明综合方案发挥了良好的加固作用。

3 数值分析

3.1 计算模型与参数选取

滑体揭露的地层主要为下古生界碧口群砂质板岩夹千枚岩(PZ1bk21)(组1),滑坡堆积块、碎石土(Q_4^{del})(组2)。计算模型如图2所示,X方向30m,Y(线路轴线方向)方向295m,Z(竖向)方向195m[4]。

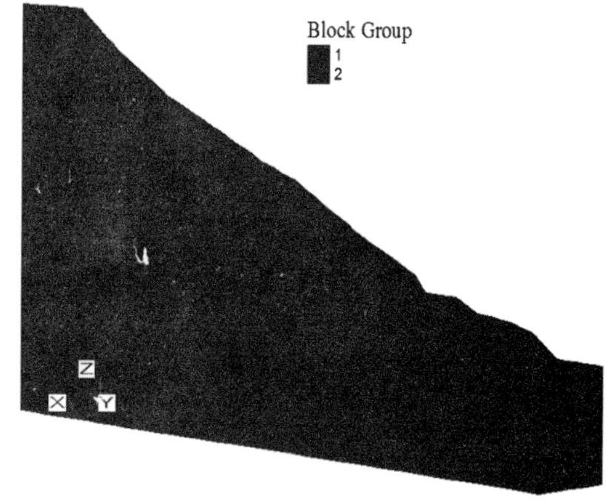

图2 计算模型简图

各岩层材料均采用莫尔—库仑弹塑性计算模型,根据该滑坡工程地质勘察报告及工程经验,综合确定的各地层基本岩体力学参数(表1)。

各地层基本岩体物理力学参数 表1

地层岩性	体积模量(GPa)	剪切模量(GPa)	重度(kN·m^3)	黏聚力(MPa)	内摩擦角(°)
砂质板岩夹千枚岩	3.25	3.51	26.5	1.19	45
碎石土	0.91	0.65	20.0	0.02	27

3.2 滑坡体天然状态模拟

坡体天然状态下模拟计算结果如图3、图4所示。

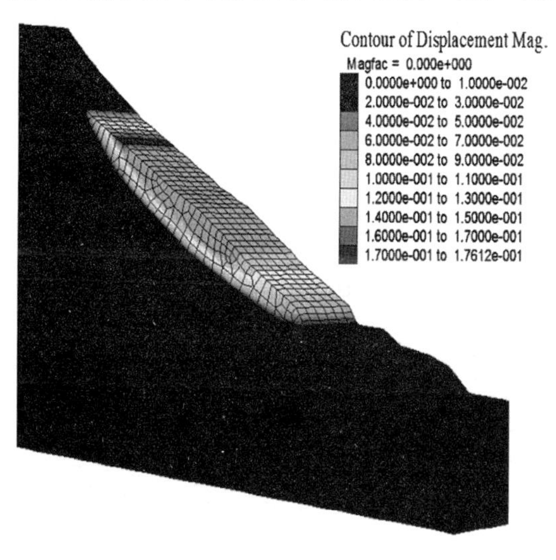

图3 天然状态位移云图

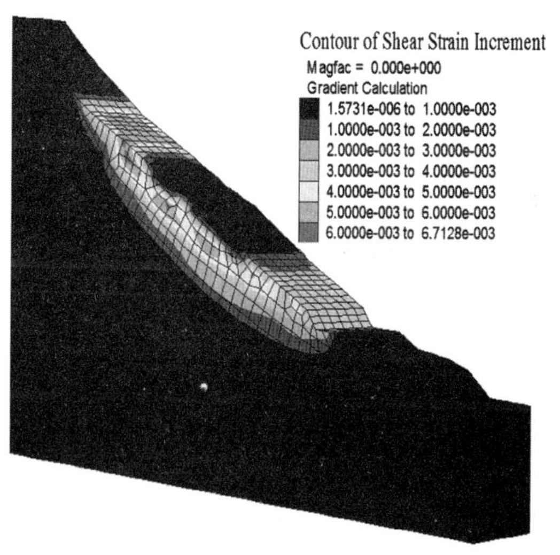

图4 天然状态剪应变增量云图

计算结果表明,坡体在自重作用下以竖向位移为主。总体位移浅层较大,深部较小。滑面位置与深度与实际勘察基本一致。

1)滑坡在自重应力下达到平衡后滑体发生变形,滑体位移等值区特点为:浅层位移为0.16~0.176m,由浅至深位移逐渐递减,滑带区位移为0.06~0.09m。滑坡体位移分布均匀,表明坡体沿滑动带滑动具有一定整体性。在隧道开挖时,由于隧道施工的挠动以及坡脚处的卸载,极有可能造成坡体的滑动。将严重影响隧道和桥台的施工以及下部s206国道,造成严重的后果。

2)剪切应变增量最大值为0.006~0.0067,位于滑体中后部。滑带剪切破坏有从中后部向上下发展的趋势，剪应变增量带目前尚未贯通，可以判定，滑体目前处于稳定状态。隧道洞口开挖时，可能使上下剪应变增量带贯通，极有可能导致坡体沿该剪应变增量带产生滑移。

3.3 高压注浆

在地面以下的一定深度的土层加固和跟踪注浆加固中，劈裂注浆具有施工控制方便、效果较好的优点，特别是对土体深部的定点、定量注浆，一孔能多次、重复注浆是一般花管压密注浆无法代替的，因此，设计采用劈裂注浆的注浆工艺对隧道穿越的滑坡体进行深孔注浆加固。注浆范围参见图5块体2，注浆管采用外径56mm、内径39mm硬质劈裂塑料注浆管，钻孔孔径采用φ80mm的钻孔，劈裂注浆管每隔33～50cm钻一组射浆孔（即每米2～3组），外包橡皮套；钻孔采用垂直地表或适当倾斜钻进，如遇塌孔需跟管钻进。注浆孔纵、横向布设间距1.5m×1.5m梅花形交错布置，注浆加固深度要求至滑移面以下强风化基岩面2m范围。

注浆后岩土介质的物理性能和化学性能会发生相应的改变，其中最能反应岩土工程稳定状况的2个参数：黏聚力c和内摩擦角φ都会有不同程度的提高。设其提高值分别为Δc和$\Delta\varphi$，则由泰勒级数展开可以求得注浆后岩土介质的Δc和$\Delta\varphi$值[5]：

$$\Delta c = \frac{\eta}{1+\eta}(c_g - c_s)k_c \tag{1}$$

$$\Delta\varphi = \frac{\eta}{1+\eta}(\varphi_g - \varphi_s)k_\varphi \tag{2}$$

式中：c_g,c_s——浆体和岩土体的黏聚力；

φ_g,φ_s——浆体和岩土体的内摩擦角；

k_c,k_φ——岩土体与浆液的相互作用而引起黏聚力和内摩擦角变化的系数；

η——浆液注入率。要求注浆加固后滑体抗剪强度指标达到黏聚力28kPa、内摩擦角30°。

高压注浆加固后模拟计算结果如图5、图6所示：滑体位移较加固前减小，位移最大值下降到（7.0～7.66）$\times10^{-2}$m，剪切应变增量最大值下降到10^{-3}量级，说明高压注浆加固增加了滑体的密实度、提高了滑体的抗剪强度参数，增加了滑坡体的自稳能力，取得了良好效果。

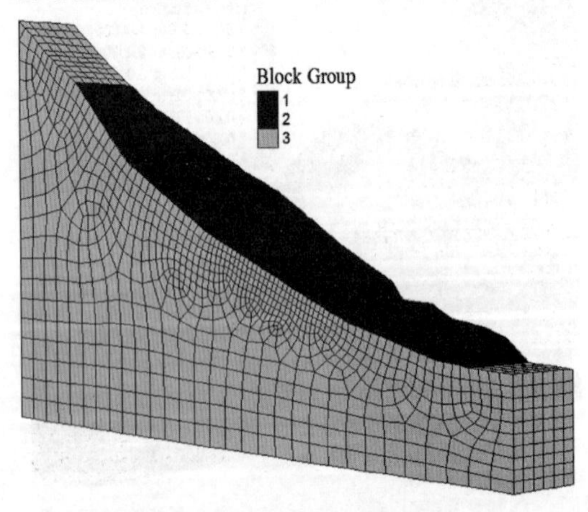

图5　注浆加固计算模型简图

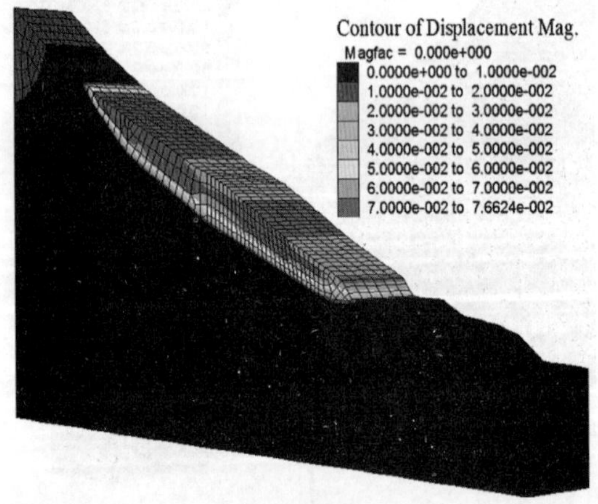

图6　注浆加固后位移云图

3.4 不同工况下抗滑桩的工程效果评价

综合考虑滑坡区工程地质条件、稳定性状况、地面起伏和（潜在）滑面，在该滑坡中前部设置一排5根全埋式桩，确定桩位高程为793m，抗滑桩距滑坡体下部剪出口36m。抗滑桩截面尺寸为1.8m×2.4m，桩间距6m（中对中），桩长30m。为保护环境，桩顶埋置于坡面以下0.5m，桩顶设30cm厚钢筋混凝土平台。

在保证抗滑桩长度不变的条件下，采用预应力锚索抗滑桩加固，可减小抗滑桩截面，减少工程投资。预应力锚索抗滑桩与普通抗滑桩位于同一位置，只改变桩的截面尺寸为1.5m×2.0m。桩头设1排锚索，预张拉力初值采用文献确定，1/2～4/7Q0[6,7]。本文依据模型剩余下滑推力982.177kN得到锚索预张拉力取值范围为 491 ~ 561kN,在此取 500kN。锚索长度为 35m,自由段长 20m,锚固段长 15m,锚固角为 25°。

考虑到工程锚索锚固地层为弱 ~ 强风化岩层,设计采用压力分散型锚索,锚具采用 OVM15 – 6 型(包括配套的锚垫板、夹片和螺旋筋),锚索由 6 根 ΦS 15.24mm 高强度、低松弛 1860 MPa 级的环氧树脂全喷涂防腐 PE 钢绞线组成,钢绞线下料应整齐准确,误差不大于 ±50mm,坡面外钢绞线长度为 1.5m。锚索正式张拉前,取 30% 的设计张拉荷载,对其预张拉 1 ~ 2 次,使其各部位接触紧密,钢绞线完全平直。锚索的预应力分 4 级按有关规范或规定施加,即设计荷载的 25%、50%、75%、100%,在张拉最后一级荷载时,应持荷 10 ~ 15min,观察位移是否稳定,若无异常,即进行锁定。锚索锁定后 48h 内,若发现明显的预应力损失现象,则应及时进行补偿张拉。

3.4.1 坡体位移

普通抗滑桩和预应力锚索抗滑桩加固后模拟计算结果如图 7 ~ 图 9 所示,图中普通抗滑桩加固后坡体位移最大值下降到$(4.5\times10^{-4})\sim(4.548\times10^{-4})$m,而预应力锚索抗滑桩加固后坡体位移最大值下降到$(7.0\times10^{-5})\sim(7.08\times10^{-5})$m,效果优于普通抗滑桩。而且由于锚索的预应力作用于岩土体,锚索抗滑桩区域附近形成了一个明显的锚固影响区,锚固力向附近土体扩散,更进一步的阻止坡体变形和滑动。

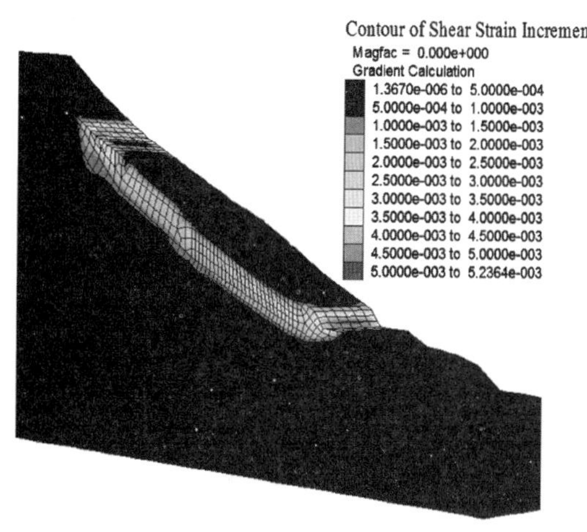

图 7 注浆加固后剪应变增量云图

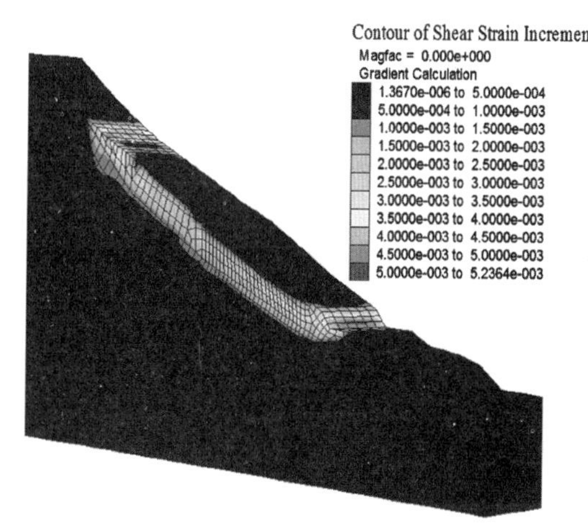

图 8 普通抗滑桩加固后位移云图

3.4.2 桩身剪力和弯矩的合理分布

由于 5 根抗滑桩的桩身剪力、弯矩大小基本相同,反映在桩身内力图中各桩的内力曲线几乎重合,所以取中间的抗滑桩进行分析。普通抗滑桩和预应力锚索抗滑桩桩身剪力和弯矩对比如图 10 ~ 图 11 所示。

普通抗滑桩中间单元的剪力与两端反向,说明普通抗滑桩在滑坡滑移力和周围岩土体主动土压力的作用下,处于一种双向受剪的状态,剪力最大值为 146kN。预应力锚索抗滑桩桩顶附近最大剪力值达到 136kN,这是由于此时滑面以上滑坡推力不仅被锚索所提供的拉力抵消掉,而且还有盈余,亦即此时桩上部承受被动土压力,而被动土压力一般远大于主动土压力,这是剪力增大的主要原因。

在滑体推力的作用下,普通抗滑桩身弯矩呈现反对称分布,在桩身 10m 处弯矩值最大,为 312kN·m。

预应力锚索抗滑桩桩顶因锚索的施加,桩身上部转化为全部受拉。最大弯矩出现在桩身 4m 处,为 242kN·m。

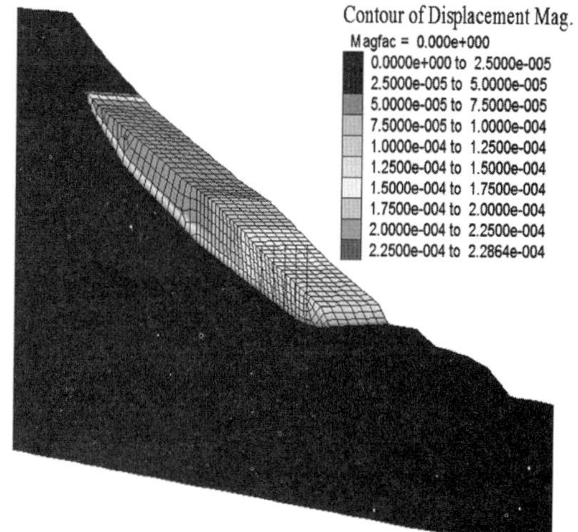

图 9 预应力锚索抗滑桩加固后位移云图

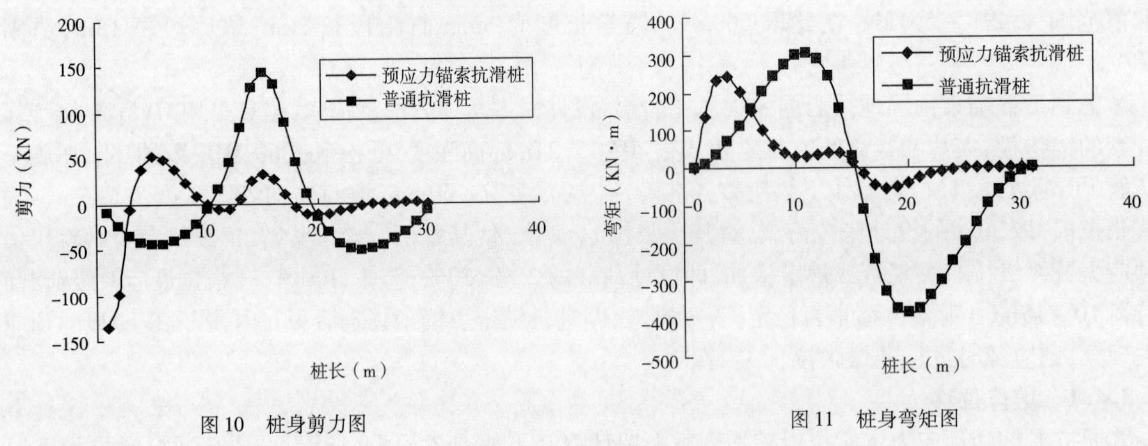

图10　桩身剪力图

图11　桩身弯矩图

同时最明显的变化在于滑动面附近的桩身受压弯矩相比普通抗滑桩减小很多。桩身锚固段的弯矩、剪力值都非常小，考虑节省材料，不采用通长配筋，而采用分段配筋，在桩身锚固段可以减少配置抗弯、抗剪钢筋。

综上所述，选择预应力锚索抗滑桩的方案是比较合理的，其坡体最大变形、桩身剪力及弯矩和桩截面尺寸都比较小，故采用预应力锚索抗滑桩是比较合理可靠的。

4　结语

(1)隧道洞口开挖前，通过预先施作抗滑措施，可以有效改善坡体的应力状态，减小坡体失稳的可能性。

(2)采用文中所述数值模拟方法，可避免现行方法复杂的设计计算过程，有效提高了计算效率，并得到较好效果。

(3)预应力锚索抗滑桩与普通抗滑桩相比受力更加合理，具有节省材料，显著降低工程造价等优点。

参考文献

[1] 王恭先，徐峻龄，刘光代，等. 滑坡学与滑坡防治技术[M]. 北京：中国铁道出版社，2004.

[2] 龙浪波. 隧道洞口段边坡稳定性研究及数值分析[D]. 成都：西南交通大学，2009.

[3] 张伟，焦玉勇，郭小红，等. 隧道洞口滑坡稳定性分析与防治措施[J]. 岩土力学，2008，25(增刊)：310-314.

[4] 陈育民，徐鼎平. FLAC/FLAC3D 基础与工程实例[M]. 北京：中国水利水电出版社，2009.

[5] 吴顺川，高永涛，金爱兵，等. 失稳高陡路堑边坡桩锚加固方案分析[J]. 岩石力学与工程学报，2005，24(21)：3954-3958.

[6] 王化卿，李传珠. 预应力锚索抗滑桩设计与施工[C]//滑坡文集：第7集，1990：34-41.

14.隧道洞口施工对陡倾岩质边坡变形的影响分析

张金朋[1,2]　吴红刚[3]　余云燕[1,2]
(1 兰州交通大学甘肃省道路桥梁与地下工程重点实验室　兰州　730070;
2 兰州交通大学土木工程学院　兰州　730070;3 中国铁道科学研究院　北京　100081)

摘　要:陡倾岩质边坡由于受工程地质条件、水文地质条件及施工扰动的影响,在隧道洞口施工过程中极易产生滑坡。综合武罐高速公路马桑坝隧道洞口滑坡的形成特点及工程地质条件,采用有限差分软件 FLAC3D 对该隧道洞口的开挖与爆破施工、边坡失稳及加固过程进行了数值模拟和分析,并提出了提出针对性治理方案,得到较好效果。

关键词:陡倾岩质边坡　隧道洞口　滑坡　施工　FLAC3D

0　引言

陡倾岩质边坡是山区高速公路建设中经常遇见的一类斜坡。从岩体的工程特性及岩体力学环境方面来看,顺层岩质边坡的稳定性较差,边坡地质灾害严重发育,是各类岩质边坡中危害最大的一种[1],发育于此类边坡中的滑坡屡见不鲜。特别是隧道洞口位于此类边坡范围内,并受到地震、爆破等动力扰动时,这种现象表现得更为突出。开挖及爆破震动所引起隧道周围围岩的应力重分布成为隧道边坡失稳的主要诱导因素,但目前对这些方面的研究工作仍然较少。以甘肃陇南一个典型的陡倾岩质隧道洞口仰坡为例,就这类边坡的变形破坏机制进行分析和开挖模拟,并提出整治方法[2]。

1　工程地质条件

滑坡区属峡谷山地地貌单元,滑坡揭露的地层主要为下古生界碧口群石英片岩夹变质砂岩、第四系坡积碎石(Q_4^{dl})、滑坡堆积块石、碎石土(Q_4^{del})(图 1)。构成坡面岩层倾角约为 60° ~ 70°,坡面倾角约为 50°。

通过地质钻探、物探和论证,认为马桑坝隧道洞口仰坡为一个古滑坡。从纵剖面分析,第四系滑坡堆积层沿着砂质板岩、千枚岩夹变砂岩与堆积层的分界面产生滑移,滑带垂直深度约 5 ~ 10m,属浅层基岩型滑坡。滑坡分布于 YK112 + 250 ~ YK112 + 310(右侧 40 ~ 左侧 80m),位于洛塘河左岸。滑坡地貌不明显,但滑坡后壁明显,前缘陡峻,滑坡宽约 150m,长 80m,滑动方向为 SW195°。马桑坝隧道进出口(右线出口、左线进口)均位于此滑坡剪出带之下。滑坡前缘岩体破碎,多倾倒、变形,结构松散,具有架空现象。

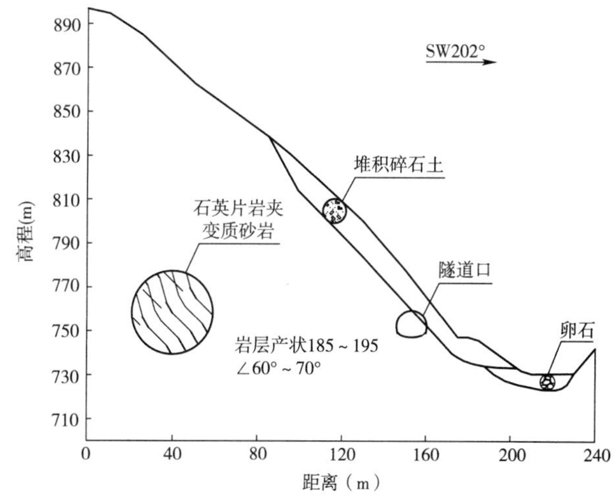

图 1　滑坡工程地质剖面图

滑坡区地处南北地震带,即天水—武都—文县地震带的中段。受 104°南北构造带和地震带的影响,该地区地震活动频繁,强度大,是著名震区之一。2008 年汶川大地震过程中坡面岩体松动有滚石滑落现象。

2 隧道与仰坡的变形特征及机理分析

2.1 变形特征

2.1.1 隧道进口仰坡滑动

隧道设计路线需穿过马桑坝滑坡,该滑坡体坡面岩体破碎,多倾倒、变形,结构松散,设计将该变形体定级为Ⅴ级。

由于隧道进洞的需要,对该变形体的坡脚实施削坡,改变原边坡自然坡角,并开挖隧道洞口。坡脚坡度的增大、新临空面的出现以及施工的扰动,坡体出现不稳定性迹象,多次出现了掉块、局部坍塌,在滑坡体后缘多处出现张拉裂缝,并随施工进行不断扩大。由于边坡变形的累进效应,及隧道深入开挖对坡脚的扰动,隧道仰坡的喷护面上出现多条与隧道开挖方向垂直的横向裂缝,裂缝宽 0.5 ~ 2cm,并据观测裂缝有持续发展和延伸的现象,变形体存在下滑的隐患。

2.1.2 隧道洞口塌方

在隧道左线进口套拱与长管棚、Φ42 超前小导管按设计要求施作完毕,同时为了加强套拱稳定性和整体强度,在套拱下方暗洞段 1m 范围内沿套拱环向增设 22cm 厚喷射 C20 混凝土。2009 年 12 月 18 日下午爆破开挖暗洞(采取小药量,弱爆破,进尺 60cm)。爆破之后发现山体上方有石块滑落,迅速将现场人员撤离,17 点 14 分洞口山体顺滑动面发生下滑,将马桑坝隧道左线进口套拱、长管棚、Φ42 超前小导管等全部挤裂、破坏、覆盖(图 2),塌方量约为 3000 方左右。分析认为,爆破的扰动,使滑移面拉裂贯通,最终形成错落式顺层滑坡。这些迹象表明:隧道坍塌事故与变形体的潜在滑动和爆破直接相关。

图 2 隧道洞口塌方照片

2.2 变形机理分析

根据对该工点工程地质条件的认识和施工过程的了解,可将该滑坡的破坏机理采用“蠕滑—拉裂—剪断”三段式破坏模式来描述。

(1)地质水文因素。从边坡的地质模型分析可知,此滑坡体的上层为第四纪坡积碎石土。结构松散,抗剪能力差,渗水性好,遇水易软化,产生蠕动,为古滑坡的复活提供了有利条件。坡体前缘坡脚处基岩长期裸露并受到河水冲刷,导致岩体风化破碎,结构松散,出现架空现象。在 5 · 12 大地震过程中坡面岩体松动并有滚石滑落,致使边坡稳定性进一步下降。在这个阶段,滑坡处于缓慢的“蠕滑—拉裂”阶段,变形发展缓慢,位移不大。

(2)人为因素。由于隧道进洞的需要,对该坡体前缘坡脚附近实施削坡,新临空面的出现以及施工的扰动,坡体出现不稳定性破坏迹象,仰坡的喷护面上多处被拉裂。后缘也相继出现多条张拉裂缝,并随着施工的进行不断扩展(图 3)。隧道洞口的开挖,为古滑坡的复活提供了空间和动力,开挖及爆破所引起的应力重分布成为边坡失稳的主要诱导因素,以及未及时采取有效的支护措施,最终导致滑带贯通,下滑力急剧增大,将套拱等支护措施挤裂、压坏。此阶段可以描述为“拉裂—剪断”。

总之,隧道的开挖,改变了坡体原始的应力平衡状态,使边坡发生变形[3]。裂缝的出现以及雨水的渗入,使坡体下滑力增大,抗滑力减小,以及施工的扰动,最终导致了坡体病害的形成。

3 隧道开挖数值模拟

在对该隧道仰坡破坏特征和机理定性分析的基础上，为了进一步解释隧道开挖过程中坡体的破坏现象、评价开挖和爆破对边坡稳定性的影响，并为边坡整治设计提供计算依据，通过数值模拟计算来进行边坡力学过程的定量分析。根据边坡岩体条件，采用有限差分软件 FLAC3D 对各种工况下坡体的变形进行了模拟，模拟结果见图 5 ~ 图 13。

3.1 计算模型与参数选取

马桑坝隧道罐子沟端斜穿滑坡体，滑体揭露的地层主要为下古生界碧口群石英片岩夹变质砂岩（PZ1bk21）（组 1），滑坡堆积块、碎石土（Q_4^{del}）（组 2）及河床卵石层（组 3）。计算模型如图 4 所示，X 方向 240m，Y（竖向）方向 196m，Z（隧道轴线方向）方向 50m。

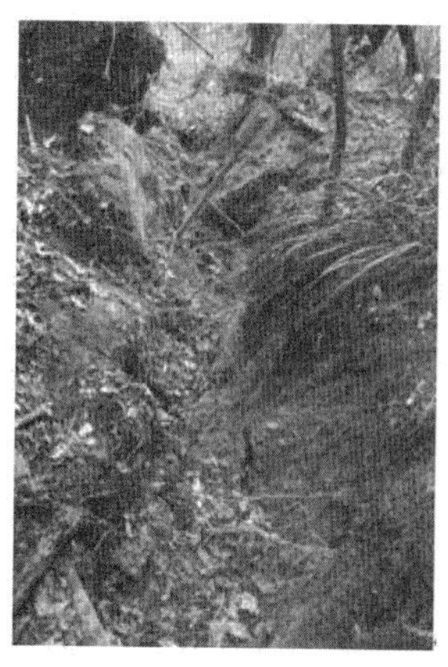

图 3 后缘张拉裂缝

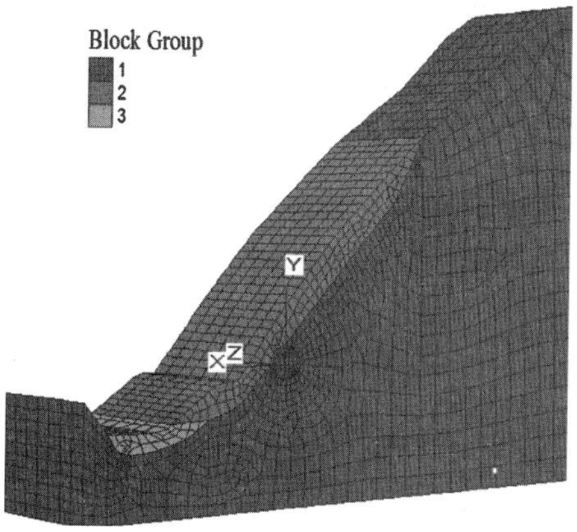

图 4 计算模型简图

各岩层材料均采用莫尔—库仑弹塑性计算模型，一次衬砌采用弹性模型。根据该隧道进口端边坡工程地质勘察报告及工程经验，综合确定的各地层基本岩体力学参数（表 1）。

3.2 不同工况下边坡稳定性对比分析

3.2.1 边坡天然状态模拟

坡体天然状态下模拟计算结果如图 5、图 6 所示。

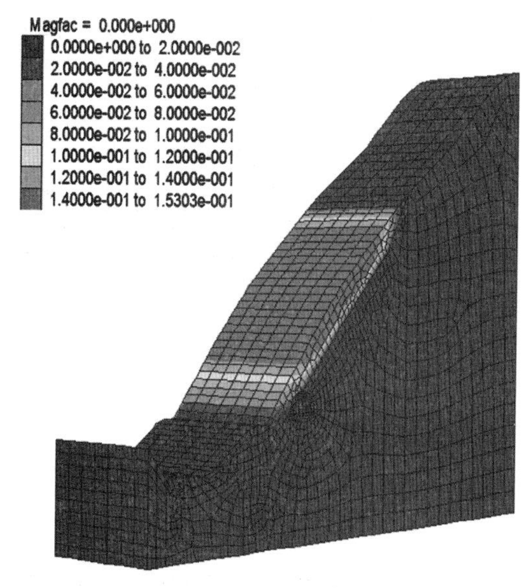

图 5 天然状态位移云图

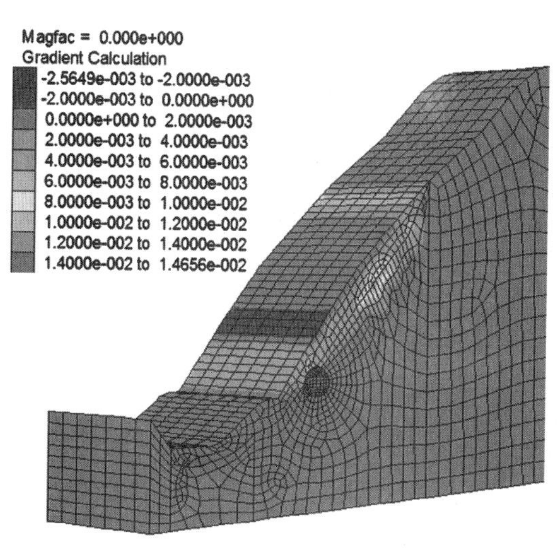

图 6 天然状态剪应变增量云图

计算结果表明,坡体在自重作用下以竖向位移为主。总体位移浅层较大,深部较小。滑面位置与深度与实际勘察基本一致。

(1)滑坡在自重应力下达到平衡后滑体发生变形,滑体位移等值区特点为:浅层位移为0.14~0.15m,由浅至深位移逐渐递减,滑带区位移为0.04~0.06m。滑坡体位移分布均匀,表明坡体沿滑动带滑动具有一定整体性。

各地层基本岩体及衬砌力学参数

表1

地层岩性	弹性模量(GPa)	泊松比	重度(kN/m^3)	黏聚力(MPa)	内摩擦角(°)
石英片岩夹变质砂岩	1.80	0.32	23.0	0.20	43
碎石土	0.23	0.40	20.0	0.03	27
卵石	1.50	0.34	23.0	0.15	29
一衬	20.0	0.22	23.0	—	—

(2)滑带剪切破坏有从中后部向上下发展的趋势。剪切应变增量最大值为0.014~0.0146,位于滑体中后部。坡体计算安全系数为1.19,剪应变增量带目前尚未贯通,可以判定,滑体目前处于稳定状态。

3.2.2 边坡天然状态开挖模拟

(1)隧道开挖(10m)以后在坡体的潜在剪切蠕动带附近形成了新的临空面,使得坡体的应力状态发生改变,而坡体自身的应力重分布又不能完全消除其不平衡力,导致坡体产生变形。由于隧道周边岩体受到扰动,出现了逐级的滑动拉裂效应,上部滑体出现滑动,滑体坡面位移向隧道洞口靠近,边坡的位移云图如上图所示,最大位移为0.013m(图7),位于隧道口顶部坡面,并向上逐步减小,与实际监测中出现张拉裂缝的位置基本吻合。

在坡面上设置了一些位移的监测点,用来考察坡面的变形,监测结果显示坡面变形以水平位移为主,最大值出现在隧道顶坡面附近,最大值为0.08m。

(2)坡体的剪切破坏带向隧道口附近发展(图8),并与隧道洞口上部坡面的剪应变带有贯通的趋势,分析坡体有失稳的可能。

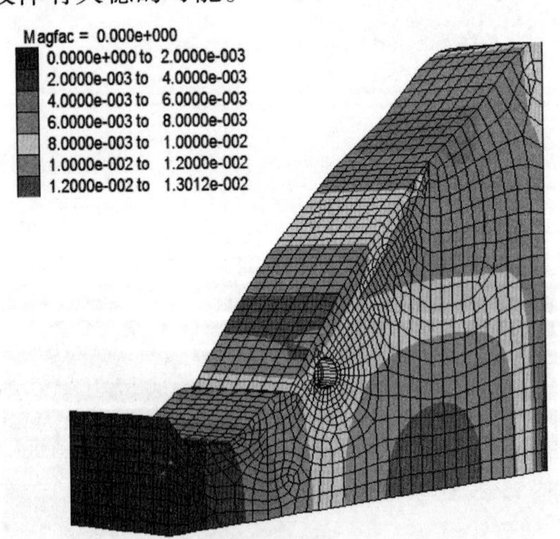

图7 天然状态下隧道开挖位移云图

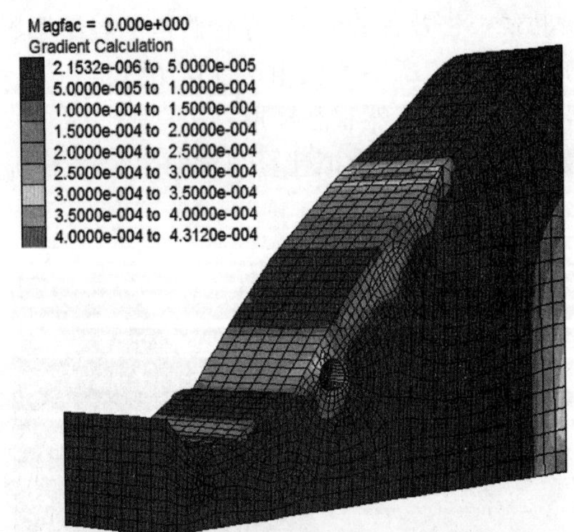

图8 天然状态下隧道开挖剪应变增量云图

3.2.3 隧道爆破开挖模拟

由于爆破过程的复杂性,加上爆破的高频率、短持时、衰减快的特性,对爆轰的计算,目前还存在不一致的观点。本文利用简化波来模拟爆炸波,通过将波源以加速度的形式施加在隧道开挖面(10m)处的方式,计算4s,对爆破过程进行模拟。

(1)根据爆破位移云图(图9)可以看出,边坡的位移主要出现在隧道上部,由于爆破产生的震动,使隧道附近及上部岩体产生松动并产生一定的位移,最大位移为0.086m,位于隧道顶部坡面,并向外延伸逐级减小。

(2)隧道顶部附近出现大量剪切应变区域,并向上部及四周发展(图10),对隧道及坡体的稳定性不利。

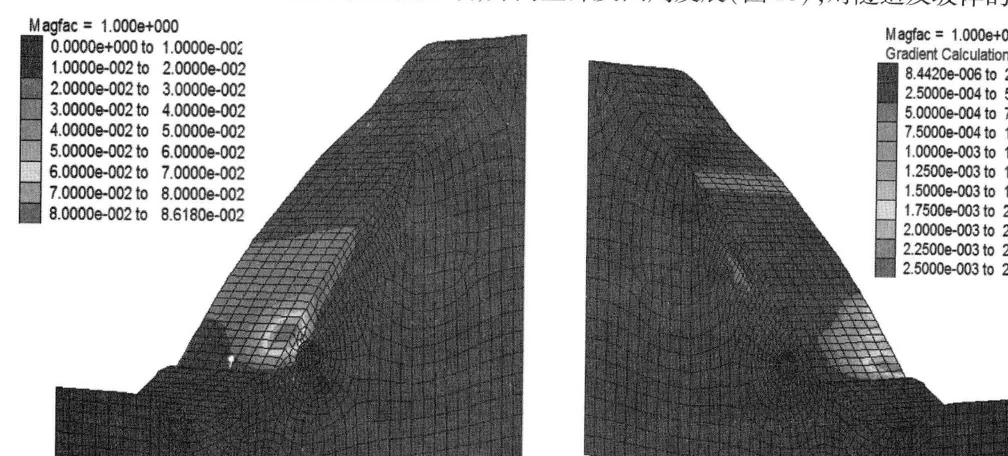

图9 天然状态下隧道爆破位移云图

图10 天然状态下隧道爆破开挖剪应变增量云图

可以看出,施加爆破动荷载后,在开挖所引起应力重分布的基础上发生应力场二次重分布,震动作用不仅增大了坡体最大位移,而且改变了位移场的分布范围,使坡体失稳的可能性进一步增大。

通过在隧道周围及坡面设置监测点,发现隧道拱顶及隧道顶坡面位移较大,监测的位移以水平位移为主,并且变化趋势与波形加速度变化趋势相近,以上下震荡趋势增大(图11)。

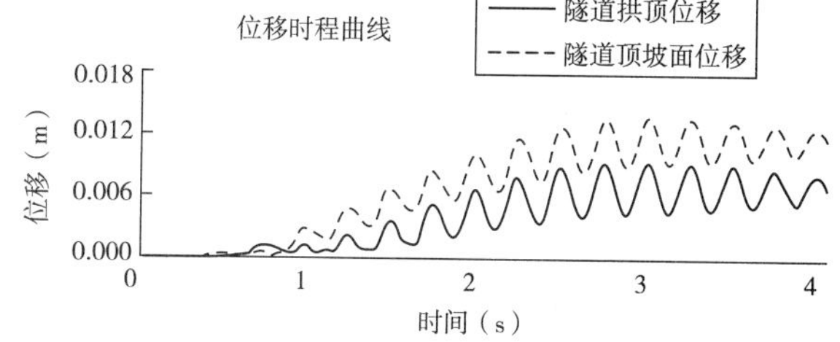

图11 监测点位移时程曲线

3.2.4 边坡支护后隧道开挖模拟

坡体的抗滑措施为:在坡脚处设置一排预应力锚索抗滑桩,桩间距为8m,锚索设计锚拉力为600kN;并在隧道顶后部坡面设置两组预应力框架锚索,共四排,锚索轴线间距为4m,设计预应力为400kN,锚索倾角25°,均锚固于下部稳定基岩中。

(1)由位移云图(图12)可以看出,加固后开挖,坡体的位移场有了明显的改善,最大位移比未加固前减小了一个数量级。主要集中在隧道处并向外扩展减小,可以通过及时加强支护措施来减小隧道周边位移。

(2)剪应变增量区(图13)同样集中早隧道周围,滑带处的剪应变区几近消失,抗滑效果明显。

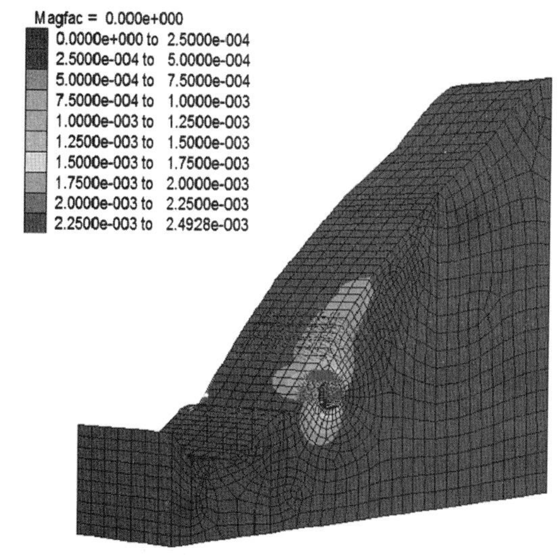

图12 边坡支护后开挖位移云图

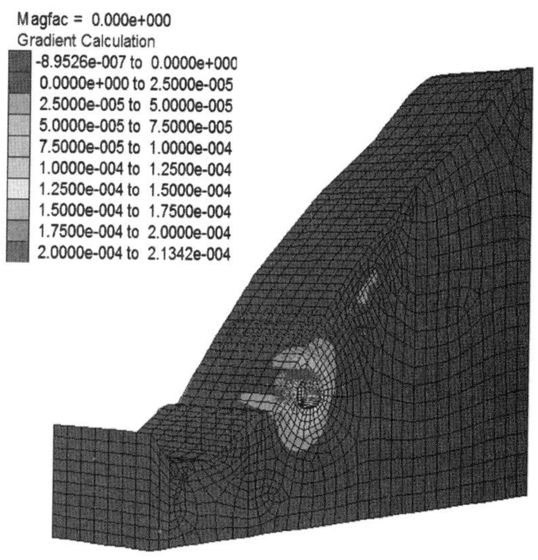

图13 边坡支护后开挖剪应变增量云图

可以看出,在抗滑加固措施作用下,滑体内应力重新分布,在此条件下开挖隧道,隧道周边围岩松动圈在范围和位移大小方面都有明显改善。

3.3 坡体模拟变形分析

模拟结果表明,在隧道开挖和爆破后滑坡体均会产生一定的位移,这种累进效应最终导致滑坡体位移过大。

在抗滑措施施作后开挖隧道,可以明显改善坡体的稳定状态,将坡体的整体位移和剪应变增量控制在较小的范围,减小坡体失稳的风险。

4 结语

通过对马桑坝隧道洞口滑坡的成因的分析及模拟,可以得到如下认识:

(1)在陡倾岩质边坡内开挖隧道,应尽量减小施工过程中的扰动,以减小滑坡形成的风险;

(2)通过预先施作抗滑措施,可以有效改善坡体的应力状态,减小坡体失稳的可能性。

建议:

(1)山区建设高速公路隧道,要特别注意洞口滑坡问题[4];

(2)在施工过程中,应做好监测工作,及时发现问题,采取有效措施;

(3)对由于施工扰动所出现的塑性区,应及时采取有效的应对措施,消除隐患[5];

(4)选线时应尽量将洞口设在地质构造简单、岩层稳定性较好的地段;

(5)当不能避免洞口通过滑坡体时,设计应及时跟进,做到动态设计,在保证洞口边坡稳定相的前提下,采取适当的开挖方式。总之,洞口边坡开挖应认真执行“短进尺、弱爆破、强支护、勤量测”的方针,尽量减小随坡体的扰动。

参考文献

[1] 任光明,夏敏,李果,等.陡倾顺层岩质斜坡倾倒变形破坏特征研究[J].岩石力学与工程学报,2009,28(增刊):3193-3200.

[2] 孙国富,刘维宁,陶连金,等.陡倾外层状岩石边坡的破坏机制与开挖模拟[J].岩土工程学报.2003,25,(6):697-701.

[3] 王国欣,谢雄耀,黄宏伟.公路隧道洞口滑坡的机制分析及监控预报[J].岩土力学与工程学报.2006,25(2):268-274.

[4] 张伟,焦玉勇,郭小红.隧道洞口滑坡稳定性分析与防治措施[J].岩土力学,2008,29(增刊):311-314.

[5] 闫长斌,徐国元,李夕兵.爆破震动对采空区稳定性影响的FLAC3D分析[J].岩土力学与工程学报,2005,24(18):2894-2899.

15.浅谈隧道洞口松散体加固技术

郑　帅
（中交一工局第一工程有限公司武罐十八标　陇南　746052）

摘　要：随着高速公路隧道越来越多，隧道各方面的技术研究与应用也越来越得到人们的重视，经过近几年的摸索与研究，隧道暗洞的施工工艺及方法已经趋于成熟。但是由于岩层的不确定性以及其复杂的应力结构，在实际施工中原设计往往满足不了实际施工的需要，尤其是隧道洞口段，如果支护加固不到位，更存在着极大的安全隐患，本文将结合枫相3号隧道的实际情况，浅谈隧道洞口松散体加固技术。

关键词：隧道　松散　洞口　注浆　管棚

0　引言

随着高速公路隧道越来越多，隧道各方面的技术研究与应用也越来越得到人们的重视，经过近几年的摸索与研究，隧道暗洞的施工工艺及方法已经趋于成熟。但是由于岩层的不确定性以及其复杂的应力结构，在实际施工中原设计往往满足不了实际施工的需要，尤其是隧道洞口段，如果支护加固不到位，更存在着极大的安全隐患，本文将结合枫相3号隧道的实际情况，浅谈隧道洞口松散体加固技术。

1　背景简介

枫相3号隧道位于甘肃省陇南市武都区枫相乡境内，属于兰海高速武都至罐子沟段第十八合同段，位于天水—武都—文县地震带中段，历史上发生多次破坏性地震，是著名震区之一。2008年汶川大地震对该地区有一定影响。表面岩层多为风化，破碎严重。

隧道设计类型为分离式衬砌，左线全长617m，右线全长624m，设计从罐子沟端（南端）进洞。设计勘探结论为：隧址区地层岩性主要为第四系崩坡积碎石、块石（Q_4^{c+dl}）、下古生界碧口群砂质板岩局部加变砂岩（Pz1bk13），隧道南端边坡为第四系坡积碎石土组成的土质边坡，厚度小，结构松散。表层局部分布松散的岩块。建议清除表部松散堆积物、卸荷松动岩体后进洞。

在洞口实际开挖的过程中，发现洞口岩层松散，堆积层厚度较设计较厚，设计厚度4m，后经现场钻孔取芯及勘察，堆积厚度约为14m（图1），贸然掘进必定会造成极大的安全隐患。简单的支护类型已不能满足现有的地质条件。后经多次开会研讨及参考以前的成功案例，制定洞口加固方案：

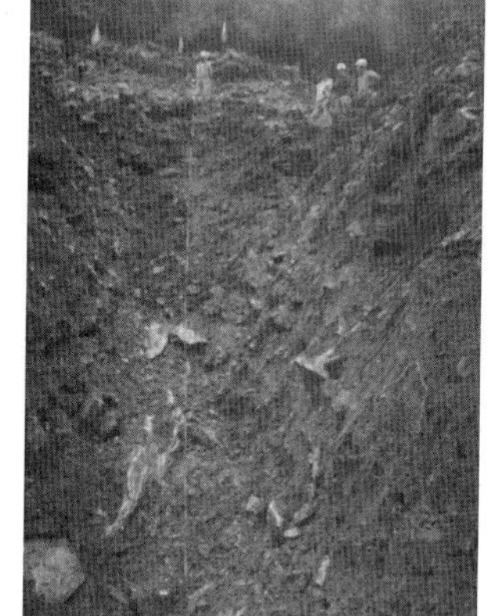
图1　洞口松散体厚度约为14m

洞口上方采用地表钻孔注浆稳固松散体，洞口采用套拱配合25m大管棚注浆进洞。

2　方案实施

2.1　地表注浆

因洞口地表岩层松散，采用注浆可很好的将浆液渗透到岩层的缝隙中，使松散体凝固成整体，达到加固的效果。

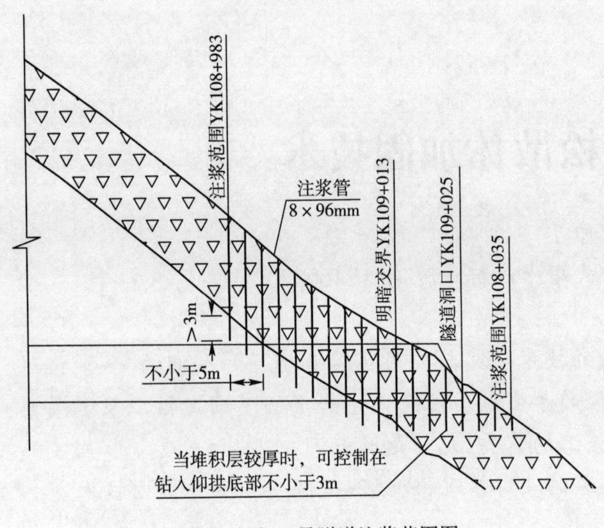

图2 枫相3号隧道注浆范围图

2.1.1 注浆范围确定

经过实地勘察，本隧道的注浆范围确定：纵向为明洞洞口前10m至明暗交界线后30m范围内；横向为暗洞洞宽两侧3m范围，明洞为边坡开挖线两侧3m范围。注浆范围的确定应该结合实际情况，在确定的堆积层的范围内往两边各延伸至少5m，与稳固岩体进行有效搭接。如堆积层范围较大，可将注浆范围确定在洞顶埋深30m以下范围内。如图2所示。

2.1.2 注浆孔位布置

(1)孔位确定

应结合实际岩层的孔隙发育程度及浆液黏聚力、注浆压力等，进行浆液扩散半径计算（参考《岩体裂隙内稳定水泥浆液扩散范围的理论分析》）。枫相3号隧道孔位确定为1.5m×1.5m梅花状布置，对每个孔位进行分区域标注序号。如图3所示。

(2)孔深确定

根据现场钻孔取芯确定堆积层厚度及稳固岩层角度，在每个孔位上标注原地面高程与基岩高程，方便钻孔时控制孔深，孔深应保证钻入稳固基岩≥3m，使之与基岩成为整体；如堆积层厚度较厚，可确定为钻入仰拱拱底以下≥3m，防止将来隧道路面沉陷。

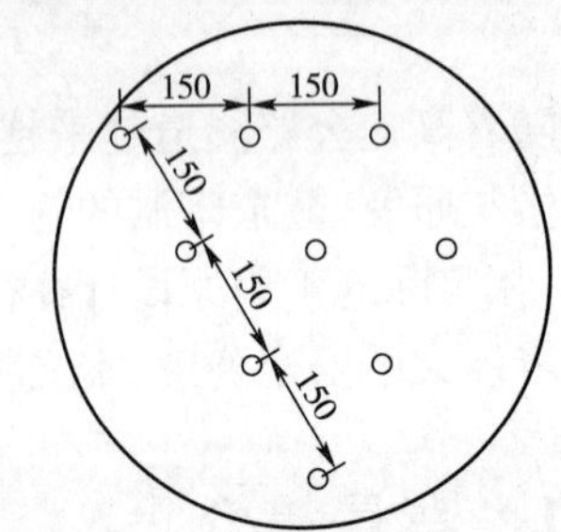

图3 注浆孔位布置图（尺寸单位：cm）

2.1.3 钻孔下管

(1)钻孔

根据每个孔位上标注的高程，确定钻孔深度。枫相3号隧道孔深均在30m以内，考虑到孔位较多工作量大，所以采用较为轻便和易拆卸挪动的潜孔钻，型号QT90B，钻头直径100mm，最大钻孔深度30m。钻孔前应对原地面进行整平，清理出作业平台，钻孔方向应垂直于隧道路面层。钻进过程中应控制好水量，防止堆积层中的泥土因浸泡侵蚀造成坍塌，水量宜控制在8～12L/min。当多台钻机同时作业时，应使钻机间保持5m以上的距离，防止其他钻机扰动造成塌孔，钻孔完毕之后立即插入注浆钢管。

(2)安装钢管

注浆钢管首先能起到保证注浆压力的作用，使浆液均匀扩散；其次还能对堆积层起到抗滑作用，防止堆积层沿山体整体滑动。综合考虑，本隧道研究决定采用89×6无缝钢管。管壁经过后期加工，增加扩浆孔。扩浆孔直径20mm，每周4个孔，沿钢管延伸方向20cm梅花状布置，方便浆液均匀扩散。钢管前段做成锥形，方便入孔。注浆管分段入孔，接头处采用内套管法，套管与两端搭接不小于30cm，焊缝宽度不小于10mm，为了保证接头处不在同一滑动面上，头节钢管可采用不同长度来避开这一问题。本隧道钢管长度采用每节6m，头节分4m和6m交错安装，方便人工送管，保证滑动面上的接头数不大于50%。注浆管口采用3mm钢垫板焊接封堵，保证注浆压力，刚垫板上焊接25mm中空钢管，长度10cm，与注浆管连接。如图4所示。

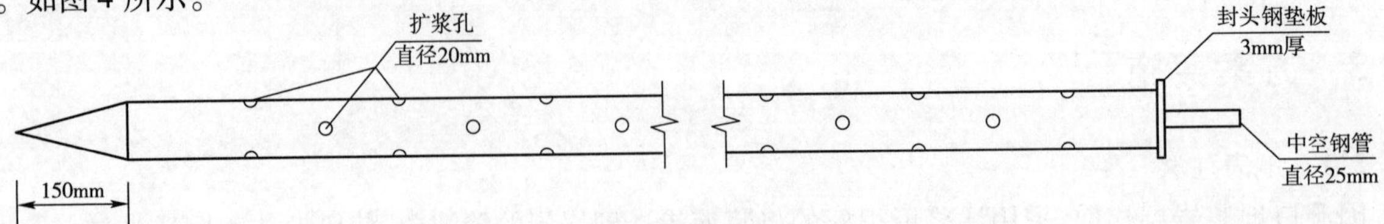

图4 注浆钢管大样图

2.1.4 注浆

(1)注浆浆液

注浆浆液采用1:1净水泥浆,不添加外掺剂。虽然凝固时间较慢,但流动性好,有利于浆液向缝隙扩散。水泥采用强度等级P.O.32.5的国标水泥。

(2)注浆顺序

注浆时应隔孔注浆。既注完1号孔后注3号孔,3号孔完毕后再去注2号孔。这样的目的是防止浆液过于集中,而透过扩浆孔扩散到附近其他注浆管内造成堵塞。其次注浆的时候也不宜一次注满,可分2~3次进行。比如20m的注浆管,第一次可把底部3m注满,然后转到其他孔位注浆,待稍微凝固,再继续注到10m位置,依次反复,直到注满为止。这样可使底层浆液稍微凝固,防止有较大裂隙时造成水泥浆流失的现象。当孔内裂隙延伸较长时,可在水泥浆中添加水玻璃,先使孔底凝固,将裂隙堵塞后再继续进行注浆。

(3)注浆压力

注浆压力一般应控制在1.5~2.8MPa内,终压在1.8~2.2MPa范围内。通过观察注浆压力表,也能反映出浆液扩散情况:当注浆压力较小时,说明浆液还在自由扩散,岩层间孔隙还较多;当压力逐渐变大时,证明浆液已经达到扩散半径,孔隙基本注满。为了使浆液充分扩散,可在注浆前对地表进行喷混凝土处理,使山体达到密闭效果。

山体注浆完毕以后,待水泥浆达到初期强度,即可进行洞口开挖及边仰坡防护,为下一步的管棚施工做准备。

2.2 套拱及超前管棚

超前管棚在隧道洞口处理时比较常见,因为其施工工艺简单,投入成本较低,且效果立竿见影等诸多优点一直被广泛采用。本隧道施工中也采用了此工艺。

设计参数:钢管采用89×6无缝钢管,共43根,每根长度25m,环距35cm,外插角1~1.5;

导向管采用108×3无缝管固定在套拱内,套拱长2m。

2.2.1 套拱施工

套拱不仅是明洞与暗洞的过渡段,还可以稳定明暗交界线周围的山体,并为超前管棚定向。

(1)套拱开挖

套拱开挖时应自上而下逐级开挖,并保留核心土。开挖至拱脚如不是硬基岩,则拱脚应浇筑扩大基础。

(2)套拱立模

套拱模板采用5cm厚木模板拼装,内模用同半径钢拱架支撑,外模用Φ22钢筋环向加固。

将导向管准确定位,并与套拱内工字钢焊接牢固;导向管外插角应用水平尺准确测量,防止在管棚安装时侵入隧道净空或偏离开挖轮廓线过大。导向管管口用软填充物进行填充,防止混凝土浇筑时将管口堵塞。

(3)套拱浇筑

混凝土浇筑时两侧应对称浇筑,高差不超过50cm,防止模板偏压变形;振捣混凝土时应避免振捣棒与导向管碰触。

2.2.2 管棚钻孔安装

(1)管棚钻孔

待套拱拆模后可进行管棚钻孔施工,按顺序将孔位编号。钻孔时应注意以下几点:

①钻机就位前应对作业平台进行整平,防止钻机倾斜造成串孔现象;

②钻机就位后应对钻杆进行校对,外插角是否符合要求;

③钻进过程中对钻杆进行抽检校对,防止外插角过大或过小;

④钻孔时隔开钻孔,防止临近孔位受扰动坍塌,钻孔完毕后应立即装管。

当管棚外插角过大时,钢管将偏离隧道开挖轮廓线较远,起不到支撑作用;当外插角过小时,钢管末端侵入隧道开挖轮廓线内,将来开挖时对管棚受力环造成破坏。所以控制好钻孔的外插角非常重要,应引起重视。

本隧道管棚钻孔采用的钻机型号为 XY-1A150 型,此钻机缺点为体积较大、重,不易拆卸和挪动,优点是钻杆控制精度高,可纵向360°旋转,钻进过程中不抖动,因管棚钻孔作业范围小,作业量较轻,且要求精度较高,所以综合考虑采用此钻机。

(2)钢管安装

钢管制作要求与地表注浆钢管一样,管壁设置扩浆孔,前端加工成锥形,末端用3mm 钢垫板焊接封堵,并焊接25mm 中空钢管与注浆管连接。因管棚末端向下倾斜,为了防止注浆完毕后浆液外漏,应在25mm 中空钢管中加设阀门。

钢管安装也是分节安装,中间采用内套管法进行连接。两端搭接长度均不小于30cm,为了保证同一断面上的接头数不大于50%,亦采用首节钢管长度控制法,单号的孔内首节钢管长度4m,双号的孔内首节钢管长度6m。推进时首节钢管采用人工送管,当送不进去时用挖掘机机械臂顶进。遇到塌孔时应将钢管退出,用钻机疏通后重新安装,如果钢管退不出来,可采取用小号钻头沿钢管内壁进行疏通。

(3)管棚注浆

管棚注浆是管棚施工的关键环节之一,注浆的好坏将直接影响管棚的施工质量。枫相3号隧道管棚注浆采用的是水泥水玻璃双液浆,水灰比为1:1,水玻璃掺量为15kg/m^3。此类水泥浆凝固较快,能在较短时间内达到设计强度,及时形成受力环。

水泥浆搅拌均匀,注浆时一个孔内应一次注满,管棚注浆也应采用隔孔注浆法,注浆终压控制在1.8~2.2MPa,注浆完毕后应立即关闭管口阀门。

3 结语

目前对于松散体的处理方面还没有统一的施工规范和标准,总的来说,处理洞口松散体的一个理念就是“化碎为整,超前支护”,根据实际情况进行加固,最大限度地保证洞口安全。

现在枫相3号隧道左右线均已顺利贯通,本人工作经验较浅,隧道技术掌握的有限,本文还有很多不足之处,希望各位能够批评指正。也希望本文能起到抛砖引玉的作用,使隧道技术的研究与应用得到更广泛的关注。

参考文献

[1] 中华人民共和国行业标准. JTG B01—2003 公路工程技术标准[S]. 北京:人民交通出版社,2004.

[2] 中华人民共和国行业标准. JTG F60—2009 公路隧道施工技术规范[S]. 北京:人民交通出版社,2009.

16.宋家山隧道洞口工程不良地质形成机理分析与加固

张东帅
（陕西明泰工程建设责任有限公司武罐二十标　陇南　746412）

摘　要:本文简要叙述了宋家山隧道洞口工程不良地质形成因素,介绍其加固处理方法,着重阐述了压力分散型预应力锚索加固边坡的机理和施工工艺。

关键词:不良地质　机理　加固

1　工程概况

武罐高速公路WG20合同段,是兰海高速公路在甘肃省陇南境内的一部分,起讫里程YK116+494~YK122+146,全长5.66km。线路经过区属西秦岭中高山区,地形复杂,变化起伏大。地质条件差,多为不良地质。宋家山隧道武都端洞口仰坡以上山体为松散堆积层,厚度为8~12m,向前基岩裸露,节理极为发育,岩体错落、相互切割,岩质较软,稳定性差。洞口右侧上方存在崩塌体及泥石流流通区光滑面。光滑面宽10~30m;堆积区为宽约50m的扇形体,长约100m;流通区长约150m。堆积区以块石为主,夹有碎石、角砾和黏土以及树木,属不良地质路段,影响隧道及桥梁通车后的营运安全。针对仰坡开挖情况,为保证仰坡加固质量,施工单位和业主、监理、设计单位,通过多次理论论证,现场勘查和进行多方咨询,确定了采用压力分散型预应力锚索、锚杆框格梁及设置拦石墙、SNS被动防护网进行加固的实施方案。

2　不良地质形成机理分析

2.1　地层岩性

隧址区洞口处岩性为砂质板岩夹杂变质板岩,岩体节理裂隙发育,宽张,充填岩石块及泥质物,裂隙相互切割,将岩体切割成菱形块体,呈台梯状陡坎,岩体破碎。山体表面覆盖松散堆积层,为崩塌、滑坡形成创造了先决条件。

2.2　水文地质

隧址区地下水以大气降水和基岩裂隙水为主,地下水对山坡表层松散堆积体的稳定性具有不良影响。特别是2009年7月份的特大暴雨,对山体表面冲刷严重,堆积碎石土受雨水浸湿饱和,产生崩塌及泥石流,在洞顶右侧形成大量松散层堆积体。

2.3　地震

该区地处天水—武都—文县地震带中段,受104°南北构造带或地震带影响,地震活动频率高,强度大,是著名的震区之一。山体受地震影响较大,局部失稳,地表浅层多处产生滑坡、崩塌现象;2008年汶川大地震对该处有极大的影响。

纵观不良地质病害的形成与发展过程,其形成机理可归纳如下:山坡高陡,结构面的组合关系对山坡稳定性极为不利,是导致山坡不良地质发育的根本原因。而降水、重力、地震等条件是产生不良地质的诱发因素。

3 压力分散型预应力锚索加固方案

3.1 压力分散型预应力锚索作用机理

预应力锚索框架加固防护是把破碎松散岩体锚固在地层深部稳固的岩体上，通过施加预应力，使锚固范围内的软弱岩体挤压紧密，提高岩层间的正压力和摩阻力，阻止开裂松散岩体位移，从而达到加固边坡的目的。

3.2 加固方案

对洞顶仰坡以上部分采用预应力锚索框格梁进行加固，将坡体锚固于弱风化的砂质板岩中。框格梁每榀设4孔锚索，锚索长度20m，锚固段均为10m；仰坡左前方采用锚杆框格梁加固处理，锚杆长度12m。

3.3 锚索的杆体结构

锚索由钢绞线、导向帽、架线环、波纹管、锚垫板及锚头等部件组成，根据其受力状态可分3段：

锚固段：其作用是依靠浆体与周围岩土之间的摩阻力来提供锚固力；

自由段：主要起传力作用，长度与破碎岩层或滑体厚度有关；

张拉段：指锚头以外部分，为锚索张拉锁定施加预应力而预留的，张拉锁定后割断钢绞线。

4 施工工艺

压力分散型预应力锚索施工工艺流程图

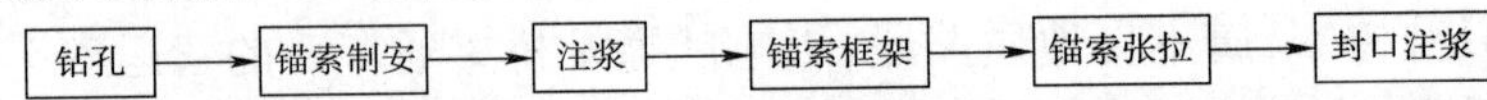

4.1 钻孔

根据设计用全站仪或者钢尺放线，标定出孔口位置。按设计孔口位置在脚手架上安装专用机座，将钻机安放在机座上，用方向架放出锚索方向角，以测角仪调整倾角达设计要求（设计要求孔倾斜误差不大于2°），将钻机与机座及脚手架固定好，复核孔口位置、方位和倾角，确认无误后，安上冲击器和钻头，接上风管，进行钻孔。钻孔结束后，及时复核孔深，并以高压风吹孔，待孔内粉尘吹净，用土工布等塞好孔口。

钻孔过程中应注意的事项：

（1）钻锚索孔不取岩芯，钻进过程中禁止水冲，以确保锚索施工不至于使边坡岩体工程地质条件恶化。

（2）锚孔下倾角（与水平面夹角）为20°，钻孔允许误差±2°，为确保锚孔深度，钻孔深度要求大于设计孔深0.5m。

（3）钻进过程中应对每一孔地层变化（岩粉情况）、钻进情况（钻压、钻速）、地下水情况，以及某些特殊情况等，进行记录，若遇坍孔，应立即停钻进行固壁灌浆处理（灌浆压力0.1~0.2MPa），灌浆36h后重新扫孔钻进。

（4）钻进完成之后必须使用高压空气（风压0.2~0.4MPa）将孔中岩粉及水全部清理干净，以免降低水泥净浆与孔壁岩体的黏结强度。

（5）锚孔完成后须经质检部门检查方可进行下一道工序的施工。

4.2 锚索制安

4.2.1 锚索制作

锚索的设计长度是从钻孔的孔口算起的，钢绞线的总长应为锚索的设计长度（钻孔的实际长度）、框架梁厚度、千斤顶长度、工具锚和工作锚的厚度以及张拉操作预留量的总长。一般情况下，钢绞线的截余量取50cm。

根据锚索设计长度准确定位处锚固段、自由段位置，在其起点位置安装钢质承载体及挤压套，且锚索的端部安放导向帽，下锚时能够顺利入孔。为保证锚索在整个制作及下锚过程中不变形，每隔 1.5m 穿一个架线环，两对架线环之间扎铁丝一道，装入 $\Phi25$ 塑料软管用于孔道压浆，在坡面孔口位置锚索要求增加一个架线环，保证外露部分锚索杆体不变形。

4.2.2　锚索安装

安放锚索之前，用高压风进行清孔，然后再安放锚索。由人工缓缓地将锚索插至孔底即可，送索入孔时，要注意使锚索顺直，用力均匀，不要左右摆动。注浆管与锚索同时安放，从架线环的中心钢管内穿过，管口距离孔底 30 ~ 50cm。

4.3　注浆

注浆采用孔底返浆法（注浆管不拔出），先将注浆管与锚索同时安装，注浆管插入距孔底 30 ~ 50cm 处，用压浆机将 M40 水泥净浆注入孔底，注浆压力为 0.4MPa 左右，当孔口出现溢浆且持续时间不低于 2min 后，方可停止注浆，且需二次补浆。

4.4　锚索框架

锚索框架梁设计为 25MPa 钢筋混凝土结构，起作用为调整岩面受力方向及传递锚具的集中荷载。混凝土浇注过程中，先清除干净模内浮渣，逐步缓慢进行浇注，一榀框架梁混凝土一次性浇注完毕，要特别注意混凝土坍落度控制，浇注完成后及时洒水养护。

4.5　锚索张拉

锚索张拉前，需委托具有相关资质的单位对张拉设备进行标定。锚索张拉前应按设计值的 10% ~ 20% 对锚索进行预张拉，以使其各部位和索体完全平直，正是张拉过程中为，即设计拉力的 25%、50%、75%、100% 和 110% 然后锁定，各级持荷稳定 5min。张拉前编制张拉作业指导书，张拉过程中详细记录张拉油表读数及钢绞线伸长量，用荷载和钢绞线伸长量进行双控，保证锁定荷载的准确性。

4.6　封口注浆

张拉结束后，立即注入不小于 M40 级的水泥净浆封口，注浆管从预留孔插入直至管口达到锚固段顶面约 50cm。注浆至孔满溢出，拉出注浆管，边拉边注浆，以防形成空隙，孔中的空气经外锚墩预留气孔中排出。

4.7　外部保护

注浆封口后，从锚具量起，留 30mm 钢绞线，其余部分截去，在其外部覆盖厚度不小于 50mm 的与锚梁同强度等级的混凝土封头，以防锈蚀破坏。

5　结语

宋家山隧道洞口加固工程已完工一年左右，山体坡稳定性良好。锚索框格梁因其能充分调提高岩体的自稳能力和自身强度，极大地减小山体表面结构物体积，且有利于施工安全优点，目前已成为山体边坡加固与处治工程最有效的方法之一，得到了广泛的应用。

17. 隧道—滑坡体系类型和隧道变形模式研究

吴红刚[1]　吴道勇[1,2]　马惠民[1]　张红利[1]

(1 中铁西北科学研究院有限公司　兰州　730000;2 兰州交通大学土木工程学院　兰州　730070)

摘　要:在山区修建公路、铁路隧道时,常遇到隧道从滑坡体内及周边穿越的现象,这些隧道会因滑坡滑动而产生变形、开裂等病害。一直以来,研究者将隧道开挖与滑坡蠕动分开考虑,未能很好地解释二者的相互作用。隧道与滑坡的空间位置关系控制病害的性质和规模,是决定隧道—滑坡体系相互作用模式的主要因素。它确定了隧道在滑坡体中的受力模式,而隧道受力是导致隧道变形的根本原因,因此隧道与滑动面的相对位置关系决定隧道受力机制和变形特征。根据隧道与滑动面的空间位置关系将隧道—滑坡体系划分为平行、正交和斜交三大体系类型,结合典型工程实例对不同的体系划分了更细的类型,分析了各类型的受力模式和变形特征,得到了隧道—滑坡体系相互作用的规律。研究表明不同体系其受力与变形有很大差别,总体上隧道—滑坡体系的相互作用随两者距离的增加而减弱。

关键词:隧道—滑坡体系　空间位置　受力机制　变形特征

0　引言

在山区修建高速公路时,不可避免地要在山体内开挖隧道,隧道进出口段是工程地质薄弱的地方,隧道开挖扰动坡体,很容易在这些地方诱发滑坡崩塌等地质灾害,严重影响隧道和道路安全。例如武罐高速公路南部由于地质构造强烈、岩层软弱、降雨量大等因素,地质条件很差,沿线老滑坡分布广泛,隧道进出口段滑坡灾害很多。

目前有些学者已经开始关注这一工程问题,研究隧道开挖和滑坡蠕动对隧道的危害,并取得了一定研究成果。张鲁新、周德培[1]以东荣河滑坡为例,利用现场勘测、滑坡监测及室内试验结果,分析了蠕动型滑坡成因,以及隧道变形开裂的机理。毛坚强、周德培[2]应用接触问题的有限元算法研究滑坡—隧道间的相互作用机理及受力变形规律。周德培、马惠民等[3-5]分析了坡体病害地段隧道变形开裂的特征及二者相互关系,给出了隧道变形与坡体病害相互关系的 5 种地质结构模型,提出了用隧道变形规律预测坡体灾害的模式,并用地质力学模型试验结果加以验证。陶志平[6,7]对近 30 座施工和运营隧道进行调研的基础上,研究了滑坡体的结构、滑坡的成因、隧道与滑面的相对位置关系及相应的隧道变形特征,提出了隧道与滑面相对位置关系是决定隧道变形特征主要因素的观点,并分析了隧道处于滑坡体内不同位置时的受力模式,建立了分析滑坡与隧道变形相互关系的 4 类地质力学模型。

总体来说,对于隧道穿越滑坡等地质病害地段的工程问题,目前研究者主要将隧道开挖和滑坡蠕动分开考虑,虽然很多学者已经认识到隧道开挖和滑坡蠕动是一个相互作用的整体,但理论上一直以来没有一个公认为良好的解决方案。在实际工程中,往往只在病害出现之时才慌忙采取应急措施,缺乏对于该类变形机理问题的深层次探讨,大家各持己见仅对于表面变形区段加以治理,常常出现“治理后又变形,变形了再加固”的恶性循环。笔者认为,隧道建设和运营过程中隧道和坡体变形具有紧密相互作用关系,对于变形机理的研究应该遵循一个协同的原则[8],避免顾此失彼,为此建立“隧道—滑坡体系”概念,旨在提醒同仁能更多地从根本上认识系统的相互作用和变形机理问题,为实际工程中采取合理防护措施提供较为准确的理论依据。

本文所述的“隧道—滑坡体系”泛指各种在滑坡体内及周边一定影响范围内建设和运营的隧道工程

及其所在区域地质病害体的统称。该体系建立的主要意图在于既考虑隧道和滑坡各自的变形发展特征，又考虑两者的相互作用，将其作为一个体系综合分析其变形机理和控制技术。

针对这些问题，根据工程实践和资料调研，从理论上分析滑坡滑面与隧道轴线的空间位置关系对隧道—滑坡体系变形失稳的影响，在此基础上，以隧道与滑坡相互位置关系为主要依据，建立地质力学模型，作为分析滑坡和隧道变形相互作用机理、滑坡灾害及制定工程措施的基础。

1 隧道—滑坡体系的类型划分

滑坡与隧道的相对位置或滑坡体坡体结构不同，隧道变形特征与破坏方式存在很大的差异。一般来说，坡体结构是病害发生的基础，隧道与滑坡的空间位置关系控制病害的性质和规模。隧道受力与其在滑坡体中的相对位置有关，即隧道与滑动面的相对位置关系是决定滑坡与隧道相互作用模式的主要因素，同时也确定了隧道在滑坡体中的受力模式，而隧道受力是导致隧道变形的根本原因，也就是隧道与滑动面相对位置关系决定滑坡与隧道相互作用模式和变形特征。因此，从隧道不同的变形特征入手，通过调查、归纳和分析滑坡地段隧道变形的特征，建立相应的地质力学模型。为验证该模型的正确性，对四种代表性情况进行数值模拟分析。数值计算模型中隧道半径为6.2m，滑体厚50m，主滑段倾角30°，表1为数值模型计算参数。

数值模型计算参数

表1

岩土材料	重度 γ(kN/m^3)	弹性模量 E(GPa)	泊松比(μ)	内摩擦角 φ(°)	黏聚力 c(kPa)
基岩	20	2	0.28	40	200
滑体	19	0.8	0.30	35	100
滑带	18	0.2	0.32	30	10

根据滑坡滑动方向与隧道轴线方向的夹角、隧道与滑面的相对位置、滑坡体的结构特征等主要影响因素对隧道—滑坡进行分类(表2)。

(1)按滑坡主滑方向和隧道轴线的相对位置关系分类，可将隧道—滑坡体系分为以下三种形式：①隧道—滑坡平行体系；②隧道—滑坡正交体系；③隧道—滑坡斜交体系。

(2)由于隧道与滑面的相对位置决定了滑坡变形特征以及隧道受力模式，并最终决定了病害防治工程措施。因此，根据隧道与滑面的相对位置将隧道位于滑坡体内和与滑面相交又细分：隧道位于滑坡体主滑段、牵引段和抗滑段几种情况。

2 隧道—滑坡平行体系的受力变形模式

隧道—滑坡平行体系指滑坡主滑方向平行或近似平行(0°~20°)于隧道轴向。根据隧道与滑面的相对位置有三种情况：一是隧道与滑面相交(Ⅰa)；二是隧道位于滑面以下(Ⅰb)；三是隧道从滑体两侧通过(Ⅰc)。隧道与滑面相交(Ⅰa)时同样有隧道穿越抗滑段、主滑段和牵引段三种情况(表2)。

当隧道与滑面相交(Ⅰa)时，作用于隧道上的外力主要为岩土压力 P 和滑坡推力 F，且隧道底部还会受到基底反力(岩土抗力 K)的作用，该类型的典型工程实例为武罐高速公路圆台子隧道滑坡。此时隧道变形主要表现在洞口段，且认为滑体以外部分坡体和隧道有足够的刚度，可将隧道简化为梁结构，梁的一端绞支(隧道与桥梁或路基直接相接)，另一端为固定端。由于隧道在滑体内作为梁式结构而在纵向承受滑坡推力 F 沿隧道轴向的分量、横向受岩土压力 P 和滑坡推力 F 沿隧道垂向的分量，因此隧道将发生纵向弯曲变形、轴向的拉伸变形和固定端的剪切变形。在隧道顶部产生弯张变形(图1)；受剪切力作用，隧道沿着纵向产生与滑动方向一致的剪切裂缝；因轴力作用会形成环形横向裂缝。特别在靠近滑面处，隧道受到的弯矩、剪力和轴力都达到最大，隧道弯曲变形、剪切变形和轴向拉伸变形最大，最终导致隧道在滑面处发生错动，形成剪切错台。

表2

隧道—滑坡体系类型和隧道受力变形模式

类型	隧道与滑动面相对位置图示		受力图示	变形图示	隧道变形特征	实例
	平面	断面				
平行体系Ⅰ	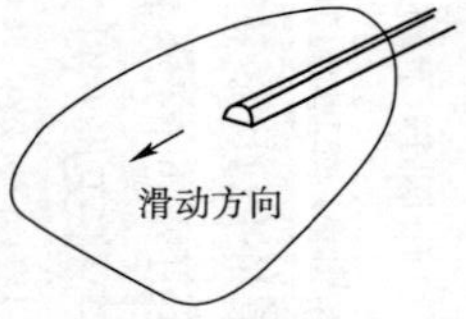 平面上与滑坡相交	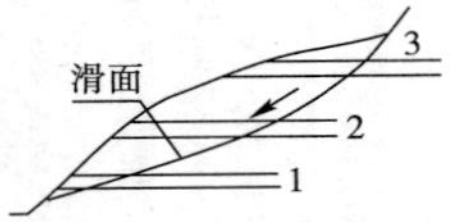 Ⅰa 与滑面相交	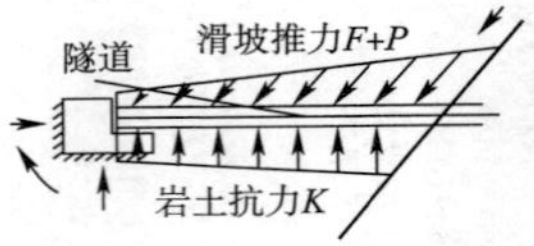	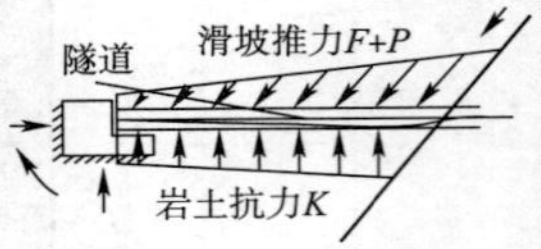	隧道顶部产生弯张裂缝，纵向产生剪切裂缝，环形横向裂缝。靠近滑面处，隧道弯曲变形、剪切变形和轴向拉伸变形最大，导致隧道在此处发生错动，形成剪切错台	甘肃武罐高速圆台子隧道、阳坡里隧道、洛塘南隧道、山西祁临高速常家山隧道、陕西西汉高速秦岭3号隧道等
		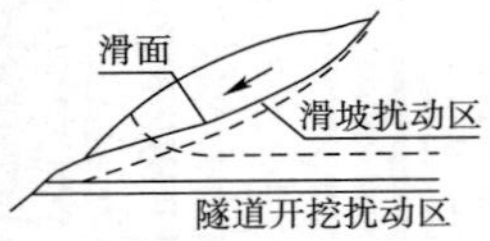 Ⅰb 滑面以下	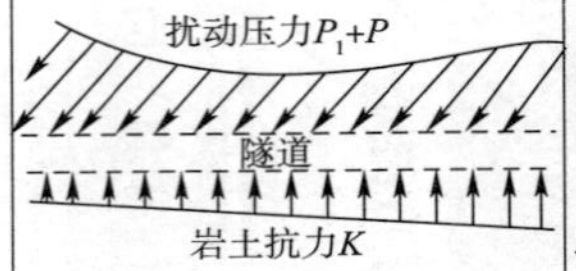	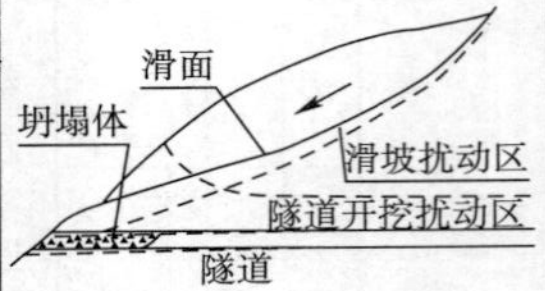	拱顶变形破坏为主，拱部常发生压溃性开裂变形，并出现错台，洞口段裂缝宽度大延伸长，越靠近洞口段变形越严重，可能发生塌方冒顶等事故	甘肃武罐高速郭家山隧道
	 平面上位于滑坡两侧	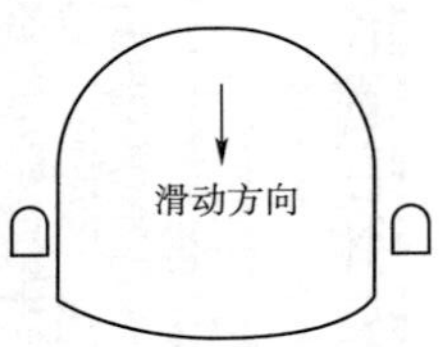 Ⅰc 滑体两侧外	滑坡推力没有直接作用在隧道上，而且两侧滑体厚度小、强度也较大。但如果隧道和滑坡距离太近，隧道开挖将扩大滑坡侧界范围，扰动岩土仍然会对隧道有一定影响	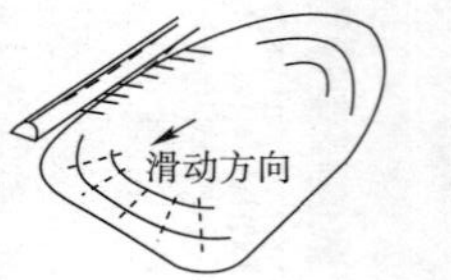	隧道靠近滑坡一侧可能受到扰动压力产生横向裂缝	甘肃武罐高速强家湾隧道
正交体系Ⅱ	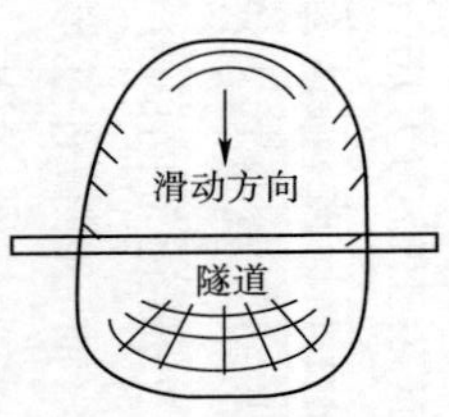 隧道穿过滑坡平面	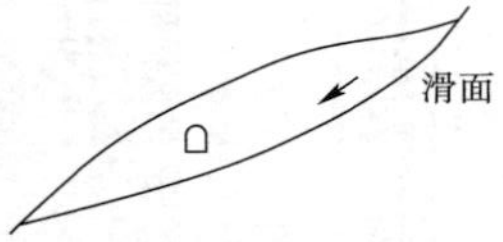 Ⅱa 滑体内	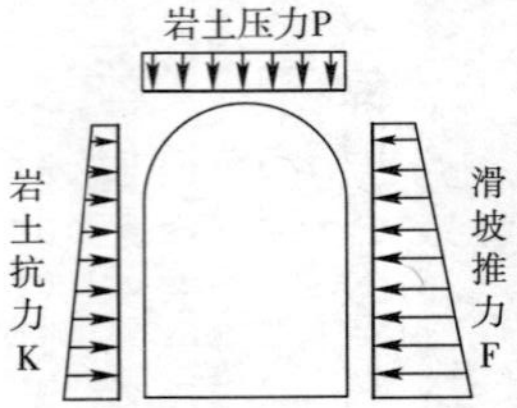	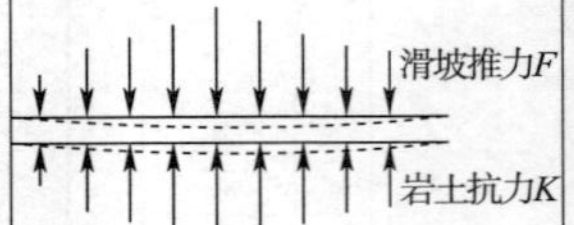	纵向弯曲和整体外移为主，时有升降，局部位置整体错台。多横裂，少纵裂，伸缩缝出现相互错动。当隧道位于抗滑段时对滑坡最为不利	成昆线林场隧道、襄渝线狗磨湾隧道、宝成线新飞仙关隧道等
		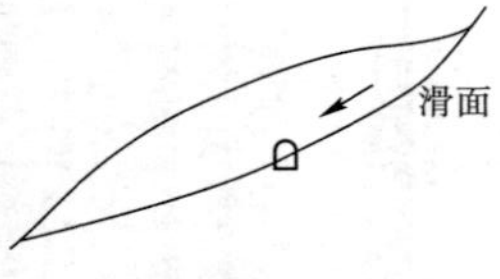 Ⅱb 与滑面相交	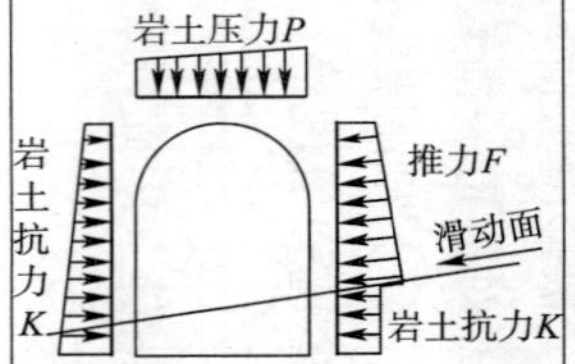	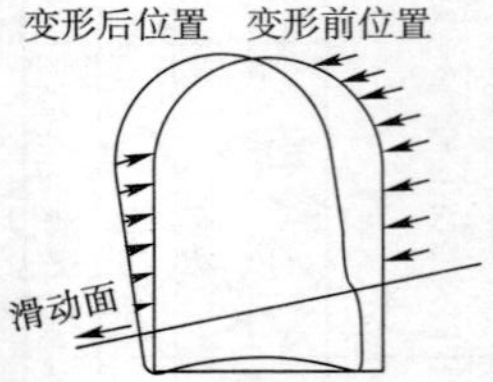	衬砌以纵向开裂为主，边墙或拱顶出现错台。山侧边墙倾斜，衬砌开裂较河侧严重。当隧道位于抗滑段时对滑坡最为不利	襄渝线柴家坡隧道、南昆线平中2号隧道、贵昆线小冲隧道、成昆线毛头马1号隧道进口段等

续上表

类型	隧道与滑动面相对位置图示		受力图示	变形图示	隧道变形特征	实例
	平面	断面				
正交体系Ⅱ	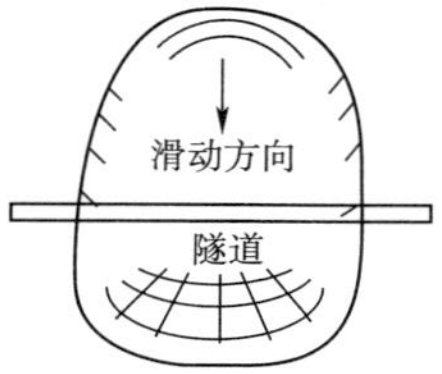 滑动方向 隧道 隧道穿过滑坡平面	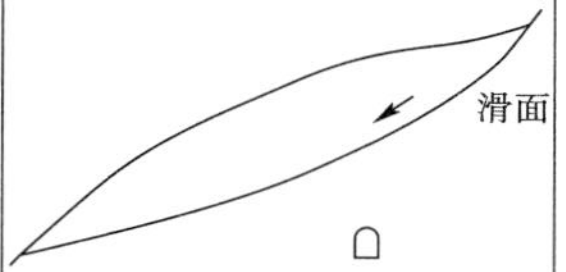 滑面 Ⅱc 与滑面相交	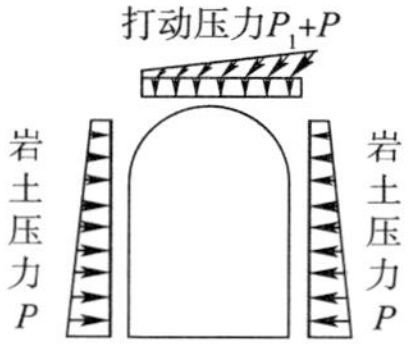 打动压力P_t+P 岩土压力P 岩土压力P		拱顶变形破坏为主，拱部常发生纵向开裂变形，并出现错台，通常裂缝宽度大延伸长，严重时发生塌方	宝中线堡子梁隧道、宝成线新明月峡隧道等
		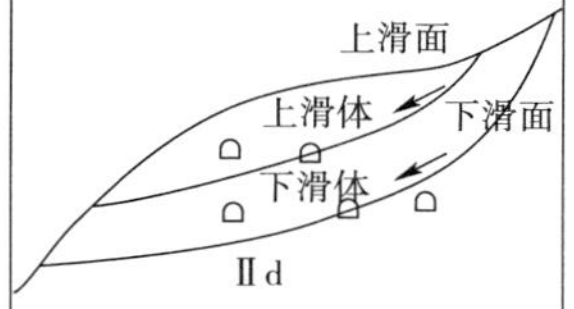 上滑面 上滑体 下滑面 下滑体 Ⅱd Ⅱd 双滑面(5 种情况)	与单滑面情况类似，但应考虑上下滑体滑动速度和上滑体的扰动	与单滑面情况类似，当下滑体滑动剧烈时，滑坡推力较大，可能破坏情况比单滑面时更为严重。隧道变形特征也主要表现在两方面：一是隧道整体位移和纵向弯曲变形；二是隧道衬砌自身变形		重庆万梁亭子垭隧道、巫奉孙家崖隧道、襄渝线旗杆沟隧道等
	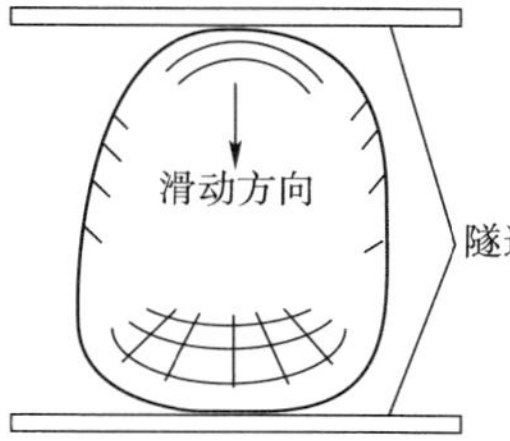 滑动方向 隧道 隧道在滑坡平面外	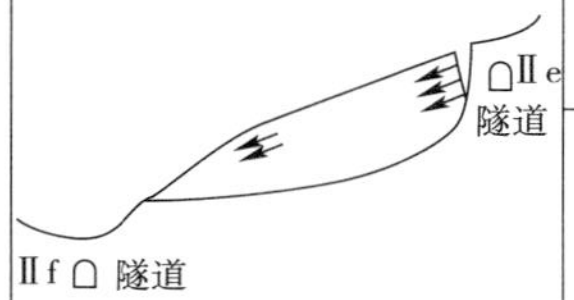 Ⅱe 隧道 Ⅱf 隧道 从滑坡前后通过	Ⅱe 隧道位于滑坡后部距离较近可能受牵引，产生偏压	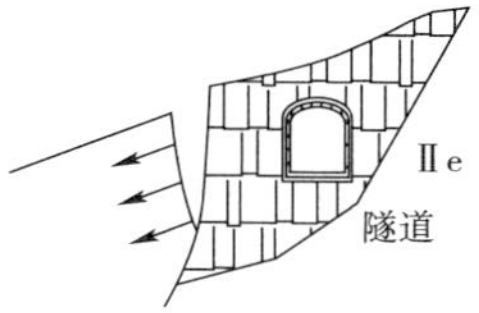 Ⅱe 隧道	纵向张裂缝或微小纵弯和外移	重庆云万路袁家垭隧道、包家梁滑坡、云南元磨高速三公箐隧道等
			 岩土压力$P+\Delta P$ 岩土抗力$P+\Delta P$ 岩土抗力$P+\Delta P$ Ⅱf 隧道位于滑坡前部滑坡堆积物影响范围	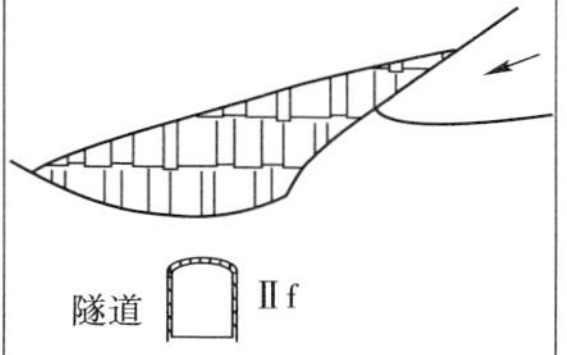 隧道 Ⅱf	当隧道离滑坡前缘较近，隧道开挖将会使滑坡前缘受到扰动；当隧道在滑坡堆积物的影响范围内，滑坡堆积体相当于增大隧道埋深，岩土压力增大而出现压屈，如果隧道本身埋深较浅，滑坡下滑时的冲击力不可忽视	
斜交体系Ⅲ	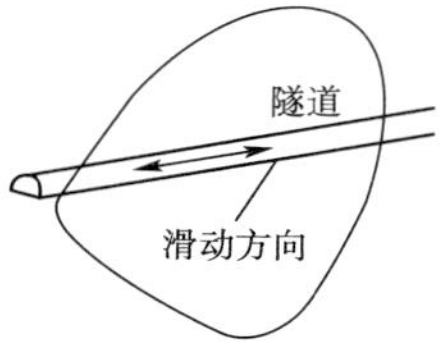 隧道 滑动方向 隧道轴线与主滑方向斜交	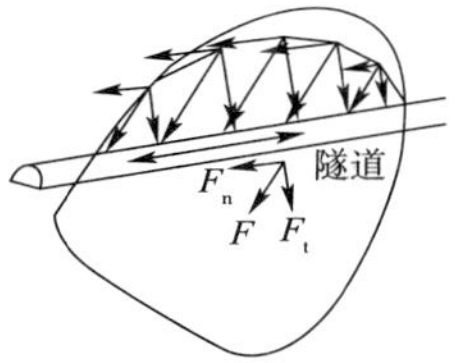	隧道 F_n F F_t	该体系下，一种可能的变形为隧道开挖扰动滑体的范围大，在滑体内形成较大的临空面，对滑坡稳定性影响较大，隧道的变形特征非常复杂，应按空间问题考虑，总的来说，隧道产生弯曲变形、轴向的拉压变形、剪切变形，可将滑坡推力分解为沿隧道轴线方向和垂直于隧道轴线，隧道的变形特征为这两者引起的变形叠加。还有一种情况是隧道开挖后形成了新的临空面，坡体变形可能垂直于隧道，而偏离了原滑坡的滑动方向		甘肃武罐路楼房山隧道、马桑坝隧道、重庆万梁路金竹林隧道、奉溪路大坪滑坡等

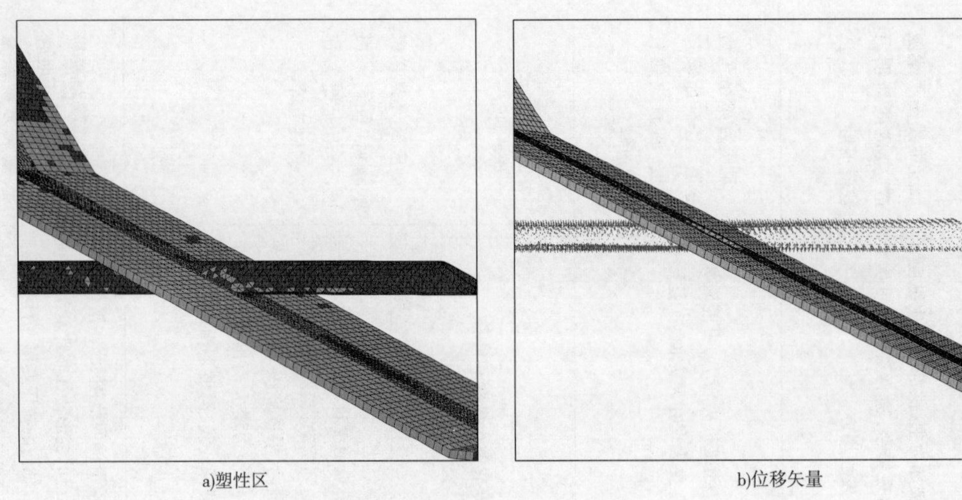

a)塑性区　　b)位移矢量

图1　平行体系相交模型模拟

新建武罐高速公路圆台子隧道南端出口位于碎石层中，洞口开挖易造成滑坡体局部失稳、塌滑[9]。自2010年10月1日右线进洞以来，由于洞口段多为松散碎石土，施工进度缓慢，施工方分别采用开挖后立即素喷，缩小循环进尺和快速成环等多种方法，较为有效地解决了隧道施工中局部频繁坍塌的问题。但是，坡体的开挖仍造成了仰坡、钢拱架表层混凝土喷层和山体表面多处开裂，10月16日1-1号深孔位移监测孔附近产生多条微裂缝，以后多处发展扩大。11月2—6日，山体后部靠近1-3号监测孔附近产生弧形裂缝，宽度由1cm扩展为5cm，深度40cm，总长约15m，与此同时1-2号深孔位移监测孔内PVC管在距地表11m处被剪断（图2）。隧道右洞开挖至41m掌子面时发现褐黄色滑动带，同时隧道左洞洞深33m掌子面时发现滑动面，擦痕明显。

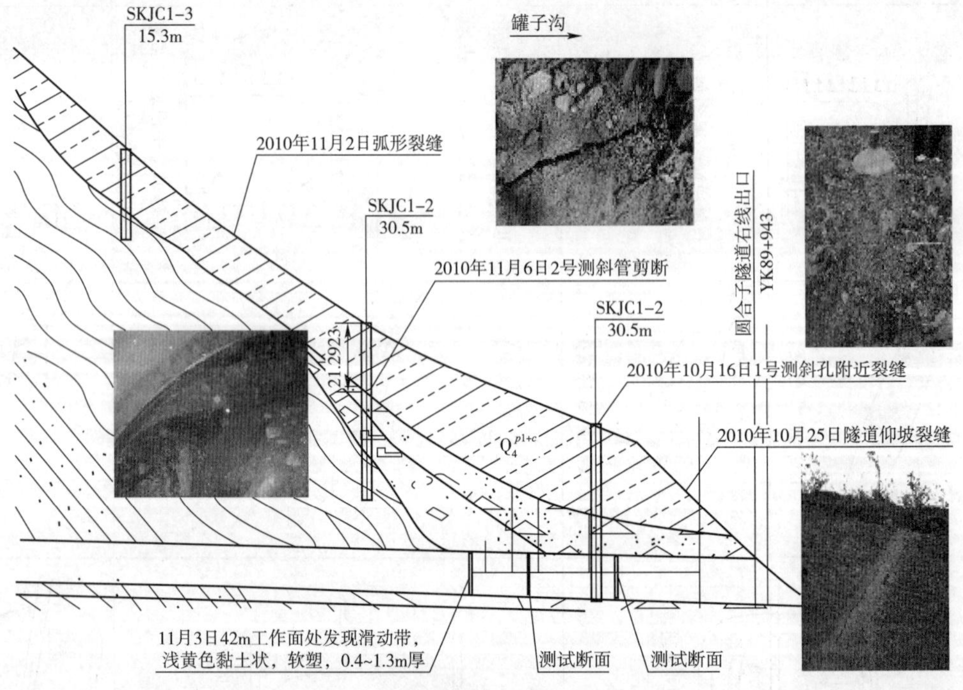

图2　圆台子隧道右线出口变形特征断面图

当隧道从滑体下方穿越（Ⅰb）时，作用于隧道上的外力主要为岩土压力 P、岩土抗力 K 和扰动压力 P_1，该类型的典型工程实例为武罐高速公路郭家山隧道滑坡。隧道开挖会对围岩扰动和滑体滑动对滑面以下岩土体产生扰动，扰动作用的影响范围主要与隧道围岩的岩土性质、风化程度、节理裂隙发育情况和水文地质条件有关。隧道的受力和变形将随滑面距拱顶距离 H 的增加而减弱，当 H 超过一定距离时，扰动作用会消失。当隧道位于扰动区内时，滑坡滑动会使隧道拱部承受扰动压力；发生纵向开裂变形，并出现错台，通常裂缝宽大延伸长，严重时拱顶发生掉块掉皮或塌方。新建武罐高速公路郭家山隧道滑坡，其基岩为反倾状，上覆一定厚度松散堆积体，滑床为千枚岩、变质板岩等。主要破坏模式是松散堆积体沿下伏基岩顶面产生滑动。隧道的开挖和滑坡滑动都会扰动周围岩土，当隧道距离滑坡底部的深度 H 小于安全深度时，隧道可能坍方冒顶，而滑坡则可能产生滑动。

当隧道从滑体两侧通过（Ⅰc）时，作用于隧道上的外力主要为侧向扰动压力 P_1，该类型的典型工程实例为武罐高速公路强家湾隧道滑坡。虽然隧道与滑坡相互之间影响较隧道与滑面相交和通过滑坡体下方情况时要小一些，但如果隧道埋深较浅，隧道开挖扰动滑坡侧界岩土时仍存在滑坡侧界扩大的可能。由于滑坡两侧滑体厚度较小，岩土强度也较主滑段更高，隧道开挖会扰动坡体，但影响范围有限，所以滑坡对隧道的影响相对较小，除产生局部坍塌之外一般不会引起滑坡整体滑动。隧道靠近滑坡一侧可能出现横向张裂缝，延伸和裂缝宽度一般不会太大，对隧道或滑坡作简单处理就可以通过。例如新建武罐高速公路强家湾隧道滑坡（图3），该隧道罐子沟端洞口段岩性主要为砂质板岩夹千枚岩，岩体破碎，多见有顺层向裂缝，宽 0.1 ~ 0.3m，充填碎石及泥土。2010 年雨季连续降雨造成左线出口左侧山体古滑坡复活，塌方体堆积至洞口明洞段，阻断 S206 线交通，并造成暗洞段已施作的初期支护局部变形及洞口衬砌台车损坏。

图3　武罐高速公路强家湾隧道滑坡全貌

3　隧道—滑坡正交体系的受力变形模式

隧道—滑坡正交体系指滑坡主滑方向垂直或近似垂直（70° ~ 90°）于隧道轴向。从平面上看，隧道—滑坡正交体系有穿过滑坡平面和隧道在滑坡平面外两种情况。而平面上穿越滑坡平面时，根据滑坡的坡体结构特征分为单滑面、多滑面以及隧道从滑面下穿越等情况，同时还存在断面上隧道位于滑坡不同位置的各种情况，且其受力变形模式均有区别。

平面上隧道穿越滑坡时，根据滑坡的坡体结构特征分为单滑面和多滑面两种情形。单滑面时根据隧道位置可分为滑体内（Ⅱa）、与滑面相交（Ⅱb）和位于滑面以下（Ⅱc）三种情况；多滑面时，由于隧道受力和变形特征与单滑面相似，只是隧道受力大小与上下滑体滑动速度和滑坡扰动程度有关，因此将多滑面时看作一类（Ⅱd）。而平面上位于滑坡平面外时根据隧道位置分为隧道位于滑坡后部（Ⅱe）和隧道位于滑坡前部（Ⅱf）两种情况。因此，总体上将隧道—滑坡正交体系分为六种情况。

3.1　隧道位于滑坡体内（单滑面）

当滑坡体内只有一层滑面时，隧道与滑面的相对位置关系可以有三种不同的情形：①隧道在滑体内（Ⅱa）；②隧道和滑面相交（Ⅱb）；③隧道在滑面下方（Ⅱc）。按照隧道受力状态的差别，可分为隧道位于滑坡抗滑段、主滑段和牵引段，位于三个不同地段时隧道和滑坡采取的治理措施将有所区别。

当隧道位于滑体内（Ⅱa）时，作用于隧道上的外力有岩土压力 P、岩土抗力 K 和滑坡推力 F，隧道变形表现为整体向外推移或在滑坡边界处被错断。

（1）对于隧道位于滑坡体内的部分，可作为大挠度梁结构进行分析。隧道犹如一薄壳空心地梁，上侧面受滑坡推力的作用，下侧面受土体被动抗力或滑坡剩余抗滑力作用。由于滑坡主轴附近的推力一般较两侧大，因此隧道中部受力较两侧大，弯矩也较大，在这种受力条件下，隧道将发生弯曲变形，山侧边墙出现横向张裂缝（图4），同时隧道还将随滑坡一起滑动，在两侧滑坡边界处可能被错断。

（2）对于隧道位于滑体外的部分，可知其具有小变形半无限长梁的受力特征。不考虑隧道弯曲和拉伸的耦合，隧道横向岩土体抗力符合 Winkler 假定，隧道纵向位移和抗力之间的关系可用弹性工作阶段和塑性工作阶段来描述。在滑坡推力作用下,隧道靠近滑坡边界的一侧将发生微小的拉弯变形,在滑坡边界处可能被错断。

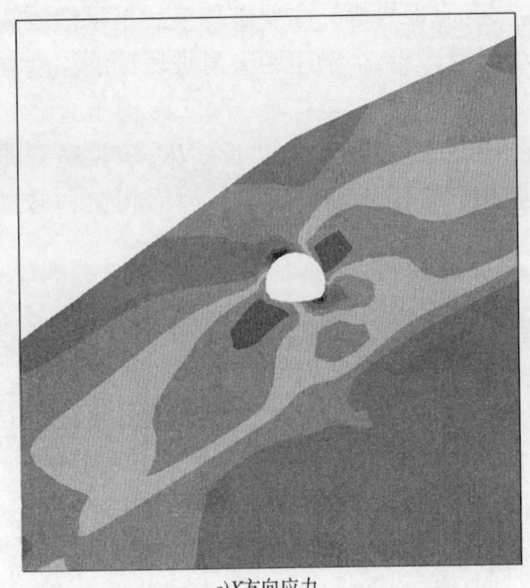

a)X方向应力

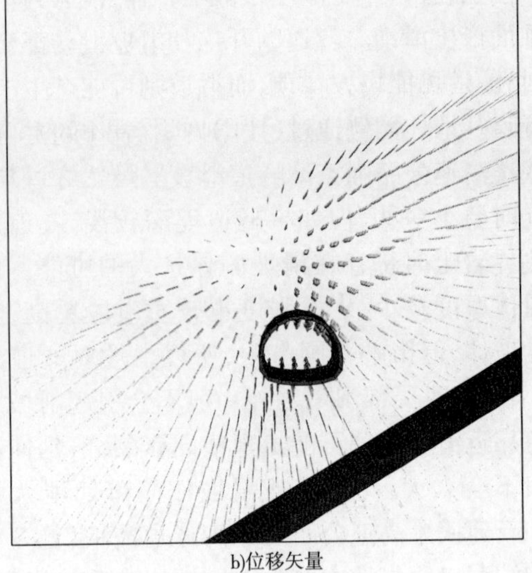

b)位移矢量

图4 正交体系隧道位于滑体内(Ⅱa)模拟

当隧道与滑面相交(Ⅱb)时,隧道主要承受滑坡推力 F、岩土压力 P 和岩土抗力 K,该类型的典型工程实例为成昆线毛头马1号隧道滑坡。隧道像埋入坡体内的空心薄壁箱体,因其抗剪截面积较小,在隧道与滑面交界处很容易发生剪切破坏,导致隧道变形以衬砌开裂破损为主,因隧道底部位于稳定岩体中,纵向弯曲变形和整体位移次之。当滑带作用于边墙时(图5),拱顶压裂掉块,山侧边墙倾斜,侵入限界,拱部及边墙纵裂延伸长,且多见错台,拱脚错位,山侧变形较河侧严重,隧道宏观以整体向河侧倾斜为主。当滑带作用于拱部,主要以拱部变形为主,山侧较河侧严重,以压溃、掉块、拱部出现纵裂和错台为特征。另外在围岩压力大,围岩软弱破碎情况下,会出现底鼓现象。

a)X方向应力

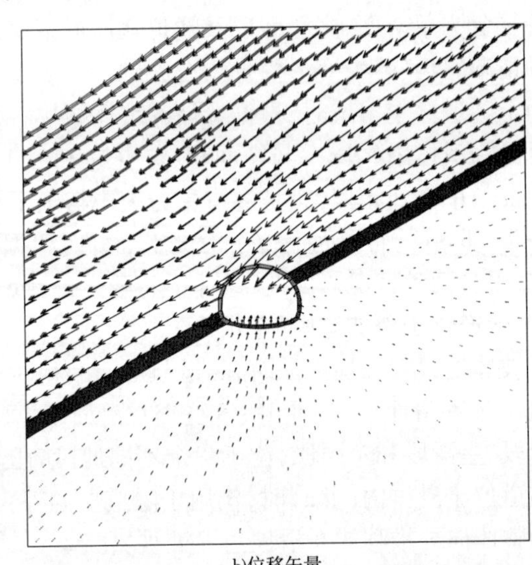

b)位移矢量

图5 正交体系隧道穿越滑带模拟

例如成昆线毛头马1号隧道[10]位于成昆线乌斯河—尼日区间,地处大渡河高山深切峡谷,两岸悬崖峭壁耸立,地势险要(图6)。隧道进口段0~89m位于堆积层中,采用仰拱偏压和长偏压等特殊设计,89~250m段位于破碎岩层中,施工时经常发生塌方,已建好的隧道衬砌多处发现裂纹,左边墙均有不同程度向线路偏移;其中在洞身83m处(K284+393)产生爆裂声,排架立柱折断;竣工后位于基岩中的隧道拱部出现多处纵裂纹,一般宽 1mm 左右,延伸 10～20m,左边墙在同一地段内也产生纵裂纹,平均延伸约 10m 左右。此说明由于隧道开挖形成新的临空面,引起围岩应力松弛,导致隧道衬砌变形,裂纹大多产生于隧道左拱部和左边墙是毛头马 1 号隧道初期变形特点。1966 年 12 月隧道竣工后至 1988 年 20 余年间,隧道进口段再未发现新的隧道变形迹象,老裂缝也未发展。1989 年开始隧道进口段左右边墙出现众多纵横裂纹,拱部掉块,左侧水沟挤裂达百余米,后经 1989～1990 年整修后,1992 年雨季又产生剧烈破坏,原来抽换边墙,镶轨,锚杆挂网喷浆,重作的左侧水沟又重新开裂破坏,边墙侵入限界,拱部多处挤疏掉块,严重威胁行车安全。毛头马 1 号隧道进口段变形具有如下特点:第一,从坡体岩土材料性质来看,以刚性材料为主夹薄层片岩、千枚岩、倾向线路,大渡河剧烈下切过程中又形成巨大的松动岩体;第二,隧道恰位于坡体中一褶曲的倒转翼,处于坡体应力集中部位,一般隧道支撑不能抵抗其应力松弛,必然导致隧道围岩松动以至坡体蠕动;第三,建线初期,1988 年和 1992 年三次隧道变形都集中于同一部位(即破碎岩石段),主要特征为左拱部、左边墙和左侧水沟等的变形较右侧严重。

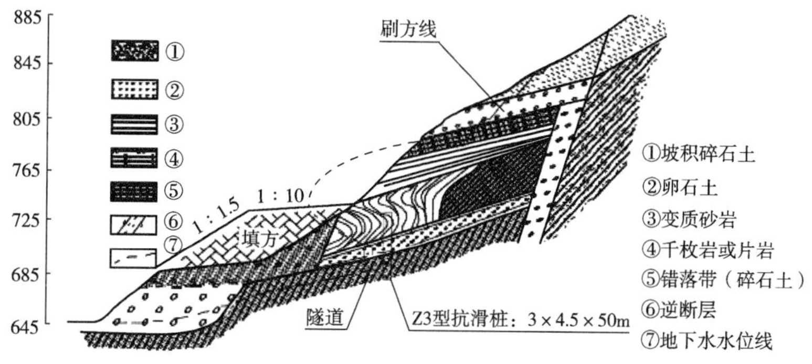

图 6　成昆铁路毛头马 1 号隧道滑坡断面图

当隧道位于滑面下方(Ⅱc)时,作用于隧道上的外力主要为岩土压力 P 和扰动压力 P1。隧道的变形特征主要表现在滑坡松弛扰动挤压。由于滑坡滑动扰动滑面下土体、隧道开挖扰动围岩都会形成松弛扰动区域,对隧道产生扰动压力 P1。在附加松弛压力的作用下,拱顶受力状态发生变化,产生受拉区域,形成拉裂缝,再加上拱顶岩体较差,节理裂隙发育,拱顶可能产生压溃破坏(图 7)。扰动压力 Pl 大小的主要影响因素是隧道距滑面的距离,其次是围岩的岩体特征等。随着隧道与滑面的距离增大,影响越小,扰动压力 Pl 越小。在隧道距滑面相同距离的情况下,围岩完整性越好,岩体强度越高,隧道产生的变形破坏越小。

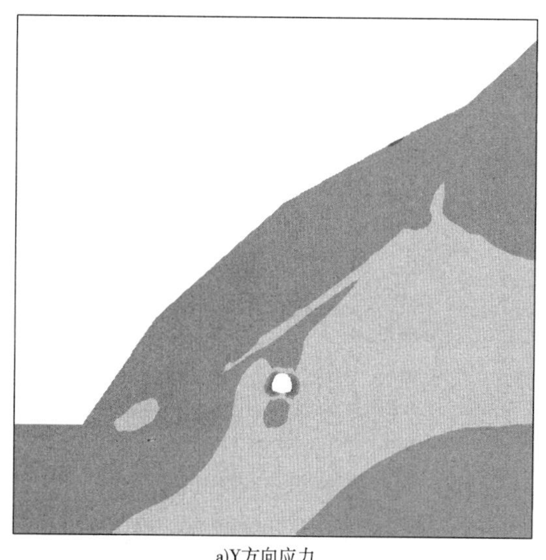

a)Y方向应力

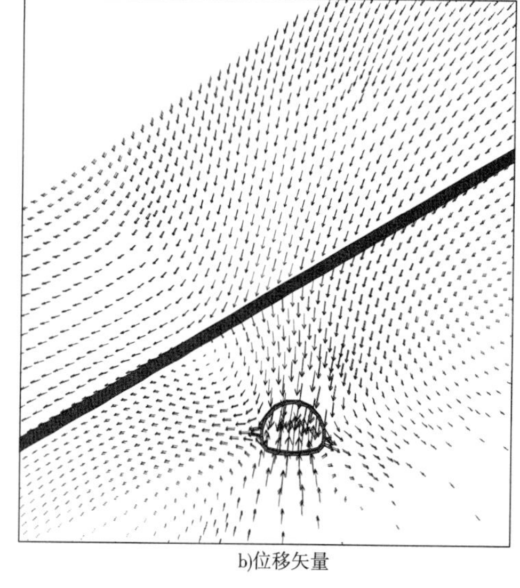

b)位移矢量

图 7　正交体系隧道下穿滑体(Ⅱc)模拟

3.2 隧道位于滑坡体内(多滑面)

当滑坡有多层滑面(Ⅱd)时,隧道受力和破坏情况总的来说与单滑面时相似,但这时由于上下滑体滑动速度和不同深度时滑坡坡体结构有所差异,隧道在滑坡中不同位置的受力和变形情况有一定区别,该类型的典型工程实例为重庆万梁高速公路亭子垭隧道滑坡(图8)。隧道的受力基本上可以按照单滑面考虑,但应注意上下滑体滑速和坡体结构对不同位置处隧道滑坡推力和扰动压力的影响。隧道变形特征也主要表现在两方面:一是隧道整体位移和纵向弯曲变形,二是隧道衬砌自身变形。

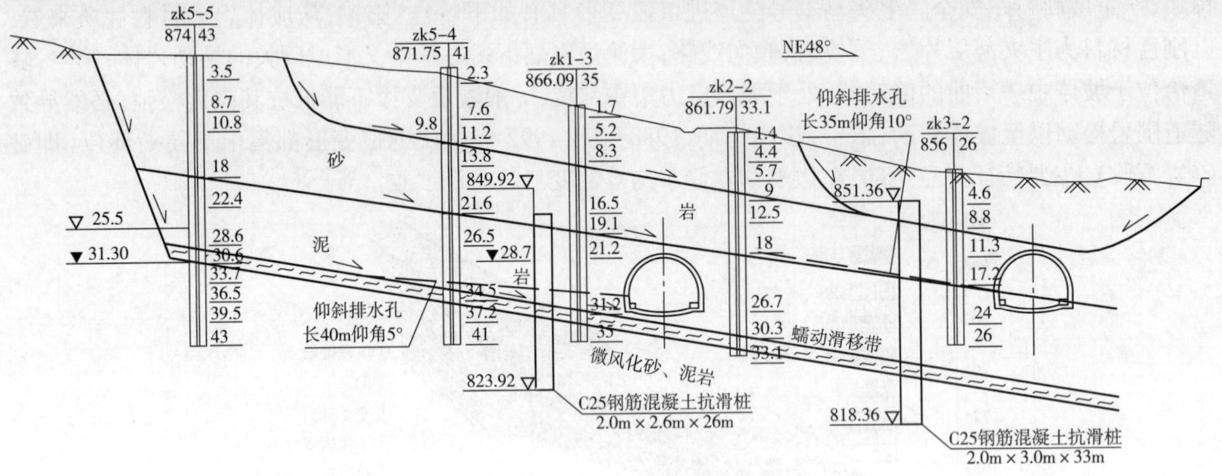

图8 重庆万梁高速亭子垭隧道滑坡断面图

重庆万梁高速公路亭子垭隧道进口坡体病害位于重庆市梁平县孙家乡境内,是万梁高速公路的最高点。2003年4月已贯通和衬砌完毕的隧道,自进口长约70m的范围内再次产生变形,原有裂缝在填补后又一次出现了裂缝、错台等现象,另外在隧道底板新出现数条贯通的、垂直路线的剪切裂缝。这些变形迹象表明,隧道承受了来自左侧较大的山体压力,整体已处于不稳定状态,变形有加剧的趋势。从该滑坡与洞轴线近于垂直的工程地质剖面分析,NE40°~50°走向的沟槽内岩层基本上为泥岩、砂岩互层,而泥岩一般风化强烈,接近土状,局部含水率达到软塑状;砂岩相对完整,岩层倾角接近当地稳定岩层倾角,已泥化的层间错动带分三层,浅层埋深为9~11m,中层埋深为18~21m,主要作用于右线隧道;深层埋深30m左右,主要作用于左线隧道,其倾角与岩层产状接近,倾角13°左右。当隧道进入暗挖后,同样由于岩体破碎,加之隧道埋深较浅(洞口段仅为5~15m),开挖扰动不仅产生坍方冒顶,同时切断倾向隧道净空的岩体,形成了新的临空面,使得隧道左侧坡体沿层间错动带产生多层的蠕动,并侧向挤压隧道洞身,使其衬砌开裂变形。

3.3 滑坡体外的分析

平面上隧道位于滑坡体外时根据隧道位置分为隧道位于滑坡后部(Ⅱe)和隧道位于滑坡前部(Ⅱf)两种情况。

隧道位于滑坡后部(Ⅱe)时,如果隧道距离滑坡后缘较近,可能出现的问题是前方滑坡滑动造成后部岩土松弛,坡体应力调整而使滑坡逐渐向后发展。这种情况下,隧道可能出现纵向张裂缝或微小弯曲和外移。滑坡向后发展不产生继续滑动时,隧道可能造成偏压,若产生滑动将使隧道受力变形。

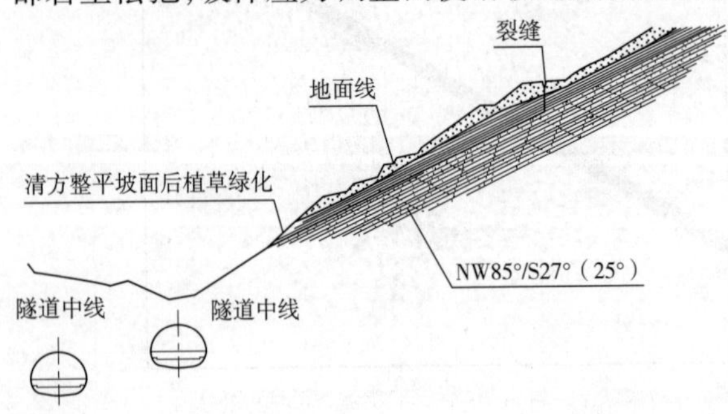

图9 重庆云万路袁家垭隧道出口滑坡断面图

隧道位于滑坡前部(Ⅱf)时,滑坡挤压前缘产生环状裂缝和鼓胀裂缝,如果隧道距离滑坡前缘较近则可能受到影响,同时隧道在滑坡前缘开挖可能使滑坡前部岩土应力松弛,强度降低而下滑。如果滑坡滑动在前缘堆积,就相当于在隧道上加大岩土压力P,应考虑滑坡在前缘堆积的厚度计算隧道衬砌压力。例如重庆云万路袁家垭隧道出口滑坡(图9),该滑坡为顺倾层状坡体结构。岩层为砂泥岩互层,以泥岩为主,基岩沿层间软弱夹层滑动,滑坡整体不稳定。隧道开挖对滑坡的影响较小,但是由于隧道在滑坡前部,滑坡滑动后的堆积物将增加隧道覆盖层厚度,使隧道围岩压力增大。这种情况下应考虑滑坡滑动后堆积物造成的岩土压力增大,而增大隧道衬砌厚度和刚度。

4 隧道—滑坡斜交体系的受力变形模式

隧道—滑坡斜交体系指滑坡主滑方向与隧道轴向成一定角度(20°~70°)斜交。该体系下,一种可能的变形为隧道开挖扰动滑体的范围大,在滑体内形成较大的临空面,对滑坡稳定性影响较大,在这种情况下(典型工程实例为重庆巫奉路孙家崖隧道大坪滑坡),隧道的变形特征非常复杂,应按空间问题考虑,总的来说,隧道产生弯曲变形、轴向的拉压变形、剪切变形,可将滑坡推力分解为沿隧道轴线方向和垂直于隧道轴线。还有一种情况是隧道开挖后形成了新的临空面,坡体变形可能垂直于隧道,而偏离了原滑坡的滑动方向。

重庆奉节至巫溪高速公路E1合同段大坪滑坡位于重庆市奉节县境内,滑坡处线路以隧道形式从其中前部与滑动方向呈45°斜交通过。大坪滑坡分为前后两级,前级分为东西两块,整个滑坡宽约365m,垂直线路长约480m,滑坡滑动对隧道影响较大,其中左线基本位于滑坡体内,至大里程部分地段滑动面位于隧道拱顶;右线隧道基本位于滑动面附近,至大里程段右线隧道埋深较深,滑坡对隧道影响逐渐减小。孙家崖隧道进口左线开挖完成225m,右线已经穿越滑坡体。孙家崖隧道进口段施工进度严重滞后,主要原因是隧道洞身在大坪滑坡滑动面附近穿过,使得隧道向梅溪河方向偏压严重。在开挖过程中不断出现掉石掉块现象,尤其在2011年重庆地区暴雨影响下,地表出现多处裂纹,隧道出现整体下沉,严重制约施工工期和结构安全。根据监控量测数据显示,孙家崖隧道左线进口连续10d日沉降量达到10mm,最大沉降累计达到140mm。同时大坪滑坡在三峡库区蓄水位达到175m后,隧道顶部埋设的滑坡测斜孔出现异常变化,滑动面处的累计位移已经达到60mm,加剧了滑坡位移速度。

(1)孙家崖隧道左、右洞变形情况

隧道左洞变形情况(图10):2011年4月8日至2011年4月10日,重庆奉节地区再降大雨,三峡库区进入汛期,水位由175m下降到153m,直接导致地面多处开裂,省道路面下陷,滑坡发生位移,并导致LK0+808~LK0+860段初期支护严重变形,尤其右侧边墙出现突变,侵入二次衬砌20~30cm。

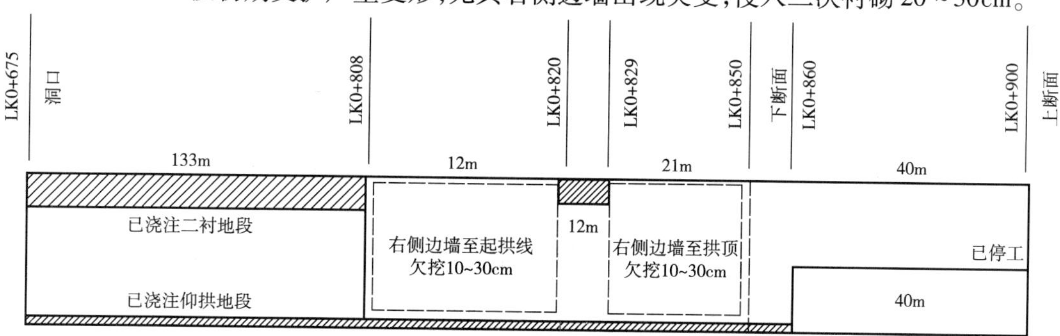

图10 孙家崖隧道左洞变形加固示意图

隧道右洞变形情况:2011年4月8日至2011年4月10日,重庆地区再降大雨,三峡库区进入汛期,水位由175m下降到153m,直接导致地面多处开裂,省道路面下陷,并导致RK0+780~RK0+810段初期支护严重变形,RK0+816~RK0+840段二次衬砌出现多条裂纹。

(2)钢拱架应力监测和分析

在隧道的施工过程中针对进口处滑坡群浅埋段,选取典型断面,在钢拱架腹板上布设表面应变计,对钢拱架的受力情况进行量测,各观测点钢拱架应力变化曲线如图11所示。隧道靠山侧应力集中,如果变形得不到有效控制,会造成初期支护开裂,钢拱架将会扭曲变形,甚至出现塌方。

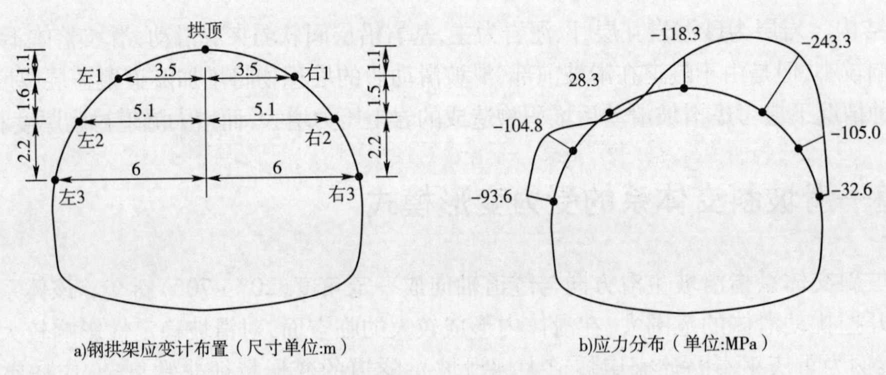

a)钢拱架应变计布置（尺寸单位:m）　b)应力分布（单位:MPa）

图11　钢拱架应变计布置和应力分布图

5　结语

按滑坡主滑方向和隧道轴线的空间位置关系将隧道—滑坡体系分为平行体系、正交体系和斜交体系,结合典型工程实例对不同的体系划分了更细的类型,详细分析了不同类型隧道的受力模式和变形破坏特征,得到隧道和滑坡体系相互作用的规律:

(1)在滑坡地段修建隧道时,隧道对滑坡的影响随滑坡与隧道距离的不同而异,离隧道越近,滑坡受隧道开挖的影响越大;反之,影响越小。

(2)隧道—滑坡平行体系中,Ⅰa 时两者相互影响较大,隧道受力最为不利,变形也最剧烈;Ⅰb 时隧道的变形程度将随滑面距拱顶距离 H 的增加而减小;Ⅰc 时隧道受滑坡影响较小,对隧道或滑坡作简单处理就可以通过。

(3)隧道—滑坡正交体系中,Ⅱa 和Ⅱb 时受力最为不利,隧道变形十分剧烈;Ⅱc 时隧道主要受扰动挤压力,变形受扰动范围影响;Ⅱd 时隧道受力和破坏情况总的来说与单滑面时相似,但应注意上下滑体滑速和坡体结构对不同位置处隧道滑坡推力和扰动压力的影响。

(4)隧道—滑坡斜交体系中,隧道可在滑体内产生较大的临空面,隧道受力和变形状态比较复杂,隧道开挖会对滑坡的稳定性产生较大影响,可见临空面的存在会显著地削弱滑坡稳定性或改变原滑坡的滑动方向。

参 考 文 献

[1] 张鲁新,周德培. 蠕动滑坡成因及隧道变形机理的分析[J]. 岩石力学与工程学报,1999,18(2):217-221.

[2] 毛坚强,周德培. 滑坡－隧道相互作用受力变形规律的研究[J]. 西南交通大学学报. 2002,37(4):371-376.

[3] 周德培,毛坚强,张鲁新,马惠民. 隧道变形与坡体灾害相互关系及其预测模式[J]. 铁道学报,2002,24(1):81-86.

[4] 马惠民. 坡体病害与隧道变形问题[J]. 岩石力学与工程学报,2003,22(增2):2719-2724.

[5] 陶志平,周德培. 滑坡地段隧道变形机理的模型试验研究[J]. 工程地质学报,2003,11:323-327.

[6] 陶志平. 滑坡地段隧道变形机理及灾后预测和治理研究[D]. 成都,西南交通大学,2003.

[7] 陶志平,周德培. 滑坡地段隧道变形的地质力学模型及工程防治措施[J]. 铁道工程学报,2006,1:61-66.

[8] 吴红刚,马惠民,包桂钰. 浅埋偏压隧道－边坡体系的变形机理研究[J]. 岩土工程学报,2011,8(增1):509-514.

[9] 马惠民,吴红刚. 山区高速公路高边坡病害防治实践[J]. 铁道工程学报,2011,7.

[10] 王恭先,王应先,马惠民. 滑坡防治100例[M]. 北京:人民交通出版社,2008.

18. 马桑坝隧道洞口滑坡治理技术

韩建民
（甘肃省长达路业有限责任公司　兰州　730000）

摘　要：本文介绍了武罐高速公路马桑坝隧道施工中洞口滑坡实例，阐述了滑坡的原因和处治方案，探讨了治理这一地质病害的施工技术与措施，对同类隧道地质病害的施工提供一定的参考价值。

关键词：隧道　滑坡　锚索(杆)　治理

1　工程概况

武罐高速公路马桑坝隧道为单向双洞隧道，双洞中距为30~47m，出口洞口与桥梁相接，里程桩号为YK109+143~YK112+310和ZK109+128~ZK112+306。隧址区不良地质主要为马桑坝滑坡，分布于YK112+250~YK112+310(右侧40~左侧80m)段大团鱼河左岸。滑坡地貌不明显，但滑坡后壁明显，前缘陡峻，属于浅层基岩顺层滑坡。前缘岩体破碎，多倾倒、变形，滑坡垂直岸坡长度约5~10m。滑坡地势陡峻，在5·12大地震过程中坡面岩坡松动发生滚石。

1.1　滑坡洞口地质情况

隧址区属峡谷山地地貌单元，隧道北端进、出口边坡为下古生界碧口群变砂岩夹砂质板岩组成的岩质岸坡，岸坡上部覆盖第四系薄层坡积碎石和土，坡度较缓，呈下缓上陡的坡型。马桑坝隧道出口端斜穿滑坡体，滑体揭露的地层主要为滑坡堆积块、碎石土($Q4^{del}$)、下古生界碧口群砂质板岩、千枚岩夹变砂岩，从上到下依次为：滑坡堆积块石、碎石层($Q4^{del}$)：分布于隧道南端进、出口段山坡，主要为马桑坝1号滑坡，根据钻孔揭露，厚度约30m，滑坡组成物主要为块、碎石和土，大姚公路以上含土量高，结构稍密，公路以下多为块石，结构松散，具有架空现象，前缘岩体破碎，坡脚河边有基岩出露，呈距河床高约10m左右的基岩岸坎。

1.2　滑坡特征

滑坡位于马桑坝隧道右洞出口左侧，后缘位于洞顶以上正在开挖的截水沟附近，滑坡宽150m，长80m，滑体总体积约$20m^3$，后缘裂缝呈圈椅状，最大下错约1.5m，主轴滑动方向为SW202°。该滑坡与线路斜交40°，岩体较破碎，倾向临空的软弱结构面发育。

根据该坡体结构特征(图1)，分析变形将进一步发展为滑坡，其后界受控于断层平行的陡倾结构面，倾角65°~70°左右，主滑带与该段坡体岩层产状一致，倾角45°左右，由于边坡局部已风化破碎呈土状，按局部土质边坡破坏机理，坡脚附近剪出一般比较缓慢，按15°考虑。

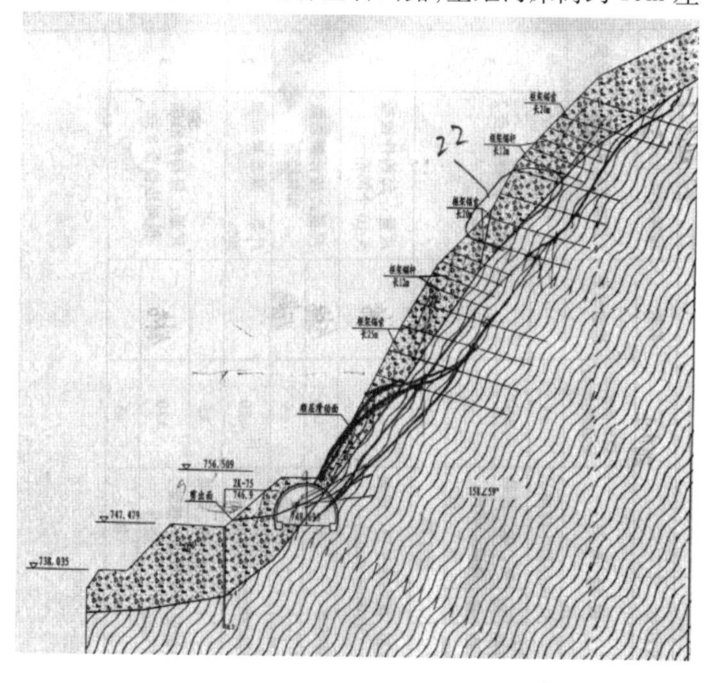

图1　马桑坝隧道洞口滑坡断面图

2 滑坡变形破坏机理分析

根据地质调绘情况，经建设、设计、施工、监理和其他相关单位多次到现场勘查和研究，基本查明滑坡体边界、地层分界及地层岩性结构特征，该滑坡边界清楚，从纵剖面分析，第四系滑坡堆积层沿着砂质板岩、千枚岩夹变砂岩与堆积层的分界面产生滑移失稳破坏，属浅层基岩型滑坡；滑坡的变形破坏机理可以采用“蠕滑—拉裂—剪断”三段式破坏模式描述；滑坡主要影响马桑坝隧道出口浅埋段，滑坡在地震、暴雨情况下，很容易产生蠕滑变形，从而对隧道衬砌结构产生不利的剪切变形，影响隧道的安全运营。

滑坡可能的破坏模式主要为浅层的圆弧滑动破坏、深层的折线滑动破坏。

3 滑坡治理方案比选

根据马桑坝隧道洞口滑坡的特点，研究比选以下方案：

3.1 方案1：抗滑桩＋锚索（杆）框架梁＋地表加固

在隧道暗洞进口段两侧及中间共布设4根抗滑桩。在抗滑桩桩背坡面布设总长2220m锚索（杆）框架梁，其中在隧道洞室坡面布置锚索框架梁，采用2.5×3m锚索框架，在框架中部，布置0.4×0.6m锚杆纵梁。锚索采用1860级ϕ15.24mm钢绞线，4根为一束，锚固段长分别为12m和20m，仰角分别为20°，设计锚固力为1100kN，外锚固段采用框架梁形式；在隧道两侧及中间坡面布置锚杆框架梁，采用2.5×2.5m框架，锚杆长18m。外部为主动和被动防落网。在框架梁及骨架护坡底部框架内设置仰斜排水孔，间距6～8m，仰角6°，长度20m，共30根，采用ϕ90mmPVC硬质塑料管；仰斜排水管下端埋于框架梁底部，与抗滑桩背部预埋的横向排水管相连，将水排入两侧沟中。同时对隧道洞室上部坡面进行钻孔注浆加固，加固范围为隧道洞室两侧各60m，宽度150m，深度为深入滑动面以下不小于2m，钻孔孔径为ϕ110mm，采用ϕ50mmPVC塑料管进行注浆，间距2×2m，呈梅花形布置。

3.2 方案2：减载支挡方案

在滑坡体后缘上部削一减载平台，在隧道暗洞进口段两侧及中间共布设4根抗滑桩；在未卸载坡面布置锚杆框架梁，采用2.5×2.5m框架，锚杆长18m；在削载平台上部挂网喷射混凝土加固，其余截排水工程及其他附属工程同方案1。

上述两个方案各有特点，方案2：在保证滑坡治理稳定的前提下，进行上部减载迅速减小土体本身重力W，适于工程应急，可防止滑坡进一步发展；减少高边坡施工锚索锚杆，但土方施工量大，上部坡段，居高临下，施工机械难以到位展开作业，滚石和流土直接影响施工安全，存在较大安全隐患，施工难度大，同时采用喷射混凝土防护上边坡破坏了公路沿线生态系统。

方案1工程估算造价比方案2多150万元，未大面积破坏原来生态环境，与周边景观协调一致；施工难度较方案2低，但施工期仍须保证边坡临时稳定；运营期更安全可靠。

本着“一次根治，不留后患；经济实用施工简便；高效快速，，综合整治；全线工程的景观一致”的原则。综合进行技术经济比较，认为采用方案1虽造价高一些，但施工难度小，破坏环境少，能够一次根治病害，比较适合该滑坡体治理。

4 施工工序及注意事项

4.1 抗滑桩施工

（1）抗滑桩施工工序：定位→开挖→混凝土护壁（重复）→钢筋加工及安装→桩身混凝土浇筑→桩顶横梁→预应力张拉、压浆、封锚。

(2)施工注意事项:

①抗滑桩要按桩排方向及控制桩身的坐标,准确放线定位。

②抗滑桩施工前应先将桩位附近易滑塌部分予以清除,并做好桩位附近地表水的拦截工作。

③抗滑桩应跳桩分节开挖,按设计做好锁口盘和每节护壁。每节开挖深度100cm,开挖一节,做好该节护壁,当护壁混凝土具有一定强度后方可开挖下一节,护壁各节纵向钢筋必须焊接,禁止简单绑扎。桩身开挖和混凝土灌注参照挖孔灌注桩施工。

4.2 预应力锚索施工

(1)预应力锚索施工工序:锚索成孔→锚索安装→锚孔注浆→外锚固段安装→锚索张拉→锚头封闭。

(2)施工注意事项:

①锚索孔位测放应准确,偏差不得超过±3cm,倾角允许误差应小于锚索长度的3%;考虑沉渣的影响,为确保锚索深度,实际钻孔深度要大于设计深度100cm。

②锚索成孔禁止开水钻进,以确保锚索施工不致于恶化边坡工程地质条件。钻进过程中应对每孔地层情况(岩粉情况)、进尺速度(钻速、钻压等)、潮湿程度以及一些特殊情况作现场记录。

③锚索孔设计孔径ϕ130mm,锚索成孔后的孔径不得小于设计值。钻孔完成之后必须使用高压空气(风压0.2~0.4MPa)进行清孔,以免降低水泥砂浆与孔壁的黏结强度。

④锚固段必须除锈、除油圬,按设计要求绑扎分线环;自由段除锈后,涂抹黄油并立即外套塑料管,两头用铁丝扎紧,并用电工胶布缠封。

⑤锚索下料采用砂轮切割机切割,避免电焊切割。考虑到锚索张拉工艺要求,实际锚索长度要比设计长度多留50cm,即锚索长度$L_{锚}=L_{锚固段}+L_{自由段}+50cm$(张拉段)。

⑥锚索孔内灌注40MPa水泥浆体。应采用从孔底到孔口返浆式注浆,注浆管管口压力≥0.5MPa,确保孔内浆液饱满。当浆体强度高于设计强度的80%后,采取单根分级张拉,张拉至设计拉力时,进行锁定。张拉完成后要及时通过锚垫板的补浆孔高压补浆,补浆压力0.6MPa。

4.3 锚杆施工

(1)施工顺序:锚孔缩进→锚杆安装→注浆→锚头封闭。

(2)施工注意事项:

①采用风动冲击和随钻跟进同径导管的钻进工艺成孔。孔径110mm,每孔加钻0.5m沉渣段,钻孔完毕进行冲孔,并用高压风清孔。

②锚杆安装:安装锚杆时,同一片框架梁的数个锚杆同时安装。

③注浆:锚杆安装就位后,进行注浆,注浆管管口压力≥0.3MPa,注浆初凝后及时进行二次补浆,保证钻孔砂浆饱满。

4.4 框架横梁、肋柱施工

(1)施工顺序:人工刻槽→铺混凝土垫层调平→安装钢筋及预埋件→安装模板→浇筑混凝土。

(2)施工注意事项

①施工前必须对框架进行放线定位,施工时按放线位置刻槽。框架梁嵌入坡体(锚索25cm、锚杆30cm)。

②框架施工时,应先清理、整平坡面,保证框架与坡面密贴。

③框架横梁、肋柱采用C25钢筋混凝土现场浇注,浇注时预埋锚垫板、螺旋筋及孔口PVC管,节点处务必振捣密实。

④二根竖肋及其所连的三根横梁组成一片框架,每片框架整体浇灌,一次完成,两片框架之间设置2cm伸缩缝,内填浸沥青木板。

⑤先施工锚索,再施工钢筋混凝土框架,待锚固体及框架强度达到设计要求时,方可进行锚索张拉、锁定。锚索张拉锁定后,用C20混凝土将锚头作封闭保护处理,要求整齐、美观。

5 滑坡体安全监控量测

5.1 监测目的

为了解马桑坝隧道洞口处地表沉降变形,在施工期间建立边坡监测系统,现场监控量测是监视边坡围岩稳定,判断边坡防护治理是否合理,施工方法是否正确的一种手段,也是保证边坡安全施工、提高经济效益的重要手段,通过监控量测掌握边坡围岩动态和防护结构工作状态,利用量测结果指导施工,增加施工安全可靠性,验证防护形式、参数的合理性,评价防护结构的合理性,本滑坡体的监控量测项目包括:地面位移、深层位移(测斜)监控、人工巡视监控及锚杆锚索应力监测。

5.2 监测量测

为确保隧道施工安全,在隧道仰坡上设置观测点,对仰坡稳定进行监测。隧道施工时,洞内每5m设置一组观测点,进行拱顶下沉及周边收敛量测。

(1)地面位移量测:纵向按40m间距,横向按边坡≥2.0m,和每两级边坡埋设观测桩,若观测过程中发现变形连续增加应立即加密每级边坡的观测桩。

(2)深层位移(测斜)量测:在边坡代表性剖面上钻孔埋设测斜仪。

(3)锚杆锚索应力监测:选择一些有代表性的锚杆,选择不同台阶和间距的锚杆布置4个应力计测点,选择2根不同长度、间距的锚索,在锚头安装锚力计,对张拉过程及张拉完成后锚索应力变化监测。

(4)人工巡回监测:人工巡视检测是一项经常性工作,应做到每天有人巡视检查。

通过近一年的监测表明,马桑坝隧道施工没有对滑坡体产生不良影响,洞顶裂缝在经历了一个雨季后无明显的位移,基本上保持稳定,施工后隧道没有发生大的变形与沉降,滑坡体采用抗滑桩+锚索(杆)框架梁+地表加固措施是合理的。

6 结语

(1)马桑坝隧道洞口滑坡体加固工程已按上述原则治理完毕,并经过雨季的考验,从边坡位移量测资料反映滑体已稳定,边坡排水系统通畅,框架结构物未发生开裂变形。

(2)地质病害的防治应建立在尽可能多的地质资料的基础上,由于地质情况的复杂和资料的局限,因而病害治理设计应是动态设计,随施工情况的变化及时修改。同时应加强边坡稳定监测的管理,提倡信息化施工。

Ⅴ.路基工程篇

1. 高边坡病害综合治理

祝显富
(中铁十七局集团第二工程有限公司武罐十二标　陇南　746000)

摘　要:以武罐项目 YK65 +875 ~ YK65 +965 高边坡滑塌为例,介绍在易发生滑坡、泥石流地区,高边坡的处治方法及开挖高边坡应注意的事项,为类似边坡的施工提供经验。

关键词:高边坡　锚索框架　锚杆框架　主动防护网　治理

1　概况

YK65 +875 ~ YK65 +965 滑坡位于陇南市武都区琵琶镇沟里河坝村西北约 0.5km 处的山嘴处,为一挖方岩质边坡。主线原设计为 6 级边坡,YK65 +875 ~ YK65 +930 第 1、2 级边坡坡率 1 : 0.5,YK65 +930 ~ YK65 +965 第 1、2 级边坡坡率 1 : 0.75,3 级以上坡率均为 1 : 0.75,采用锚杆框架防护,锚杆长 16m,框架内采用六棱砖植草防护(图 1)。

边坡开挖后,坡体开始发生变形,2011 年 1 月 8 日,致使 YK65 + 875 ~ YK65 + 930 边坡坡口以外 16m 处出现宽 30cm,下错 30cm 的裂缝,裂缝断续长约 50m,边坡表面也出现坍塌。

图 1　滑坡全貌

2　自然地理概况

2.1　地理位置

本项目工点位于陇南市武都区琵琶镇沟里河坝村西北约 0.5km 处的山嘴处,行政区划属于陇南市武都区琵琶镇。

2.2　气象、水文

项目区属北亚热带暖温半湿润的季风气候,受境内高山深谷地形影响,不同地段气候差异悬殊,垂直分带差异明显。

根据陇南市武都区和文县气象站资料:多年年平均降水量 474.6 ~ 900mm,日最大降水量 60.3 ~ 166.1mm,一般雨季 7 ~ 9 月,集中降水约占 60%;年平均蒸发量 1744.4 ~ 2122mm,年平均风速 1.3 ~ 2.4m/s,最大风速 24 ~ 16m/s,主导风向为东南风,最大冻土深度 12cm。

3　滑坡工程地质条件

3.1　地形地貌

项目区位于甘肃省东南部,属秦岭山地,构造剥蚀山地,地貌类型属基岩中低山,总体地势西高东低,下降趋势集中于东南部。山岳与谷地多呈东西向排列,峡谷深切,河道弯曲,山峰与河谷相对高差较大,且岸坡陡峻,沟壑纵横。

项目区为一斜坡,位于的山嘴平面上呈三角形状伸向河谷,山嘴东、西、南三面与山体相连,为约 50° ~ 60°陡坡,基岩裸露,植被不发育。北临马家沟,较平缓,地表覆盖亚黏土混碎石。高程介于 1564 ~ 1630m 之间。地形大体呈折线形，中下部较陡，坡度约35°，上部较缓，坡度20°～25°。

滑坡发育在高程1570～1630m之间，前后缘高差60m左右，水平距离约75m，较陡的地形是滑坡形成的前提条件。

3.2 地层及岩性

根据工程地质报告揭露，项目区地层主要为：第四系全新统残坡积粉质黏土、碎石（Q_4^{el+dl}）及下伏的全—弱风化片岩。

3.3 地质构造

该区域构造褶皱和断裂广泛发育，呈现为褶皱控制断裂的展布，不同层次的断裂又改造和控制褶皱演化的特点。这也就决定了本区内工程地质稳定性上的不同分段（区）。项目区位于三河口脆韧性断裂带和琵琶寺脆韧性断裂带之间，属中段（区），稳定性相对较好，路段走向与构造线及岩层走向主要为高角度相交切，仅在三河口一带呈小角度相交。脆性断裂在规模及发育程度上都不如北段（区）。尽管脆韧性剪切带大规模发育，但因为是顺层剪切带，且为中深层次，在工程上属已固化稳定的断裂。

由于开挖的高边坡区位于西秦岭褶皱带与松潘褶皱带的交汇复合地带，新构造活动极为强烈，但主要表现为继承老构造，以升降运动为主，即山区上升，河流下切。

滑坡区岩层产状180°～183°∠56～66°，以陡倾角层理为主，与路线走向近平行。

根据现场调查，片岩在长期卸荷松弛作用下，全～强风化岩体发生一定程度的弯曲，上部岩体产状180°∠10～30°。

3.4 新构造运动与地震

据区域地质资料，在区域上新构造运动不强烈，属地壳相对稳定区块。

根据国家地震局颁布的《中国地震动峰值加速度区划图》、《中国地震动反应谱特征周期区划图》（GB 18306—2001 图A和图B），地震动峰值加速度为0.20g，地震反应谱特征周期为0.40s。对应地震烈度为Ⅷ度。

3.5 水文地质条件

项目区地形较陡，覆盖层较薄，大气降水在坡面迅速形成地表径流向山嘴两侧的排泄，仅有少量地表水下渗入土层的孔隙中，形成孔隙潜水。通过工程地质测绘和调查，地下水主要以基岩裂隙水为主，分布在基岩的强风化裂隙中，无统一水位，其流量受季节性变化影响，主要受大气降水补给，弱风化泥质板岩裂隙不发育，岩体完整性较好，为相对隔水层。

前期勘察期间钻孔未见地下水，坡体中地下水较贫乏。根据前期勘察资料，该区域内地下水对混凝土、钢结构有分解类中等腐蚀性。

4 滑坡的基本特征

4.1 滑坡形态特征

该滑坡位于主线YK65+875～YK65+965，属开挖引起的工程滑坡，性质属牵引型。滑坡发育在一突出山嘴处，平面上呈“簸箕状”，原始地形中下部较陡坡度35°左右，上部较缓为20°～25°。工程开挖扰动坡体，滑坡周界明显。后缘拉张裂缝形成1～1.5m的错坎（图2），长约50m，贯通整个山嘴脊梁，高程介于1610～1624m。前缘剪出口位于目前的开挖边坡坡脚附近，局部略有起伏，高程1570m左右，前后高差约60m。左右侧界以目前坡体两侧最外侧的羽状剪切裂缝为界（图3）。滑坡主滑方向为12°，与主线基本直交。滑体沿路线宽115m，纵向长75m，面积0.86万平方米，厚度10～17m，体积约12万立方米，属中型岩质滑坡。

图2 滑坡后缘错坎

4.2 滑坡变形特征

边坡开挖后，坡体开始发生变形，至 2011 年 1 月 8 日，YK65 +875 ~ YK65 +930 边坡坡口以外 16m 处出现宽 30cm，下错 30cm 的裂缝，裂缝断续长约 50m，边坡表面也出现次级滑动。

受春季冰雪融水的影响，坡体变形持续发展，至 5 月 1 日，坡顶的主裂缝已发展为 1.3m 宽，下错 1.3m、可见深度大于 1.5m 的错坎，其后部约 20m 处牵引产生新的拉张裂缝，新裂缝宽约 8 ~ 10cm，可见深度大于 20cm，长度多大于 10m，局部呈羽状排列，错坎至坡口线之间坡体松散，裂缝、错台遍布。坡体左侧已发生整体滑移，原开挖坡面台阶已不复存在，呈一面坡状，右侧原一级台阶中上部向外鼓出达 2.0m（图 4）。坡体变形已危及坡顶的高压电杆，为了保证当地居民的正常用电。

图 3 侧界羽状剪切裂缝

图 4 弱风化片岩被挤压推移

滑坡滑动面基本贯通，坡体处于极限状态，随着雨季的来临，坡体变形将进一步发展，稳定性进一步降低，随时有可能再次整体下滑失稳，危及坡脚的施工人员生命财产安全及储料场设备的安全。

5 滑坡成因分析

滑坡的形成、发生和发展是由自然因素和诱发因素两种因素构成的。地形地貌、地层岩性和地质构造是其滑动的自然因素，冰雪融水雨和工程扰动是其发生滑动的诱发因素也是主要因素。

(1)滑坡前后缘相对高差约 60m，坡度 30°左右；这种地形为滑坡形成提供了必要的前提条件。

(2)上部为破碎透水的全—强风化片岩和下部较完整相对隔水的弱风化片岩地层，且该岩体产状陡倾，易发生向临空方向的弯曲变形，为滑坡发生孕育了先天条件。

(3)滑坡发生的正直冬春交替季节，破碎的岩体易使冰雪融水渗入相对隔水的片岩，雨水在此富集，一方面增加滑体下滑力，另一方面软化片岩，降低抗滑力，有利于坡体变形。

(4)人工开挖也是滑坡发生必不可少的一个因素。边坡开挖前，地面坡度约 30°，开挖后为 45°，且开挖使边坡产生高陡临空面，诱使滑坡向不利方向转变。

总之，该滑坡在其前缘开挖后形成高陡临空面，在卸荷回弹作用下，前部发生牵引变形，加之滑坡变形正直冬春交替季节，冰雪融水入渗及坡体岩层节理裂隙发育等多种不利因素共同作用下，致使该坡体产生了滑动。

6 滑坡的稳定性分析评价

采用《岩土工程勘察规范》(GB 50021—2001)推荐的传递系数法公式进行计算：

$$F_s = \frac{\sum_{i=1}^{n-1}\left(R_i \prod_{j=1}^{n-1}\psi_j\right) + R_n}{\sum_{i=1}^{n-1}\left(T_i \prod_{j=1}^{n-1}\psi_j\right) + T_n} \tag{1}$$

$$\psi_i = \mathrm{con}(\theta_i - \theta_{i+1}) - \sin(\theta_i - \theta_{i+1})\tan\varphi_{i+1} \tag{2}$$

$$\prod_{j=1}^{n-1}\psi_j = \psi_1 \cdot \psi_2 \cdot \psi_3 \cdot \cdots \cdot \psi_{n-1} \tag{3}$$

$$R_i = N_i\tan\varphi_i + C_iL_i \tag{4}$$

$$T_i = W_i\sin\theta_i \tag{5}$$

$$N_i = W_i\cos\theta_i \tag{6}$$

式中：F_s——滑坡稳定性系数；

ψ_j——传递系数；

R_i——第 i 计算条块滑体的抗滑力(kN/m)；

T_i——第 i 计算条块滑体的下滑力(kN/m)；

N_i——第 i 计算条块滑体在滑面法线上的反力(kN/m)；

C_i——第 i 计算条块滑面上土体的黏聚力(kPa)；

φ_i——第 i 计算条块滑面(滑带土)的内摩擦角(°)；

L_i——第 i 计算条块滑滑面长度(m)；

W_i——第 i 计算条自重与地面建筑荷载之和(kN/m)；

θ_i——第 i 计算条块底面(滑面)倾角(°)，反倾时取负值。

稳定性计算时选取Ⅰ-Ⅰ、Ⅱ-Ⅱ、Ⅲ-Ⅲ三条工程地质断面进行。

天然重度和饱和重度分别取26kN/m、26.5kN/m。c、Φ值参数反算如下：

上述3条断面的稳定系数计算结果见表1。

稳定系数计算　表1

序号	断面	现状边坡		
		天然状态	暴雨状态	地震状态
1	Ⅰ-Ⅰ	1.037	0.983	0.967
2	Ⅱ-Ⅱ	1.038	0.984	0.972
3	Ⅲ-Ⅲ	1.042	0.983	0.964

稳定性计算结果表明，该滑坡在目前情况下，处于极限平衡~不稳定状态。

滑坡周界清楚，变形特征明显，受前缘开挖影响和冰雪融水的影响，牵引变形正在逐步加剧。目前滑坡整体上处于极限平衡—不稳定状态，随着雨季来临，滑坡容易产生整体滑动，滑坡一旦整体滑动将会不仅危及坡脚的预制厂施工人员生命财产安全及储料场设备的安全，而且给施工造成很大影响，也给后期治理带来困难。因此必须对滑坡进行治理。

7　滑坡治理

根据滑坡的变形特征、滑坡性质、滑体物质组成特征、边坡开挖施工特征及所保护的对象等综合分析，在分析可能采取的治理措施的基础上，分别提出小刷方减载+锚索框架+锚杆框架+截排水综合治理措施。

小刷方减载+锚索框架+锚杆框架+截排水为保证滑体的整体稳定，确保前缘施工安全及高速公路运营期间的安全，结合目前滑坡的变形特征，对滑体坡面进行刷方修整，采取支挡措施进行加固。

将原设计一级坡坡率调整为1:0.75，二~六级边坡坡率调整为1:1，一~五级边坡坡高8m不变，每级平台宽2m，六级边坡刷至原地面。

防止上部坡体局部滑动和抵抗滑坡剩余下滑力，在二、三、四级边坡布置锚索框架，框架截面50cm×50cm，锚索分别长25m、30m、35m，横向间距3.0m，纵向间距4.0m，每片框架沿线路方向宽6m，法向方向长11.3m，坡率1:1，框架采用C30钢筋混凝土现场浇筑，每片框架设置6孔锚索，每孔锚索由6根

ϕs15.2mm 的高强度、低松弛的 1860 级钢绞线组成，锚索倾角 20°，钻孔直径为 130mm；一、五级边坡坡布置锚杆框架防护，框架截面 40cm×40cm，锚杆长 9m，间距 2.5m×2.5m，每片框架沿线路方向宽 7m，法向方向长 10m，坡率 1∶0.75 和 1∶1，框架采用 C20 钢筋混凝土现场浇注，每片框架设置 12 孔锚杆，锚杆采用 ϕ25 螺纹钢筋，倾角 25°，钻孔直径为 90mm。第六级坡面采用挂网喷播植草防护。

为防止坡面流水渗入滑坡体，在滑体后缘布置一道 50cm×50cm 的梯形截水沟，长 180m；在二、四级平台处各布设 40cm×40cm 的矩形排水沟，长 195m。

8 施工技术要求及注意事项

8.1 施工方法与顺序

滑坡治理工程施工一定要严格按照施工的工序进行，总体上施工的先后顺序如下：①开挖坡体至五级坡脚；②锚杆框架；③开挖四级坡；④锚索框架；⑤开挖三级坡；⑥锚索框架；⑦开挖二级坡；⑧锚索框架；⑨开挖一级坡锚杆框架等施工。

施工组织设计应严格合理安排施工工序，做到开挖一级防护一级，尽量将施工对滑坡的影响降低到最低程度。

8.2 预应力锚索

(1)锚索设计荷载及锁定荷载按具体设计图纸执行。

(2)锚索孔位按断面图标示测放，力求准确；钻孔俯角与锚索倾角一致，其倾角允许误差为 ±1°；考虑沉碴的影响，为确保锚索深度，实际钻孔深度要大于设计深度 1.0m。

(3)锚索成孔禁止开水钻进，以确保锚索施工不至于恶化边坡岩土体工程地质条件。钻进过程中应对每孔地层变化、钻进速度（钻速、钻压等）、漏风、反渣、地下水情况以及一些特殊情况作现场记录。锚索成孔采用跟管钻进。

(4)锚索孔径 130mm，成孔后的孔径不得小于该值。钻孔完成之后必须使用高压空气（风压 0.2～0.4MPa）将孔中碎屑或地下水全部清除孔外，以免降低水泥砂浆与孔壁岩体的黏结强度。

(5)锚索材料采用高强度、低松弛预应力钢绞线，直径 ϕs = 15.2mm，强度 1860 级。要求顺直、无损伤、无死弯。锚固段必须除锈、除油污，按设计要求安装承载板。绑扎架线环和箍线环，架线环钢管两头外侧应倒成圆角状，箍线环采用 ϕ8 钢筋焊接成内径 50～60mm 的圆环；自由段除锈后，涂抹黄油并立即外套波纹管，两头用铁丝扎紧，并用电工胶布缠封。

(6)锚索下料采用砂轮切割机切割，避免电焊切割。考虑到锚索张拉工艺要求，实际下料长度要比设计长度多留 1.0m，即锚索长度 $L = L$ 锚固段 $+ L$ 自由段 +1.0m（张拉段），锚具采用 OVM15－6 型。

(7)锚索孔内灌注水泥砂浆，水灰比 0.4～0.45，灰砂比 1∶1，砂浆体强度不低于 30MPa。采用从孔底到孔口返浆式注浆，注浆压力不低于 0.3MPa，当砂浆体强度达到设计强度的 80% 后，方可进行张拉锁定。

(8)锚索张拉作业前必须对张拉设备进行标定。正式张拉前先对锚索进行 1～2 次试张拉，荷载等级为 0.1 倍的设计拉力。锚索张拉分五级进行，每级荷载分别为设计拉力的 0.25、0.5、0.75、1.0、1.1 倍，除最后一级需要稳定 10～20min 外，其余每级需要稳定 5min，并分别记录每一级钢绞线的伸长量。在每一级稳定时间里必须测读锚头位移三次。当张拉到最后一级荷载且变形稳定后，卸荷至锁定荷载锁定锚索。锚索锁定后，切除多余钢绞线，用 C30 混凝土及时封闭锚头。

8.3 锚杆框架

(1)框架采用 C20 钢筋混凝土现场浇注，框架嵌入坡面深度不小于 10cm，底部用水泥砂浆压实抹平，框架梁之间空隙用 M10 浆砌片石充填，并与梁表面齐平。

(2)框架以三根肋柱为一片，施工时应一次性浇注而成，每片之间留 2cm 伸缩缝，用浸沥青木板充填。

(3)锚杆孔位按断面图标示测放,力求准确;钻孔俯角与锚杆倾角一致,其倾角允许误差为±1°;考虑沉渣的影响,为确保锚杆深度,实际钻孔深度要大于设计深度0.5m。

(4)锚杆按水平倾角20°~25°打设,锚杆孔钻完后及时安装锚杆杆体,杆体使用前应平直、除锈、除油,锚杆与框架面垂直。

(5)锚索孔内灌注水泥砂浆,水灰比0.4~0.45,灰砂比1∶1,砂浆体强度不低于30MPa。采用从孔底到孔口返浆式注浆,注浆压力不低于0.3MPa。

(6)锚杆成孔禁止开水钻进,以确保锚杆施工不至于恶化边坡岩土体工程地质条件。钻进过程中应对每孔地层变化、钻进速度(钻速、钻压等)、漏风、反渣、地下水情况以及一些特殊情况作现场记录。锚杆成孔困难时采用跟管钻进。

(7)锚杆孔径90mm,成孔后的孔径不得小于该值。钻孔完成之后必须使用高压空气(风压0.2~0.4MPa)将孔中碎屑或地下水全部清除孔外,以免降低水泥砂浆与孔壁岩体的黏结强度。

8.4 截排水

(1)为保证滑坡后部地表汇水不沿地表裂缝下渗从而危害路基及可能对滑坡体的稳定产生的不利影响,在滑坡周界外侧做地表截水沟以截排地表水。

(2)截水沟工程应与实际地形相对应,施工时可根据实际地形对截水沟进行适当的调整,但在局部地形平坦时应保持沟底纵坡不小于1%。尤其注意各种排水工程之间的顺接,使得排水通畅,以免局部积水或汇水。

(3)各种类型截排水沟、片石铺砌均采用M7.5浆砌片石砌筑,当基底为松散土时,应予以夯实。

(4)截排水沟应每隔10~15m设置一道伸缩缝,缝宽2cm,缝中用柔性防水材料沥青麻筋或沥青木板塞填。

(5)截水沟施工时,当地面坡度大于20%时,设置急流槽,遇坡面较陡或有陡坎时,应设置跌水。

9 结语

高边坡病害是目前高速公路常见病害之一,不认真对待将对以后通车运营造成重大的安全隐患。目前预应力锚索、锚杆框架等防护形式经济合理、安全可靠,已经成为了高边坡病害综合治理的重要手段,在高边坡病害综合治理中应用前景日益广泛。

参考文献

[1] 中华人民共和国行业标准. JTG B01—2003 公路工程技术标准[S]. 北京:人民交通出版社,2004.

[2] 中华人民共和国行业标准. JTG C20—2011 公路工程地质勘察规范[S]. 北京:人民交通出版社,2011.

[3] 中华人民共和国行业标准. JTG D30—2004 公路路基设计规范[S]. 北京:人民交通出版社,2004.

2. 主被动柔性防护系统在山区公路中的应用

周惠菲　王　旭
（中交第二航务工程局有限公司武罐十五标　陇南　746052）

摘　要：结合主被动柔性防护系统在甘肃武罐高速公路工程边坡防护工程中的应用，对主被动柔性防护系统的结构、设计选型、加固原理、施工工艺以及其施工过程中安全和质量控制进行了详细的介绍，为今后类似工程提供借鉴。

关键词：山区公路　边坡治理　柔性　主被动防护系统

0　引言

近年来，我国路网建设蓬勃发展，特别是高速公路开始逐步进入山区成为当前路网建设的重要内容，而在山区公路修建中，沿线出现大量裸露边坡，点多、面广，在自然和人为的多种因素影响下极可能诱发滑坡、崩塌、泥石流等各种地质灾害，因此边坡防护问题变得越来越突出。主被动柔性防护系统最初是于1956年由瑞士布鲁克集团研发用的用于雪崩防护，后经工程技术人员的实践和探索完善，逐渐成为坡面地质灾害防治领域内一项不可替代的技术。我国于1995年引进这项技术，并逐渐实现了国产化和标准化，并在我国边坡防治领域得到了大力推广与应用，具有独特的技术创新优势。

1　工程概况

甘肃武罐高速公路地处西秦岭山地，境内山高谷深，沟谷发育。本项目地貌形态属于侵蚀构造中山地貌，山体主要由千枚岩、变质砂岩、板岩等组成。境内山峦重叠，山峰高耸，河谷狭窄。山坡多在35°以上，有的超过75°，悬崖峭壁随处可见，山脉为石质山地，黄土覆盖浅，多为岩石风化残积物。山坡有较为松散的大块岩体，不易清除，故沿线包括隧道洞口共有16处边坡设计需进行柔性防护，设计主动防护面积为30190m^2，被动防护面积为5300m^2。

2　主被动柔性防护系统

柔性防护系统是一种以覆盖和拦截两种基本形式来防护崩塌落石、风化剥落、泥石流等坡面地质灾害的高强度柔性钢丝绳网。该防护系统不同于传统浆砌片石护坡、护面墙、挂网喷锚等刚性防护系统，是一种全新的、柔性的、适于各种复杂地形，施工方便、快捷且环保的边坡防护。

2.1　主动柔性防护系统

主要分为钢丝绳网、钢丝格栅和高强度钢丝格栅三类，前两者通过钢丝绳锚杆和/或支撑绳固定方式，后者通过钢筋（可施加预应力）和/或钢丝绳锚杆（有边沿支撑绳时采用）、专用锚垫板以及必要时的边沿支撑绳等固定方式。按起防护功能、防护能力、特征构成和机构形式的不同分为四类8种型号。本工程采用的GPS2型主动柔性防护系统示意图（图1），施工后照片（图2）。

2.2　被动柔性防护系统

由钢丝绳网或环行网（需拦截小块落石时附加一层钢丝格栅）、固定系统（锚杆、拉锚绳、基座和支撑绳）、减压环和钢柱四个主要部分构成，前者为起特征构成。被动柔性防护系统根据起防护能量、结构形式和特征构成的不同分为三类,按被动网结构配置及防护功能分为17种型号。本工程采用的RXI－075型被动柔性防护系统示意图(见图3),施工后照片(见图4)。

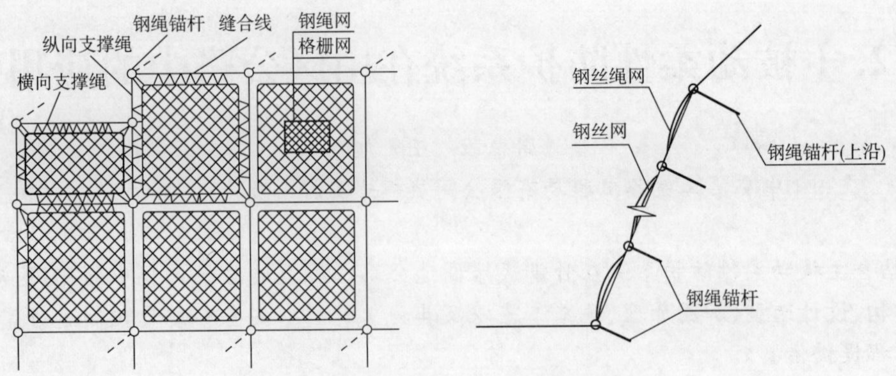

图1 GPS2型主动柔性防护系统示意图

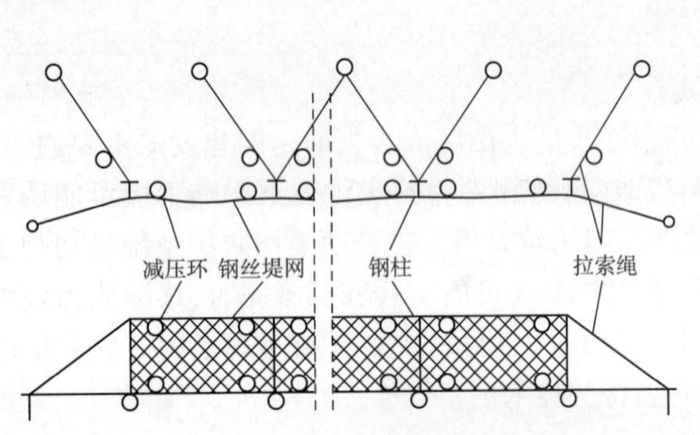

图2 洛塘互通立交段边坡主动柔性防护

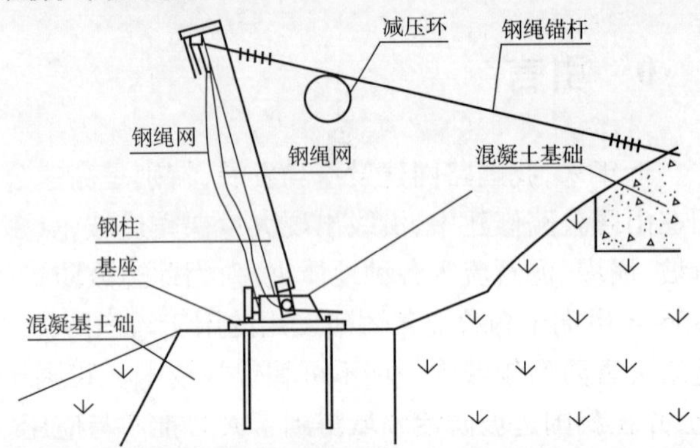

图3 RXI－075型被动柔性防护系统示意图

图4 阳坡里隧道洞顶被动柔性防护

3 主被动柔性防护系统设计与选型

边坡工程处治设计总体上遵循安全可靠、经济合理、技术先进、环保美观的原则。边坡地质勘察要对现场水文、地质情况进行充分调查,初步判断边坡的稳定状态后确定边坡稳定性影响因素和稳定性系数,根据边坡变形破坏规模及危害等级,并在施工可行性、经济效益、社会效益上与刚性防护进行综合比较,判断是否适用主被动柔性防护系统。

若选择设计为主被动柔性防护系统进行边坡治理,下一步就可以根据地质条件确定选用主动柔性防护系统还是被动柔性防护系统。首选设置主动柔性防护的地质有:高陡边坡笔直靠近路面;局部集中的浮石群;巨块状危岩体(巨大危石滚落释放出的巨大动能,被动防护拦截十分困难);极易滋生危石危土的坡体(土质边坡,类土质边坡);堆积层石土边坡;极易风化破碎的岩石边坡。首选设置被动柔性防护的地质有:大面积高边坡病害治理(单层或双层拦截);山脚处有缓冲地带;山坡上部母岩风化破碎较严重,崩塌坠岩来源丰富,落石频率较高的路段。

主被动柔性防护的型号选择,则仍应参考边坡坡度、危石大小(势能)、各型号防护网的防护功能来最后确定。

4 主被动柔性防护系统加固原理

主动柔性防护系统是采用钢丝绳锚杆或钢筋锚杆和支撑绳固定方式将金属柔性网覆盖在具有潜在地质灾害的坡面上,通过固定在锚杆或支撑绳(张拉绳)上并施与一定预强拉的钢绳网对整个边坡形成连续支撑,其预张拉作业形成了阻止局部岩块或土体移动的预应力,从而阻止落石现象的发生。系统的传力过程为:钢绳网—张拉绳—钢绳锚杆—稳定地层。系统在作用原理上类似于喷锚支护和锚钉墙,但其柔性特征能使系统承担较大的下滑力,并将局部集中下滑力向四周均匀传递,以充分发挥整个系统的防护能力,即局部受载,整体作用。

被动柔性防护系统是采用锚杆、钢柱、支撑绳和拉锚绳等固定方式将金属柔性网以一定的角度安装在坡面上,形成栅栏形式的栏石网,当坡面上落石冲击到钢绳网时,其冲击能量很快通过钢绳两的各个节点传递到系统钢柱,因钢柱基座是一活动铰,绝大部分能量通过钢柱上端传递给支撑绳和设置在岩体上的钢绳锚杆,该部分能量主要通过设置在支撑绳上的减压环的伸缩使钢柱及钢绳网一起做往复运动进行削减,能量削减后剩余小部分能量通过钢绳锚杆传递给岩土体。

5 主被动柔性防护系统施工

5.1 主动柔性防护系统施工工艺

针对本工程具体情况,主动柔性防护系统确定采用 GPS2 型,施工工艺如下。

(1)清除坡面防护区域内威胁施工安全的浮土及浮石,对不利施工安装和影响系统安装后正常功能发挥的局部地形(局部堆积体和凸起体等)进行适当调整。

(2)放线测量确定锚杆孔位(根据地形,孔间距可有 0.3m 的调整量),在孔间距允许的调整范围内,尽可能在低凹处选定锚杆孔位;对非低凹处或不能满足系统安装后尽可能紧贴坡面的锚杆孔(一般连续悬空面长度不得大于 5m,否则宜增设长度不小于 0.5m 的局部锚杆,该锚杆可采用直径不小于 $\phi12$ 的带弯钩的钢筋锚杆或直径不小于 $2\phi12$ 的双股钢绳锚杆),应在每一孔位处凿一深度不小于锚杆外露环套长度的凹坑,一般口径 20cm,深 20cm。

(3)按设计深度钻凿锚杆孔并清孔,孔深应大于设计锚杆长度 5~10cm,孔径不小于 $\phi42$;当受凿岩设备限制时,构成每根锚杆的两股钢绳可分别锚入两个孔径不小于 $\phi35$ 的锚孔内,形成人字形锚杆,两股钢绳间夹角为 15°~30°,以达到同样的锚固效果;当局部孔位处因地层松散或破碎而不能成孔时,可采用断面尺寸不小于 0.4m×0.4mC15 混凝土基础置换不能成孔的岩土段。

(4)注浆并插入锚杆,采用强度等级不低于 M20 的水泥砂浆,宜用灰砂比(1∶1)~(1∶2)、水灰比 0.45~0.50 的纯水泥浆,水泥宜用 PO32.5 普通硅酸盐水泥,优先选用粒径不大于 3mm 的中细砂,确保浆液饱满,在进行下一道工序前注浆体养护不少于 3d。

(5)安装纵横向支撑绳,张拉紧后两端各用 2~4 个(支撑绳小于 15m 时用 2 个,大于 30m 时用 4 个,其间用 3 个)绳卡与锚杆外露环套固定连接。

(6)从上向下铺挂钢丝网,钢丝网间重叠宽度不小于 5cm,两张钢丝网间以及必要时钢丝网与支撑绳间用 $\phi1.5$ 铁丝进行扎结,当坡度小于 45°时,扎结点间距不得大于 2m,当坡度大于 45°时,扎结点间距不得大于 1m。钢丝网采用直径不小于 2.2mm 的镀锌钢丝编织。

(7)从上向下铺设钢绳网并缝合，缝合绳为 $\phi8$ 钢绳，每张钢绳网均用一根长 31m（或 27m）的缝合绳与四周支撑绳进行缝合并预张拉，缝合绳两端各用两个绳卡与网绳进行固定连接。钢绳网应上下交错编织；编织成网的钢丝绳不得有断丝、脱丝现象；交叉节点处用扣压件固定，接头处用搭接件压接，不得遗漏，钢绳露出搭接长度至少为 10mm；编网时扣压件和搭接件用机械压接，表面不得有破裂和明显损伤；网的形状应平整、绳不得有打结明显扭曲现象。

(8)施工过程中应随时观测边坡的稳定情况，发现问题应及时采取措施，确保施工安全。

5.2 被动柔性防护系统施工工艺

针对本工程具体情况，被动柔性防护系统确定采用 RXI－075 型，施工工艺如下。

(1)锚杆及支座安装。现场位置可根据实际情况适当调整，系统尽可能沿等高线布置。

(2)基坑开挖与混凝土灌筑（土质地层 B 类锚固）或钻凿锚杆孔（岩质地层 A 类锚固）。基座坑的最小尺寸大小为：60cm×60cm，深度为铲去表层土壤后 1m 深，上拉锚坑的最小尺寸大小为 50cm×60cm，深度为铲去表层土壤后 2m 深，侧拉锚坑的最小尺寸大小为 50cm×40cm，深度为铲去表层土壤后 2.5m 深。中间加固锚坑的最小尺寸为 50cm×40cm，深度为铲去表层封后 2m 深。对覆盖层不厚的地方，当开挖至基岩尚未达到设计深度时，则在基坑内的锚杆孔位置处钻凿锚杆孔，待锚插入基岩并注浆后才灌注上部基础混凝土。

(3)基座及锚杆安装。将基座搬到基坑位置后，将基座套入地脚螺栓，用水平尺测量基座的水平度，若不平整用水泥砂浆垫平，待水泥砂浆凝固到能承受力时，将螺帽拧紧，基座的各个方向水平误差允许在 5°范围内，基座地与混凝土必须完全接触，若有缝隙，必须用水泥砂浆将缝隙补满。在安装基座时，注意基座的安装方向。

(4)钢柱及拉锚绳安装与调试。将钢柱顺坡向向上放置并使钢柱底部位于基座处。将上拉锚绳的挂环挂于钢柱顶端挂座上，然后将拉锚绳的另一端与对应的上拉锚杆环套连接并用绳卡暂时固定（设置中间加固和下拉锚绳时，同上拉锚绳一起安装或待上拉锚绳安装好后再安装均可）。将连接板按正确方向用 M27×120 的螺栓与钢柱连接，并拧上螺母。注意螺母不能拧得太紧，要连接板能够转动。将钢柱缓慢抬起并对准基座，然后将连接板另一端插入基座中，插入连接螺栓，并拧紧。通过上拉锚绳来按设计方位调整好钢柱的方位，拉紧上拉锚绳并用绳卡固定。侧拉锚绳及中间加固锚绳安装同上拉锚绳。

(5)支撑绳安装与调试。上支撑绳通常必须在柔性网铺挂前安装，而下支撑绳的安装是选择的，先于柔性网的安装方法较为简单，而在柔性网安装后采用直接穿过下沿网孔的方式可以省去底部缝合连接，但安装相对麻烦，特别是有减压环时。支撑绳的安装必须严格满足其位置要求，同时必须事先将减压环调整到正确位置，否则一旦支撑绳张紧后，其位置就不易改变。支撑绳安装就位后，必须予以张紧，经验表明，当为双支撑绳时，宜按相反的方向对两根支撑绳各自同步张拉，避免单向张拉时钢柱发生明显倾斜，当为单支撑绳时，宜在张拉的同时对已发生明显倾斜的钢柱调整复位，避免钢柱进行二次调试，甚至两者上一个互动的调试过程。

(6)钢绳网的铺挂与缝合。通常可采用绳卡或卸扣将钢丝绳网或环形网临时悬挂在上支撑绳上，且网上的悬挂点宜在上沿网孔以下，以方便下一步的缝合连接。缝合在任何情况下都不得与钢柱、基座、拉锚绳间连接，仅在网与支撑绳和不同网块间连接，且对支撑绳上带有减压环的系统，还必须注意缝合绳在减压环附近不得与带减压环的一根连接。

(7)钢丝网的铺挂。格栅铺挂在钢绳网的内侧，并应叠盖钢绳网上缘并折到的外侧 15cm，用扎丝固定到网上；格栅底部应沿斜坡向上敷设 0.5m 左右，并为使下支撑绳与地面间不留缝隙，用一些石块将格栅底压住；每张格栅间叠盖约 10cm。

(8)施工过程中应随时观测边坡的稳定情况，发现问题应及时采取措施，确保施工安全。

5.3 施工安全及质量控制

5.3.1 施工中安全控制

(1)施工前应认真检查和处理 SNS 柔性防护系统作业区内的危石，施工机具应放在安全地带。

(2)坡上作业期间,若坡脚为行人,车辆的过往通道应在作业区内看守控制等安全防护措施。

(3)在作业区内施工时,施工人员必须佩戴安全帽;挂网时,挂网人员及缝网人员必须系上安全带。

(4)水箱、风炮、注浆罐等应进行密封性能和耐压试验,合格后方可使用;要经常检查各出料管头、输料管、注浆管和管路接头等有无摩擦、击穿或松脱现象,发现问题应及时处理。

(5)处理机械事故时,必须使设备断电,停风。向施工设备送电、送风前,应通知有关人员。

(6)向锚杆孔注浆时注浆罐内应保持一定数量的砂浆,以防罐体放空,砂浆喷出伤人。

(7)非操作人员不得进入正进行施工的作业区,施工中注浆管前严禁站人。

(8)在挂网时,应注意安全,钢丝绳网拉上支撑绳,固定前,钢绳网外部禁止站人。钢绳网滑落伤人。

5.3.2 质量检查

(1)原材料与混合材料的检查应遵守下列规定

①每批材料到达工地后,应进行质量检查,合格后才可使用。

②锚杆用的水泥砂浆的配合比以及拌和的均匀性,每工作班检查次数不得少于一次,条件变化时应及时检查。

(2)锚杆质量的检查应遵守下列规定

①锚杆杆体长度误差不宜大于50mm,杆体直径应严格满足设计要求。

②设计要求钢绳锚杆孔口处设置锥形或柱形坑时,除坑的尺寸不应小于设计尺寸外,锚杆安装后其马蹄形环套的内上缘不应有混凝土,要能转动。

③对有抗拔力设计要求的锚杆,其质量要求除应满足前几项规定外,其质量检查尚应遵守下列规定:

a. 应通过抗拔力试验进行锚杆质量检查。试验数量,一种设计规格的每300根锚杆必须抽样一组,设计变更或材料变更时,应另作一组,每组锚杆不得少于三根。

b. 锚杆抗拔力质量的合格条件为:

$$P_{An} \geqslant p_A$$

$$P_{Amin} \geqslant 0.9p_a$$

式中:P_{An}——同批 n 组试件抗拔力的平均值(N);

P_A——锚杆设计锚固力(N);

p_a——同批 n 组试件抗拔力的最低值(N)。

c. 锚杆抗拔力不符合要求时,可用邻近加密锚杆予以补强。

d. 当设计对锚杆有特殊要求时,可增做相应试验。

e. 基座的质量检查除应满足设计施工要求外,其焊接应牢靠,外观感受上应美观。

④钢柱及锚绳的质量检查除应满足设计施工要求外,还应检查连接螺母是否已拧紧,以及锚绳两端绳卡固定是否牢靠,减压环位置是否正确,并且其外观及手动感受上应无明显松动。钢绳网的铺挂质量检查应满足设计要求:

a. 钢丝网的固定、缝合应满足设计施工要求。

b. 缝合绳外观和手动感受上应无明显松动,否则应重新张紧。

c. 每张钢绳网每相对周边与构成其挂网单元的支撑绳或钢丝绳网间的缝合绳绕向、松紧度应基本一致,否则应作调整。

⑤铁丝格栅

a. 铁丝格栅的固定方式,尺寸和叠置宽度应满足设计施工要求。

b. 对设计要求紧贴钢丝绳网的铁丝格栅,不应有大于 $1m^2$ 的明显悬空存在,不满足要求的可增补局部扎结处。

c. 固定绳卡应牢靠。

6 结语

主被动柔性防护系统在甘肃武罐高速公路边坡防护工程应用中,达到了预期的效果。实践证明,主被动柔性防护系统不仅能较好克服山区复杂地形条件下传统边坡防护工程施工困难、工期长、使用寿命短等弊端,而且不破坏和改变坡面原有地貌形态和植被生长,其开放性能将工程对环境的影响降到最低点,有利于提升公路工程建设行业的整体形象,实现最佳的综合效益。

参考文献

[1] 中华人民共和国铁道行业标准. TB/T 3089—2004 铁路沿线斜坡柔性安全防护网[S]. 北京:中国铁道出版社,2005.
[2] 赵明阶,何光春,王多垠. 边坡工程处治技术[M]. 北京:人民交通出版社,2003.
[3] 刘胜军. 公路边坡柔性防护系统在山区高速公路工程中的应用[J]. 安全,2010,6.

3.山区高速公路高边坡病害防治实践

马惠民[1]　吴红刚[2]
(1 中铁西北科学研究院有限公司　兰州　730000;2 中国铁道科学研究院　北京　100081)

摘　要:20 世纪末高速公路建设开始向山区延伸,由于复杂的地形地质条件,在建设中出现了众多高边坡和滑坡问题,施工开挖后发生了许多边坡变形,既增大了工程投资,又延误了工期,甚至破坏了已有工程设施。因此,高边坡工程成为我国山区高速公路建设中的一个重大工程地质问题。笔者结合近年来我国山区公路建设中的滑坡及高边坡研究和工程实践,介绍了高边坡病害的防治理论和技术,针对当前工程建设中存在的几大突出问题进行了较为详细的论述,并提出了高边坡病害防治领域今后需要继续探讨的几个问题。

关键词:山区　高速公路　高边坡病害　治理工程

0　引言

公路高边坡病害伴随着山区高速公路的发展而日益严重,这一问题的出现呈现出强烈的中国特色,完全是由我国独特的地形地质条件和作为一个发展中国家所面临的大规模工程建设所决定的。尤其是 20 世纪 80 年代以来,我国经济的高速增长,极大地刺激了资源与能源的开发,交通体系的完善和城镇的都市化进程。山区高速公路建设中的高边坡工程数量之多、规模之大、类型之复杂、工程之艰巨,举世瞩目。

与水利、矿山、城市建设不同,高等级公路和铁路都是线状工程,要穿越不同的地貌单元和岩层分布区,其遇到的高边坡使用年限较长,属永久边坡工程。它涉及的边坡以点多、线长、类型多为特点。20 世纪末随着高速公路向山区延伸,由于特殊的地形和地质环境,在建设中出现了众多高边坡和滑坡问题,施工开挖后发生了许多边坡变形,既增大了工程投资,又延误了工期,甚至破坏了已有工程设施。

1　高边坡病害防治理论和技术

一般将人工开挖形成的、高度大于 30m 的岩质边坡和高度大于 20m 的土质边坡称为高边坡。高边坡是将地质体的一部分改造成为人为工程,其稳定性受控于地质条件和人为改造的程度。高边坡病害防治设计具有预测性、风险性、动态性,并对施工具有严格要求等特点。

高边坡病害的防治技术一般包括工程地质勘察的方法与内容、稳定性分析与评价的方法和理论、监测技术和治理工程设计原则和加固(支挡)工程结构设计。由于高边坡是对自然稳定的或者是不稳定山坡的人工改造,这种改造远远大于自然的改造速度,那么对于了解和确定拟开挖边坡的地质条件(地层岩性、地质构造和水文地质条件)、坡体结构和可能的变形规模与类型的工程地质勘察手段和内容尤为重要,此为高边坡稳定性分析和加固工程设计的基础。

1.1　高边坡病害空间预测的基本途径

(1)高边坡病害空间预测的含义

高边坡病害的空间预测是指依据坡体结构,结合地下水分布规律和影响因素,确定其变形破坏的空间形态、规模和类型。高边坡稳定性是指不同坡体结构、岩体结构条件控制下高边坡的稳定性。

坡体结构指山坡(斜坡)不同时期构造作用所形成的结构面的空间组合,主要由以下三个方面组成:①不同成因、不同工程性质岩组的分布;②结构面的空间组合,主要是软弱破碎带的分布;③临空面。

中铁西北科学研究院通过对滑坡和高边坡变形的研究,发现坡体结构对边坡的破坏类型、部位、规模和破坏模式有控制作用,将坡体结构可分为Ⅴ类,共12个亚类(表1)。从边坡变形破坏来研究岩性、构造和坡体(岩体)结构。对于岩性主要是注意岩石的软硬,因为软的岩石,强度低,易变形,而硬的岩石,强度高,变形小。构造主要研究结构面的发育程度、相互切割关系、贯通程度,以及与临空面的关系。对于坡体(岩体)结构,主要注意那种结构易变形破坏,一般来说,前述5种坡体结构组成的边坡易于变形失稳。

(2)影响岩石高边坡稳定的因素

影响高边坡稳定的工程地质条件有岩性分布、构造格局、地下水补给条件和坡体(岩体)结构等。影响高边坡稳定的作用因素有:①重力;②地应力;③由于岩体外形改变而造成作用力的改变;④地震作用;⑤水文地质条件的变化;⑥洪水的冲刷;⑦降雨及气候条件;⑧人为因素:切坡、堆填,人为爆破;⑨软弱破碎带的风化。

岩石高边坡的稳定性是研究在坡体(岩体)结构控制下受环境因素的影响,在一定年代内的变形和破坏。首先是调查了解山体和坡体的坡体(岩体)结构,其次是研究影响边坡变形的环境因素,需从观测、分析、对比等方法来掌握;最后利用岩石力学、土力学以及数值分析、模型实验等来找出这些条件因素对各个高边坡变形的定量问题。此为高边坡病害空间预测和稳定性分析的基本途径。

坡体结构及边坡的破坏模式

表1

坡体结构	亚类	破坏模式
Ⅰ均质体坡体结构	黏性土、黄土状土、堆填土等均质土	沿弧形面旋转滑动、坍塌
Ⅱ基座式坡体结构	Ⅱ1 上软下硬坡体结构(二元结构)	上部土层或软岩沿下伏硬岩滑动或坍塌
	Ⅱ2 上硬下软坡体结构	硬岩崩塌、错落,软岩挤出性滑坡
Ⅲ层状坡体结构	Ⅲ1 顺倾层状坡体结构	多层多级的顺层岩石滑坡
	Ⅲ2 反倾层状坡体结构	错落、切层滑坡或崩塌
	Ⅲ3 陡倾层状坡体结构	倾倒、倾倒式崩塌、倾倒式滑坡、V形节理崩塌或顺层滑动崩塌
	Ⅲ4 斜交层状坡体结构	层面与节理面组合滑动,V形节理崩塌
Ⅳ松散破碎体坡体结构	Ⅳ1 断层破碎带坡体结构	沿弧形面或构造面滑动、坍塌
	Ⅳ2 大型岩堆、沟口洪积堆或老滑坡堆积	崩塌、坍塌,沿接触面或老滑面滑动
Ⅴ块状坡体结构	Ⅴ1 似层状坡体结构	沿似层面滑坡或崩塌
	Ⅴ2 眼球状坡体结构	错落、坍塌、滑动
	Ⅴ3 较完整坡体结构	V形节理崩塌,沿小断层滑落等

高边坡空间预测和稳定性的分析以岩石滑坡工程地质力学理论为指导,结合高边坡工程的特点,以宏观地质分析为主,首先确定高边坡变形破坏的空间形态和规模,在此基础上,应用岩体(石)力学理论和合理的数值分析方法确定不同坡体(岩体)结构控制下、各种工况下高边坡的松弛范围,两者相互验证,相互补充,以达到确定高边坡病害的类型和规模的目的。

1.1.1 高边坡结构面地质力学调查分析方法

针对区域构造难以准确反映具体高边坡所处山体在地质历史时期所受到的局部构造应力场的期次、作用力的大小、方向和从节理统计有时定性不准这两个问题,选择从拟开挖山坡的地貌和结构面进行调查、配套分析研究,确定高边坡的坡体(岩体)结构,可能的变形规模、性质,使岩石高边坡稳定性研究建立在可靠的基础上。

山坡中存在的构造面(结构面),是由于构造作用形成,它们符合构造应力作用下形成结构面体系,即通过对这些结构面的通查分析可确定斜坡所在山体受到构造作用力的次数和顺序,反过来指导研究岩石高边坡的坡体(岩体)结构,将两者结合并应用到高边坡病害的空间预测和稳定性分析称为“高边坡结构面地质力学调查分析方法”。

1.1.2 坡体结构与高边坡病害的变形带之间的成生关系

高边坡病害的变形带是指病害体产生错、滑变形的底界,该底界是依附于坡体中发育贯通的、倾向临空的缓倾角结构面。

无论高边坡是由较完整岩体,或是破碎岩体组成,其产生的边界中总是以变形破坏的底界(即变形带)的形成为控制核心。而后界及两侧界易于从高边坡中较陡的结构面组直接调查找出,而且它常随变形带范围的扩大而向后向两侧发展。为此,研究不同类型变形体的底界与倾向临空、缓倾结构面的成生关系是高边坡结构面地质力学调查分析方法的核心。

1.1.3 高边坡开挖松弛区的确定

前面论述了“高边坡结构面地质力学调查分析方法”的主要原理和工作方法,这种方法能建立高边坡的地质结构模式。在此基础上根据正确的开挖方式确定具有不同类型坡体结构高边坡的松弛区范围。

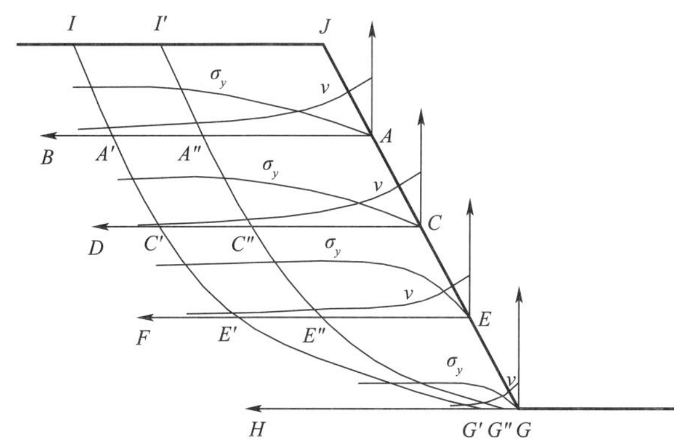

图1 坡体开挖后的位移与应力曲线

坡体开挖变形后,原有的力学平衡被破坏而又要建构新的力学平衡状态,于是坡体内的应力和位移要发生变化。对于工程实际问题而言,水平方向位移比竖向位移更直观。坡体开挖后水平方向各点的位移和应力,如图1所示。

确定坡体结构和建立相应的地质力学分析模型后,就可以用数值分析方法对边坡稳定性加以分析。数值分析方法主要包括有限单元法、边界元法、离散元法以及相互间的组合方法。用有限元法对边坡的力学状态进行分析时,首先要根据实际工程情况建立合理的力学分析模型,对于边坡工程常常可以简化为平面应变状态分析;其次,对实际施工过程要进行恰当的模拟,使得计算分析过程能较好模仿实际工程的建造过程;再次,在求解计算过程中要注意充分考虑岩土材料的大变形效应以及非线性力学行为;最后,对计算结果要进行合理的分析并适当以图形化的方式输出。

此外,在加固处理的时候,考虑到加固措施在施加外力作用于坡体之外,同时也改善与改变了坡体材料的力学性质,这种变化可以通过改变其力学参数来实现,如:弹性模量 E、泊松比 μ、黏聚力 c、内摩擦角 φ、重度 γ,等等,所以在这种情况下,要将弹性模量 E、黏聚力 c、内摩擦角 φ 与重度 γ 适当程度地提高,而把泊松比 μ 则适当程度地降低。

总之,在分析开挖诱发的松弛区范围时,可以根据在实际工程中有重要意义的坡体内水平位移沿不同水平路径的变化曲线,判断得到坡体的开挖影响范围与松弛区范围,同时可以得到潜在的最危险滑带位置,对边坡的稳定性做出分析判断。

1.1.4 极限稳定斜坡比拟法

极限状态下的稳定斜坡,是指斜坡在形成过程中的主要条件和作用因素继续作用的前提下,在一定年限内能维持坡形、坡高和最陡坡率的稳定斜坡。这些主要条件和作用因素包括地层岩性、地质构造、水文地质条件及变化、自然环境(气候和地震)和营力等。

在不同区段找出的极限稳定斜坡的坡率、坡高和缓坡平台的宽度是拟开挖高边坡设计的重要参考参数,如基本按这些数据设置高边坡的坡率、坡高、平台位置和宽度,则可保证高边坡的整体稳定。否则有可能产生坡体病害和大型塌滑。当高边坡坡率、坡高陡于极限稳定状态的自然斜坡坡率或大于其坡高时,则高边坡必然产生变形破坏,其破坏范围大致是由极限稳定状态的自然山坡的坡高、坡率圈定高边坡外侧的岩土体。

此方法由于真实再现了高边坡的地层岩性、地质构造、水文地质条件和环境因素,而这些条件和因素用模型试验、数值分析方法等是无法实现或不可能完全实现的,所以工程地质比拟法预测高边坡病害的空间形态、规模的结论更加真实可靠。高边坡的空间预测的工程地质比拟法一般有两个方面,一是以寻找当地可供比拟的条件,即找类似地质环境条件下的极限稳定边坡。其二,依据组成坡体的岩性、地质构造、水文地质条件及其变化和作用因素,了解高边坡的变形破坏机理,从统计相关参数获取半经验回归公式,从而获得不同岩性、不同坡率前提下的坡高,那么拟开挖边坡大于该岩土条件下的坡高或陡于其坡率,则边坡不稳定可能此方法更适用于一般边坡,要用到高边坡工程还需要进一步完善。

高边坡是一种特殊的岩土工程,设计高边坡的坡高,坡形和坡率以及相应的加固和防护措施只有符合岩土体的性状才能保持稳定。总结近年来山区高速公路高边坡失稳破坏的大量事例,作者认为必须结合高边坡工程和高速公路建设特点进行地质勘察工作,总结如下。

(1)在工程可行性研究阶段的高速公路选线时,由于地质条件复杂,应贯彻"地质选线"的原则,尽量避开不良地质地段。如大型老滑坡、崩塌、坍塌连续分布地段,以及岩层顺倾(顺层)地段,避免开挖后老滑坡复活和产生大量新滑坡。

(2)应重视高边坡的工程地质勘察,尽量减少高边坡数量,降低高边坡高度,改变路线勘察中重桥隧轻路基的状况。据统计,施工后发生问题的大多是路基病害,特别是高边坡失稳破坏,其主要原因是前期地质勘察资料不足,设计的坡形、坡高和坡率不符合坡体岩土的实际情况。若能在勘察期间查清高边坡的地质情况及可能的变形类型,就可以与隧道和桥梁方案或移线方案作比较,减少高边坡的数量,降低高边坡的高度,设计符合实际的坡形,减少高边坡发生变形的可能。

(3)高边坡设计是一种特殊设计,必须在尽可能详细了解边坡地段的地形地貌、地层岩性、风化破碎程度、构造、坡体结构和地下水分布以及自然斜坡的稳定状况等基础上,预测边坡失稳破坏类型和规模,从而设计出不出现大规模的坡体变形的坡形、坡率和坡高及相应的加固、排水和防护措施,并对施工方法提出严格而详细的要求。

(4)高边坡的勘察设计必须贯彻"动态设计、信息化施工"原则,由于种种原因不可能全面掌握高边坡的全部地质资料,根据边坡开挖揭露的地质情况,修改和完善已有的边坡设计,特别是一些局部、小规模的边坡塌滑加固措施。

(5)高边坡的开挖施工阶段,一方面应讲究科学的施工方法,适应于不同的地质条件,对可能发生变形的边坡,必须严格施工季节、工序和方法(防止雨水渗入、逐级开挖逐级加固、控制爆破等);另一方面加强监测手段,根据监测资料调整施工工序、进度和方法。

据此,可将高边坡防治的工作方法概括为"调查分析评估、工程地质分类、坡体结构划分、破坏模式预测、重点病害勘察、工程方案优化、科学施工保证、加强动态监测、地质全程跟踪"(图2)。针对上述特点不难看出,高边坡的地质勘察工作分为三阶段,以了解掌握区域地质资料和避免出现大规模、群体性高边坡病害为标志的工程可行性研究阶段——即第一阶段。第二阶段为针对具体高边坡开展的详细的地质勘察工作,主要特点是地质调查为核心,辅以必要的地质勘探,以查清边坡体的基本地质条件,并分析边坡开挖后的稳定状态、可能发生的变形类型、部位和规模,为设计提供可靠的资料。第三阶段是对开挖后的高边坡进行地质复查,以备完善和修改原有的边坡加固设计。

1.2 高边坡病害防治的基本原则与设计方法

高边坡病害是复杂的地质现象,由于多种条件和因素的限制,以及目前人类对边坡病害的认识水平,仅通过勘察还很难摸清和掌握病害各部位的真实情况,因此利用施工开挖等手段进一步查清病害原因,确保治理工程的安全可靠是十分必要的。设计与施工之间的信息交换,根据对病害原因的进一步掌握来验正设计的合理性,根据调整后的设计和现场实际情况指导施工,此即边坡病害治理工程的信息化施工与动态设计原则。通过以上方法既可确保工程长期安全可靠,又可保证工程投资的合理。

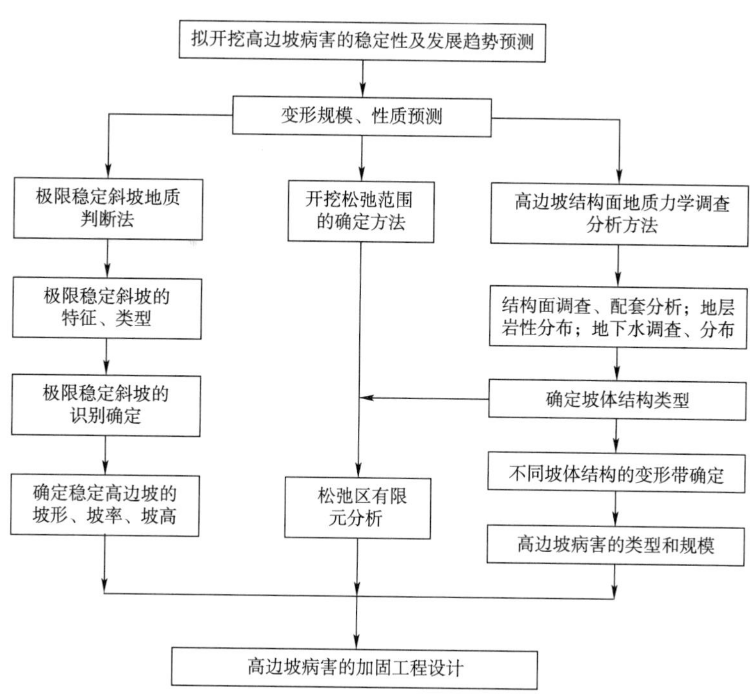

图2 高边坡病害治理工作流程图

防治工程设计中的一般原则有:①预防为主的原则;②一次根治不留后患的原则;③综合治理的原则;④技术可行经济合理的原则;⑤动态设计以及信息化施工的原则。

根据高边坡病害的产生部位,在查清形成高边坡病害的基本地质条件、主要影响因素的前提下,进行病害的空间预测,确定病害的类型、规模及其发展趋势,进而科学有序的制定治理规划和治理工程方案。高边坡设计目前尚无统一的方法,一般采用三种方法相结合:

(1)工程地质比拟法——从自然稳定坡的调查中寻找可供比拟的坡形、坡率和坡高。

(2)力学计算法——选择符合坡体结构和破坏模式的计算方法对设计的坡形进行稳定性计算,调整坡形或增加支挡工程以达到合理的设计。既保整体稳定,又保局部稳定。

(3)经验对比法——以类似地质条件下稳定的人工边坡作参考设计新的边坡。

高边坡病害治理工程的设计亦应遵循“减载、固脚、护腰、排水”的原则。由于坡脚应力和地下水集中,加固工程应贯彻“固脚强腰”的原则,“固脚”即加强坡脚1、2或3级坡的支撑力,“强腰”则是防止高边坡的局部失稳,既要保整体稳定,也要保局部稳定;完善的地表和地下排水系统,是减少水对边坡稳定的影响。

对于高度30m以下的边坡原则上以设计稳定坡率为主,大于30m的边坡,放缓边坡可能增加大量弃方,破坏大量植被、增大征地面积,于环保不利。应采取较陡的坡率增加支挡加固工程以减小边坡高度。并采用工程防护和植物防护相结合的措施,注重边坡与自然环境的协调,在保证边坡长期安全稳定的前提下,优先考虑植物防护方案。

1.3 高边坡病害预加固技术与方法

高边坡的开挖是对坡体应力状态的巨大改变,必然造成坡体应力的调整和坡体的松弛,“预加固”即控制变形在一定范围内,不使其发生破坏。加固(支挡)工程结构的设计,除了要保证结构的稳定外,还要考虑该结构如何施工,也就是如何把设计在图纸上的结构放到现实中去。在地质研究的基础上,基于新的理论、计算方法和大型模型试验,人们对高边坡变形失稳机理的认识不断深入,对坡体开挖与松弛变形关系的研究逐渐趋于量化,提出了高边坡病害防治工程的“变形控制”设计理念。即工程设计时充分考虑坡体在开挖以后可能出现的变形形式,针对可能的变形形式采取支护工程措施,并结合一定的施工方法预先对坡体的变形松弛进行控制,达到以最低的造价、最优的设计、最佳的施工方法治理边坡的目的。

预加固技术是高边坡病害治理工程的一种全新的、合理的设计思路，其具体的形式与具体病害工点的具体情况有关，所做的预加固设计应建立在对具体病害工点病害成因的分析上。

针对边坡工程特点，加固(支挡)工程结构的设计，除了要保证结构的稳定外，还要考虑该结构如何施工。加固(支挡)工程结构设计要根据工程地质特性、施工条件来选择加固(支挡)工程结构的形式。根据不同的地质条件和边坡高度，目前经常采用的较有效预加固施工方法及工艺有以下几种：(1)分级稳定、坡脚锚固桩预加固[图3a)]；(2)分级开挖、分级锚固[图3b)]；(3)分级开挖、分级稳定、坡脚预加固[图3c)]。

边坡采用上述施工工艺和施工方法后，适应了目前机械化大拉槽的施工要求，提高了施工工效；减小了开挖影响区范围，控制了边坡的开挖大变形，确保了路堑边坡在施工过程中的安全和边坡的长期稳定。

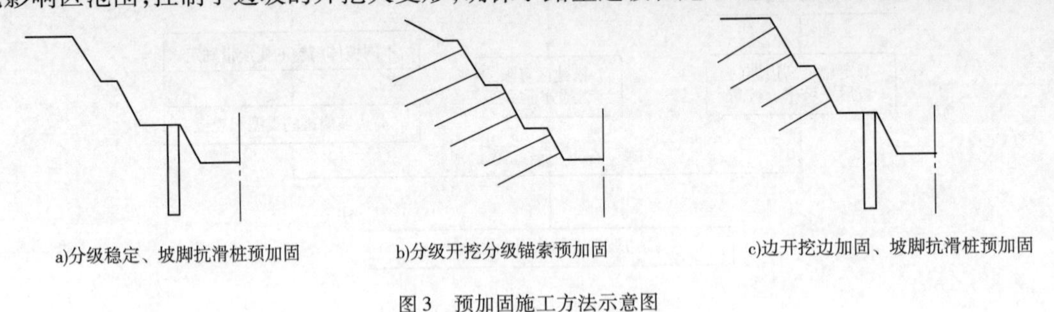

a)分级稳定、坡脚抗滑桩预加固　　b)分级开挖分级锚索预加固　　c)边开挖边加固、坡脚抗滑桩预加固

图3　预加固施工方法示意图

2　当前公路高边坡病害防治的几个关键问题

近年来，我国公路系统结合山区高等级公路高边坡病害防治的工程实践进行了大量的研究和总结，取得了显著的成果，并逐步接近或超过国内外水平。但对以下几方面尚需进一步研究和探索。

2.1　不良地质路段高边坡病害的群发性

对高边坡病害的防治，“地质是基础”的观点已形成了共识，也普遍重视了针对高边坡的工程地质勘察工作，但仍存在一些问题，一方面对“地质选线”重视程度不够，对区域工程地质条件研究程度不足，致使高速公路一些区段仍选在大型古老滑坡和滑坡、崩塌、坍塌连续分布地段，或岩层顺倾地段，开挖后老滑坡复活和产生大量的新滑坡。

(1)重庆万梁高速公路孙家槽至金竹林隧道段位于铁峰山背斜与黄泥塘背斜的交接段(图4)，岩层顺倾，在长约12km的路段，开挖后形成高边坡变形破坏达31处，其破坏频率之高、类型之复杂和加固工程结构类型之全是首屈一指的。

(2)山西长晋高速公路在长治境内5.3km的范围内，盆地边缘路堑挖方路段共发生了6处总长1.8km的大型顺层岩石滑坡，即K28、K31与K32段滑坡群。

(3)316国道天水稍子坡地区(K2556+340~K2563+000)沿线分布滑坡26处，特别是2000年经过雨季后，该路段滑坡大范围暴露，新滑坡的产生、老滑坡的复活、滑坡变形的扩大，路基大范围下陷、地下水出渗、道路泥泞，行车条件极差，中断交通时间长，成为316国道交通运输的“瓶颈地段”。

(4)青海省高山垭口段海拔大于3000m地段降雨丰富、并伴随季节冻土，形成了独特的高含水边坡病害。互助北山旅游二级公路K37+000~K39+000垭口东坡十二盘处，自然坡度较缓，地下水丰富，既有路线受季节性冻土的冻融作用非常明显。进入冰融期边坡常产生坡面坍滑或塑性滑动，影响行车，同时由于长期的地下水作用和人工开挖边坡，造成了两处滑坡及其他边坡病害，直接影响路线17处。阿岱-赛尔龙公路麦秀山K147+360~K151+280地区地层较复杂，受地质构造影响，断层发育，岩石破碎，地下水丰富，分布有1号、2号、3号、4号滑坡，构成麦秀山滑坡群。该滑坡群稳定性较差，常常蠕动，造成多年公路中断。

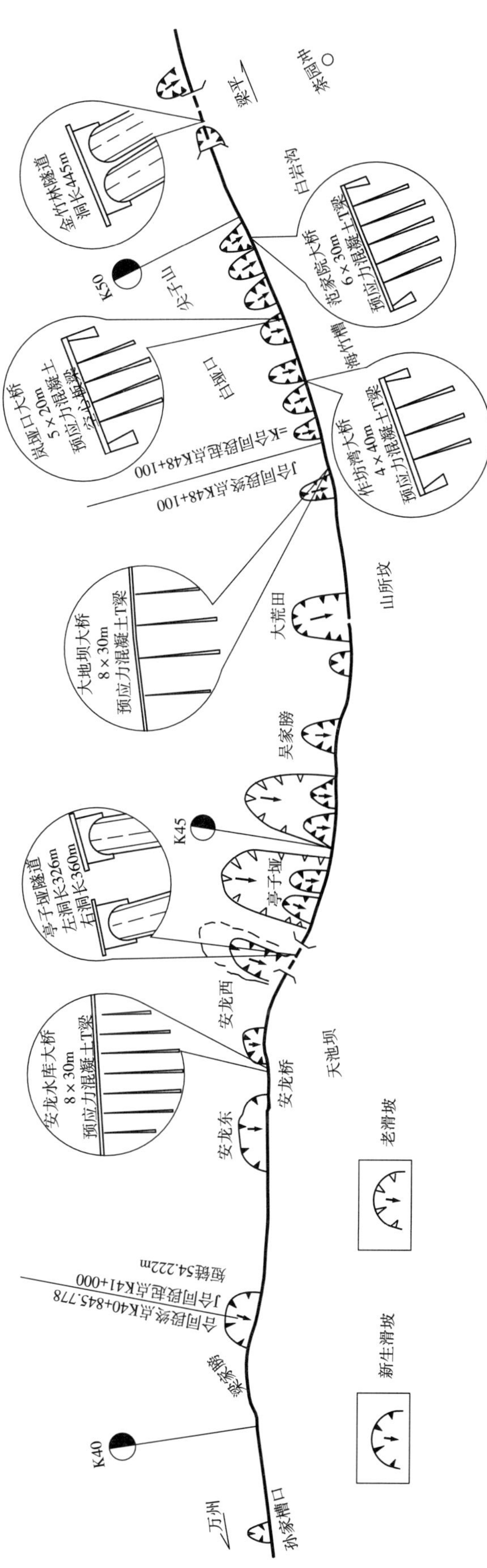

图4 K38～K52 高边坡与滑坡分布示意图

2.2 隧道进出口段的坡体病害

近几年来,山区高速公路建设中隧道数量剧增,有众多座隧道洞口位于冲沟沟脑或两侧坡体,因此洞口段一般边坡、仰坡较高,加之对边坡坡体的稳定性缺乏正确的认识和评价,在施工中导致坡体失稳或老滑坡复活,如武罐高速圆台子隧道、宝天铁路伯阳隧道、宝鸡至天水高速公路甘泉隧道、勉宁高速公路的谢家梁隧道、徽杭高速公路的竹岭隧道等。为了节省投资而缩短隧道,但由于边坡、仰坡的失稳诱发滑坡地质病害而危机隧道安全。

例如新建武罐高速公路圆台子隧道南端出口位于碎石层中,洞口开挖易造成滑坡体局部失稳、塌滑(图5)。自2010年10月1日右线进洞以来,由于洞口段多为松散碎石土,施工进度缓慢,施工方分别采用开挖后立即素喷,缩小循环进尺和快速成环等多种方法,较为有效的解决了隧道施工中局部频繁坍塌的问题。但是,坡体的开挖仍造成了仰坡、钢拱架表层混凝土喷层和山体表面多处开裂,10月16日1-1号深孔位移监测孔附近产生多条微裂缝,以后多处发展扩大。11月2—6日,山体后部靠近1-3号监测孔附近产生弧形裂缝,宽度由1cm扩展为5cm,深度40cm,总长约15m,与此同时1-2号深孔位移监测孔内PVC管在距地表11m处被剪断。隧道右洞开挖至41m掌子面时发现褐黄色滑动带,同时隧道左洞洞深33m掌子面时发现滑动面,擦痕明显。

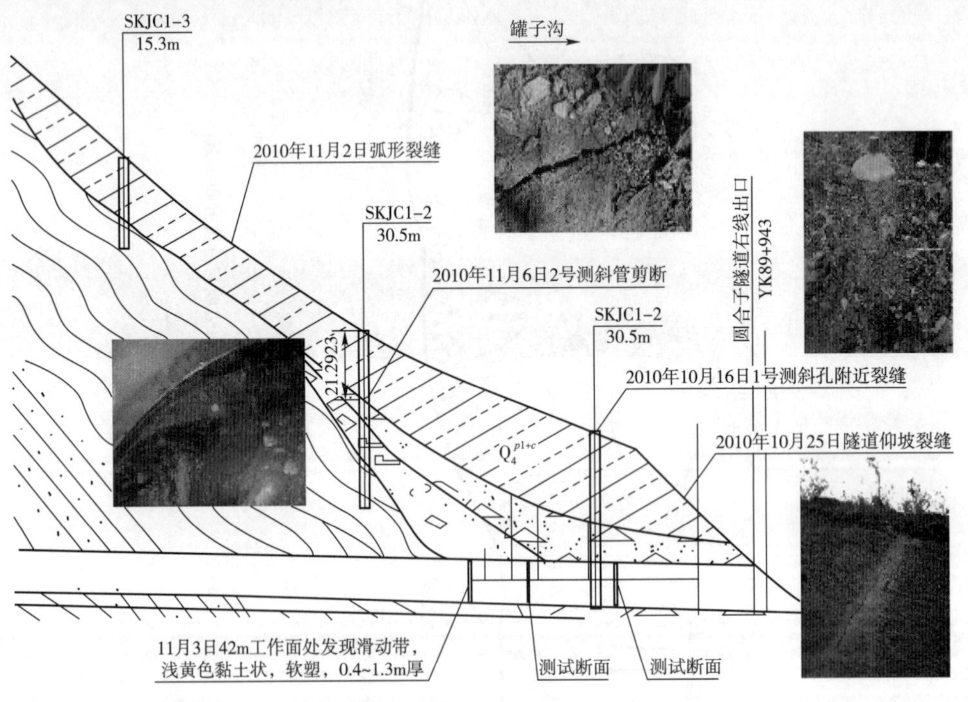

图5 圆台子隧道右线出口变形特征断面图

2.3 高边坡病害防治的设计、施工问题

高边坡的失稳破坏,除了有其特殊的工程地质条件外,设计、施工方法不当是控制性影响因素。路线勘察中重桥、隧而轻路基,桥、隧勘探量相对较多而对高边坡很少进行勘察,忽视高边坡的工程地质勘察,设计中高边坡数量过多和高度过大。大量的事实证明,高边坡发生变形的主要原因是前期地质勘察资料不足,设计的坡形、坡高和坡率不符合坡体岩土的实际情况,教训十分深刻。若能在勘察期间查清高边坡的地质情况及可能的变形类型,就可以与隧道和桥梁方案或移线方案作比较,减少高边坡的数量和高度,设计符合实际的坡形,减少发生变形的可能。同时高边坡的施工应尽快制订科学的施工方法和细则,对施工季节、工序和方法,施工中爆破的药量控制,以及施工中的监测方法、分析和反馈系统有一个严格的规定。高边坡应贯彻"动态设计,信息化施工"原则,根据开挖后的实际地质条件调整设计,即地质工作应延伸到施工过程中,保证边坡的长远稳定。

例如重庆渝黔高速公路K13+500~K14+000段向家坡滑坡治理工程历时近十年,先后经过四次整治最终得以稳定(图5)。①高速公路路基在此段以路堑边坡形式通过,1998年4月边坡开挖深15m,厚10m堆积层滑坡。勘察后做53根7~14m抗滑桩。②1998年12月,已做抗滑桩变形,1999年8月再次勘察,认为堆积层带动部分泥岩滑动。增设第二排抗滑桩和锚索框架,坡脚设坡脚挡墙。③2000年年底,滑坡再次变形。增设第三排抗滑桩,坡脚桩间增设锚索抗滑桩。④2004年7月滑坡再次发生严重变形。进行第三次勘察,揭露中、深层滑面,地下水丰富(水位抬升5~8m),进行第四次治理,采取地表截排水、上部截排水隧洞和渗管前缘仰斜排水孔群,二级边坡平台锚索抗滑桩,三、四级边坡锚索框架的综合治理措施。该大型滑坡的治理过程中得出以下经验和教训:①正确认识与识别老滑坡是关键。②必须采用综合勘察技术全面掌握滑坡性质、规模,滑坡的分条、分级、分块,滑带层数等。为治理工程设计提供依据。③注意不同工况下环境条件的变化——逐层复活、地下水位的抬升。④截排地下水工程是关键。

2.4 高边坡加固工程结构的组合问题

高边坡加固支挡措施主要采用的结构类型有:预应力锚索(框架、地梁和锚墩),预应力锚索抗滑桩、普通抗滑桩、桩板墙、挡墙、护面墙、锚杆框架、花管注浆等。实践证明,这些加固工程结构必须与高边坡的地质条件、高边坡的应力变化规律、施工中的高边坡的变形规律和施工工序等相适宜,方可达到预期的目的。同时应在充分考虑高边坡应力变化规律的前提下对各种结构物进行合理配置。目前国内在高边坡病害治理方面采用较多的工程结构组合形式主要有以下几种(图6)。

图6 重庆向家坡滑坡治理工程全貌图

(1)桩—锚结合治理高大边坡

高边坡加固工程采用"分级开挖、逐层加固"原则,一般下部采用抗滑桩(或预应力锚索桩),上部采用预应力锚索。当施工开挖最后一级边坡,此时高边坡处于最危险状态,坡脚应力集中而最大,如因施工脱节,或机械化大拉槽施工,或护面墙跳槽开挖、砌筑工期过长等,都可能引起高边坡的失稳破坏,并破坏已有加固工程。为此,最合理的搭配是"桩—锚"组合结构,即当施工剩余最后一级边坡时,先施工抗滑桩,再进行桩前路槽开挖,可预防大变形的产生。此种组合结构尤其适合高大边坡和多层多级滑动的路堑边坡[图7a)]。

(2)"墙—锚"组合结构

"墙—锚"组合结构,即在坡脚处以挡墙、护面墙进行防护,挡墙以上各级坡面采用预应力锚索框架(地梁)、或长锚杆框架加固。此种结构切忌在施做挡墙时全断面开挖,并要求快速施工,以防边坡长期松弛。其典型断面[图7b)]。

(3)"桩-桩"组合结构

当边坡不高,滑体较长,滑坡推力较大,滑坡有可能从边坡的"半腰"剪出时。一般采用"桩—桩"组合结构,即由上而下,在滑坡体上布置两排抗滑桩,上排桩抵挡后级滑坡推力,下排桩稳定前级滑坡;如有浅层边坡滑动时可采用预应力锚索框架(地梁)、或长锚杆框架进行综合加固,其典型断面[图7c)]。

(4)"减重—锚(桩)"组合结构

由上陡下缓、软硬相间岩层组成的顺倾、反倾和近水平层状高陡斜坡,或斜坡存在老错落、老滑坡,开挖后边坡可能产生挤出性、或旋转型滑动。由于此类滑坡推力主要来自坡体后部,一般采用后部顺层刷方减重可大大减小滑坡推力,前部利用预应力锚索框架(地梁)或抗滑桩支挡,见图7d)。如贵州三(穗)—凯(里)高速公路对门坡顺层岩石滑坡的治理工程,刷方减重后滑坡推力平均减小27%,最大减小34%。

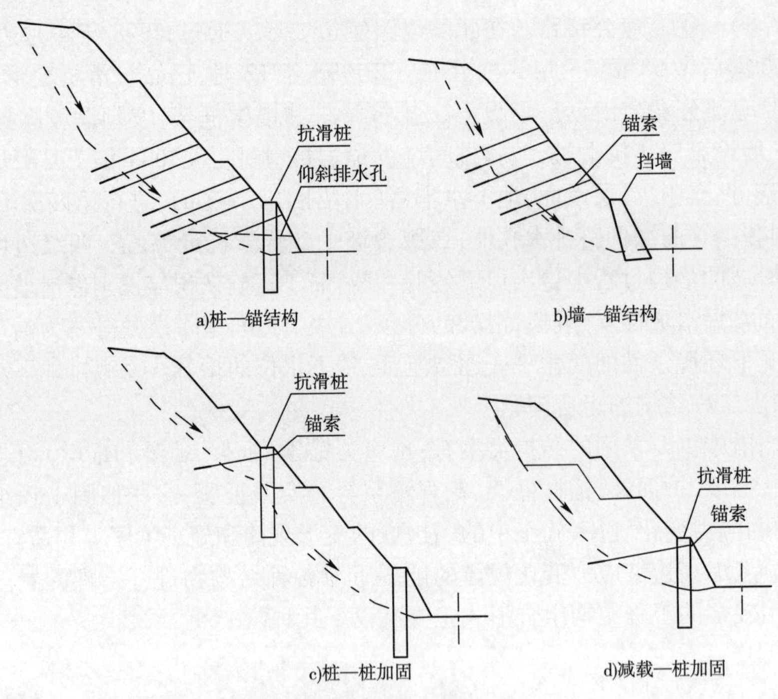

图7　边坡加固组合结构形式示意图

3　结语

高边坡工程是一个实践性很强的学科领域，同时，也是一个各学科知识高度汇集与交融的科学领域。理论与实际相结合才是解决复杂岩体高边坡工程问题的根本所在。从我国岩土工程高边坡的复杂性及学科的发展角度出发，应倡导地质过程机制分析；强调地质与工程的结合、定性分析与定量评价的结合、系统思维与不确定思维的结合。只有这样，才能不断提高我国岩土工程高边坡的理论与实践水平。

尽管我国公路系统针对山区高等级公路高边坡病害防治的工程实践进行了大量的研究和总结，取得了显著的研究成果。但对以下几方面的问题尚需进一步研究和探索：①地下排水效果的定量评价；②多排桩的推力分配，高悬臂桩和埋入式桩；③特殊地层大型滑坡的发生发展机理；④微型桩的结构形式和计算方法；⑤有限元计算和填方中锚索次应力监测、施工。

参考文献

[1] 马惠民，王恭先，周德培．山区高速公路高边坡病害防治实例[M]．北京：人民交通出版社，2006.

[2] 马惠民．论坡体结构与坡体病害类型[C]//滑坡文集：第十四期．北京：中国铁道出版社，2000.

[3] 章勇武，马惠民．山区高速公路滑坡与高边坡病害防治技术实践[M]．北京：人民交通出版社，2007.

[4] 陈德中．岩质高边坡综合治理施工技术[J]．铁道工程学报，2004，3：85-88.

[5] 马惠民．山区高等级公路高边坡病害的预测与预防[C]．公路边坡及其环境工程技术交流会论文集．北京：人民交通出版社，2005.

[6] 马惠民，张忠平，李晓军．特殊条件下公路边坡病害变形类型和特征[J]．公路交通科技，2005，S1：10-14.

[7] 王恭先，张华．高速公路高边坡变形及其防治对策[C]．全国岩土与工程学术大会论文集(上册)．北京：人民交通出版社，2003.

Ⅵ.路面工程篇

1. 矿渣对路用混凝土磨蚀性能影响试验研究

康宏伟[1]　李　波[2]
(1 甘肃长达路业有限责任公司　兰州　730030;2 兰州交通大学土木工程学院　兰州　730070)

摘　要:为了研究磨细矿渣对路用混凝土抗磨蚀性能的影响,借助研发的混凝土磨蚀测试平台,测试了不同水胶比和矿渣用量的矿渣混凝土在28d、56d和90d的质量损失率,并分析了混凝土的力学特性和混凝土质量损失率之间的关系。结果表明:提高混凝土的力学特性是减小磨损的高效的方法;随着水胶比的增加,矿渣混凝土的抗磨蚀能力逐渐下降;水胶比为0.35的混凝土,在矿渣含量在45%时磨损最小。

关键词:混凝土　矿渣　磨蚀　质量损失率　水胶比

混凝土路面的表面构造对车辆行驶安全性意义重大[1]。但是在路面使用过程中,由于车辆轮胎的重复作用,在车轮作用点前后分别形成压、拉应力的交替循环,导致路面原生裂缝的扩展,会引起路面的局部断裂和砂浆层的脱落,进而造成表面构造的衰减[2]。因此,为了使混凝土路面在服役期内保持一定的抗滑性,就需要混凝土具有较好的抗磨蚀性能。如何提高混凝土路面的耐磨损能力,延长混凝土路面的使用寿命,是道路混凝土重点应解决的技术问题。工程实践证明,在各种工程中常用的耐磨损混凝土,实际上是在普通水泥混凝土的基础上,掺加或更换一些耐磨损性能好的特殊材料,从而配制成由普通建筑材料和特殊耐磨损材料组成的耐磨损混凝土。

添加高炉矿渣来取代部分水泥的混凝土被称为“矿渣混凝土”。在不适用减水剂的情况下,掺加高炉矿渣的混凝土具有较高的工作性,较高的强度和低的水化热。目前主要通过粉磨的方式将其作为活性矿物掺和料应用于大体积混凝土[3]、海工抗冲蚀混凝土[4,5]及耐腐蚀混凝土[6],并已显示出了显著的技术经济效益和环保意义[7]。但是,掺高炉矿渣的道路混凝土的耐磨性能,尚未见相关报道。本研究在总结前人研究的基础上,利用开发研制的混凝土路面加速磨耗仪,对不同掺量、不同水胶比的矿渣混凝土的耐磨性进行了研究,以期对高炉矿渣在混凝土路面中的利用提供借鉴。

1　原材料及试验方案

1.1　原材料

水泥:秦岭42.5普通硅酸盐水泥。磨细矿渣:其密度为2.89g/cm^3,比表面积400m^2/kg,80μm与45μm筛的筛余量分别为0.15%和3.2%。细集料:天然河砂,细度模数为2.9,表观密度2.65g/cm^3。粗集料:天然辉绿岩碎石,最大粒径25mm,表观密度2.70g/cm^3。高效减水剂:山西黄腾公司生产的UNF-1型萘系高效减水剂。水泥和磨细矿渣的化学成分见表1。

水泥和磨细矿渣的化学成分(%)　表1

试　样	CaO	SiO_2	Al_2O_3	Fe_2O_3	MgO	SO_3	TiO	K_2O
水泥	63.30	21.40	5.60	2.70	1.90	3.40	0.40	0.70
磨细矿渣	36.39	13.76	30.13	9.36	2.44	1.30		

1.2　试验配合比设计

为了考察水胶比对抗磨是性能的影响,试验中固定用水量,用磨细矿渣取代部分的水泥,并按水胶比为0.42、0.38、0.35、0.31、0.28拌和混凝土。同时,为了考察矿渣掺量对抗磨蚀性能的影响,制备了水胶比为0.35,不同水泥取代率的混凝土,配合比见表2。

配合比组成(kg/m³) 表2

编号	水	水泥	磨细矿渣	砂	石子
S42-45	170	229	188	664	1124
S38-45	170	253	207	651	1099
S35-00	170	500	0	658	1114
S35-20	170	400	100	656	1111
S35-45	170	275	225	637	1079
S35-75	170	125	375	648	1097
S31-45	170	320	254	620	1049
S28-45	170	344	281	608	1029

1.3 试验方法

为了模拟轮胎—路面的相互作用过程,参考文献8研发了混凝土加速磨蚀测试平台(图1)。制备20cm×20cm×5cm的长方体试件,养生28d,56d和91d,在研发的混凝土磨损测试平台上进行磨蚀3h后,测量各组混凝土的质量,并按照相关规范规定进行试验进行抗压强度压缩和劈裂试验。

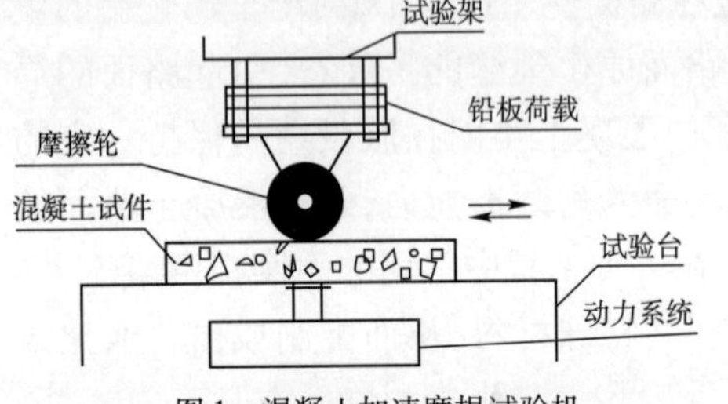

图1 混凝土加速磨损试验机

2 试验结果及分析

2.1 混凝土强度与抗磨损能力的关系

经过3h磨蚀验后,混凝土磨蚀质量损失率与混凝土抗压强度和劈裂强度的关系,如图2和图3所示。

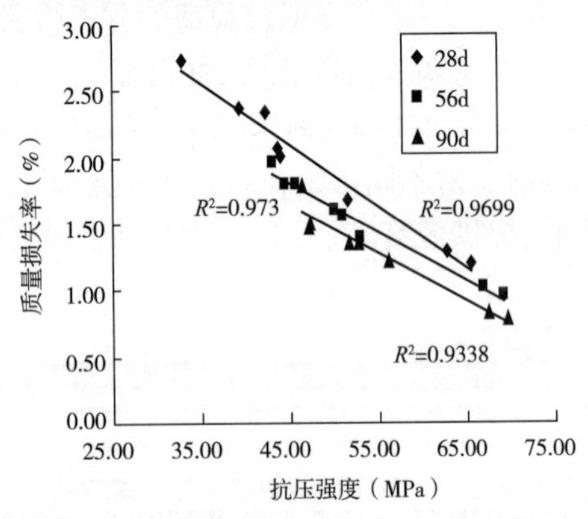

图2 抗压强度与质量损失率间的关系

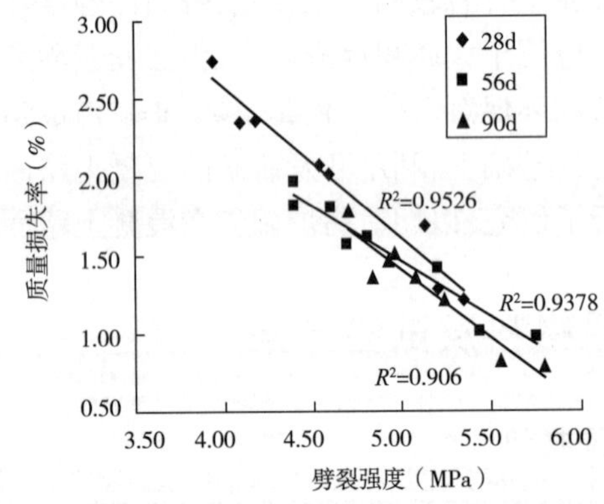

图3 劈裂强度与质量损失率间的关系

图2和图3可以看出,随着混凝土强度增加,其磨损量会减少。换句话说,增加混凝土强度可以提高其抗磨损能力。这主要是因为高炉矿渣有小的总孔隙体积,合适的孔隙直径和密度分布,减少了水泥石内部的空隙,阻断了自由水进入的毛细通道,水泥和集料间的交界性能好,使得混凝土整体结构密实、稳定[9]。混凝土质量损失率与抗压强度和劈裂强度回归直线的相关系数都超过了0.9,说明增强包括抗压强度和劈裂强度在内的力学特性是减缓混凝土的磨损的有效方式。

2.2 水胶比与抗磨损能力的关系

同一矿渣取代率,不同水胶比的混凝土,养生56d后,混凝土质量损失率随磨蚀时间之间的关系见图4所示。

可以发现,对于56d龄期的各组混凝土混合料,随着磨损试验试件的增加磨损质量逐渐在增大。水胶比越小,混凝土越密实,从而磨蚀损失亦越小。此外,磨损损失在开始60min内要比后面试验时间段的大,这是因为表面砂浆层更容易磨损,当砂浆层被磨损掉,集料裸露后磨损损失率就会减小。这种现象在水胶比较大的混凝土中经常会发现。不同水胶比的混凝土养生28d、56d和91d后,水胶比对混凝土抗磨损能力的影响曲线,见图5。可以看出,对于三个龄期的混凝土,随着水胶比的增大混凝土质量损失率逐渐增大,特别是水胶比增大0.35后,混凝土质量损失率的增长迅速,这是因为水胶比越大,混凝土中的原生缺陷越多,混凝土的强度越低,混凝土养生28d时,其强度尚未达到最大。

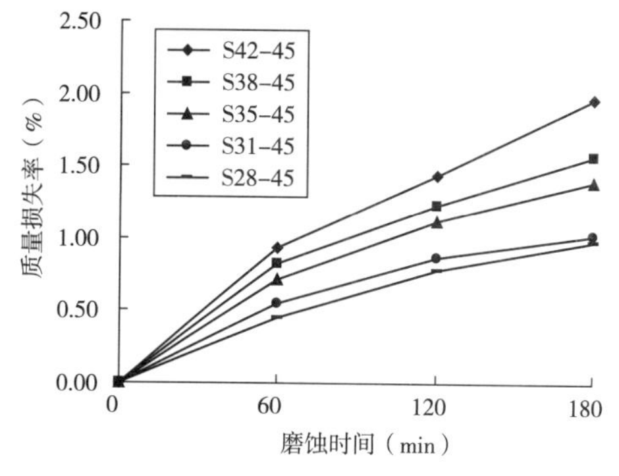

图4　养生56d的混凝土质量损失率随磨蚀时间的变化关系

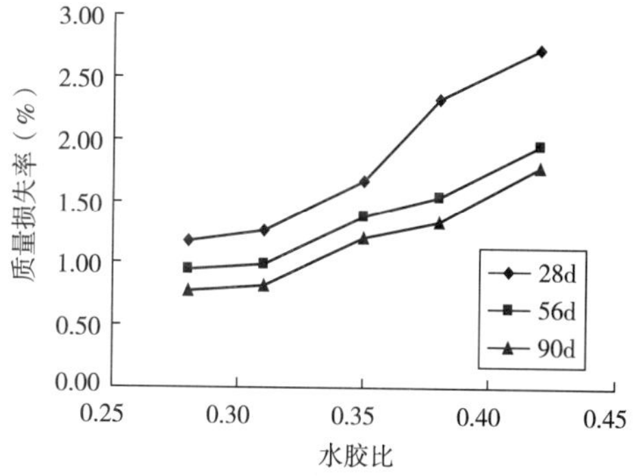

图5　水胶比与质量损失率间的关系

2.3　高炉矿渣对抗磨损的影响

水胶比为0.35,不同矿渣取代率的混凝土,经3h磨损后,磨损质量变化与高炉矿渣取代率间的变化曲线,如图6所示。

从图6可以很明显地发现,28d和56d龄期时,水泥取代率在45%前,随着矿渣含量的增加,混凝土的质量损失率在减小,当水泥取代率超过45%,矿渣混凝土的抗磨蚀能力随掺量的增加而减小。但是超过45%后,含矿渣的混凝土抗磨损能力比基准混凝土差。

然而,对于龄期为90d的混凝土,矿渣取代率45%仍是混凝土抗磨蚀能力随矿渣掺量变化的分水岭,并与28d和56d龄期的混凝土有相同的趋势,但是要比28d和56d的质量损失率增加的缓慢。此结果表明,对于大龄期的混凝土,其抗磨损能力随着矿渣含量的增加而增加。

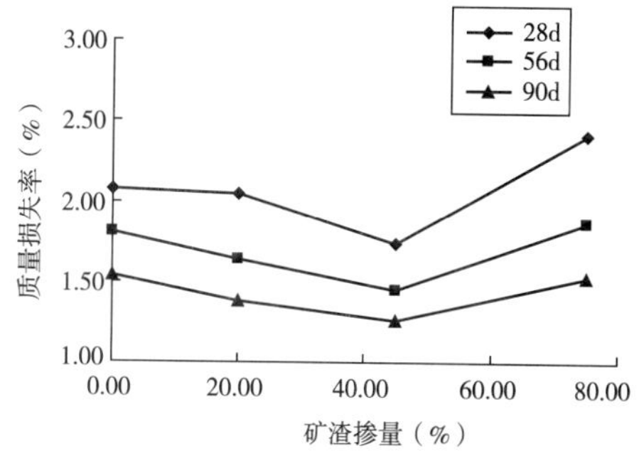

图6　矿渣掺量与质量损失率间的关系

3　结语

(1)通过提高混凝土的力学特性是减小磨损的高效的方法。

(2)矿渣混凝土具有更为密实和高强的混凝土表面,因此使得大龄期的矿渣混凝土具有较高的抗磨损能力。

(3)随着水胶比的增加,各龄期矿渣混凝土3h磨损后的磨损质量逐渐增加,矿渣混凝土的抗磨蚀能力逐渐下降。

(4)水胶比为0.35的混凝土,在矿渣含量在45%时磨损是最小的,可作为最佳掺量取代水泥,以保证混凝土具有最好的抗磨损能力。

参考文献

[1] 李波,韩森,等. 混凝土路表纹理与抗滑性[J]. 交通标准化,2008,9(7):154-157.

[2] 陈瑜,张大千.水泥混凝土路面磨损机理及其耐磨性[J].混凝土与水泥制品,2004(2):16-19.
[3] 马利耕.复合掺合料在大体积混凝土中应用[J].低温建筑技术,2007(2):71-72.
[4] 梁松,杨医博,等.潮汐环境下大掺量矿渣微粉抗海水腐蚀混凝土的野外实验[J].华南理工大学学报,2005,33(7):88-91.
[5] 葛毅雄,杨晶杰,等.复掺硅灰、矿渣微粉配制抗冲磨高性能混凝土[J].武汉理工大学学报,2009,31(7):68-71.
[6] 刘娟红,宋少民.粉煤灰和磨细矿渣对高强轻骨料混凝土抗渗及抗冻性能的影响[J].硅酸盐学报,2005,33(4):528-532.
[7] 张彩霞,秦学政,等.矿渣微粉在高性能混凝土中的应用[J].混凝土,2004(4):74-78.
[8] 卿笃干,陈瑜.水泥混凝土路面磨蚀与抗滑构造衰减的模拟试验研究[J].公路交通科技,2008,25(2):24-29.

2.刻槽参数对水泥混凝土路面噪声特性影响的灰关联分析

李　波[1,2]　韩　森[2]　康宏伟[1,3]　陶志金[2]

(1 兰州交通学院甘肃省道路桥梁与地下工程重点实验室　兰州　730070;
2 长安大学公路学院　西安　710064;3 甘肃长达路业有限责任公司　兰州　730030)

摘　要:采用室内轮胎加速下落法对不同刻槽参数(深度、宽度、间距)的横向刻槽与纵向刻槽混凝土路面的声压水平进行了实测。在此基础上,利用灰色关联度分析法分析了刻槽参数对横向刻槽和纵向刻槽混凝土路面噪声水平的影响程度。结果表明:相同刻槽组合的纵向刻槽比横向刻槽水泥混凝土路面噪声低0.2~9.1dBA;横向刻槽混凝土路面的噪声水平与槽深、槽宽及槽间距的关联度相近;纵向刻槽混凝土刻槽参数与噪声水平的关联系数大小排序为:刻槽间距、刻槽宽度、刻槽深度。

关键词:混凝土路面　噪声　轮胎加速下落法　刻槽参数　灰关联分析

0　引言

横向刻槽作为水泥混凝土路面的一种防滑构造形式已得到了普遍使用,但是其使用过程中产生的道路交通噪声逐渐成为环境噪声污染的重要来源,也已成为了制约水泥路面发展的重要因素。降低水泥混凝土路面噪声,特别是降低人口密集区、临近城市的快速干线、隧道内的交通噪声,已是工程技术部门不得不考虑和解决的问题,而改善路表纹理是降低路面噪声的一种有效途径[1,2]。Paul L. Burgé 等人[3]、FWHA[4]指出纵向刻槽路面的噪声总体比横向压槽低2~5dB。Cackler 等人[5]通过试验研究了等间距拉槽混凝土路面的噪声特性。Narayanan Neithalath[6]通过 TPTA 试验表明刻槽深度对噪声的产生有显著影响。刘亚敏、赵丽萍等人[7,8]分别采用轮胎下落法与滑行通过法对不同纹理的水泥混凝土路面噪声特征进行了分析。可以看出,造成刻槽混凝土噪声的影响因素,不仅与混凝土路面材料参数有关而且与其刻槽参数有关。但是,美国波特兰水泥协会(PCA)和 AASHTO、美国联邦公路局(FHWA)等单位推荐的混凝土路面刻槽参数均是以保证混凝土路面上的行车安全为主要目标[9-11]。因此,研究刻槽参数对混凝土路面噪声特性的影响,将其成果与混凝土路面抗滑性与耐久性需求有机结合,对实现"抗滑、低噪声、耐久性"的混凝土路面具有重要意义。

1　试验方案

1.1　混凝土试板的制作

在室内成型长度为40cm,宽度为40cm,高度为5mm的混凝土板18块,其中按照表1中的刻槽组合分别成型纵向及横向刻槽混凝土路面试板各9块。

刻槽混凝土路面刻槽参数组合正交设计　　表1

序号	槽　深	槽　宽	槽 间 距	序号	槽　深	槽　宽	槽 间 距
1	2	2	10	6	5	8	10
2	2	5	20	7	8	2	30
3	2	8	30	8	8	5	10
4	5	2	20	9	8	8	20
5	5	5	30				

1.2 测试系统及要求

采用室内加速下落法对刻槽混凝土的噪声特性进行测定。其测试方法为:让轮胎为气压为0.2N/mm²的普通小汽车轮胎(185/70R13)沿光滑轨道滑行,俯冲到路面板,撞击后产生声音,AWA6290A型多通道噪声与振动分析仪(杭州爱华)记录轮胎冲击路面板产生声音信号,进行A计权声压级和频谱测试,分析轮胎冲击路面板瞬间的噪声特性。

如图1所示,轮胎下落轨道长6m,并与水平方向成300°,轨道末端为悬空段,距地面65cm,路面试件置于该悬空段正下方。在路面板两侧放置传声器,其水平位置距离轮胎下落接触点80cm,高度为65cm。轮胎起始点距路面板垂直距离为3.65m。经测试计算,轮胎接触路面板瞬间,水平速度为26km/h,垂直速度为15km/h。

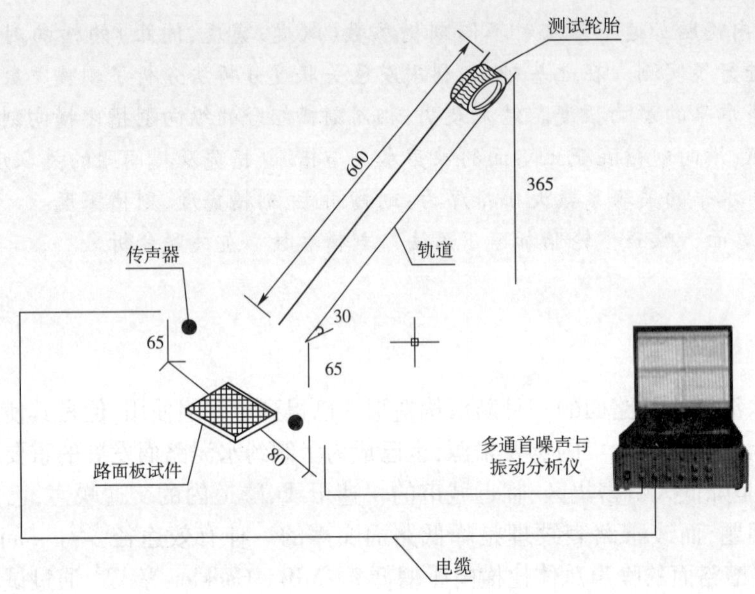

图1 路面噪声测试室内加速下落法测试系统

按照上述加速度法测试过程,让标准的测试轮胎沿着轨道从一定高度俯冲到覆盖有复写纸和方格纸的待测混凝土路面板上,产生的轮胎印迹如图2所示。

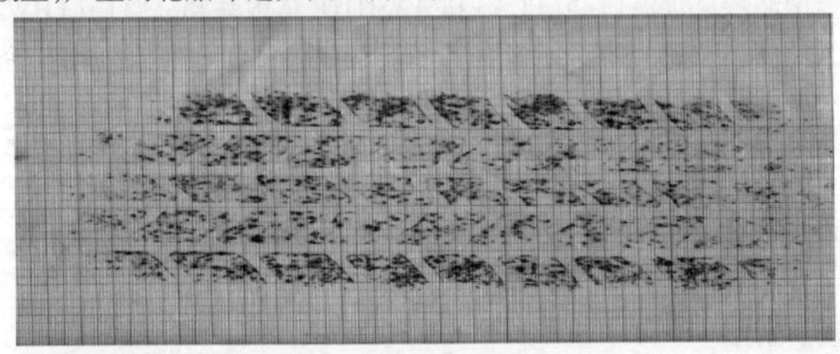

图2 轮胎冲击路面板时的胎印

可以发现,轮胎接触测试板瞬间形成的印迹和实际车辆行驶在路表面时产生的印迹基本相似。由此表明,轮胎加速下落法可在一定程度上模拟轮胎—路面相互作用。

2 实验结果的直观分析

按照室内加速下落法的测试要求,对每一块试板进行轮胎/路面噪声测试,同时测定相应的纹理参数。横向及纵向刻槽混凝土路面的噪声水平见表2。

不同刻槽参数的混凝土路面声压水平(dB)　　表2

槽深	槽宽	槽间距	横向	纵向
2	2	10	87.99	87.8
2	5	20	89.64	88.83
2	8	30	91.29	82.21
5	2	20	92.79	83.08
5	5	30	94.45	83.39
5	8	10	89.96	89.94
8	2	30	97.59	84.54
8	5	10	93.16	88.47
8	8	20	94.76	85.72
平均值			92.4	85.99

由表2刻槽混凝土路面的噪声水平测试结果可以看出,横向等间距刻槽水泥混凝土路面噪声要比相同刻槽参数的纵向刻槽水泥混凝土路面高出0.2~9.1dB,这主要是因为空气泵噪声的大小与滚动轮胎接地前后缘单位时间内的瞬态空气体积流的流量直接相关。单位时间内该空气体积流的流量越大,则空气泵噪声也越大。在相同负荷、速度情况下的轮胎,横向沟槽的空气流很大,而直条状纵向沟产生的空气流却很小,故纵向沟槽的轮胎辐射得到的空气泵噪声比横向沟槽小。此外,纵向刻槽混凝土路面的刻槽方向与轮胎行进方向一致,可以有效地减小车辆的振动噪声,同时刻槽为滚动轮胎挤压的空气提供了流通通道,不会产生亥姆霍兹共振效应。

3　刻槽参数对水泥混凝土路面噪声特性影响的灰关联分析

为了避免数理统计方法进行多因素分析时存在的缺陷,本文采用灰色关联分析方法对表2正交试验结果进行分析。灰色关联分析是一种多因素统计分析方法,它在各因素样本数据的基础上,用灰色关联度来描述因素间关系的强弱、大小和次序。如果样本数据列反映出两因素变化的趋势基本一致,则它们之间的关联度较大;反之,关联度较小。灰色关联分析对数据的要求较低,且计算量小,适于类似本研究条件下的应用。灰色关联分析的步骤为[12]:①确定比较数列和参数数列;②求出关联系数;③计算关联度;④对关联度进行排序。

3.1　刻槽参数对横向刻槽混凝土路面噪声水平影响的灰关联分析

(1)分析数列的构建

以前节不同刻槽参数组合下的横向刻槽混凝土路面的声压测试结果作为原始数列。表2中的槽宽、槽深及槽间距构成比较序列,而不同刻槽参数组合下的刻槽混凝土路面的声压值构成参考序列。由比较序列和参考序列可以形成如下矩阵。

$$(X'_0,X'_1,\cdots,X'_4)=\begin{bmatrix}2 & 2 & 10 & 87.99\\ 2 & 5 & 20 & 89.64\\ 2 & 8 & 30 & 91.29\\ 5 & 2 & 20 & 92.79\\ 5 & 5 & 30 & 94.45\\ 5 & 8 & 10 & 89.96\\ 8 & 2 & 30 & 97.59\\ 8 & 5 & 10 & 93.16\\ 8 & 8 & 20 & 94.76\end{bmatrix}$$

(2)刻槽参数及噪声值的无量纲化

用均值法将原始数据做无量纲化处理。无量纲化后的矩阵：

$$(X_0,X_1,\cdots,X_4)=\begin{bmatrix}0.4 & 0.4 & 0.5 & 0.9522\\0.4 & 1.0 & 1.0 & 0.9701\\0.4 & 1.6 & 1.5 & 0.9880\\1.0 & 0.4 & 1.0 & 1.0042\\1.0 & 1.0 & 1.5 & 1.0221\\1.0 & 1.6 & 0.5 & 0.9736\\1.6 & 0.4 & 1.5 & 1.0561\\1.6 & 1.0 & 0.5 & 1.0082\\1.6 & 1.6 & 1.0 & 1.0255\end{bmatrix}$$

(3)计算接近度

按照 $\Delta_{0i}(k)=|x_0(k)-x_i(k)|$ 计算得到差序列，得到绝对差值矩阵：

$$\Delta=\begin{bmatrix}0.5522 & 0.5701 & 0.5880 & 0.0042 & 0.0221 & 0.0264 & 0.5439 & 0.5918 & 0.5745\\0.5522 & 0.0299 & 0.6120 & 0.6042 & 0.0221 & 0.6264 & 0.6561 & 0.0082 & 0.5745\\0.4522 & 0.0299 & 0.5120 & 0.0042 & 0.4779 & 0.4736 & 0.4439 & 0.5082 & 0.0255\\0 & 0 & 0 & 0 & 0 & 0 & 0 & 0 & 0\end{bmatrix}$$

从绝对差值矩阵结果可见，横向刻槽参数与噪声水平关联分析中最小差值 $\Delta\min=0.00$，最大差值 $\Delta\max=0.6561$。

(4)计算关联度

将上表中接近度值及最大差值、最小差值带入公式 $\varepsilon_{0i}(k)=\dfrac{\Delta(\min)+\rho\Delta(\max)}{\Delta_{0i}(k)+\rho\Delta(\max)}$，计算刻槽参数与噪声水平之间的关联系数。将计算得到的关联系数带入公式 $r_{0i}=\dfrac{1}{N}\sum_{k=1}^{N}\varepsilon_{0i}(k)$ 得到刻槽参数与噪声水平之间的关联度分别为：$r_1=0.3356$，$r_2=0.3256$，$r_3=0.3413$。

(5)结果分析

由关联度分析结果可以看出，刻槽参数对横向刻槽混凝土路面噪声水平的关联度非常的接近，说明横向刻槽混凝土路面的噪声水平与槽深、槽宽及槽间距均有关联。刻槽参数中的刻槽间距与噪声水平的关联系数最大，说明刻槽间距与噪声水平的联系最为紧密，其次为刻槽深度，关联度排序在第三位的是刻槽宽度。

刻槽间距与横向刻槽混凝土路面噪声水平的关联度最大，这是因为刻槽间距的大小直接影响着单位长度内刻槽数量的多少。刻槽数量越多，轮胎振动越激烈，由此造成的振动噪声也越大。与此同时，刻槽数量的增大会增加轮胎与路面间的封闭空气的体积，造成空气泵吸噪声的增加。

刻槽深度较刻槽宽度对横向刻槽混凝土路面噪声大也主要是因为槽深加大，不仅增大了轮胎与刻槽混凝土路面接触时封闭空腔内的体积，同时，也增加了胎面花纹沟槽与路面间形成充气管道腔体的体积，在轮胎滚动时，增加了轮胎的泵吸收噪声和腔体共振效应，当轮胎离开路面接触区时所释放的空气体积也会增大，增加了亥姆霍兹共振效应，从而增加了噪声的放大效应，导致刻槽深度越大，混凝土路面噪声越大。

3.2 刻槽参数对纵向刻槽混凝土路面噪声水平影响的灰关联分析

同横向刻槽混凝土路面噪声水平与刻槽参数的灰色关联分析相类似，按照灰色关联分析步骤，计算得到刻槽参数与纵向刻槽混凝土路面噪声水平之间的关联度分别为 $r_1=0.2919$，$r_2=0.3057$，$r_3=0.3405$。

由关联度分析结果可以看出，刻槽参数中的刻槽间距与噪声水平的关联系数仍最大，而刻槽深度和刻槽宽度对纵向刻槽混凝土路面噪声水平的关联度差异不是很明显，都在0.3左右，其中刻槽宽度对纵向刻槽混凝土路面噪声水平的关联度稍大。

刻槽间距与纵向刻槽混凝土路面噪声水平的关联度最大,这仍然是因为刻槽间距的大小直接影响着单位长度内刻槽数量的多少。刻槽数量越多,留给轮胎花纹块与路面之间形成的小空腔内部空气排出的通道就越多,由此造成的泵吸噪声及腔体共振和亥姆霍兹(Helmholtz)共振效应也越小。相对于横向刻槽混凝土路面而言,刻槽宽度对纵向混凝土路面噪声水平的影响较为明显,也主要是因为刻槽宽度影响这轮迹带内刻槽的数量。

对于纵向刻槽混凝土路面,刻槽方向与轮胎滚动方向一致,轮胎花纹块与路面之间形成的小空腔内部空气很容易被排出,从而使得增加刻槽深度降低纵向刻槽混凝土路面的效果不如改变刻槽间距和刻槽宽度明显。

4 结语

(1)采用室内轮胎加速下落法测试相同刻槽组合的横向等间距刻槽水泥混凝土路面噪声比纵向刻槽水泥混凝土路面噪声要高出0.2~9.1dB。

(2)横向刻槽混凝土路面的噪声水平与槽深、槽宽及槽间距均有关联;但是增加刻槽间距,减小刻槽深度的工艺措施更有助于降低横向刻槽混凝土路面噪声。

(3)纵向刻槽混凝土刻槽参数中与噪声水平的关联系数大小排序为:刻槽间距 > 刻槽宽度 > 刻槽深度,即为了降低纵向刻槽混凝土路面噪声,宜减少刻槽间距和宽度。

参 考 文 献

[1] 张旭,杨军. 国外路表纹理和路面噪声研究综述[J]. 中外公路,2010,30(4):94-99.

[2] 李波,韩森. 水泥混凝土降噪的一些方法[J]. 噪声与振动控制,2008,28(3):127-130.

[3] Paul L. Burgé,Keith Travis, Zoltan Rado. Transverse – tined and longitudinal diamond – ground texturing for newly constructed concrete pavement: A CoMParison[J]. Transportation research board,2002(1792):75-82.

[4] Bradley O. Hibbs, Roger M. Larson. Tire pavement noise and safety performance[R]. Washington:Federal highway administration, 1996.

[5] Cackler, E. T.. Concrete pavement surface characteristics:Evaluation of current methods for controlling tire – pavement noise[R]. Washington: Federal highway administration, 2006.

[6] Narayanan Neithalath, Rolando Garcia, Jason Weiss. Tire – pavement Interaction noise:recent research on concrete pavement surface type and texture[EO/OL]. http://cobweb. ecn. purdue. edu/ ~ concrete/weiss/publications/journal/RJ – 028. pdf.

[7] 刘亚敏,韩森,陶志金,郭知涛. 不同纹理混凝土路面的噪声特性[J]. 长安大学学报(自然科学版),2012,32(4):16-20.

[8] 赵丽萍,刘冬,李波. 基于滑行通过法的水泥混凝土路面噪声特征[J]. 武汉理工大学学报,2012,34(10):53-57.

[9] Lloyd A. Herman1, Matt J. Ambroziak1, Elvin Pinckney. Investigation of Tire – Road Noise Levels for Ohio Pavement Types[J]. Transportation Research Board ,2000(1702):57-62.

[10] Kulakowski, B. T. ,et al. Skid Resistance Manual[R]. FHWA – IP – 90 – 1384 Unpublished Final Draft, FWHA. 1990.

[11] Airport Pavement Design and Evaluation [EB/OL]. www. engr. ku. edu/ ~ jhan/download/Airport Pavement Designnd Evaluation. pdf.

[12] 邓聚龙. 灰预测与灰决策(修订版)[M]. 武汉:华中科技大学出版社,2002.

3. 露石水泥混凝土路面表面特性研究

康宏伟

（甘肃长达路业有限责任公司　兰州　730030）

摘　要：本文研究了露石水泥混凝土路面的材料选择，并在室内制作露石混凝土试件，对其进行路用性能检测。结果表明：露石混凝土路面较刻槽水泥混凝土路面声压水平降低了7dB左右，比沥青混凝土路面声压水平降低3dB；露石混凝土路面具有丰富的表面纹理，实际路面上会使车辆获得较大的高速行驶安全性。

关键词：露石混凝土路面　构造深度　抗滑降噪特性

0　引言

露石水泥混凝土路面（简称EACCP），是将粗集料露出在路表，形成粗糙表面的水泥混凝土路面，其基本原理是在新拌混凝土的表面喷洒露石剂，错开路表薄层与混凝土主体的硬化速度，在主体混凝土具有一定的强度时，将尚未具有初始强度的路表薄层的水泥砂浆去除，从而实现露出路表粗糙集料表面的目的。由于露石混凝土路面去除了表层砂浆，直接露出集料，形成了传统的水泥混凝土路面不曾具有的丰富的表面微观、宏观构造，因此露石混凝土路面除保持普通混凝土路面强度高、使用寿命长、养护费用低等特点外，还具有其他一些优异的路面使用性能。露石混凝土路面在发达国家已有研究与成功应用实例，但在中国的研究尚处于起步阶段。为此借鉴国外先进技术，结合国内情况，本文通过研究露石混凝土路面的材料选择、室内成型工艺以及路面性能检测及评价方法等关键技术，为露石混凝土路面的应用与推广提供理论指导。

1　原材料选择

1.1　粗集料

露石混凝土用集料种类选择时，关键在集料的磨光值指标上，集料的这个指标直接决定了施工后路面抗滑性的寿命，宜采用高磨光值（$PSV>50$），带有棱角、近似立方体的粗集料。

1.2　细集料

细集料应质地坚硬、耐久、洁净、符合规定级配。从抗滑性能考虑，砂不宜太细，砂的细度模数不宜小于2.5，选用中粗砂，且砂率不宜超过35%。

1.3　水泥

露石混凝土并没有对水泥的品种提出特殊的要求，但在考虑现代路用性能要求时，应优先选用道路硅酸盐水泥。

1.4　减水剂

本试验采用萘系高效减水剂，减水率可达15%～30%，测得其各项指标符合要求。

1.5　水

水为饮用水，其水质应符合规范要求。

1.6　配合比设计

本实验采用最大粒径为15mm的集料级配进行配合比设计。最终选定实验室配合比为：C0：W0：

S0 : G0 = 360kg/m^3 : 155kg/m^3 : 649kg/m^3 : 1261kg/m^3,粉煤灰含量为10%,减水剂掺量为0.8%。所拌混凝土工作性良好,制作露石混凝土试块,露石混凝土表面颗粒大小均匀,表面颗粒填充密实,露石混凝土表面露石度符合规定要求,且路面美观。其外观见图1所示。

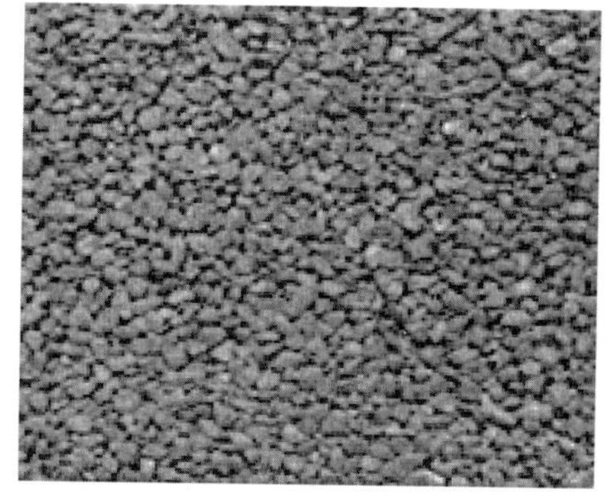

图1 露石混凝土试件外观

2 露石混凝土路面室内制作工艺

在新拌水泥混凝土的路表面喷洒露石剂(兰州交通大学道路工程研究所研发),以便在主体混凝土具有一定强度时,除去表层还未形成强度的水泥砂浆,从而实现露石水泥混凝土粗糙的露石表层,露石混凝土的露石深度为1.50±0.25mm。工艺流程图参见图2所示 。

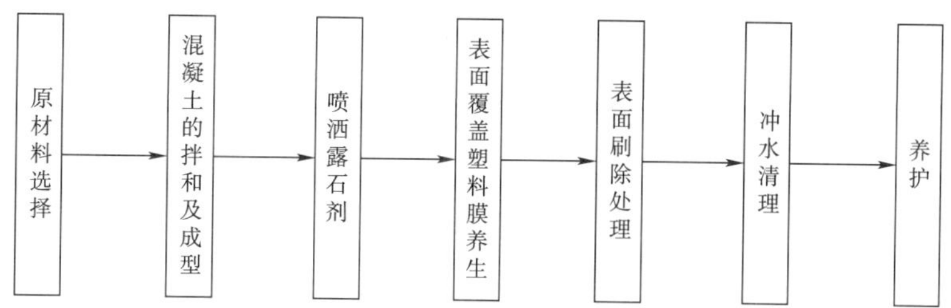

图2 露石工艺流程

3 露石混凝土路面表面特性研究

3.1 抗滑性能测试

对经露石工艺处理的露石混凝土试件表面及其他路面表面进行构造深度及抗滑值的测试,其测试结果如图3所示。

路表外露集料间形成的开放空间所构成的宏观构造使得露石混凝土路面的抗滑性优于其他两种路面。沥青路面抗滑性不及EACCP,主要是因为成型试件时沥青与沥青砂填充了部分宏观构造。刻槽混凝土路面由于成型时水泥浆的上浮导致其表面比较光,最终无法形成良好的细观抗滑构造。因此,露石混凝土路面较大的构造深度,不仅能够保证车辆在高速运行时的安全性,而且在雨天排除车轮下的路表水,避免形成连续水膜;在实际路面上会使车辆获得较大的高速行驶安全性。

3.2 噪声测试

室内评价路面噪声采用轮胎落下法,它是通过对路面噪声发生原理进行室内模拟从而进行噪声测试和评价的方法,图4为所测结果。

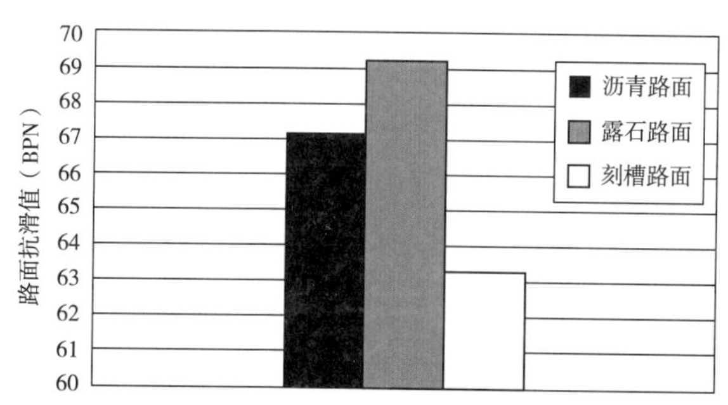

图3 不同路面平均抗滑值

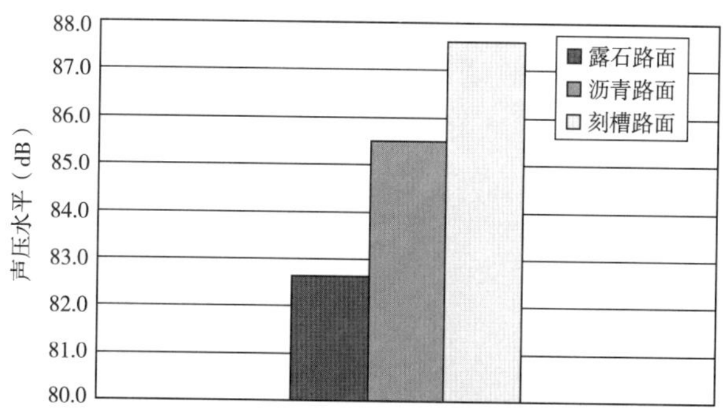

图4 路面平均噪声水平

采用露石工艺处理过后,混凝土路面行车噪声降低明显。所制板件构造深度均值为 1.2 情况下,声压水平维持在 82.6dB 左右,比传统刻槽水泥混凝土路面噪声水平降低了 7dB 左右,比沥青混凝土路面噪声水平降低 3dB 左右。露石混凝土路面具有丰富的表面纹理,能形成连同的空气流动孔隙,及时排除轮胎下的空气,胎面与表面构造间的空隙可以消散空气压力,使空气泵吸噪声降低,因而具有低噪声的功能特性,通过室内试验可以明显看出,其噪声水平明显比其他路面有所降低。

4 结语

本试验通过室内制作露石混凝土试件,考虑到特殊的表面性能及其持久性,露石混凝土路面(EAC-CP)的材料选择普通混凝土路面(PCCP)高,主要体现在集料的压碎值、磨光值等。配合比设计时,宜考虑集料的合理级配、颗粒形状、集料颜色、水泥用量、外加剂的使用等,使所铺筑的露石混凝土路面露石颗粒分布均匀,表面纹理结构获得预期的表面功能,路面美观、色泽符合环境要求。并对其进行路用性能检测,试验结果表明:露石混凝土路面作为新型混凝土路面,具有抗滑、降噪、防眩等优良的路用性能。而当前我国还没有修建露石混凝土路面的一套完整的技术与设备,对比较成熟的施工工艺与施工机械有待开发利用。

参考文献

[1] 韩森,李志玲,张东省.露石水泥混凝土路面关键技术研究[J].中国公路学报,2004,17(4):17-20.

[2] 韩森.露石水泥混凝土路面研究[D].长安大学,2006.

[3] 宋永朝,梁乃兴.低噪声高抗滑露石水泥混凝土技术[J].重庆交通学院学报,2007(3).

[4] 中华人民共和国行业推荐性标准.JTG F30—2003 公路水泥混凝土路面施工技术规范[S].北京:人民交通出版社,2003.

4.聚合物改性水泥混凝土路面在武罐高速公路中的应用

刘立星
(甘肃长达路业有限责任公司　兰州　730030)

摘　要:为充分发挥普通水泥混凝土(PCCP)与聚合物改性水泥混凝土(PCC)的性能优势,解决隧道混凝土路面抗滑、降噪及渗水等问题,设计使用一种新型 PCCP - PCC 复合式路面结构,并结合武罐高速公路 PCC 试验路段的铺筑,对 PCC 原材料技术要求、配合比设计及主要施工工艺进行研究,并对 PCC 各项路面性能进行检测,为 PCC 路面的推广及应用提供了理论依据和施工经验。

关键词:聚合物改性水泥混凝土路面　原材料　施工工艺　隧道路面

0　引言

聚合物改性水泥混凝土(PCC)是于普通水泥混凝土搅拌阶段渗入单体或聚合物,并采用沥青摊铺机一次成型,无需碾压,浇筑成型后经养护和聚合,成为一种含有机聚合物的水泥混凝土路面。由于聚合物的掺入,可改善水泥混凝土性能,如提高了水泥浆体与集料的黏结性,减少了硬化水泥浆体中的微裂纹,改善水泥混凝土物理力学性能。与普通混凝土路面相比,聚合物改性水泥混凝土具有较好的耐磨性、较高的抗折强度、收缩较小、透水性低、路面平整度好等优点;同时又兼具沥青路面的高柔性的特点。为探索聚合物改性水泥混凝土路面在甘肃地区及隧道路面中的应用,并解决隧道路面抗滑、降噪及防火等问题,选取武罐高速公路汪家坝隧道进行聚合物改性水泥混凝土路面施工技术的研究。对提高水泥混凝土路面路用性能,延长路面使用寿命,同时对聚合物改性水泥混凝土路面的应用与发展都起到积极推进作用。

1　工程概况及试验路段结构设计

武罐高速公路第八合同段(WG8)汪家坝隧道为一座上、下行分离的四车道高速公路长隧道。右线长 1069m,坡度 2.90%;左线长 1089m,坡度 2.90%;上下线总长 2158m。汪家坝隧道主洞行车方向进口 150 ~ 300m 范围路面采用复合式路面,原路面结构形式为:4cm 中粒式改性沥青混凝土(AC - 16I) + 6cm 中粒式沥青混凝土(AC - 20I) + 24cm 厚水泥混凝土面层 + 20cm 厚水泥混凝土基层,其中 24cm 混凝土路面的抗弯拉强度不小于 5MPa。变更后的试验段路面形式为:行车道路面结构采用 10cm 聚合物改性水泥混凝土(PCC) + 0.12cm 界面防水黏结层(PIC) + 24cm 水泥混凝土下面层,设计弯拉强度不小于 5.0MPa。具体施工结构图如图 1 所示。

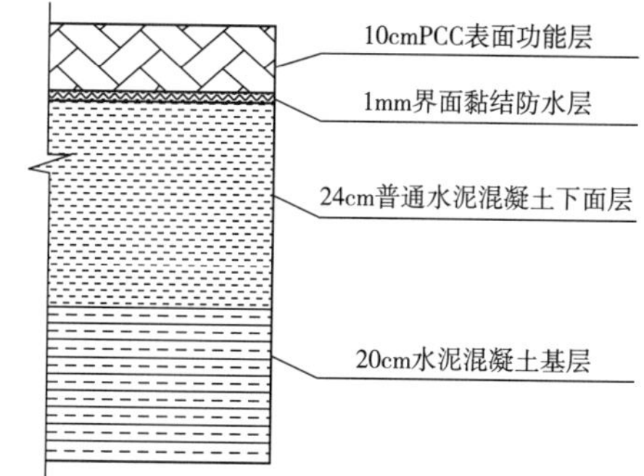

图 1　PCCP - PCC 复合式路面工程结构示意图

2　原材料及配比

2.1　水泥

水泥选用耐磨性好、磨损量较低且满足国家标准技术要求的普通 P.O.42.5 硅酸盐水泥。

2.2 集料

聚合物水泥混凝土路面选用粗集料应使用质地坚硬、耐久、洁净且表面粗糙的碎石，抗压强度≥100MPa；集料的最大粒径不超过9.5mm。细集料应采用质地坚硬、耐久、洁净的天然砂、机制砂或混合砂，高速公路混凝土路面使用的砂为Ⅰ级。集料按三档生产：4.75～9.5mm、2.36～4.75mm、0～2.36mm，各项技术要求如表1所示。

PCC使用集料技术要求　　表1

序号	项目	技术要求		检测结果
1	石料压碎值	<15%		12%
2	洛杉矶磨耗损失(4.75～9.5mm)	<28%		25%
3	表观相对密度	>2600kg/m³	4.75～9.5mm	2713
			2.36～4.75mm	2678
			0～2.36mm	2717
4	坚固性(按质量损失计)	<8%		6%
5	针片状颗粒含量	<6%		4%
6	<0.075mm颗粒含量(水洗法)	4.75～9.5mm	<0.6%	0.2%
		2.36～4.75mm	<0.8%	0.5%
		0～2.36mm	<10%(MB值<1.4)	8%
7	泥块含量	0		0
8	石料磨光值，PSV(1号料)	42		45

试验选用陇南市武都区三和恒泰采石厂生产的集料，集料各项技术指标符合要求。集料掺配范围及掺配比例如表2所示。

PCC使用集料目标级配及合成级配通过率(%)　　表2

筛孔尺寸(mm)	13.2	9.5	4.75	2.36	1.18	0.6	0.075
理论级配	100	84.8	60	42.3	29.9	21.3	7.5
实测级配	100	96.7	59.6	36.2	24.4	16.5	5.0

2.3 聚合物乳液

选用高桥/巴斯夫开发的用于特种砂浆改性的羧基丁苯胶乳(StyrofanSD623 ap)，它可以和常用于建筑业的所有强度等级的水泥混合。其技术指标如表3所示。

StyrofanSD623技术参数　　表3

化学性质	羧基丁苯胶乳	技术参数
产品标准	固含量(ISO 1625)	50%～52%
	pH(ISO 976)	7.8～10
	黏度25℃	35～150MPa·s
	密度	1.01g/cm³
	平均粒径	150nm
	玻璃化温度	13℃
	表面张力	30～48mN/m
	抗冻性	不耐冻

2.4 减水剂

聚合物改性水泥混凝土属干硬性混凝土，并采用沥青摊铺机一次摊铺成型，为了能够使混凝土挤压密实，且最大限度减少用水量，防止产生离析、泌水等现象，必须要求聚合物改性胶浆具备较好的黏附性能以及流变性能。这就要求在配合比设计时采用高效减水剂，减水剂减水率应大于20%，使用之前应进行与水泥相容性试验。

2.5 有机纤维

有机纤维具有低弹性模量、良好的抗拉性能且比较容易在水泥基材料中分散等特性，用于 PCC 聚合物改性水泥混凝土中，从而改善聚合物改性水泥混凝土的强度、耐久性和抗裂性能等。

项目选用路面抗裂专用的聚酯纤维，其技术参数如表 4 所示。

聚酯纤维技术参数

表 4

名　　称		聚酯增强纤维	标　准　号	JT/534—2004
序号	检测项目	设计指标要求	检测结果	单项评定
1	长度(mm)	6 ±1.5	6	合格
2	直径(mm)	0.020 ±0.005	0.022	合格
3	相对密度(g/m^3)	1.36 ±0.04	1.36	合格
6	断裂延伸率(%)	50%	50	合格
7	抗拉强度(MPa)	≥510MPa	669	合格
8	无圈曲		无	合格
9	老化后抗拉强度损失(210℃,2h),%	≤20	12	合格
品质等级	一等品		备注	

2.6 水性炭黑色浆

为了使混凝土道面具有与沥青路面一样的颜色，采用水性炭黑浆体。其主要物理化学性能如表 5 所示。

颜料相关物理化学性能

表 5

项　　目	指　　标	项　　目	指　　标
外观	黑色液体	相对密度(薄膜 20℃/20℃)	1.20 ±0.02
主要成分	炭黑	pH	6 ~ 10

2.7 配合比设计

按照控制聚合物改性水泥混凝土坍落度为 1 ~ 2cm，采用聚灰比为 25%，经调试水灰比，确定聚合物改性水泥混凝土配合比如表 6 所示。

PCC 配合比设计(kg/m^3)

表 6

水泥	水	乳液	纤维	色浆	减水剂	集　　料		
						4.75 ~ 9.5mm	2.36 ~ 4.75mm	0 ~ 2.36mm
360	90	90	2	3	5.4	936	312	832

3 施工工艺

PCC 路面的总体施工工艺流程图如图 2 所示。

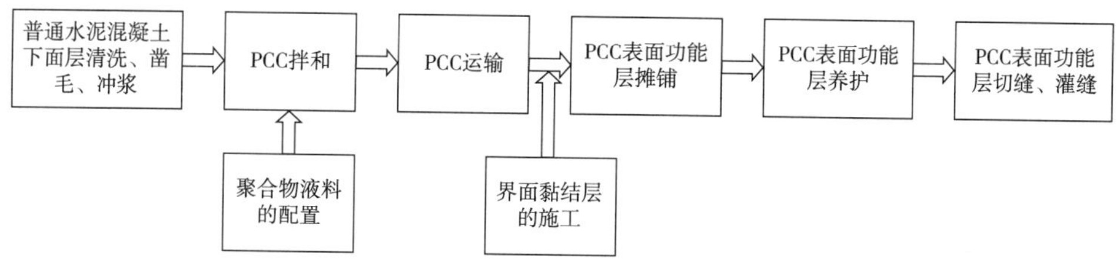

图 2　PCC 路面总体施工工艺流程

3.1 施工准备

(1)下面层水泥混凝土洗刨、清洁并湿润处理。

为了保证普通水泥混凝土下面层与PCC路面的紧密黏结,在PCC施工之前,应首先对普通水泥混凝土下面层进行处理,这些工作包括表面凿毛及表面除浆,路面铣刨后混凝土表面应形成一定的粗糙表面,且应清洗浮浆等杂质,充分保证普通水泥混凝土下面层表面的清洁和平整。

(2)标记下面层水泥混凝土路面切缝位置。

(3)拌和、摊铺设备准备、试验仪器和人员配备。

主要施工机具:一条混凝土生产线,聚合料乳液和炭黑水性色浆配料箱,摊铺机(自振良好),自卸汽车,切缝机,洒水车,制浆机等。

3.2 界面防水层施工

黏结层(PIC)位于普通水泥混凝土下面层与PCC路面之间,其作用主要是增强界面粘结,保证PCC路面与普通水泥混凝土下面层共同受力和变形协调,同时也起到防水作用。

(1)路面洒水润湿

界面黏结剂在涂刷前,清扫普通水泥混凝土下面层,并洒水湿润,保证路面干净并确保路面无明水。

(2)聚合物水泥胶浆配制

聚合物水泥胶浆配比:聚合物乳液∶水泥∶水=1∶1.5∶(0.15~0.2)(质量比)。

现场采用砂浆搅拌机直接搅拌制备,兑拌均匀后,采用滚刷,将界面黏结剂均匀涂刷、摊平在普通水泥混凝土下面层之上,必须严格保证界面防水黏结层(PIC)层后在1.2±0.2mm。沥青摊铺机就位前,将摊铺机履带位置先涂刷界面黏结剂,其他位置在聚合物改性水泥混凝土运送到场后、摊铺之前进行涂刷,界面黏结剂涂刷完毕后,应立即进行PCC的摊铺,确保摊铺时界面黏结层材料仍处于潮湿状态,并保证不影响PCC面层摊铺的进展。

3.3 PCC拌和及运输

3.3.1 PCC拌和

采用强制式混凝土搅拌机,PCC拌和加料顺序为:集料→纤维→水泥和水→聚合物乳液和色浆。先按照施工配合比规定掺量,将集料下到混合斗的同时,将一定数量的纤维人工抛入集料混合斗(图3)。待纤维分散均匀、无结块现象时,加入水泥和水(含减水剂)进行搅拌,然后再加入乳液和色浆进行混合,搅拌均匀。

试验选用BS2000混凝土大型搅拌站(楼)配料控制系统,PCC拌和能力为70m^3/h,拌和站具体设置如图3所示。

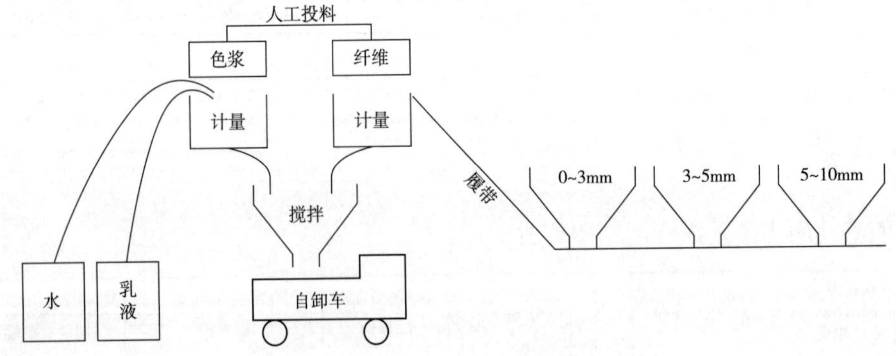

图3 聚合物改性水泥混凝土搅拌站设置简图

3.3.2 PCC运输

在运输过程中,应用彩条布或帆布等覆盖PCC混合料,避免运输途中混凝土中水分的散失。汽车在每次装料前须将车内废弃物冲洗干净,并保持车厢内湿润但没有积水,且保证PCC不受杂质污染。如果在未摊铺成型前,若出现初凝,应立即清除废弃,不能用废弃混合料继续用于现场摊铺施工。

3.4 PCC 摊铺

试验路段选用 ABG－8820 型摊铺机，摊铺速度为 1m/min 左右，匀速行驶，避免中途停顿；摊铺机夯锤振捣频率为 800 转/min，熨平板振动频率控制在 1800 转/min，不需要压路机碾压等后续工艺。

摊铺时松铺系数为 1.10～1.20 之间。摊铺时随时检查路面摊铺质量，出现离析，边脚缺料等现场人工及时补撒料、换补料，同时也要随时检查高程及摊铺厚度，如出现问题应及时通知机手，马上进行相关施工参数的调整。

从 PCC 搅拌完毕到摊铺完毕应未出现材料的初凝现象，整个过程最好控制在 1h 之内。且 PCC 路面摊铺完成后应保证 24h 内不能行人，12d 内不得行车。

3.5 养生

路面摊铺成型后，立即用塑料薄膜覆盖，在洞口处，由于气温低、风速大，在薄膜上再覆盖一层土工布以保证其养生效果。薄膜覆盖养生 7d，在去掉薄膜自然干燥养生 7～10d，为防止新铺混凝土表面色浆稀释，不得直接洒水养生，薄膜覆盖养生时，薄膜的边缘应用石头固定，保证其封闭严实，避免局部水分丧失。摊铺完成 14d 后可开放交通。

3.6 切缝与灌缝

PCC 路面摊铺结束并养生 7d 后，根据路面设计要求需对 PCC 路面进行切缝处理。切缝工艺与普通水泥混凝土路面切缝工艺基本相同，只是 PCC 面层切缝位置须与普通水泥混凝土下面层切缝对齐，平面误差不超过 2cm，并且切缝应将 PCC 路面剧透，使面层在切缝处彻底断开，切缝结束后应立即洗掉切缝产生的水泥浆，并采用聚氨酯等填缝材料进行填缝。

3.7 聚合物改性水泥混凝土（PCC）面层检测

对试验路段 PCC 进行质量检测，检测结果如表 7 所示。

PCC 面层质量检测结果　　表 7

项　目		试验条件方法	规 定 值	试验结果（平均值）
强度	7d/MPa	标准养生	>5MPa	5.5
				7.5
平整度	28d/MPa	连续平整度仪检测	Δ＝1.2mm，最大间隙<3mm	合格率 98%
抗滑性（BPN）		摆式摩擦仪	>40	68
构造深度		铺砂法	>0.7	0.9
轮胎/路面噪声		滑行通过法		比普通混凝土路面低 3～5dB

4 结语

聚合物改性水泥混凝土路面是一种新型的路面结构，具有高抗滑、耐磨性、耐久性、平整度好以及高柔性等优良特点，路面的搅拌采用普通混凝土的搅拌方式，摊铺采用沥青摊铺施工工艺。本文结合武罐高速公路汪家坝隧道聚合物改性水泥混凝土试验路段的铺筑，对 PCC 路面原材料选择、配合比设计以及主要施工工艺进行研究，对今后新型聚合物改性水泥混凝土路面的设计与施工提供一定的经验，促进新型路面的推广与发展。

参 考 文 献

[1] 徐方.一次摊铺成型的聚合物改性水泥混凝土路面路面材料研究[D].武汉理工大学，2010，4.

[2] 周国强，梁定，刘文忠. RCC－PCC 复合式路面的试验和施工技术[J].城市道桥与防洪，2011.

[3] 徐方，朱婧，周明凯，等.新型碾压混凝土与聚合物改性水泥混凝土复合式路面施工关键技术研究[J].施工技术，2011，12.

[4] 方东,徐方,周明凯.路用聚合物改性水泥混凝土(PMC)性能与应用研究[J].混凝土,2009,10.
[5] 韩清辉.新型聚合物改性水泥混凝土路面在湖北沪蓉西高速公路的应用[J].交通世界:建养·机械,2008,(17):70-73.
[6] 马钢,王波,杨福林.聚合物改性水泥混凝土路面在忻阜高速公路中的应用[J].公路交通科技(应用技术版),2011,7(7):4-7.

5.基于模糊正交试验的纤维混凝土纤维参数优选

康宏伟[1]　李　波[2]

(1 甘肃长达路业有限责任公司　兰州　730030;2 兰州交通大学 土木工程学院　兰州　730070)

摘　要:以钢纤维体积率、长径比、外形和聚丙烯纤维体积率为因子,安排正交试验研究了混杂纤维各因素对高性能混凝土抗压强度和劈裂抗拉强度的影响,并利用模糊数学理论对正交试验结果进行了分析,得到了混杂纤维混凝土的较优配比。结果表明:纤维各物理参数对纤维高性能混凝土综合性能的影响程度从大到小依次为:钢纤维外形、聚丙烯体积率、钢纤维体积率、钢纤维长径比;基准混凝土中加入长径比为70、体积率为1.5%的端钩形钢纤维和体积率为0.055%的聚丙烯纤维混杂时,对高性能混凝土增强和增韧效果最优。

关键词:混凝土　混杂纤维　模糊正交试验　参数优化

目前高强度混凝土普遍存在收缩变形大、抗裂能力低、脆性大的明显不足的缺点。如何有效地解决混凝土的抗裂问题,已成为各国工程界十分关注的热点课题。目前国际上基本一致的认识是高性能纤维混凝土是提高混凝土抗裂性和韧性、改善混凝土性能的有效方法之一[1]。国内外大量研究表明[2-5]:钢纤维对阻止硬化混凝土裂缝扩展具有良好效果,可以提高混凝土的抗拉强度和韧性,但其价格较高。聚丙烯等合成纤维在解决混凝土早期塑性开裂、减少混凝土干燥收缩变形方面具有十分独特的作用,而且造价低廉,但对混凝土增强效果不明显。将高弹模的钢纤维和低弹模的聚丙烯纤维混杂应用于高性能混凝土,充分发挥"正混杂效应",是混凝土领域的新的研究热点。

王正友[6],刘胜兵[7]等通过正交试验研究了混杂纤维混凝土各组分对混凝土性能的强度、工作性、耐久性和韧性影响。但是由于混凝土原材料的复杂性、成型及试验过程和不确定性,纤维混凝土配合比设计优化问题本质上是模糊的,传统的优化模型则具有不符合生产实际的缺点,应该采用模糊的方法进行处理[8]。

1　原材料

1.1　原材料

按文献[9]高性能混凝土配合比设计的要求及《纤维混凝土结构技术规程》中有关配合比设计的规定,试验采用高性能混凝土的基体强度为HPC50。

水泥用祁连山水泥厂生产的42.5级普通硅酸盐水泥,石子采用连续级配的石灰石,粒径10~20mm。粉煤灰为兰州二热生产的Ⅰ级粉煤灰,其性能见表1。砂子细度模数2.70,含泥量1%。减水剂采用萘系高效减水剂FDN,减水率≥10%。钢纤维为武汉新途工程纤维制造有限公司生产的6种钢纤维,具体性能见表2。聚丙烯为美国杜拉牌聚丙烯纤维,其基本性能见表3。

Ⅰ级粉煤灰的技术指标　　表1

细度(%)	需水量比(%)	烧失量(%)	含水率(%)	密度(g/cm³)
4.5	91	1.4	0.2	2.38

钢纤维特征参数 表2

纤维类型	外形	长径比	抗拉强度	纤维类型	外形	长径比	抗拉强度
BW1	波纹	30	513	DG1	端钩	30	531
BW2	波纹	50	506	DG2	端钩	50	510
BW3	波纹	70	509	DG3	端钩	70	515

I 级粉煤灰的技术指标 表3

密度($g \cdot cm^3$)	吸水性	规格(mm)	抗拉强度(MPa)	拉伸极限(%)	弹性模量(MPa)
0.91	无	19	276	15	3793

1.2 配合比

为比较混杂纤维对 HPC 的增强效果,共设计了 9 组混杂纤维混凝土和 1 组普通高性能混凝土。由于纤维掺量低,对 HPC 原有组分体积变化影响不明显,故现场配置纤维增强 HPC 时,除纤维外其他组分均和基体 HPC50 相同,纤维掺量变化时仅适当调整减水剂 FDN 的用量,以控制坍落度在 180mm 左右。根据高性能混凝土配合比设计的要求及《纤维混凝土结构技术规程》中有关配合比设计的规定,确定的基准混凝土配合比见表 4。

基准混凝土配合比(kg/m^3) 表4

水泥	砂子	集料	水	粉煤灰	减水剂	水胶比
390	747	856	157	132	4.4	0.3

1.3 正交试验设计

利用“正交试验法”可以达到以少量试验取代全面试验,节省人力、物力的目的。为全面考察混杂纤维各因素对高性能混凝土抗压强度和劈裂抗拉强度的影响,找出混杂纤维混凝土的较优配比,出于经济和性能的考虑,根据正交试验法,采用了正交表安排试验。考虑了 4 种因素:(1)钢纤维外形:考虑波纹形、端钩形和 50% 波纹形 +50% 端钩形 3 个水平;(2)钢纤维长径比:考虑 30、50、703 个水平;(3)钢纤维体积率:考虑 0.5%、1%、1.5%3 个水平;(4)聚丙烯体积率:考虑 0.055%、0.11%、0.165%3 个水平。正交试验方案及试验结果见表 5。

正交试验方案及试验结果 表5

试验编号	钢纤维体积率(%)	钢纤维长径比	钢纤维外形	聚丙烯体积率(%)	抗压强度(MPa)	劈裂强度(MPa)	拉压比
1	0.5(1)	70(1)	端钩形(1)	0.165(1)	64.2	4.55	0.071
2	0.5(1)	50(2)	波形 + 端钩形(2)	0.11(2)	40.8	3.38	0.083
3	0.5(1)	30(3)	波形(3)	0.055(3)	50.1	4.31	0.086
4	1.0(2)	70(1)	波形 + 端钩形(2)	0.055(3)	61.4	4.37	0.071
5	1.0(2)	50(2)	波形(3)	0.165(1)	53.25	4.14	0.078
6	1.0(1)	30(3)	端钩形(1)	0.11(2)	62.9	4.31	0.069
7	1.5(3)	70(1)	波形(3)	0.11(2)	57.95	4.225	0.073
8	1.5(3)	50(2)	端钩形(1)	0.055(3)	64.1	4.69	0.073
9	1.5(3)	30(3)	波形 + 端钩形(2)	0.165(1)	57.5	4.28	0.074

2 模糊综合评价参数的建立

2.1 评价指标集和对象集的确定

以抗压强度 Y_1、劈裂强度 Y_2、拉压比为 Y_3 为评价指标集,即 $U=\{Y_1,Y_2,Y_3\}$ 以正交试验设计的上述 9 组试验为评价对象集,$D=\{d_1,d_2,\cdots,d_9\}$。

2.2 建立隶属函数

建立评价指标集 U 对评价 V 的隶属函数,使根据隶属函数计算得到的隶属度值的大小与该指标在综合评价的重要性相适应。隶属函数为单调函数,隶属度 $r_{m,n}$ 在 0 至 1 之间,可由一下隶属函数求得到:

$r_{m,n}=\dfrac{Y_{m,n}}{Y_{n,\max}+Y_{n,\min}}$,其中 $m=1,2,3;n=1,2,\cdots,9$

由隶属度值构成模糊关系矩阵

$$\overline{R}=\begin{bmatrix} r_{1,1} & r_{1,2} & r_{1,3} \\ r_{2,1} & r_{2,2} & r_{2,3} \\ \cdots & & \\ r_{9,1} & r_{9,2} & r_{9,3} \end{bmatrix}=\gamma_{mxn}$$

2.3 确定权重分配集 $\overline{A}$

权重分配集 A 是指标集 U 上的模糊子集,该集可体现各指标的重要程度。由于混凝土抗压强度是混凝土性能评价的非常重要的一个指标,因此将其权重定位 0.3。而混杂纤维用于高性能混凝土主要是为了提高劈拉强度,改善其韧性,因此,混凝土劈裂强度的权重也同等重要其值取为 0.3,则纤维混凝土韧性指标拉压比的权重取为 0.4。故确定权重分配集为:$\overline{A}=\{0.3/Y_1,0.3/Y_2,0.4/Y_3\}$,简记为 $\overline{A}=\{0.3,0.3,0.4\}$。

2.4 模糊综合评价值的计算

在评价集 V 上引入一个模糊子集 B,称为评价集合。它的模糊评价 $\overline{B}\{b_1,b_2,\cdots,b_{16}\}$ 由模糊矩阵 $\overline{R}$ 与权重分配集 $\overline{A}$,采用 $M(.,+)$ 算子经模糊变换 $\widetilde{B}=\widetilde{A}\circ\widetilde{R}$ 得到,其中 b_n 为 $\overline{B}$ 的隶属度,即模糊综合评价值。

2.5 正交试验结果的模糊主效应分析

正交试验中待优化纤维的参数有 4 个,其论域为 X_i,则有:$X_i=\{C_{ij}\}$,其中 $i=1,2,3,4$(试验因素);$j=1,2,3$(各因素的水平数)。

为了便于各水平的比较,将因素 C_i 在各水平 j 上 C_{ij} 的模糊综合评价值之和归一化,得到$(\Sigma b_{ij})'$ $(0\leqslant(\Sigma b_{ij})'\leqslant1)$,它表示了因素该水平对模糊综合值的影响程度。因为$(\Sigma b_{ij})'$代表了 C_i 在水平 $C_{ij}\in X_i$ 处的隶属度,即 C_{ij} 属于模糊集合 C_i 的程度,它也是定义在论域 X_i 上的,因此可以将$(\Sigma b_{ij})'$表示为 X_i 上的模糊子集,则有:

$$\widetilde{C}_1=[(\Sigma b_{11})',(\Sigma b_{12})']$$

$$\widetilde{C}_2=[(\Sigma b_{21})',(\Sigma b_{22})']$$

$$\widetilde{C}_3=[(\Sigma b_{31})',(\Sigma b_{32})']$$

$$\widetilde{C}_4=[(\Sigma b_{41})',(\Sigma b_{42})']$$

根据最大隶属度原则确定各因素对综合评价的影响程度。

2.6 交互效应分析

(1)两两因素之间的交互效应

正交设计中的 4 个因素各有 2 个水平,两两因素水平之间的搭配方式较多。C_1 与 C_2 之间的交互作用为例,它们之间的模糊矩阵为:

$$C_1\times C_2=\begin{bmatrix}(\Sigma b_{11})'\\(\Sigma b_{12})'\end{bmatrix}[(\Sigma b_{21})'(\Sigma b_{22})']=\begin{bmatrix} r_{11} & r_{12} \\ r_{21} & r_{22}\end{bmatrix}=\widetilde{R}_{lk}$$

$\widetilde{R}_{lk}$是论域 $X_i\times X_j$ 上的模糊关系,式中元素 r_{lk}表示两因素不同水平之间搭配对模糊综合评价值的联合影响。以最大隶属度原则评判两两因素之间的最佳搭配。

(2)全部因素各水平搭配的交互效应

按最大隶属度原则,在考虑交互作用的情况下,4 个因素最佳组合为 C_i 中隶属度最大的那一组水平搭配。其组合隶属度为:

$$\max[(\Sigma b_{1j})']^{\wedge}\max[(\Sigma b_{2j})']^{\wedge}\max[(\Sigma b_{3j})']^{\wedge}\max[(\Sigma b_{4j})']$$

3 结果与讨论

3.1 主效应分析

将表 5 中各级配纤维混凝土的抗压强度、劈裂强度、最大干缩应变试验结果模糊化,应用上述模糊数学的理论与方法对数据进行处理,得到了各指标的隶属度值和模糊综合评价值,见表 6。

纤维混凝土指标隶属度与模糊综合评价值 表 6

No	C_1	C_2	C_3	C_4	r_{1n}	r_{2n}	r_{3n}	b_n
1	1	1	1	1	0.4568	0.4265	0.4705	0.459
2	1	2	2	2	0.4813	0.4559	0.4895	0.4811
3	1	3	3	3	0.4333	0.3971	0.4394	0.4297
4	2	1	2	3	0.4514	0.4118	0.4607	0.4491
5	2	2	3	1	0.4685	0.4706	0.4799	0.4758
6	2	3	1	2	0.4931	0.4853	0.4999	0.4956
7	3	1	3	2	0.4995	0.5	0.508	0.5047
8	3	2	1	3	0.5155	0.5147	0.5171	0.5163
9	3	3	2	1	0.4824	0.4853	0.4903	0.4877
Σb_{i1}	1.5169	1.5678	1.5985	1.5576				
(Σb_{i1})	0.3273	0.3383	0.3449	0.3361				
Σb_{i2}	1.5450	1.5090	1.4930	1.4836				
(Σb_{i2})	0.3334	0.3256	0.3222	0.3201				
Σb_{i3}	1.5726	1.5576	1.5428	1.5932				
(Σb_{i3})	0.3393	0.3361	0.3329	0.3438				

试验方案中 4 个主要因素的模糊子集为:

$\tilde{C}_1=(0.3273,0.3334,0.3393)$

$\tilde{C}_2=(0.3383,0.3256,0.3361)$

$\tilde{C}_3=(0.3449,0.3222,0.3329)$

$\tilde{C}_4=(0.3361,0.3201,0.3438)$

根据最大隶属度原则可知,各因素的影响程度分别为:$\tilde{C}_1=0.3393$,$\tilde{C}_2=0.3383$,$\tilde{C}_3=0.3449$,$\tilde{C}_4=0.3438$,即 $\tilde{C}_3>\tilde{C}_4>\tilde{C}_1>\tilde{C}_2$。说明纤维各物理参数对纤维高性能混凝土综合性能的影响程度从大到小依次为:钢纤维外形;聚丙烯体积率;钢纤维体积;钢纤维长径比。

3.2 交互作用分析

(1)两两因素之间的交互作用

$\tilde{C}_1$ 与 $\tilde{C}_2$ 之间的交互作用为例,它们之间的模糊矩阵为:

$$C_1^T\times C_2=\begin{bmatrix}0.3273\\0.3334\\0.3393\end{bmatrix}[0.3383\quad 0.3256\quad 0.3361]=\begin{bmatrix}0.3272 & 0.3256 & 0.3273\\0.3334 & 0.3256 & 0.3334\\0.3383 & 0.3256 & 0.3361\end{bmatrix}=\tilde{R}_{12}$$

由 $\tilde{R}_{12}$ 可知,如果只考虑 $\tilde{C}_1$ 与 $\tilde{C}_2$ 之间的搭配,以 $\tilde{C}_{13}$ 与 $\tilde{C}_{21}$ 组合为最佳,r_{lk} 值可达 0.3383。同样计算出其他因素两两之间的最佳组合和隶属度,见表 7。可以看出,钢纤维体积率及其外形的交互效应最大。

各因素之间的最佳组合及隶属度 表 7

最佳组合	隶属度	最佳组合	隶属度	最佳组合	隶属度
$C_{13}\times C_{21}$	0.3383	$C_{13}\times C_{31}$	0.3393	$C_{13}\times C_{43}$	0.3393
$C_{21}\times C_{31}$	0.3383	$C_{21}\times C_{43}$	0.3383	$C_{31}\times C_{43}$	0.3438

(2)全部因素各水平搭配的交互效应

在全部可能因素水平的搭配中,最佳组合为 $C_{13}C_{21}C_{31}C_{43}$,其隶属度为 $0.3393\wedge0.3383\wedge0.3449\wedge0.3438=0.3438$。即基准混凝土中加入长径比为 70、体积率为 1.5% 的端钩形钢纤维和体积率为 0.055% 的聚丙烯纤维混杂时,对高性能混凝土增强增韧效果最优。

4 结语

(1)采用模糊数学方法分析和处理多指标、多因素、多水平的正交试验数据,可以将复杂的问题简化,有利于抓住主要矛盾,大幅度减少试验工作量,快速得到优化方案。

(2)主效应分析结果表明,纤维各物理参数对纤维高性能混凝土综合性能的影响程度从大到小依次为:钢纤维外形;聚丙烯体积率;钢纤维体积;钢纤维长径比。

(3)基准混凝土中加入长径比为 70、体积率为 1.5% 的端钩形钢纤维和体积率为 0.055% 的聚丙烯纤维混杂时,对高性能混凝土增强增韧效果最优。

参考文献

[1] 邓宗才. 高性能合成纤维混凝土[M]. 北京:科学出版社,2003.

[2] Sofren Leo Suhaend , Takash i Horiguchi. Effect of short fibers on residual permeability and mechanical properties of hybrid fiber reinforced high strength concrete after heat exposition [J] . Cement and concrete research, 2006, 36(6) :1003-1009.

[3] Song P S, Wu J C , Hwan G S, et, al. statistical analysis of impact strength and strength reliability of steel polypropylene hybrid fiber reinforced concrete[J]. Construction and building materials, 2005 ,19(1).

[4] 孙伟. 纤维混杂及其与膨胀剂复合对水泥基材料的物理性能的影响[J] . 硅酸盐学报, 2000(2): 95-104.

[5] 夏冬桃,徐礼华,池寅,等. 混杂纤维增强高性能混凝土强度的试验[J]. 沈阳建筑大学学报(自然科学版),2007(1):77-81.

[6] 王正友,廖明成,耿运贵. 混杂纤维(钢P聚丙烯) 高性能混凝土正交试验研究[J]. 焦作工学院学报(自然科学版),2003(1):15-20.

[7] 刘胜兵,徐礼华,周健民. 混杂纤维高性能混凝土强度的正交试验[J]. 武汉理工大学学报, 2009,31(8):5-9

[8] 李波,韩森,连富城. 模糊正交法在耐腐蚀混凝土外加剂配制中的应用[J]. 混凝土,2008(11):62-64

[9] 冯乃谦. 高性能混凝土结构[M]. 北京:机械工业出版社,2004.

[10] CECS 38:2004 纤维混凝土结构技术规程[S]. 北京:中国计划出版社,2004.

6. 基于滑行通过法的水泥混凝土路面噪声特征

李　波[1,2]　康宏伟[3]　韩　森[2]　陶志金[2]　杨小龙[1]

(1 兰州交通大学甘肃省道路桥梁与地下工程重点实验室　兰州　730070；
2 长安大学公路学院　西安　730070；3 甘肃长达路业有限公司　兰州　730030)

摘　要：利用滑行通过法对五条不同纹理构造的混凝土路面的噪声特征进行了测试。在此基础上，分析了不同速度条件下刻槽混凝土路面与光面混凝土路面噪声水平的差异，得到了车辆以 80km/h 速度通过测试路段时的 1/3 倍频程频谱分布特征。结果表明：光面水泥混凝土路面比横向刻槽水泥混凝土路面噪声水平低 1.5～2dB；随着槽深的增大，横向刻槽混凝土路面噪声会越大；随着车速的提高，噪声也相应增大；水泥混凝土路面/轮胎相互作用噪声频谱主要分布在 200～2000Hz 之间；随着 1/3 倍频程频率的增加，声压级会逐渐增大，增大到一定值时就会逐渐减小，最大声压级对应的频率一般在 800～1250Hz 之间。

关键词：混凝土路面　噪声特征　滑行通过法　刻槽　光面

0　引言

随着社会的发展和交通量的增加，道路交通噪声已逐渐成为环境噪声污染的重要来源[1-3]。在道路交通噪声中又以传统的水泥混凝土路面产生的噪声最为显著[4,5]，特别是横向刻槽混凝土路面对道路使用者和沿线居民的影响最大[6]。"噪声路面"已成为水泥路面的又一代名词。在对路面使用品质要求不断提高的情况下，这一缺陷会成为水泥路面发展的制约因素[7]。降低水泥混凝土路面噪声，特别是降低人口密集区、临近城市的快速干线、隧道内的交通噪声，已是工程技术部门不得不考虑和解决的问题[8]。采用合适的测试方法对混凝土路面噪声特性进行测试与评价是降低其噪声的前提。目前，轮胎/路面噪声测试方法分为远场测试法、近场测试法和室内测试法[9]。其中，远场测试法中的滑行通过法因其具有操作简单，所有轮胎平均分担各种干扰条件的影以及考虑了噪声传播的影响等特点，得到了广泛的应用。日本、美国、欧洲以及国际标准组织已经完整的建立了整车远场测试法细则[10]。我国也于 2008 年由轮胎行业制订了《轮胎惯性滑行通过噪声测试方法》，为规范我国轮胎与路面噪声提供了重要参考[11]。但是，由于公路工程相关规范与规程中缺少国轮胎与路面噪声相关测试要求，道路工程领域对其开展的测试与分析较少，尤其是对混凝土路面的噪声测试更少。因此，在公路工程领域建立轮胎与路面噪声测试方法并用其评价混凝土路面的噪声特征，对于分析混凝土路面噪声机理，优化其纹理构造，降低混凝土路面噪声具有重要的理论和应用价值。

1　试验方案

1.1　测试方法

滑行通过法选择操作性好、振动噪声低并装备测试轮胎的小汽车，以既定速度、直线滑行通过（发动机熄火、关掉与安全无关的辅助系统）指定的试验路段测试区，通过在规定位置安放的传声器和噪声采集系统，测定车辆在该测试区的最大 A 计权声压级[12]。具体测试要求如下。

(1) 测试地点的选择

滑行通过法测试地点的选取对噪声测试结果的准确性非常重要。试验区域应尽量保证噪声源与传声器之间要有自由传声场,在试验区中心直径 50m 范围内,不得存在大的声波反射物。在进行测试时,应保证试验区域内地面、路表面干燥和洁净。同时,为了排除混合交通对噪声测试结果的影响,滑行通过法路段应当封闭交通。测试区域要求见如图 1 所示。

(2)传声器的安放位置

监测点设在测试区长度的垂直平分面上。在测试区域中线 7.5 ±0.02m 处各安放一个传声器,每个传声器应安置在试验区域表面 1.2 ±0.02m 的位置,如图 2 所示。

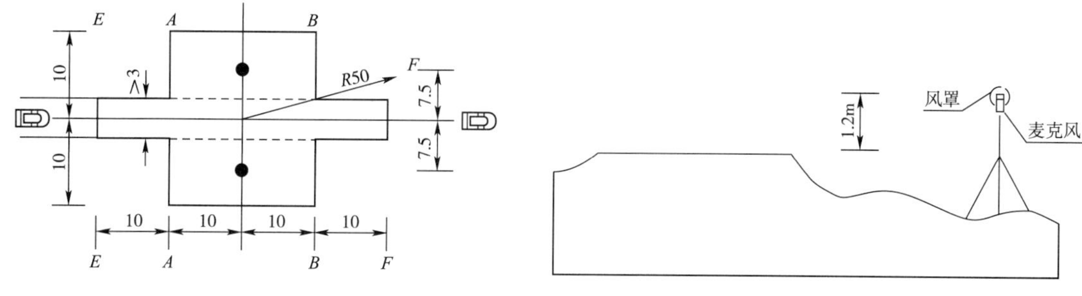

图 1　滑行通过法测试位置

图 2　传声器安放位置

(3)测试内容

①最大 A 计权声压级。

A 计权声级由于其特性曲线接近于人耳的听感特性,因此是目前世界上噪声测量中应用最广泛的一种,许多国家的相关规范都将 A 声级作为指标。在滑行通过法测试中,记录车辆每次以指定速度(60 ~ 100km/h)通过 *A—A* 线到 *B—B* 线之间范围内两个传声器的最大 A 计权声压级。以多次测试平均值代表作为该路段车辆噪声的最大 A 计权声压级结果。当几次测试值中最大值和一般值之间存在异常时,测试被认为是无效的,不计入最终 A 计权声压级的计算。

②频谱分析。

人耳听音的频率范围为 20Hz ~ 20kHz,声音信号频谱分析一般不需要对每个频率成分进行具体分析。为了方便起见,人们把 20Hz ~ 20kHz 的声频范围分为几个段落,每个频带称为一个频程。频程的划分采用恒定带宽比,即保持频带的上、下限之比为一常数。滑行通过法中,测试车辆通过测试范围时最大 A 计权声压级对应的 1/3 倍频谱。

(4)数据分析

对应于相应的参考速度,轮胎/路面噪声 A 计权声压级通过统计回归分析,由公式 1 计算得到。

$$L_R = \bar{L} - a\bar{\mu} \tag{1}$$

$$\bar{L} = \left(\frac{1}{n}\right)\sum_{i=1}^{n} L_i$$

$$\bar{\mu} = \left(\frac{1}{n}\right)\sum_{i=1}^{n} lg\left[\frac{v_i}{v_{ref}}\right]$$

$$a = \frac{\sum_{i=1}^{n}(\mu_i - \bar{\mu})(L_i - \bar{L})}{\sum_{i=1}^{n}(\mu_i - \bar{\mu})^2}$$

式中:L_i——经过温度修正后的有效 A 计权声压级(dB);

n——道路两旁传声器测得的有效 A 计权声压级的总数,大于等于 16;

$\bar{\mu}$——测试速度换算为参考速度后的速度平均;

a——回归直线的斜率。

(5)温度修正

声波在大气中传播时,会受到静电吸收和分子弛豫吸收的作用,对不同的温度时噪声衰减值可按下式估计[9]：

$$A_a(T,\phi) = \frac{A_a(20,\phi)}{1+\beta\Delta Tf} \tag{2}$$

式中：$A_a(T,\phi)$——T 温度下的衰减值(dB)；

$A_a(20,\phi)$——20℃时的衰减值(dB)；

f——频率(Hz)；

ΔT——与 20℃相差的摄氏度数(℃)；

β——纯系数，一般情况下取 4×10^{-6}。

1.2 试验路面

选择了 5 条满足滑行通过法噪声测试条件的混凝土路面，所选路面包括横向刻槽水泥混凝土路面、拉毛水泥混凝土路面。各试验路面基本概况，如表 1 所示。按照滑行通过法的测试程序进行测试。测试过程中通过车辆分别以参考速度分别为 60km/h、70km/h、80km/h 滑行通过指定区域，如图 3 所示。

测试路段概况 表1

编号	路面类型	路表纹理
1	横向刻槽(新)	横向等间距刻槽：槽深 2mm 槽宽 5mm 槽间距 24mm
2	光面(旧)	拉毛纹理被磨光
3	横向刻槽(新)	横向等间距刻槽：槽深 2.3mm 槽宽 4mm 槽间距 22mm
4	横向刻槽(新)	横向等间距刻槽：槽深 1.5mm 槽宽 5mm 槽间距 25mm
5	横向刻槽(旧)	横向等间距刻槽：槽深 2.5mm 槽宽 5mm 槽间距 20mm

2 噪声水平测试结果分析

测试车辆以参考速度通过测试位置时，在距离测试车 7.5m 处测得的五条水泥混凝土路面的平均噪声水平，如图 4 所示。

图3 滑行通过法测试

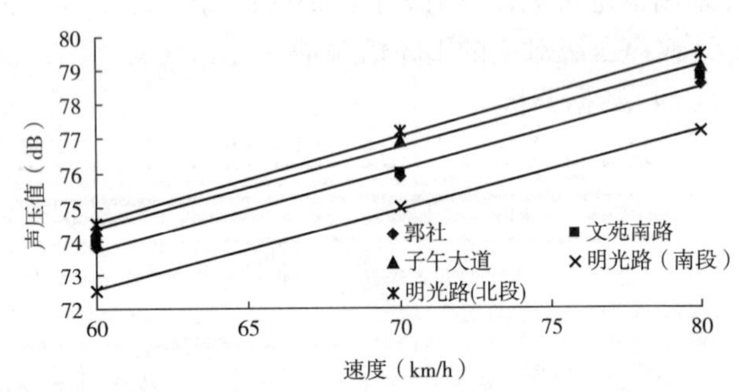

图4 滑行通过法测试的四个路段速度与噪声水平关系

可以看出，明光路南段光面水泥混凝土路面比其他四个横向刻槽水泥混凝土路面噪声水平降低 1.5～2dB，这是因为行驶在经过刻槽后的混凝土路面上时车辆的振动比行驶在未经刻槽的光面混凝土路面上时大很多，由此产生的振动噪声也比光面混凝土路面上大。此外，由于车辆行驶在光面水泥混凝土路面上时腔体共振作用也比行驶在横向刻槽路面上时小很多。

同时，以三个参考速度测得四条横向刻槽混凝土路面的噪声值不尽相同。郭社与文苑南路的噪声值近乎一致且在测试路面中噪声值最小，子午大道噪声值居中，而明光路北段噪声值最大。究其原因是因为这四条混凝土路面的刻槽参数不同所致。郭社与文苑南路混凝土路面的刻槽参数近乎一致，都为刻槽深度 2mm，刻槽宽度 5mm，刻槽间距 25mm 左右。在子午大道和文苑南路的刻槽间距和刻槽宽度基本一致的情况下，子午大道的刻槽深度比文苑南路深了 0.5mm，导致子午路大道混凝土路面的噪声值比文苑南路高 0.5dB。而不考虑刻槽间距的影响，明光北段刻槽深度较子午路大道小了 0.5mm 后混凝土路面的噪声值又比子午路大道平均高了 0.3dB。

可以看出，随着槽深的增大，横向刻槽混凝土路面噪声会越大。这主要是因为槽深加大意味着轮胎与刻槽混凝土路面接触时封闭空腔内体积的增大，在轮胎滚离路面时，外界空气被吸入扩张的空间增大，从而泵吸噪声会出现增大的趋势。同时，槽深的增加，也增加了胎面花纹沟槽与路面间形成充气管道腔体的体积，在轮胎滚动时，增加了轮胎的腔体共振效应，当轮胎离开路面接触区时所释放的空气体积也会增大，增加做了亥姆霍兹共振效应，从而增加了噪声的放大效应，所以刻槽深度越大，混凝土路面噪声越大[13]。

还可以看出，随着车速的提高，噪声也相应增大。这主要是因为车速提高时，轮胎与路面接触周期缩短，胎面花纹沟槽与路面间的小空腔容积变化加速，吸入及排出空气的频率提高，空气泵噪声增大[10]。此外，采用滑行通过法对混凝土路面测试时，各车辆测试速度与该速度下测得的声压值呈线形关系，且相关系数达到 0.99 以上。

3 1/3 倍频程测试结果分析

这五个路段混凝土路面上轮胎以 80km/h 速度通过测试位置时的 1/3 倍频程频谱（图 5）。

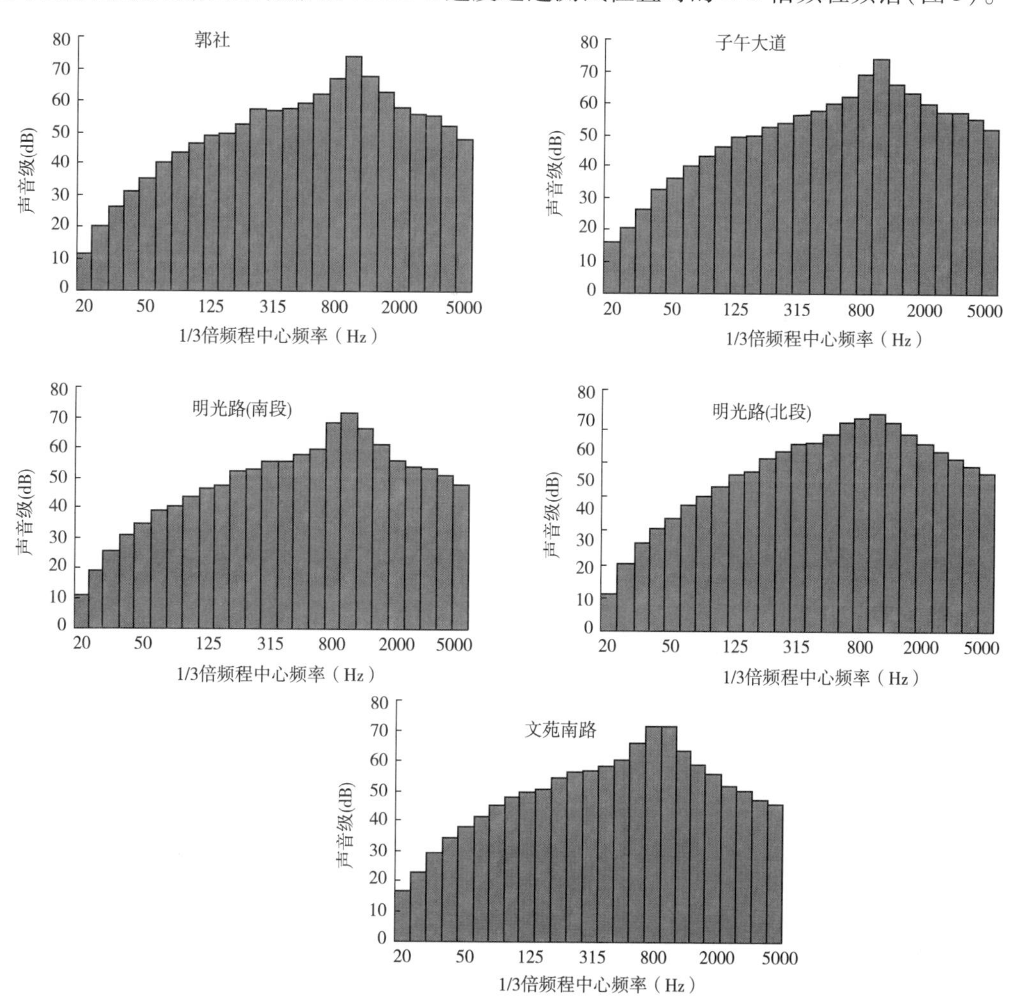

图 5 水泥混凝土路面 1/3 倍频程频谱

对比几个路段 1/3 倍频程频谱可以发现，水泥混凝土路面/轮胎相互作用噪声频谱连续分布在较广的频率范围内,从不足 80Hz ~ 5000Hz 以上。其中,噪声主要分布在 200 ~ 2000Hz 之间;随着 1/3 倍频程频率的增加,声压级会逐渐增大,增大到一定值时,就会逐渐减小;最大声压级对应的频率一般在 800 ~ 1250Hz 之间。

还可以看出,北郊明光路南段光面水泥混凝土路面最大声压级要比其他四个刻槽水泥混凝土路面相邻频段对应的声压级至少小 5dB。最大声压级对应的频段通常被称为噪声尖峰,而噪声尖峰总是产生在人耳最为敏感的频段内,相比于其他频段相同大小的声压级,听起来会更加刺耳。因此,造成了横向刻槽混凝土路面上的噪声较光面混凝土路面上的噪声大,给人以更加不舒服的感觉。

4 结语

利用滑行通过法对西安市郊的 4 条横向刻槽混凝土路面进行了实测,建立了测试速度与声压的关系,得到了横向刻槽混凝土路面噪声的一些基本特性:

(1)车辆在横向刻槽混凝土路面上行驶时的振动噪声、噪声放大效应较光面混凝土路面明显,明光路南段光面水泥混凝土路面比其他四个横向刻槽水泥混凝土路面噪声水平低 1.5 ~ 2dB。

(2)采用滑行通过法测试混凝土路面噪声时,随着槽深的增大,横向刻槽混凝土路面噪声会越大;随着车速的提高,噪声也相应增大。

(3)水泥混凝土路面/轮胎相互作用噪声频谱主要分布在 200 ~ 2000Hz 之间;随着 1/3 倍频程频率的增加,声压级会逐渐增大,增大到一定值时,就会逐渐减小;最大声压级对应的频率一般在 800 ~ 1250Hz 之间。

(4)光面水泥混凝土路面最大声压级比刻槽水泥混凝土路面相邻频段对应的声压级至少小 5dB,造成了横向刻槽混凝土路面上的噪声较光面混凝土路面上的噪声大,给人以更加不舒服的感觉。

参考文献

[1] Wolfgang Babisch. Road traffic noise and cardiovascular risk[J]. Noise&Health, 2008, 10(38):27-33.

[2] 丁庆军,沈凡,刘新权,等.透水型沥青路面材料的降噪性能[J].长安大学学报(自然科学版),2010,30(2):24-28.

[3] 马保国,魏定邦,李相国,等.隧道低噪声沥青路面降噪性能研究[J].武汉理工大学学报,2010,32(7):69-71.

[4] 韩森,董雨明,陈海峰,等.露石水泥混凝土路面降噪特性[J].交通运输工程学报,2005,5(2):31-34.

[5] 凌天清,王瑞燕,张剑,等.陶砂砂浆与陶粒混凝土对降低隧道内行车噪声的影响[J].中国公路学报,2011,24(1):20-24,77.

[6] 李波,韩森.水泥混凝土路面降噪的一些方法[J].噪声与振动控制,2008(3):127-130.

[7] 田波,牛开民.水泥混凝土路面轮胎噪音与降噪途径的研究[J].公路交通科技,2008,25(9):172-176.

[8] 周明凯,徐方,李北星,等.公路隧道路面降噪混凝土设计与研究[J].混凝土,2009(5):15-16,23.

[9] Ulf Sandberg,Jerzy A Ejsmont. Type/Road Noise Reference Book[M]. Sweden: Informex,2002.

[10] Sungho Mun, Dae – Seung Cho. Noise measuring technique and field evaluation based on the effects of vehicles and pavement types[J]. Canadian Journal of Civil Engineering, 2009, 36(11): 1816-1824.

[11] 中华人民共和国行业推荐性标准. GB T 22036—2008 轮胎惯性滑行通过噪声测试方法[S].北京:中国标准出版社,2008.

[12] ISO 13325:2003. Tyres – Cost – by methods for measurement of tyre – to – road sound emission[S]. Switzerland,2003.

[13] JAECKEL John R. Noise issues of concrete – pavement texturing[J]. Transportation research record, 2000,1702 (112):69-7.

7. 粉煤灰品质对路用混凝土耐磨性的影响分析

李兴民
（甘肃长达路业有限公司　兰州　730030）

摘　要：混凝土耐磨性是混凝土路面表面功能的重要保证，其中掺加粉煤灰是改善道路混凝土耐磨性的重要措施。在基准混凝土中掺加不同品质的粉煤灰，检测了各混凝土的不同龄期的强度、耐磨性能随其掺量用量的变化规律，并探讨了粉煤灰改善混凝土耐磨性的机理。结果表明：掺加Ⅰ级粉煤灰对路用混凝土强度和耐磨性的改善效果较掺加Ⅱ级粉煤灰好；粉煤灰混凝土早期强度和耐磨性较差，而后期磨耗损失量明显降低；粉煤灰混凝土强度与耐磨性之间不存在很强的相关性。

关键词：混凝土路面　粉煤灰　品质　耐磨性　强度

0　引言

随着混凝土技术的发展，道路混凝土的抗压强度、抗弯拉强度等强度指标很容易达到。但是，混凝土路面运营过程中拉毛甚至刻槽等表面纹理极容易被往复的车辆磨蚀掉，造成抗滑性降低、噪声增加等表面功能逐渐衰减。因此，在道路混凝土配合比设计时必须将混凝土的耐磨性作为一个非常重要的因素来考虑。

由于掺加粉煤灰、矿渣和硅灰等矿物外掺料的混凝土不仅有高的耐久性、高的工作性，而且还有绿色环保的特点，国内外的道路工程师和研究人员对矿物外掺料改善路用混凝土的耐磨性能进行了大量的相关研究。Ukita等人[1]研究了混凝土中低钙粉煤灰体积掺量对混凝土的耐磨性的影响，Ghafoori和Diawara[2]针对硅灰替代细集料的混凝土耐磨性进行了相关试验。曾阳春等[3]对掺粉煤灰和矿渣的混凝土耐磨性进行了试验。长安大学研究生袁春毅[4]研究用高掺量磨细矿渣制备高性能路面混凝土，考察了磨细矿渣对道路混凝土耐磨性的影响。其中，粉煤灰具有价格低廉的优势，在众多工程中广泛被应用。

纵观国内外研究成果，粉煤灰混凝土耐磨性在工程界研究还处于探讨阶段，此外，粉煤灰混凝土的耐磨性能则还与粉煤灰的品种及品质。粉煤灰取代水泥量的多少等因素有关[5]。本文通过研究掺加不同品质的粉煤灰混凝土的强度、耐磨性能随其掺量用量的变化规律，考察粉煤灰对混凝土耐磨性的影响，为进一步推广粉煤灰混凝土在路面工程中的应用提供技术支持。

1　原材料

（1）水泥

本研究选用强度等级为42.5的普通硅酸盐水泥，各项技术指标见表1。

水泥技术指标　表1

项目		单位	试验结果	标准要求
细度	筛余	%	0.4	≤10.0%
	比表面积	cm^2/kg	—	341
标准稠度用水量		%	28	—
凝结时间	初凝	min	151	≥
	终凝	min	258	≤600

续上表

项目		单位	试验结果	标准要求
安定性	试饼法		合格	合格
三氧化硫		%	2.28	≤3.5
氧化镁		%	2.11	≤5.0
熟料 f-CaO 含量		%	0.6	—
熟料 C3A 含量		%	7.8	—
烧失量		%	2.71	≤5.0
粉煤灰掺量		%	10.0	—
抗折强度	3d	MPa	5.2	≥21.0
	28d	MPa	10.3	≥42.5
抗压强度	3d	MPa	26.2	≥4.0
	28d	MPa	49.3	≥6.5

(2)粗集料

粗集料为4.75~31.5mm连续级配的玄武岩,其技术指标见表2。

粗集料技术指标 表2

试验项目	玄武岩	规范值	试验项目	玄武岩	规范值
压碎值(%)	8.7	≤16	泥块含量(%)	0	≤0.7
针片状含量(%)	4.5	≤25	表观密度(kg/cm^3)	2.864	>2.500
含泥量(%)	0.4	≤2.0			

(3)细集料

细集料采用天然河砂,细度模数为2.83,为中砂,级配符合Ⅱ区级配要求。其技术指标见表3。

细集料技术性能指标 表3

项目	单位	试验结果	规范值	项目	单位	试验结果	规范值
含泥量	%	1	≤5.0	表观密度	g/cm^3	2.6	>2.500
泥块含量	%	0	≤2.0	空隙率	%	39.6	<47
堆积密度	g/cm^3	1.57	>1.350				

(4)粉煤灰

分别对选用的Ⅰ级粉煤灰和Ⅱ级粉煤灰进行了测试,其主要技术指标见表4。

粉煤灰主要技术指标 表4

指标名称	Ⅰ级粉煤灰	Ⅱ级粉煤灰	指标名称	Ⅰ级粉煤灰	Ⅱ级粉煤灰
细度(45μm方孔筛筛余)	7.4	19	含水量(%)	0	0
需水量比(%)	94	98	三氧化硫(%)	1.2	1.4
烧失量(%)	1	1.9	比表面积(m^2/kg)	380	310

2 方案设计

按照路用混凝土进行基准混凝土配合比设计的基础上,选择了5%、15%和25%三种掺量的Ⅰ级粉煤灰等量取代部分水泥,得到普通基准混凝土(JZ)、掺加Ⅰ级粉煤灰(UFA)和普通粉煤灰(FA)混凝土,其配合比见表5。

掺粉煤灰的混凝土配合比(kg/m³)　　表5

类　型	水	水　泥	粉煤灰	细集料	粗集料	减水剂	水胶比	粉煤灰掺率
JZ	146	385	0	647	1256	3.85	0.38	0
UFA-1	146	365.8	19.3	647	1256	3.85	0.38	5%
UFA-2	146	327.3	57.8	647	1256	3.85	0.38	15%
UFA-3	146	288.8	96.3	647	1256	3.85	0.38	25%

由于路面混凝土不同于普通混凝土,它既要求混凝土抗折强度高,又要求具有较好的耐磨性能。本文依据《公路工程水泥及水泥混凝土试验规程》(JTG E30—2005)中的水泥混凝土耐磨性试验方法对基准混凝土和掺粉煤灰的混凝土进行试验,分别研究了Ⅰ级和Ⅱ级粉煤灰对道路混凝土强度及其耐磨性的影响。

3　粉煤灰对混凝土力学性能的影响

1)Ⅰ级粉煤灰对混凝土力学性能的影响

对不同掺量的Ⅰ级粉煤灰混凝土分别进行7d、14d和28d抗压强度及抗折强度试验,结果如图1所示。

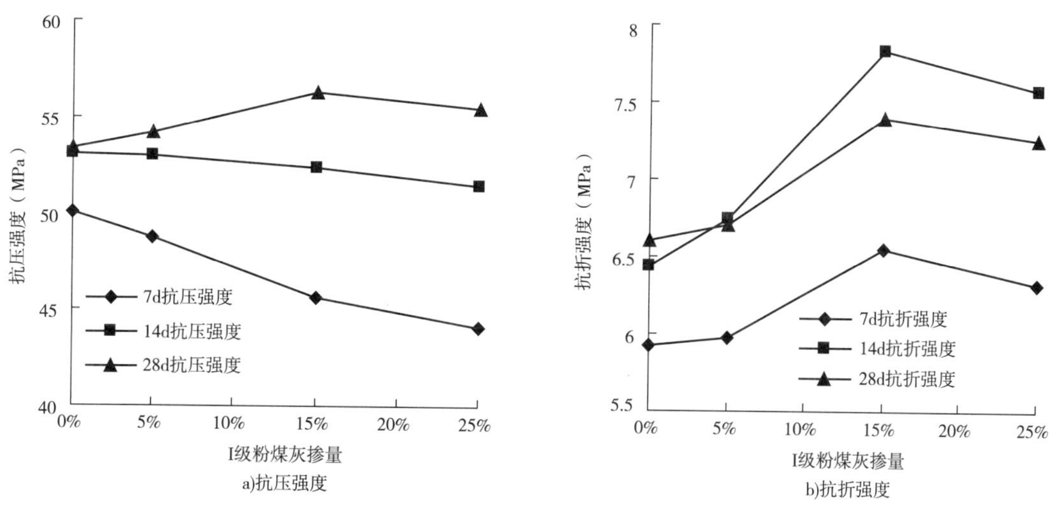

图1　掺Ⅰ级粉煤灰混凝土力学强度

可以看出,掺Ⅰ级粉煤灰的混凝土7d抗压强度随着掺量增加而降低;当养护龄期到14d时,掺Ⅰ级粉煤灰混凝土的抗压强度已经和普通混凝土持平;掺Ⅰ级粉煤灰的混凝土28d抗压强度均高于普通混凝土。这主要是因为混凝土水化硬化过程早期主要是水泥的水化反应,Ⅰ级粉煤灰参与反应较慢,7d以后粉煤灰的活性成分开始大量与水泥水化产物反应,生成胶凝物质。

掺Ⅰ级粉煤灰的混凝土抗折强度高于普通混凝土,其火山灰反应生成的胶凝材料增强了集料和砂浆界面处的黏结,提高了抗折强度;掺Ⅰ级粉煤灰混凝土的抗折强度在28d龄期时有所降低,这与其抗压强度增大,混凝土脆性增加有关,这也可以从各混凝土的压折比结果得到验证。随着Ⅰ级粉煤灰掺量增加,混凝土压折比下降,说明混凝土的抗弯拉变形能力得到了增强。此外,还可以发现Ⅰ级粉煤灰掺量在15%时,混凝土的抗压和抗折强度最高。

2)Ⅱ级粉煤灰对混凝土力学性能的影响

对不同掺量的Ⅱ级粉煤灰混凝土分别进行7d、14d和28d抗压强度及抗折强度试验,结果见图2所示。

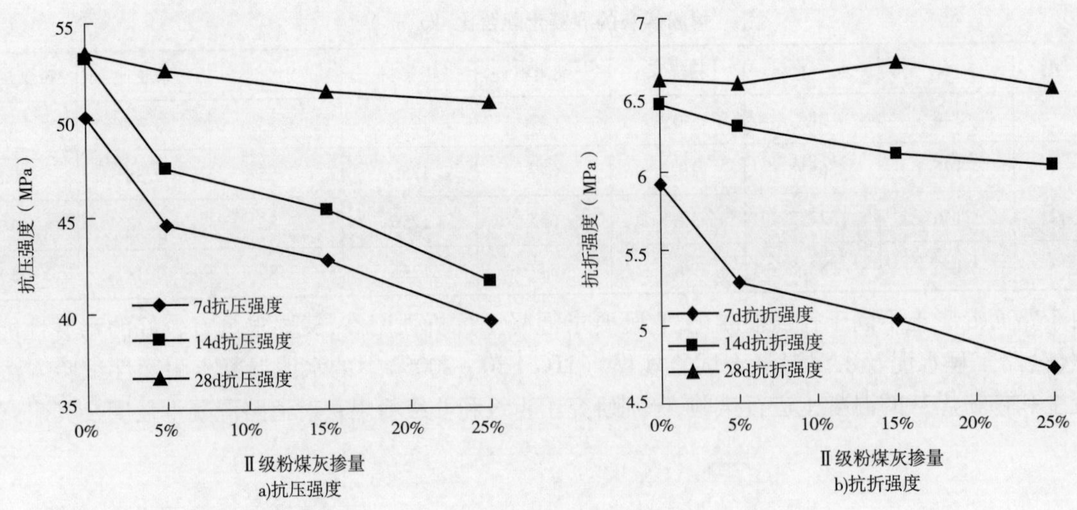

图2　掺Ⅱ级粉煤灰混凝土的力学强度

可以看出，混凝土抗压强度随Ⅱ级粉煤灰的掺量增加呈降低趋势。掺Ⅱ级粉煤灰的混凝土7d和14d强度均低于不掺粉煤灰的普通混凝土，而其28d强度和普通混凝土相差不多，这说明粉煤灰的活性效应在混凝土养护后期才发挥了作用。

掺Ⅱ级粉煤灰混凝土在各掺量下的7d和14d抗折强度均低于普通混凝土，而28d抗折强度高于普通混凝土。这说明Ⅱ级粉煤灰在早期参与反应很少，到14d后才发生反应。因此，为了使粉煤灰的作用得到发挥，就要求粉煤灰混凝土的养护时间较长。

4　粉煤灰对混凝土耐磨性的影响

掺加不同品质粉煤灰的混凝土单位面积磨损量随其掺量的变化曲线，见图3所示。

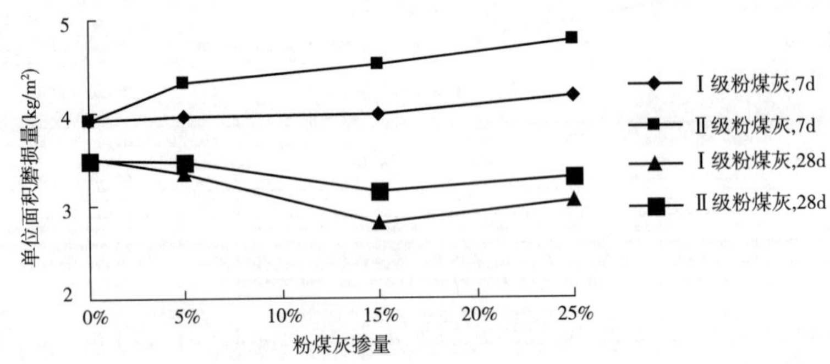

图3　掺粉煤灰混凝土的耐磨性随掺量的变化

从图3可以看出，掺Ⅰ级粉煤灰的混凝土比掺Ⅱ级粉煤灰的混凝土耐磨性好，这是因为粉煤灰经过机械磨细后，其未破碎的颗粒水化更充分，水化产物更加坚硬耐磨。

在7d龄期时，掺粉煤灰的混凝土磨耗损失量较高。其中，掺Ⅱ级粉煤灰的混凝土磨耗量随着粉煤灰掺量增加有较大的增大幅度；在粉煤灰掺量为5%和15%时，掺Ⅰ级粉煤灰混凝土的磨耗损失量与基准混凝土相当，当掺量增大到25%时，其磨耗损失大于基准混凝土。这主要是因为粉煤灰颗粒与集料的结合较弱，在磨损作用下粉煤灰颗粒容易脱离集料，因此即使是掺粉煤灰的混凝土，其早期绝对磨耗值较基准混凝土的高。

在28d龄期时，掺粉煤灰混凝土的磨耗损失量明显降低。由于粉煤灰与水泥水化产物发生反应，提高了混凝土强度，同时，混凝土内部结构也更加致密，因此混凝土磨耗损失减小，耐磨性提高。其中，掺Ⅰ

级粉煤灰的混凝土在粉煤灰掺量为15%时表现出最低的磨损量,混凝土耐磨性较基准混凝土提高了约20%,而高于这个掺量后混凝土的耐磨性改善效果不明显;掺Ⅱ级粉煤灰的混凝土的磨耗损失较基准混凝土低,说明与普通混凝土相比,其耐磨性也得到一定程度的改善。

粉煤灰混凝土耐磨性改善主要是由于粉煤灰的火山灰反应,可在混凝土中与水泥水化产物反应生成胶凝材料,起到增强作用;粉煤灰中含有大量玻璃微珠,"滚珠"作用能起到减水效果,混凝土拌和流动性和黏聚性增强,内部容易达到均匀密实,气泡、裂纹等原生缺陷少。此外,粉煤灰中的玻璃微珠表面结构特别致密,抗压强度和弹性模量很高,研究表明[6],厚壁空心微珠的抗压强度达到700MPa以上,弹性模量可达到34.3GPa,这种特性也有助于混凝土抵抗磨耗作用。

5 结语

(1)混凝土强度与耐磨性之间没有直接关系,并非强度越高其耐磨性越好。

(2)粉煤灰的品质对其抗压强度和抗折强度的影响差异较为明显。掺Ⅰ级粉煤灰的混凝土抗折强度高于普通混凝土,而早期抗压强度随着掺量增加而降低,后期抗压强度均高于普通混凝土;混凝土抗压和抗折强度随Ⅱ级粉煤灰的掺量增加呈降低趋势。

(3)掺Ⅰ级粉煤灰的混凝土比掺Ⅱ级粉煤灰的混凝土耐磨性好。

(4)在7d龄期时,掺粉煤灰的混凝土磨耗损失量较高。其中,掺Ⅱ级粉煤灰的混凝土磨耗量随着粉煤灰掺量增加有较大的增大幅度;在粉煤灰掺量为5%和15%时,掺Ⅰ级粉煤灰混凝土的磨耗损失量与基准混凝土相当,当掺量增大到25%时,其磨耗损失大于基准混凝土。

(5)在28d龄期时,掺粉煤灰混凝土的磨耗损失量明显降低。其中,掺Ⅰ级粉煤灰的混凝土在粉煤灰掺量为15%时表现出最低的磨损量,混凝土耐磨性较基准混凝土提高了约20%,而高于这个掺量后混凝土的耐磨性改善效果不明显;掺Ⅱ级粉煤灰的混凝土的磨耗损失较基准混凝土低,与普通混凝土相比,其耐磨性也得到改善。

参考文献

[1] Ukita K. ,Shigematsu S. ,Ishic M. . Improvements in the properties of concrete utilizing classified fly ash [A]. Proceedings of the CANMET/ACI third international conference on the use of fly ash, silica fume, slag, and natural pozzolans in concrete[C]. Trondheim,1989: 219-240.

[2] Ghafoori N. ,Diawara H. Abrasion resistance of fine aggregate – replaced silica fume concrete[J]. ACI Materials Journal,1999,96(5):559-567.

[3] 曾阳春,郑克仁,李益进. 矿物掺合料对道路混凝土耐磨性的影响及机理[J]. 铁道科学与工程学报,2007,4(2): 59-62.

[4] 袁春毅. 高掺量磨细矿渣高性能路面混凝土研究[D]. 西安:长安大学,2005.

[5] 谢彪. 粉煤灰砂浆及混凝土耐磨性能的研究[J]. 混凝土与水泥制品. 1992(6).

[6] 赵庆新,孙伟,郑可仁,等. 水泥、磨细矿渣、粉煤灰弹性模量的比较[J]. 硅酸盐学报,2005,33(7): 837-841.

8. 水泥混凝土路面滑模摊铺施工技术

刘立星　康宏伟　贺晓锦

（甘肃长达路业有限责任公司　武罐高速公路项目办　兰州　730030）

摘　要：武罐高速公路在水泥混凝土路面施工中首次大规模采用滑膜摊铺施工，在甘肃省交通建设中尚属首例，本文以现场施工为基础，简要阐述滑膜摊铺在现场施工中的技术要点。

关键词：水泥　路面　滑膜摊铺　技术

1　武罐高速水泥混凝土路面设计概述

武罐高速公路主线路面结构以麻崖子隧道进口为界，麻崖子以西采用沥青混凝土路面，麻崖子以东采用水泥混凝土路面，其中水泥混凝土路面设计73.2km，占武罐高速公路总长129.8km的56%。鉴于本项目桥隧比重高，施工场地狭窄，为了便于施工管理，拟利用路基施工单位水泥混凝土拌和站直接进行路面铺筑，因此东段路面全部采取了水泥混凝土路面，并且设计推荐采用滑模摊铺机施工。

通过对外省水泥混凝土路面使用情况调查研究，原设计路面结构形式在运营过程容易出现病害，目前的路面厚度远远不能达到实际荷载需要，但鉴于桥梁、隧道等构造物已经施做，无法对路面厚度进行调整，仅对路面结构做了适当加强。路面结构形式如下：

（1）路基。

面层：钢筋混凝土厚26cm（$\phi12$ 一层钢筋网）；

封层：沥青碎石厚1cm；

基层：水泥稳定碎石（水泥含量5.0%）厚20cm；

底基层：水泥稳定碎石（水泥含量3.5%）厚20cm。

（2）桥梁路面结构形式：钢纤维混凝土厚15cm。

（3）隧道路面结构形式：混凝土面板厚26cm。

2　水泥混凝土路面与沥青混凝土路面性能比较

随着近几年高等级公路的建设，公路服务水平逐步提高，我国高速公路路面结构主要为水泥混凝土路面与沥青混凝土路面两种形式，根据我国目前公路的建设情况，水泥混凝土路面在市政道路、乡村公路中应用较多，高速公路中水泥混凝土路面成功经验少，仍然处于研究试验阶段，水泥混凝土路面主要用于广西、广东等天气炎热、雨水充沛的地区，国内其他大部分地区基本采用沥青混凝土路面。

水泥混凝土路面与沥青混凝土路面相比主要有以下几个优点：

（1）水泥混凝土路面水泥用量大，对于水泥供应比较充足的地区，利于发展当地经济，也便于施工；

（2）采用水泥混凝土路面可以有效地减少水流对公路的危害，尤其对于降雨量较大的地区；

（3）水泥混凝土路面建设过程中对当地环境破坏小，相比沥青混凝土来讲对碎石料的要求较低，本项目大多数隧道洞渣可得到充分利用，能减少隧道弃渣对公路沿线环境的影响；

（4）水泥混凝土路面具体性能优点有：①刚度大，承载能力强。②耐久性、耐高温性强。③抗弯拉强度高、疲劳寿命长。④刚性路面耐候性、耐久性优良、耐腐蚀性强。⑤使用寿命长，刚性路面的设计基准期达到30年。

其缺点在于:

(1)水泥混凝土路面属于刚性路面,其行车噪声大,舒适感差;

(2)运营阶段公路病害多,出现断板、裂缝、唧泥、错台和啃边,造成路面行车颠簸,维修后不能及时通行;

(3)前期比沥青混凝土路面费用低,但后期养护难度大、费用高;

(4)对基底脱空相当敏感,路基、基层及低基层质量对使用效果影响大;

(5)光、热反射能力高于黑色沥青路面,在高速公路上晃眼,眼睛易疲劳。

沥青混凝土路面与水泥混凝土路面相比主要有以下几个优点:沥青混凝土路面属于柔性路面,高速公路应用普遍,施工工艺比较成熟,施工速度快,路面平整度高,行车噪声小,舒适感好,施工后能够及时通车。其缺点在于:建设过程中需要使用沥青,对当地生态环境影响较大。

3 目前水泥混凝土路面施工工艺比选

根据以往甘肃省高等级公路的施工情况,水泥混凝土路面多采用三辊轴施工和小型机具施工,利用滑模摊铺机进行高等级公路路面施工在甘肃省尚属首次,因此,我们对滑模摊铺机施工与三辊轴施工进行了分析比较,其区别主要在以下几个方面:

(1)利用滑模摊铺机施工的水泥混凝土路面基本满足了高等级公路路面的技术要求,其施工工艺基本可以保证高密实度、高抗折强度、光滑规矩的外观尺寸和严格的平整度技术要求。高密实度意味着路面不产生麻面并振捣密实,规矩的外观形状就是路面板边部不塌边、不掉角,边角的形状保持为矩形。滑模摊铺机施工与三辊轴施工最大的优点在于,可以保证混凝土路面整体的强度和耐磨性。

(2)经过多年的研究和应用,三辊轴的施工质量虽有大幅度提高,但由于需要大量的人工配合作业,受操作人员水平的限制,水泥混凝土的平整度、密实度、抗压和抗折强度以及表面回弹强度无法达到滑模摊铺机的施工质量,主要原因在于三辊轴施工过程中振捣提浆使得水泥砂浆层上浮,粗集料颗粒下沉,产生分层情况,面层强度低,耐磨性差,致使混凝土路面的抗滑效果较差。

(3)实践证明,采用滑模摊铺机铺设水泥混凝土路面,无论在工程质量还是在施工速度和效益上,都是小型机械和轨道式水泥混凝土摊铺无法相比的。

4 滑模摊铺水泥混凝土路面施工控制要点

为了铺筑一条强度高、平整度好,使用寿命长的混凝土路面,武罐高速公路项目办组织施工技术人员考察了广西省、陕西省等混凝土路面铺筑水平,调研其混凝土路面机械化施工方式,特别是滑模摊铺施工技术,经过研究讨论决定在我省高速公路建设中首次引入滑模摊铺机进行混凝土路面的铺筑,下面我们从以下几个方面介绍一下滑模摊铺混凝土路面施工控制要点。

4.1 施工准备方面

施工准备包括原材料选择、混凝土配合比设计、摊铺机械设备配备及组合、摊铺机选择等方面。

(1)对水泥、集料、外加剂、钢筋、钢纤维等原材料选择上均按照国家有关水泥混凝土路面材料的技术要求严格执行,这里不在赘述。

(2)由于滑模摊铺水泥混凝土路面对混凝土的性能要求比较高,配合比设计在滑模摊铺中起到了核心环节的作用,所以在配合比设计中,要兼顾经济性的同时必须满足弯拉强度、工作性、耐久性三项技术要求。采用耐久性控制,在满足弯拉强度计算值和耐久性两者要求的水灰比中取小值。工作性一般通过调整外加剂掺量来保证。工作性的核心为坍落度控制,滑模摊铺是通过两侧模板和挤压成型板对混凝土挤压成型的,混凝土在成型模腔的时间很短,不可能有足够的初凝时间,要保证脱模后成型路面不塌边,要求混凝土的配合比必须保持尽量低的坍落度。但过低的坍落度会增加摊铺阻力,容易出现麻面蜂窝状路面。根据实际摊铺情况分析，较理想的坍落度（摊铺现场值）应控制在20～40mm以内。

（3）拌和运输等设备组合方面要根据施工工期、工程量的大小选配施工机械。配套的原则：①满足施工机械流水作业的配套，满足摊铺机最低行走速度1m/min的连续摊铺的搅拌设备能力，一般要求必须要有一台大型或两台中型拌和楼；②原材料供应、运输环节的配套，一般尽量采用小型自卸汽车；③切缝机、刻槽机等小型机具的配置。

（4）摊铺机选择上，我国滑模摊铺施工技术研究起步较晚，滑模摊铺机主要引进国外机械，适应我国高速公路水泥混凝土路面机械施工的滑模摊铺机从摊铺宽度及施工规模上讲，可分为两类：一类是可以一次摊铺两个车道8.25m以上的大型滑模摊铺机；另一类是多功能小型滑模摊铺机，一次摊铺的宽度为4～6m，并可同时摊铺路肩及紧急停车带，改变模具后可摊铺路缘石、边沟、防撞护栏及中央分隔带等。摊铺机还应具备拉杆插入装置、自动传力杆插入装置、自动网络操作和控制系统等。武罐高速公路全部选用德国进口的Wirtgen滑模摊铺机，进场机械有SP－500（图1）和SP－850（图2）两种。滑模摊铺机工艺原理如图3所示。

图1　wirtgen 滑模摊铺机 SP-500

图2　wirtgen 滑模摊铺机 SP-850

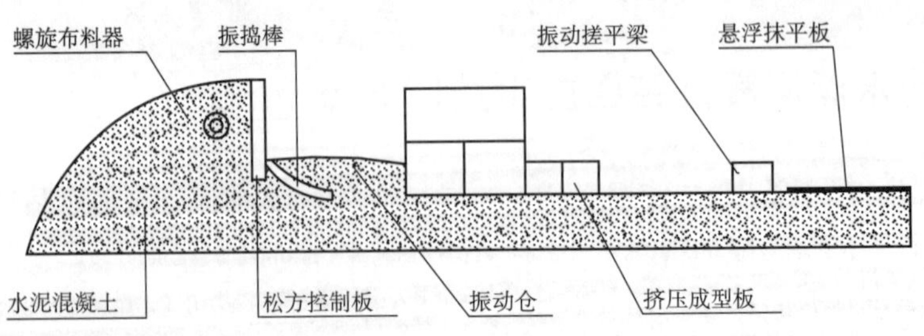

图3　滑模摊铺机工艺原理示意图

滑模摊铺机主要由进料仓，振动仓、提浆振捣夯实杆、保证平整度装置即挤压成形板、侧向边模板、横向搓平板、超级磨平板组成。工作时，主要是机械能够在电液控制下，靠预先根据设计要求架设好的导向线导航，实现自动找平和方向调整，它一次可完成布料、摊铺、振捣、整平、连接筋安装等多道工序，大大增加了摊铺进度，节省了人力，提高了摊铺的质量及效率。

4.2　施工控制要点

（1）摊铺准备：摊铺前，所有施工设备、人员和机具均应处于良好状态，并全部就位，基层、封层、基准线（图4）、钢筋网片（图5）等各项技术指标应符合规范要求。武罐高速公路路基、桥梁混凝土路面设计有钢筋网，因此必须提前对钢筋网片进行定位，并且保证网片不在摊铺过程中因施工造成下沉、移位。

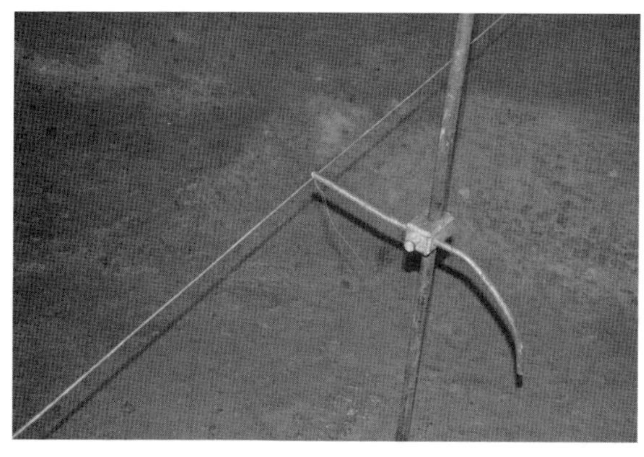
图4 基准线

图5 钢筋网片

(2)卸料及布料:滑模施工需配备一台小型挖掘机在摊铺机前辅助卸料及布料,料车采用小型自卸车,卸料时尽量使拌和料分布均匀,在摊铺机前方2~3m处进行斜向倒车,将混凝土拌和料卸在钢筋网片上,布料机(小型挖掘机)在侧边先进行布料,待摊铺机前形成工作平台后布料机方能行走在钢筋网片上,其履带所经之处必须布设混凝土路径,必须避免履带与钢筋网片直接接触(图6)。

图6 卸料及布料

(3)铺筑过程控制:操作滑模摊铺机应缓慢、匀速、连续不间断地作业,减少一切人为因素的停机现象。要根据混凝土拌和料坍落度情况,及时对摊铺机的振捣频率、摊铺速度进行调整,保证振捣的密实及提浆充分。隧道内滑模摊铺混凝土受路面宽度及拌和料运输等限制,无法进行全幅滑模摊铺作业,武罐采用单车道铺筑,前幅施工时一侧履带行走在坚固的排水沟上,后幅施工时一侧履带行走在垫有橡胶垫保护措施的前幅水泥混凝土路面上(图7)。

图7 摊铺行走控制

(4)传力杆设置:在混凝土板块之间传力杆的设置上,武罐项目创造性的使用前置钢筋支架法进行施工,即预先在设计传力杆的位置进行打孔,随后采用人工布设的方式进行施工(图8),施工过程中要在摊铺机到达传力杆位置前采用布料机对传力杆用混凝土提前覆盖,因此传力杆的安装重点就是钢筋支架定位准确、安装牢固。

图8　传力杆安装

(5)拉杆的施工:纵向施工缝位置应避开轮迹,并宜靠近车道线。设置纵向拉杆的,我们采用滑模摊铺机自带的自动植入装置进行施工和人工打入两种方式进行(图9)。

图9　拉杆自动植入装置

(6)胀缝施工:胀缝采用前置钢筋支架法施工,预先加工、安装和固定胀缝钢筋支架,并使用手持振捣棒,振实胀缝板两侧的混凝土后再用摊铺机进行摊铺。

(7)抹面及人工修整:对少量局部麻面和明显缺料部位,应在挤压板后或搓平梁前补充适量拌和物,由搓平梁或抹平板机械修整。保证滑模摊铺机后表面没有麻面、拉裂等缺陷。对纵缝边缘出现的倒角、塌边、溜肩现象用人工进行局部修整(图10)。

图10　人工修补及扶边

(8)混凝土面层的养生:水泥混凝土路面养生除应保证混凝土强度增长外,应确保新铺路面桥面在前7d内不产生任何微裂纹与裂缝。武罐高速公路采用土工布覆盖养生,安排车辆进行洒水,保证土工布湿润(图11)。

(9)抗滑构造:武罐高速公路项目办在参考各类技术规范和交通运输厅《公路隧道水泥混凝土路面

抗滑性及其降噪技术研究》课题的基础上，制订出《武罐高速公路水泥混凝土路面刻槽技术方案》。详见图 12、图 13 所示。

图 11　土工布覆盖养生

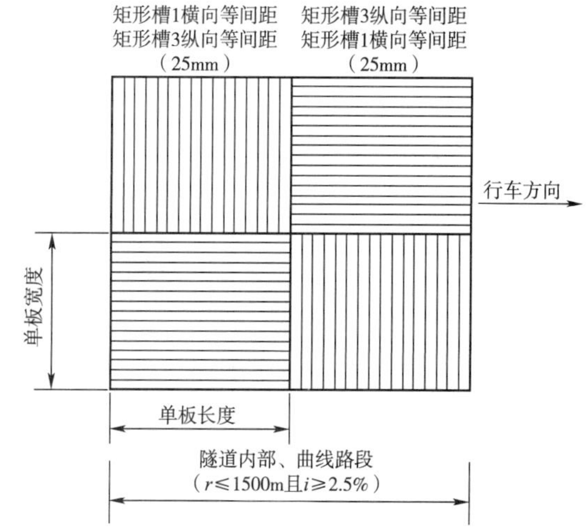

矩形槽1横向等间距
矩形槽3纵向等间距
（25mm）
矩形槽3纵向等间距
矩形槽1横向等间距
（25mm）
行车方向
单板宽度
单板长度
隧道内部、曲线路段
（$r \leqslant 1500$m且$i \geqslant 2.5\%$）

图 12　隧道内部纹理布置图

①一般路段。采用 5mm × 5mm@ 25mm 横向等间距矩形刻槽，刻槽长度宜为一块混凝土道面面板长。

②纵坡段。当纵坡坡度 $i \geqslant 2.5\%$ 时，采用 5mm ×5mm@ 20mm 横向等间距矩形刻槽；当纵坡坡度 $i < 2.5\%$ 时，刻槽构造与一般路段相同。

③隧道路段。

a. 对于隧道长度 <500m 的短隧道道面抗滑构造与一般路段相同；

b. 对于长大隧道（隧道长度≥500m），在隧道进出口 100m 范围内采用 5mm ×5mm@ 20mm 横向等间距矩形刻槽，隧道内部采用为纵向 + 横向等间距刻槽交替组合方式（图 2）。

④转弯路段。

a. 当线路曲线半径 $r > 1500$m 时，同一般路段均采用 5mm ×5mm@ 25mm 横向等间距矩形刻槽；

b. 当线路曲线半径 $r \leqslant 1500$m 且纵坡坡度 $i < 2.5\%$ 时，采用 5mm ×5mm@ 20mm 纵向等间距矩形刻槽；

c. 当线路曲线半径 $r \leqslant 1500$m 且纵坡坡度 $i \geqslant 2.5\%$ 时，宜采用 5mm ×5mm@ 20mm 纵向 + 横向等间距矩形刻槽的组合形式（图 3）。

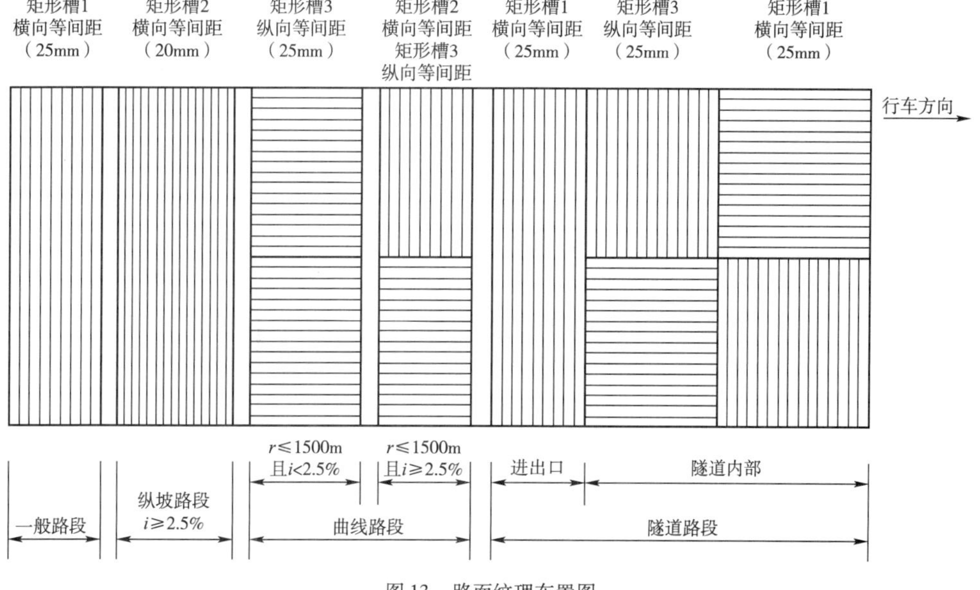

图 13　路面纹理布置图

4.3 水泥混凝土路面滑模摊铺施工中解决的一些问题

(1)铺筑宽度的问题。根据不用类型的路面,我们制订不同的铺筑宽度,路基部分由于不受场地限制,我们严格按照设计板块(4.25+4.5+2)m 的板块划分进行铺筑。隧道、桥梁混凝土路面施工由于受到卸料、钢筋网片、车辆掉头等施工场地的影响,我们采取了单车道铺筑法,首先铺筑超车道,其次铺筑行车道。桥梁路面施工,采用一侧基准线固定于桥梁护栏顶面,滑模摊铺机沿护栏边缘行走,先摊铺超车道后填补护栏边缘剩余混凝土,待强度达到 7d 后进行行车道及超车道的铺筑(图 14)。

图 14　桥梁混凝土路面分幅铺筑

(2)铺装层钢筋网安装及其连接。路基和桥梁混凝土路面的钢筋网片安装的准确性是保证施工质量的关键,摊铺前应保证钢筋网按设计图纸牢固、准确铺设在梁面上,施工工程中不产生位移、下沉。因此我们在充分利用梁板原有预埋的门形筋的同时,增加了部分竖向、横向支撑钢筋,加强钢筋网片的支撑及定位,并且施工过程中严禁布料机在网片上的直接行走,禁止运料车辆在网片上行走(图 15)。

图 15　钢筋网片的定位

(3)车辆掉头。运输车辆如何在隧道内掉头而不碰触基准线,是隧道混凝土路面滑模施工的另一难题。武罐高速公路隧道路面施工中,运输车辆选用吨位适宜的小型自卸车,料车沿着摊铺机前进方向行驶时,前行至基准线布设终点绕过基准线,然后倒行至布料机前方适宜距离进行卸料,卸料完毕后从前方出口驶出,车辆在隧道外如需掉头可根据实际情况选择合适的掉头位置;料车沿着摊铺机前进方向逆向行驶时,料车由滑模摊铺机前方洞口驶入,在布料机前方掉头,倒行至布料机前 1~2m 进行卸料,卸料完毕从前洞驶出(图 16)。总之,对于车辆行驶问题要认真研究解决,避免由于车辆行驶问题导致的摊铺机停工待料或造成人为因素的施工缝,影响路面平整度。

(4)桥梁混凝土布料。桥梁混凝土路面由于受场地及钢筋网片的影响,必须考虑合理的运输、卸料方案。首先,运料车在梁板上的行走速度不能过快,太快由于梁板的柔性构造会产生振动,影响平整度。其次料车必须在布料机前方 2~3m 处进行斜向倒车,将混凝土拌和料卸在钢筋网片上。最后再由布料机进行布料,布料机行走在钢筋网片上,其履带所经之处必须人工布设混凝土路径,避免履带与钢筋网片直接接触(图 17)。

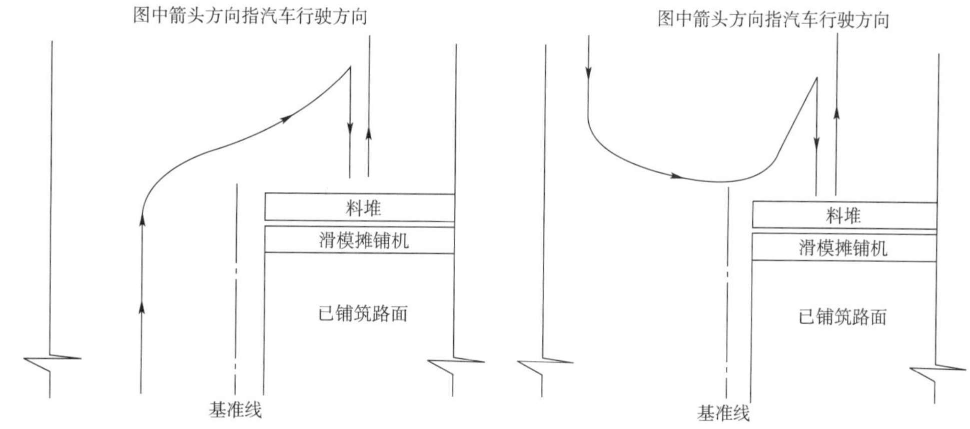

图 16 隧道行车路线

a)卸料

b)布料

c)修料

d) 补料

图 17 卸料、布料

5 武罐高速公路混凝土路面滑模摊铺总结

5.1 结论

(1)武罐高速公路项目办在科学调研、精心组织的基础上,引入滑模摊铺机进行桥梁与隧道水泥混凝土路面施工,总体上是成功的。其强度、平整度较好,经济效益明显,尤其是平整度在我省境内水泥混凝土路面中达到了一个新的高度。

(2)良好的施工组织计划是体现滑模摊铺机摊铺水泥混凝土路面优势的保证,必须配置足够连续施工的混凝土搅拌和运输能力。

(3)密实、稳定的路基、基层、底基层是水泥混凝土路面的保证,高品质的碎石、砂砾等原材料是水泥混凝土路面质量的基础,混凝土拌和、运输、摊铺、养生等每道工序的严格控制是混凝土质量的关键。

(4)滑模摊铺施工工艺流程:测量放样→架基准弦线→复测→摊铺机调整就位→混凝土搅拌→混凝土运输→布料设备布料→摊铺机摊铺→抹平、修整→检测路面→拉毛、压纹→切缝、填缝→养护。

(5)滑模摊铺机施工水泥混凝土路面工艺原理的核心是要解决混凝土振捣密实要求较大的坍落度与不塌边要求较小的坍落度之间的矛盾,摊铺时坍落度在3.0~3.5cm效果最理想。解决此矛盾的关键是加强振捣力,延长振动仓前后间距,强化夯实作用和加大挤压吨位。首先保证混凝土路面密实不麻面,具有优良的平整度;其次是设置两级布料装置、自动松方高度控制板、超铺角、加长侧模板、采用机械装置打拉杆、保证边部不塌边并具有良好的横向平整度。

5.2 创新点

(1)首次在甘肃省高速公路建设中采用滑模摊铺机进行水泥混凝土路面施工,成功掌握了长大隧道、钢纤维水泥混凝土路面的施工技术。

(2)解决了隧道水泥混凝土路面施工中运料车的选择及掉头、布料、摊铺机行驶轨迹、后幅混凝土路面施工时摊铺机行走等关键技术,积累了甘肃省长大隧道水泥混凝土路面施工的成功经验。

(3)克服了水泥混凝土桥面面板窄及布设钢筋网片的困难,探索出了钢筋水泥混凝土桥面上水泥混凝土的布料方式和基准线安装方式,实现了特大桥梁钢筋混凝土路面的连续施工。

(4)铺筑过程中为了保持混凝土路面表面的粗躁度,我们取消了超级抹平板,直接利用搓平板搓出的路面,在不影响平整度的前提下有效地提高了路面的粗糙度。

5.3 存在的不足及其改进措施

(1)滑模摊铺机和搅拌楼不能完全匹配,总体上搅拌楼的拌和能力偏小,使滑模施工速度慢,停机待料时有发生,影响了路面平整度并降低滑模摊铺效率。目前我项目施工速度大多在宽3.75m时200~300m/d,与国内先进水平差距较大。

(2)滑模摊铺机的配置仍属于一般配置,混凝土的布料、拉毛及养生等靠人工完成,传力杆通过人工预先设置等都制约滑模施工优越性的体现。

(3)先进的施工技术需要先进的施工管理和技术人员参与,而目前施工单位的技术力量和管理水平较薄弱,思想上并未引起足够重视。由于施工单位对原材料及配合比控制不严,钢筋网片定位不准,设计单位对切缝认识不足,养护切缝不及时,施工细节控制不严,造成局部路面出现裂缝。

(4)由于对滑模施工缺乏认识,往往在路面铺筑前已完成桥面和桥梁护拦的安装,不能实现连续过桥涵滑模施工。

9. CoMParison of Skid Resistance and Noise between Transverse and Longitudinal Grooving Pavements in Newly Constructed Concrete Pavement

Li Bo[1] Kang Hong – wei[2] Zhang Zheng – wei[1]

(1Key Laboratory of Road & Bridge and Underground Engineering of Gansu Province Lanzhou Jiaotong University Lanzhou 730070;2Gansu Provincial Changda Expressway Co. Ltd, Lanzhou 730000)

Abstract: Pavement grooving is generally used to reduce hydroplaning and accidents by providing escaping channels for surface water. But the direction of grooving has influence on its performance. The purpose of this study is to provide a comparison of longitudinal and transverse diamond grooving pavement surface for newly constructed Portland Cement Concrete Pavement (PCCP) in terms of skid – resistance and noise feature. The test – section is located in Li Jia – he Tunnel of Lantian – Shangluo expressway. The results show that the transverse grooving has a better performance to ensure the longitudinal skid resistance than that of longitudinal grooving pavement. However, the longitudinal grooving has a good performance of preventing vehicle side slipping and reducing the noise than that of the transverse grooving pavement.

Keywords: Highway engineering Concrete pavement Skid resistance Noise

0 Introduction

Pavement grooving is becoming a widely accepted means of improving the stability of vehicles on the Portland Cement Concrete Pavements (PCCP)[1,2,3]. PCCP surfaces are often finished with a transverse grooving texture during construction to increase skid resistance in China in the past many years. Alternate pavement surface treatments are occasionally considered in an effort to reduce the tire – pavement noise associated with the traditional finish[4,5,6]. In recent years, some Chinese pavement engineers found that longitudinal grooving can get some benefit of safety and the technology is more environmental[7,8,9]. Therefore, longitudinal grooving has been considered in some concrete pavement projects. In order to learn detailed data, a coMParison of skid resistance and noise feature of pavements between transverse and longitudinal grooving textures was done for newly constructed concrete pavement in this paper.

The experimental surface treatments (longitudinal and transverse diamond ground texturing) of PCCP finished in Li Jia – he tunnel located on Lantian – Shangluo expressway. The test section of both pavement types is included on both northbound and southbound lanes in this expressway. The test survey was done before the expressway was on open.

1 Experiment program

The coMParisons are made on a section of same construction (other than surface treatment) and exposed to the same traffic and weather conditions.

2 Grooving parameters

The individual grooving were 5.0mm wide and 20mm spacing. The depth of grooving was varied in the range of 3 ~ 6mm because it is difficult to keep one depth at the level of current technology for construction contractor.

3 Measure method

(1) Skid Number (SN)

The profile friction coefficient was measured by the test vehicle of Skid Number. The speed in the process of measure is 20km/h, 40km/h and 60km/h respectively. The friction coefficient was measured 2 times at each speed and the average of measured results of two times is taken.

(2) Sideway force coefficient SFC

The sideway force coefficient SFC was measured by the SCRIM test vehicle. The speed in the process of measure is 20km/h, 40km/h and 60km/h respectively. The friction coefficient was measured 3 times at each speed and the average of measure results of two times is taken as is a final result.

(3) Tire rolling noise measurement

The noise was measured by the on – Board Sound Intensity (OBSI) testing. On Board Sound Intensity captures the Tire pavement interaction noise using a set of sophisticated microphones mounted near the contact patch. OBSI is the Process of measuring the tire pavement Interaction noise.

4 Results and Discussion

4.1 CoMParisons of skid resistance between transverse and longitudinal grooving

(1) Skid Number (SN)

The measure results of Skid Number at speed of 20km/h, 40km/h and 60km/h respectively can be seen in Fig. 1.

The measure results show that the average Skid Number of transverse grooving is higher 28.2% ~ 34.2% than that of longitudinal grooving at the speeds from 60 ~ 20 km/h. It indicated that the transverse grooving can reduce the breaking distance and ensure the skid resistance at the longitudinal direction. Thus the transverse grooving may be more desirable for areas of rapid speed changes, such as intersection and toll gate areas.

(2) Sideway Force Coefficient (SFC)

The measure results of sideway force coefficient for transverse and longitudinal grooving pavement at the different speed can be seen in Fig. 2.

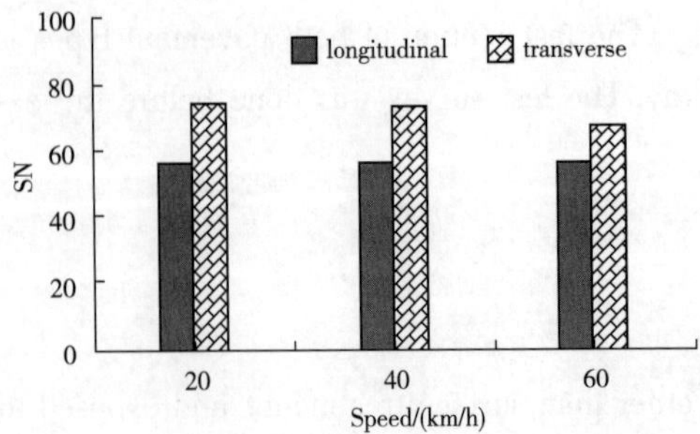

Fig. 1 CoMParison of skid Number between longitudinal and transverse grooving pavement

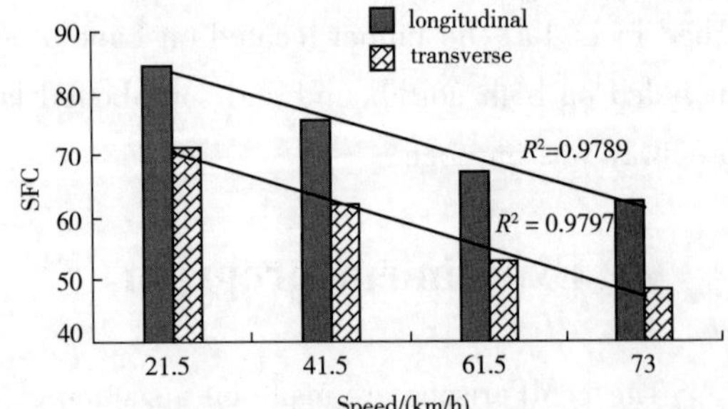

Fig. 2 CoMParison of average sideway friction coefficient between longitudinal and transverse grooving pavement

The measure results show that the average sideway friction force of longitudinal grooving is higher about

11% ~15% than that of transverse grooving. It indicated that the longitudinal grooving pavement can provide good the sideway force coefficient, which is helpful to prevent vehicle side slipping. In fact, vehicles are easy to skid sideway when accident occurs. So longitudinal grooving benefits to prevent this kind of accident from happening since provinding higher SFC.

Furthermore, longitudinal texturing will assist in providing vehicles driving direction to track in line with the grooves. And longitudinal texturing may be most effective in tangents and curves as a technique of offering greater directional stability.

In addition, SFC is decreased linearly with the increasing of speed. The linear correlation coefficient is 0.9797 for transverse grooving pavement and 0.9789 for longitudinal grooving pavement. It also shows that low skid-resistance at high speed easily cause accident happening.

4.2 CoMParison of noise between transverse and longitudinal grooving

(1) A-weighted sound intensity level

The measure results of A-weighted sound intensity level for transverse and longitudinal grooving pavement at the different speed can be seen Fig. 3.

The measure results show that the tire pavement interaction noise of longitudinal grooving is smaller than that of transverse grooving pavement at each different speed respectively. Take the A-weighted sound intensity level at the 60km/h as an example, the A-weighted sound intensity level of longitudinal grooving reduce noise by 3.83dBA coMPared with transverse grooving pavement. Furthermore, A-weighted sound intensity level is increased linearly with the increasing of speed. The linear correlation coefficient is 0.992 for transverse grooving pavement and 0.9837 for longitudinal grooving pavement.

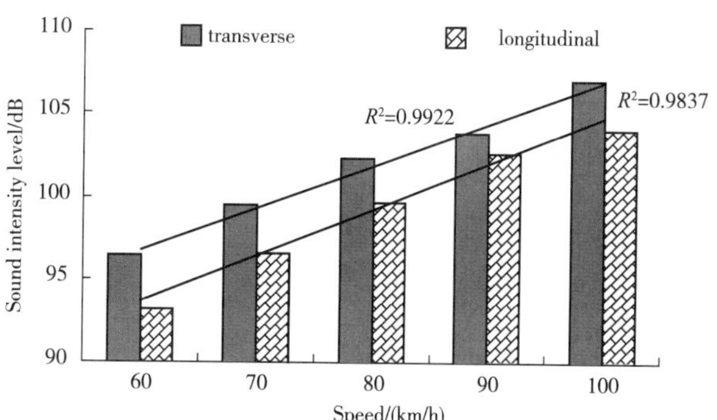

Fig. 3 CoMParison of noise between longitudinal and transverse grooving pavement

(2) Noise spectrum curve

The noise spectrum curve for transverse and longitudinal grooving pavement at the speed of 80km/h and 100km/h are showed in Fig. 4 and Fig. 5 respectively.

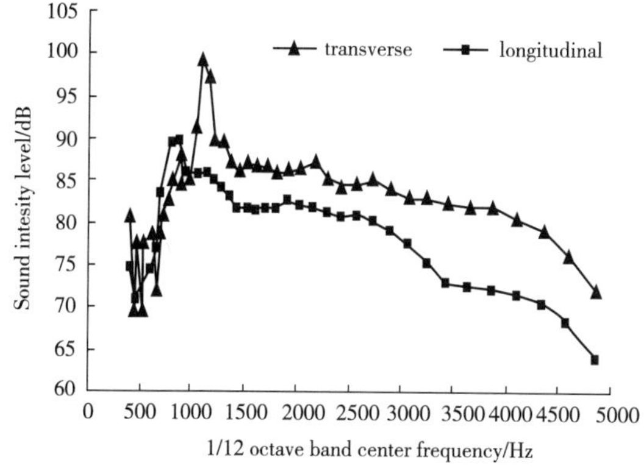

Fig. 4 CoMParison of noise spectrum curve between longitudinal and transverse grooving pavement at the speed of 80km/h

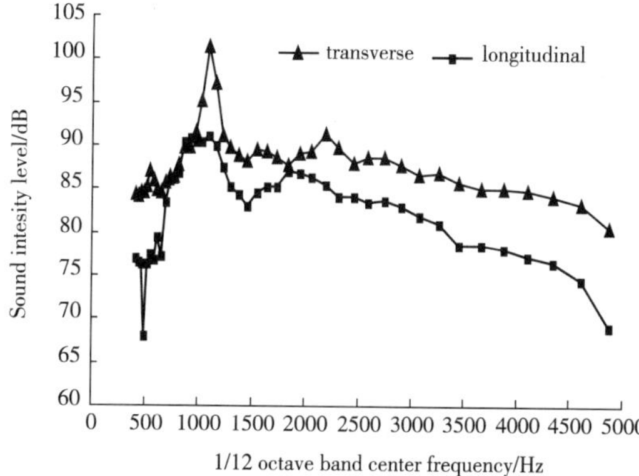

Fig. 5 CoMParison of noise spectrum curve between longitudinal and transverse grooving pavement at the speed of 100km/h

The measurement results show that the noise level of transverse grooving pavement is higher than that of longitudinal grooving pavement at these speeds. The main reason is that longitudinal grooving provides the escape path of air at the contact area with the same rolling direction of tire. However the escape path of air at the contact area on the transverse is located at the side of tire. Another reason for this phenomenon is that longitudinal grooving pavement would represent a negative texture which does not "interfere" with the tire, resulting in less vibration and noise than a positive texture.

There is an obvious discontinuity prominent frequency peak in the noise spectrum curve of transverse grooving pavement, but no obvious discontinuity prominent frequency peak in the noise spectrum curve of longitudinal grooving pavement. It is possibly caused by the "interfere" which is more sensitive at that frequency (about 1200Hz).

5 Conclusions

Pavement grooving helps to drain pavements, provides directional stability, and consequently reduces the number of accidents during wet-weather periods. Based on the coMParison of skid resistance and tire-pavement noise for transverse and longitudinal grooving texturing in LI Jia-he Tunnel, some conclusions drawn are given below.

(1) The test results of skid resistance in the test-section indicted that the transverse grooving has better performance of ensuring the longitudinal skid resistance than that of longitudinal grooving pavement and that the longitudinal grooving has better performance of preventing vehicle side skidding because of its higher SFC.

(2) The test result shows that longitudinal grooving pavement has lower tire-pavement interaction noise than that of the transverse grooving pavement.

(3) Practical report of running situation of corresponding Li Jia-he tunnel after opening to traffic in the past one year shows that longitudinal grooving pavement obviously has good driving safety from the evidences of less accidents than those of tunnels with traverse grooving pavements.

References

[1] J. E. Martinez. Effects of Pavement Grooving on Friction, Braking and Vehicle Control. Transportation Research Board ,1977(633),p. 8-13.

[2] Liu Qing-quan, He Song, edtl. Anti-skidding Texture of Concrete Pavement and Construction Technique. China Journal of Highway and Transport ,Vol, 9(1996),p. 1-7.

[3] Li Bo, Han Sen, etl. Surface Texture and Skid Resistance of Concrete Pavement. Communications Standardization, Vol, 7 (2008),p. 154-157.

[4] Paul L. Burgé, Keith Travis, P. E., Zoltan Rado. A CoMParison of Transverse Tined and Longitudinal Diamond Ground Pavement Texturing for Newly Constructed Concrete Pavement. Transportation Research Board, Vol, 1972(2002),p. 75-82.

[5] Wayson R. L. Relationship Between Pavement Surface Texture and Highway Traffic Noise(NCHRP Synthesis 268, TRB, National Research Council, Washington D. C. 1998).

[6] Steven M. Karamihas and James K. Cable. Developing Smooth, Quiet, Safe Portland Cement Concrete Pavements. (Federal Highway Administration: U. S. Department of Transportation, Washington D. C, 2004).

[7] Li Bo, Han Sen. Some Methods on Concrete Pavement Noise Reduction. Noise and Vibration Control, Vol, 28 (2008),p. 67-70.

[8] Han Sen. Study on Exposed-Aggregate Cement Concrete Pavement(Doctoral thesis of Chang'an university, Xi'an, 2005)(in c).

[9] Guo Zhi-tao, HAN Sen. Analysis of IMPacts of Cement Concrete Pavement Grooving on Tire/Road Noise. Highway, Vol,11 (2008),p. 166-169.

10. Mix Design of Wearable Cement Concrete Based on the Fuzzy Orthogonal Experiment

Han Feng[1] Li Bo[2]

(1School of Civil Engineering Southwest Jiaotong University Chengdu 610031;2School of Civil Engineering Lanzhou Jiaotong University Lanzhou 730070)

Abstract: The wear resistance of concrete is helpful to endure the skidding of concrete pavement in an acceptable length of time. In order to produce the concrete with wear resistance in advance, the orthogonal experiment was design take into account water-cement ratio, the cement content, the maximum particle-size of aggregate, sand ratio. The experiment of compressive strength, flexural strength, slump, wear loss was done. And the experiments results were analyzed by the method of fuzzy orthogonal. Taking the value of fuzzy comprehensive evaluation as the target function, mix design of wearable concrete is optimized based on the multiple target membership function of strength, workability and wear resistance. The results show that the influence of factors on the comprehensive performance for wearable concrete in order is cement content, the maximum particle-size of aggregate, water-cement ratio, sand ratio. The comprehensive evaluation value is largest when water-cement ratio is 0. 38, the cement content is 380kg/m^3 and the maximum particle-size of aggregate is 20mm and sand ratio is 34%. Therefore the best combination can be regard as the optimal benchmark mix of wearable concrete.

Keywords: Highway engineering Concrete Mixtures Wear resistance Fuzzy orthogonal Strength Workability

0 Introduction

Poor skid-resistance has been a serious problem in highway safety and the number of accidents related to poor skid-resistance and their severity have risen with the increase in traffic density and vehicle speed [1]. It is generally realized that pavement textures plays a vital role in the development of pavement friction, surface roughness has been recognized as the most important variable and affects frictional performance[2 ~ 4]. However, the surface configuration that gives high skid-resistance often would be disappeared after opening to traffic for 2 ~ 3 years because of wearing by tire/pavement interaction[5、6]. Therefore, the wear resistance of concrete must be improved in order to ensure skid-resistance for an acceptable length of time.

It is known that wear resistance of concrete mainly depends on the strength characteristic of concrete[7 ~ 9]. However, the loss of material at the surface in strong pastes resulted from flaking, and in weaker pastes it was because of crushing according to the investigation[10 ~ 11]. The relation between wear and strength characteristic of ordinary concrete seem to be uncertainty. Taking the influence of wear resistance of benchmark mix into account is necessary for designing concrete mixtures. In this paper, the influence of water-cement ratio, the cement content, the maximum size of aggregate, sand ratio on wearable concrete were investigated by tests and a new design method-fuzzy orthogonal was reported.

1 Experiments

(1) Raw materials

The cement is PO 42.5 according to GB1752 (Chinese standard). The chemistry components and physical properties of cement are shown in Table 1 and Table 2. The crushed coarse aggregate and natural river sand were used. The fineness modulus of sand was 2.7 and the maximum size of coarse aggregate was 30mm. Properties of coarse aggregate are shown in Table 3. The effective water reducing agent is produced by Shanxi Additive Factory and its solid content is 35%.

Chemical compositions an of cement

Table 1

SiO_2	Al_2O_3	Fe_2O_3	CaO	MgO	Na_2O	K_2O	SO_2
20.4	5.250	3.38	64.1	1.28	0.06	0.64	0.43

Physical properties of cement

Table 2

Specific gravity (g/cm^3)	Water content at standard consistence(%)	Setting time(min)		Compressive strength(MPa)		Flexural strength(MPa)	
		Ini.	Fin.	3d	28d	3d	28d
3.11	25	151	258	26.2	49.3	5.2	10.3

Properties of course aggregate

Table 3

Crushing value(%)	Flat & elongated particles(%)	Apparent density(g/cm^3)	Water absorption rate(%)	Mud quantity(%)
8.7	4.5	2.864	1.07	0.4

(2) Mixing design of concrete based on orthogonal method

According to the relevant regulations in Technical Specification for Construction of Highway Cement Pavement (JTG 30 - 2003) and the influence factor on the durability of the surface configurations, water-cement ratioC_1, the cement contentC_2, sand ratioC_3, the maximum particle-size of aggregate$C_4$was considered in orthogonal design. Orthogonal test comprised three factors and three levels was shown in Table 4.

Orthogonal design

Table 4

	water-cement ratioC_1	cement contentC_2 (kg)	sand ratioC_3 (%)	the maximum particle-sizeof aggregateC_4 (mm)
1	0.38	400	34	10
2	0.40	380	36	20
3	0.42	360	38	30

(3) Experiment Method

The experiments were performed according to the "Test Methods of Cement and Concrete for Highway Engineering" (JTG E30 - 2005). The concrete specimen were prepared and tested to measure compressive strength, flexural strength, slump and resistance wear after cured for 28d, respectively.

2 Evaluation method and Parameter Selection

Fuzzy orthogonal is the method that makes the results of orthogonal test fuzzy, and test data is analyzed by fuzzy mathematical theory and methods. The method take the fuzzy comprehensive evaluation value as the objective function, which can estimate not only the main effects, but also the interaction effects of various factors, thus obtain the optimal mix of each factor and level[12-13].

(1) Evaluation index and Targets set

The target set of evaluation is composed of the compressive strengthY_1, flexural tensile strengthY_2, slumpY_3, wear loss per unit areaY_4. Simply recorded as $U = \{Y_1, Y_2, Y_3, Y_4\}$. The 9 orthogonal experiments consist of the target set. Simply recorded as $D = \{d_1, d_2, \cdots, d_9\}$.

(2) Membership function

The evaluation index set for evaluation set membership functions is established, which make the value of membership calculated according to membership function compatible with the importance of the index in a comprehensive evaluation. Membership functions is the monotone function and the degree of membership $r_{m,n}$ is 0 ~ 1[14 ~ 15].

$$r_{m,n} = \frac{Y_{m,n}}{Y_{n,\max} + Y_{n,\max}} (m = 1,2,3,4; n = 1,2,\cdots,9)$$

The membership values consist with the fuzzy relationship matrix

$$\tilde{R} = \begin{bmatrix} r_{11} & r_{12} & r_{13} & r_{15} \\ r_{21} & r_{22} & r_{23} & r_{24} \\ & \cdots & & \\ r_{91} & r_{92} & r_{93} & r_{94} \end{bmatrix}$$

(3) Weight distribution set

Weight distribution set $\tilde{A}$ is the fuzzy subset of target set U, which reflects the importance of each index [16]. According to the general requirements for pavement concrete strength and workability, and special requirements of wear-resistant, the weight distribution set is determined as follows: $\tilde{A} = \{0.2/Y_1, 0.3/Y_2, 0.15/Y_3, 0.35/Y_4\}$, simply recorded as $U = \{Y_1, Y_3, Y_3, Y_4\}$.

(4) Fuzzy comprehensive evaluation value

A fuzzy subset B is introduced to evaluation set V. It's fuzzy evaluation $B = \{b_1, b_2, \cdots, b_9\}$ is determined by the fuzzy set of matrix $\tilde{R}$ and weight distribution $\tilde{A}$, using $M(.\ ,+)$ operator obtained by the fuzzy transform $B = \tilde{A}^\circ \tilde{R}$. Where b_n is the membership of fuzzy subset B, which is the fuzzy comprehensive evaluation value.

(5) Main Effect Analysis

The domain of discussion X_i composed of each factor C_i of mixture design for wearable concrete, where i = 1,2,3,4 (test factors); j = 1,2,3 (the level of each factor number).

In order to make comparison more convenient, the sum of the fuzzy comprehensive evaluation value for the each factor at each level will be normalized. That is $(\Sigma b_{ij})'(0 \leqslant (\Sigma b_{ij})' \leqslant 1)$, which reflects influence of each factor at the level on the fuzzy comprehensive evaluation value. Because $(\Sigma b_{ij})'$ represents the membership of factor C_i at level j and it is defined in the domain of discussion X_i, $(\Sigma b_{ij})'$ can be expressed as the fuzzy subset. Then there are expressions as follows.

$$\tilde{C}_1 = [(\Sigma b_{11})', (\Sigma b_{12})', (\Sigma b_{13})']$$

$$\tilde{C}_2 = [(\Sigma b_{21})', (\Sigma b_{22})', (\Sigma b_{23})']$$

$$\tilde{C}_3 = [(\Sigma b_{31})', (\Sigma b_{32})', (\Sigma b_{33})']$$

$$\tilde{C}_4 = [(\Sigma b_{41})', (\Sigma b_{42})', (\Sigma b_{43})']$$

Base on these, the degree of influence of various factors on the comprehensive evaluation can be determined according to the principle of maximum degree of membership.

(6) Analysis of Interaction Effects

①Interaction Effects between two factors

Because the orthogonal design is composed of 4 factors and 3 levels, there are 9 combinations between 2 factors at various levels. Take the interaction between C_1 and C_2, the fuzzy matrix determined by them are as follows:

$$C_1^T \times C_2 = \begin{bmatrix} (\Sigma b_{11})' \\ (\Sigma b_{12})' \\ (\Sigma b_{13})' \end{bmatrix} [(\Sigma b_{21})'(\Sigma b_{22})'(\Sigma b_{23})'] = \begin{bmatrix} r_{11} & r_{12} & r_{13} \\ r_{21} & r_{22} & r_{23} \\ r_{31} & r_{32} & r_{33} \end{bmatrix} = \widetilde{R}_{lk}$$

R_{lk} is the fuzzy relation in the domain of discussion $X_i \times X_j$, where r_{lk} reflect the joint influence of 2 factor at different levels on the fuzzy comprehensive evaluation. The best match between the factors is determined by the principle of maximum degree of membership.

②Interaction effect of all factor and level

According to the principle of maximum degree of membership, the best combination of four factors is the level which has the largest degree of membership while considering the interaction. The combination of membership as follows:

$$\max[(\Sigma b_{1j})'] \wedge \max[(\Sigma b_{2j})'] \wedge \max[(\Sigma b_{3j})'] \wedge \max[(\Sigma b_{4j})']$$

3 Results and Discussion

(1) Main Effect Analysis

The experimental results of compressive strength, flexural strength, slump, wear loss are shown in Table 5. The membership degree and the fuzzy comprehensive evaluation value of each index are determined by the fuzzy mathematical theory and methods processing data based on making the test results fuzzy. The fuzzy comprehensive evaluation values of orthogonal test are shown in Table 5.

The results and the fuzzy comprehensive evaluation values of orthogonal test Table 5

No	C_1	C_2	C_3	C_4	Compressive strength (MPa)	Flexural strength (MPa)	Slump (mm)	Wear Loss (kg/m^2)	comprehensive evaluation value b_n
1	0.38(1)	400(1)	34(1)	10(1)	50.10	4.94	20.00	5.80	0.060
2	0.38(1)	380(2)	36(2)	20(2)	57.30	6.84	15.00	3.60	0.192
3	0.38(1)	360(3)	38(3)	30(3)	49.40	5.10	45.00	5.70	0.116
4	0.40(2)	400(1)	34(2)	10(3)	55.90	6.25	20.00	6.20	0.091
5	0.40(2)	380(2)	36(3)	20(1)	50.30	5.04	15.00	4.50	0.099
6	0.40(2)	360(3)	38(1)	30(2)	51.10	5.94	10.00	4.10	0.128
7	0.42(3)	400(1)	34(3)	10(2)	49.80	5.64	40.00	5.10	0.142
8	0.42(3)	380(2)	36(1)	20(3)	48.00	5.30	65.00	5.24	0.175
9	0.42(3)	360(3)	38(2)	30(1)	45.40	4.63	10.00	5.40	0.037
Σb_{i1}	0.368	0.293	0.363	0.195	—	—	—	—	—
(Σb_{i1})	0.353	0.282	0.349	0.188	—	—	—	—	—
Σb_{i2}	0.318	0.466	0.319	0.463	—	—	—	—	—
(Σb_{i2})	0.306	0.448	0.307	0.445	—	—	—	—	—
Σb_{i3}	0.354	0.281	0.357	0.382	—	—	—	—	—
(Σb_{i3})	0.340	0.270	0.344	0.367	—	—	—	—	—

The fuzzy sets of four key factors in the mix design are as follows:

$C_1 = (0.353, 0.306, 0.340)$

$C_2 = (0.282, 0.448\ 0.270)$

$C_3 = (0.349, 0.307, 0.344)$

$C_4 = (0.188, 0.445, 0.367)$

According to the principle of maximum degree of membership, the degree of influence of each factor is as follows: $C_2 = 0.448 > C_4 = 0.445 > C_1 = 0.353 > C_3 = 0.349$.

The result of main effect analysis indicates that the influence of the experiment factors on the comprehensive performance for wearable concrete degree in descending order: the cement content C_2, the maximum particle-size of aggregate C_4, water-cement ratio C_1, sand ratioC_3.

(2) Analysis of Interaction Effects

①Interaction Effects between two factors.

Taking the interaction between C_1 and C_2 as example, the fuzzy matrix is as follows:

$$C_1^T \times C_2 = \begin{bmatrix} 0.353 \\ 0.306 \\ 0.340 \end{bmatrix} [0.282 \quad 0.448 \quad 0.270] = \begin{bmatrix} 0.282 & 0.353 & 0.270 \\ 0.282 & 0.306 & 0.270 \\ 0.282 & 0.340 & 0.270 \end{bmatrix} = \tilde{R}_{12}$$

By $\tilde{R}_{12}$ we can see that the combination of C_{11} and C_{22} is the best match if only considering interaction between C_1 andC_2. At same time, r_{lk} is up to 0.353. Similarly, the best combination and the membership of other factors can be calculated which are shown in Table 6.

The best match and membership between all factors Table 6

best match	membership	best match	membership
$C_{11} \times C_{22}$	0.353	$C_{11} \times C_{31}$	0.349
$C_{11} \times C_{43}$	0.353	$C_{22} \times C_{31}$	0.349
$C_{22} \times C_{43}$	0.367	$C_{31} \times C_{43}$	0.349

②Interaction effect of all factor and level.

The optimal combination is $C_{11}C_{22}C_{31}C_{42}$ in all 81 possible combination consisted with all factors and levels. Its membership is $0.448 (0.353 \wedge 0.448 \wedge 0.349 \wedge 0.445 = 0.448)$. It

can be seen that the comprehensive evaluation value is the largest one when water-cement ratio is 0.38, the cement content is 380kg/m^3 and the maximum particle-size of aggregate is 20mm, and sand ratio is 34%. Therefore the best combination can be regard as the optimal benchmark mix of wearable concrete.

4 Conclusions

(1) It is a good method that the orthogonal experimental design and fuzzy mathematical methods to analyze results for the multi-index, multi-factor, multi-level in the mix design of wearable concrete. The method can simplify complex issues and grasp the principal contradiction, which is helpful to optimize the mixture of concrete.

(2) The main effect analysis indicate that the influence degree of factors on the comprehensive performance for wearable concrete in order is cement content, the maximum particle-size of aggregate, water-cement ratio, sand ratio.

(3) The interaction effects analysis between all factors indicate that the comprehensive evaluation value is largest when water-cement ratio is 0.38, the cement content is 380kg/m^3, and the maximum size of aggregate is

20mm and sand ratio is 34%. Therefore the best combination can be regard as the optimal benchmark mix of wearable concrete.

References

[1] Ahammed, M. Alauddin, Tighe, Susan. Concrete Pavement Surface Textures and Multivariable's Frictional Performance Analysis: A North American case study[J]. Canadian Journal of Civil Engineering, 2008,35 (7): 727-738 .

[2] 1 Liu Qing-quan, He Song, edtl. Anti-skidding Texture of Concrete Pavement and Construction Technique [J]. 1996, 9(4):1-7.

[3] LI Bo, HAN Sen, etl. Surface Texture and Skid Resistance of Concrete Pavement[J]. Communications Standardization, 2008(7):154-157.

[4] Flintsch, Gerardo W. Pavement Surface Macrotexture Measurement and Applications[J]. Transportation Research Record,2003(1860):168-177.

[5] Ledbetter, W. B., Meyer, A. H. Wear and Skid Resistance of Full-scale Experimental Concrete Highway Finishes[J]. Transportation Research Record, 1976:62-68.

[6] Dahir, S. H.; Meyer, W. E. Wear Resistance and Friction Properties of Pavement Surface[A]. International Conference on Wear of Materials[C]. St. Louis, Missouri,1977.

[7] Gjorv. O. E., Baerland, T. Ronning, H. R. Abrasion Resistance of High Strength Concrete Pavements [J]. Concrete International, 1990, 12(1):45-48.

[8] Naik, T. R., Singh, S., Hossain, M. M. Abrasion Resistance of Concrete as Influenced by Inclusion of Fly Ash[J]. Cement and Concrete Research, 1994, 24(2):303-312.

[9] Naik, T. R., Ramme, B. W., Tews, J. H. Pavement Construction with High Volume Class C and Class Fly Ash Concrete[J]. ACI Materials Jounal, 1995, 92(2):200-210.

[10] Celik Ozyildirim, Durability of Certain Configurations for Providing Skid Resistance on Concrete Pavements[R]. Virginia Highway Research Council, 1974.

[11] Weller, D. E., AND Maynard,D. P. The Influence of Materials and Mix Design on the Skid Resistance Value and Texture Depth of Concrete[R]. Crowthorne: Road Research Laboratory, 1970 .

[12] Li, Lushu, Sheng, Zhaohan. Structural Properties and Weak Convergence of Fuzzy Orthogonal Measures [J]. Fuzzy Sets and Systems, 2000,12 (1):271-276.

[13] Wang, Zong-Rong, Zuo, Dun-Wen, Wang, Min. Fuzzy Orthogonal Optimization for High-speed Milling Parameters of Miling TC4[J]. Nanjing Li Gong Daxue Xuebao2005, 29(6): 709-712.

[14] SU Hong-hua, YAO Zheng-jun. Fuzzy Analysis Method for Multi-Index Orthogonal Test[J]. Journal of Nanjing University of Aeronautics &Astronautics, 2004, 36(1):29-33.

[15] LIU Yong-bing, PU Wan-fen, edtl. . Application of Fuzzy orthogonal to Synthesis of Water-Absorbent Resin[J]. Chemical Industry and Engineering, 2005, 22(3):193-196.

[16] LI Bo, HAN Sen, LIAN Fu-cheng . Application of Fuzzy Orthogonal to Preparation of Anti-corrosion Concrete Admixture[J]. Concrete, 2008(11):62-64.

Ⅶ.防震减灾篇

1.具有地域特性的设计地震动参数确定——以武罐高速公路为例

赵泽贤[1,2]　王爱国[1,2]　孙崇绍[2]
(1 中国地震局地震预测研究所兰州基地　兰州　730000;2 中国地震局兰州地震研究所　兰州　730000)

摘　要:本文以甘肃陇南武罐高速公路项目为例,分析了该项目所处陇南地区强震动记录的地形效应及频谱特征,研究了对地震危险性概率计算中地震动地域特性的简化与抽象过程,尝试性地应用地震动记录地形效应及地域频谱特征对重大工程地震危险性计算结果进行调整,从而给出具有地域特性的设计地震动参数。研究和计算结果表明,地震危险性概率分析计算结果与地域地震动特征分析结果之间还是有一定差异的,有必要根据地震动特征分析结果对危险性计算结果进行一定的调整,以给出适合本区特征的抗震设计地震动参数。本文提出的根据地震危险性计算结果得到的等效震级及地震震级与地震动记录频谱特征关系结果,对地震动参数进行一定的调整,是一种有益的尝试,可作为其他有一定强震记录地区重大工程场地地震动参数确定的参考。

关键词:设计地震动参数　地域特性　反应谱　特征周期　武罐高速

0　引言

地震动参数的确定是工程抗震与灾害防御的基础。影响一个地区的地震动特征的因素包括震源特性、传播介质及局部场地条件等[1]。在目前广泛采用的地震动参数确定方法——基于地震分布时空不均匀性的地震危险性综合概率法中[2],这些因素都是通过一定的模型简化或拟合关系来予以表达的。根据我国目前对于地震活动特征的研究进展和水平,对于某个研究区域来说,该区的震源特性、震级大小、震中距离等是相对易于考虑的因素[3],这些因素在区域地震构造背景、区域地震活动性研究的基础上,通过地震区带与地震潜源划分及相关地震活动性参数的确定,可以科学合理地进行考虑;场地条件影响通过勘察工作及反应分析计算也能进行科学预测。由于区域地壳结构及地形地貌的差异,加之地下结构的不可见性,传播途径是地震动参数确定中的最不确定因素之一。在地震危险性概率分析方法中,对于地震波传播途径的表达是通过地震动衰减关系来体现的。由于我国强地震动记录数量有限,还不能建立起各地地震动衰减关系模型,因此,目前普遍采用通过转换方法得到的我国分区地震动衰减关系来进行地震动参数确定[4,5],即利用我国丰富的地震烈度等震线资料,确定我国分区地震烈度衰减关系,然后选择既有丰富的强震记录又有烈度衰减关系的美国西部地区作为参考区,转换得到相应的地震动衰减关系。随着各地区地震工作的深入,为尽可能体现区域地震动特征,这种转换方法也逐渐应用到小范围的区域中[6,7]。转换方法得到的衰减关系虽然可以近似代替本区地震动衰减关系,但对于重大工程和有一定强震记录的地区,仍要根据记录的地震动特征进行地震动衰减关系的对比研究和调整。

武都—罐子沟高速公路(以下简称武罐高速)是"国家高速公路网"——兰州至海口高速公路在甘肃省的重要组成路段,公路沿线处于青藏高原北部地震区的南北地震带内,地形、地质条件复杂,属于高地震烈度区和易发生地震地质灾害的区域。该区构造位置独特,有一定的强震记录,2008 年汶川地震中,该区又积累了部分强震记录[8-10]。因此,在实施交通部西部科技项目《武罐高速公路抗震优化设计及灾害防治技术研究》的过程中,为合理给出抗震优化设计所需地震动参数,我们在常规地震危险性分析的基础上,结合公路所处的陇南地区强地震记录峰值加速度及频谱特征,对公路沿线重点工程场地地震动参数进行了综合研究和确定,尝试性地结合地震危险性分析结果与区域地震动记录特征研究,给出了该项目工程场地具有地域特性的抗震设计地震动参数。

1 工程场地地震构造背景及地震危险性分析

武罐高速公路位于甘肃省陇南市境内(图1),构造位置为扬子断块区的摩天岭台隆,区域150km半径范围分属于华北断块区的鄂尔多斯块体、秦祁昆断褶系的祁连山断褶带、秦岭断褶带及扬子断块区的摩天岭台隆、龙门山—大巴山台缘褶带、四川台坳和巴颜喀拉山断褶带的松潘甘孜褶带、后龙门山褶带。

工程场地区域范围新构造运动与地震活动强烈,区域上共发育11条大的活动断裂带(图1),自北向南包括陇县—宝鸡断裂带F1、西秦岭北缘断裂带F2、合作—宕昌断裂带F3、宕昌—礼县断裂带F4、迭部—白龙江断裂带F5、徽成盆地边缘断裂带F6、康县—略阳断裂带F7、哈南—稻畦子断裂带F8、岷江断裂F9、虎牙断裂F10和龙门山断裂带F11。在这些活动断裂带上及断裂交汇部位,均发生过强烈地震,如公元前186年武都西Ms7级地震、1654年天水南Ms8级地震、1879年武都南Ms8级地震、1986年四川松潘—平武两次Ms7.2级地震、2008年汶川Ms8级地震等。这些地震对武罐高速公路沿线工程场地的烈度影响均在Ⅷ度以上,局部达到Ⅸ度甚至Ⅹ度。

在地震区带上,研究区域主要涉及青藏高原地震区的龙门山地震带和六盘山—祁连山地震带,属于强烈地震活动区;同时还涉及华南地震区的长江中游地震带的一部分,属于中强地震带。根据区域地震构造特征、地震活动特征、深部地球物理特征等,共确定了研究区域26个潜在震源区(图1)。经过反复对比验算,本工作选择俞言祥等(2006年)[5]转换得到的中国西部地震动衰减关系来进行工程场地地震危险性计算,得到了公路沿线及重点工程场地50年基准期不同超越概率水准下的基岩水平峰值加速度及基岩地震动反应谱。

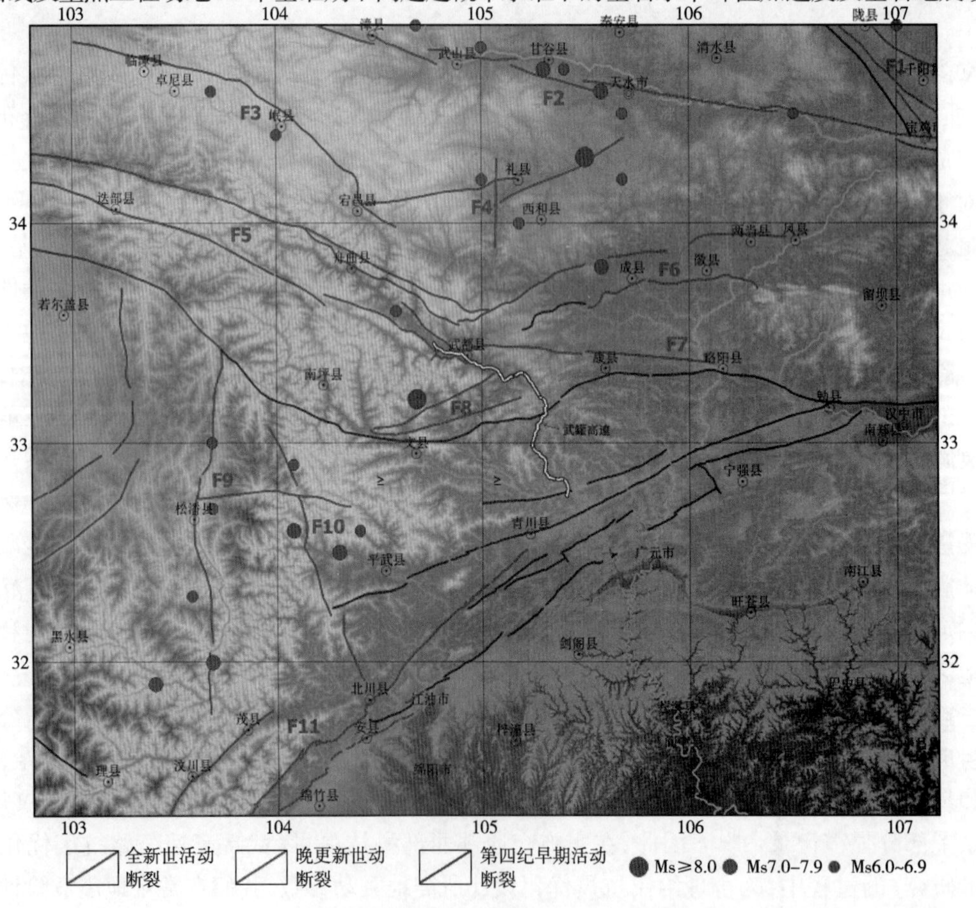

图1 武罐高速公路构造位置及区域地震构造分布图

2 陇南地区强地震动记录及特征分析

武罐高速公路所处甘肃陇南地区是甘肃强震多发区之一，也是我国进行强地震动记录研究的重点区域之一。1986 年四川松潘—平武两次 Ms7.2 级地震时，陇南文县遭受到了 7 度强的波及。该次地震之前，中国地震局兰州地震研究所曾在文县中学架设一临时强震台，用 I 型强震仪捕捉到了两次松平主震强震的加速度记录，成为当时我国记到的加速度值最大的强震记录。

至 2008 年汶川地震前，陇南地区建成了文县、武都、宕昌、沙湾、舟曲、岷县、临潭等强震观测台站，并配备了先进的观测仪器。汶川大震时，上述各台都取得了主震记录。汶川地震后，兰州地震研究所又在靠近震中的地区架设了 15 个流动强震观测台，捕捉了自架设之日起截。

至 2008 年 9 月中收台为止，全部 M≥4.0 级的余震共 35 次地震的记录。

2.1 地形与地震动峰值加速度的关系研究

大震作用下地形对烈度的影响已为历次地震的震害分布所证明。姚凯[8]及卢育霞等[9]分析了陇南文县不同强震台同时记录的汶川大震的余震记录，其结果均表明地形起伏对于观测点的峰值加速度影响明显，山顶加速度被明显放大。

为研究地形对地震动放大效应的定量影响，本研究在姚凯、卢育霞等研究基础上，选取文县上城台地 3 个不同地形位置的强震台（G－山脚、B－半山腰、I－山顶）所记录到的峰值加速度大于或接近 10Gal、能较好反映地形高差影响的 7 次较强的余震记录作为分析资料（表 1）。

由于峰值加速度的分布很复杂，最大和次大的加速度值以及总体的加速度的分布往往没有一定的规律可循，峰值加速度有偶然性，不能从整体上反映地震动的强度，为此计算了水平向震动加速度的均方值（RMS），其定义是：

$$RMS = \frac{\sum_{i=1}^{N} X(i)^2}{N} \tag{1}$$

式中 $X(i)$ 为每一离散点的加速度值，N 为离散点总数。

在计算地震动的均方值时，首先对各台站的记录进行零线校正；对于同一个地震事件，需要确定统一的取值段持时，我们采用了整个记录的主要部分作为计算长度，均方值比值计算结果列入表 1。

各次强余震不同高度流动台站所记录的地震加速度均方值的比值 表 1

余震编号	发震日期	震级 Ms	震中位置（经度，纬度）	半山腰（B）/山脚（G）（高差:33m）		山顶（I）/山脚（G）（高差:42m）	
				EW	NS	EW	NS
（1）	2008.05.18	6.0	105.080,32.370	1.71	1.69	2.04	2.11
（2）	2008.05.21	4.4	105.180,32.530	1.43	1.75	1.52	3.13
（3）	2008.05.21	4.3	105.100,32.440	1.37	1.69	1.49	2.03
（4）	2008.05.25	6.4	105.383,32.667	1.38	1.66	—	—
（5）	2008.05.27	5.7	105.600,32.800	1.30	1.71	1.37	3.74
（6）	2008.08.01	6.1	104.700,32.100	1.48	1.67	2.03	2.29
（7）	2008.08.05	6.1	105.500,32.800	1.50	1.76	2.15	3.78
平均值				1.45	1.70	1.77	2.85

由表 1 可见，7 次强余震加速度都随局部地形的高度增加而增大，反映了局部地形的放大。特别是半山腰和山脚之间，两流动台的高差达 33m，高度的放大更为明显。水平向地震动的放大倍数平均可达 1.30～1.76；山脚和山顶间高差为 42m，水平向地震动均方值的放大倍数平均达 1.77～2.85 倍。换算成宏观烈度：局部地形高差在 50m 左右时，烈度几乎可提高一度。

汶川大震以后，陇南地区大量的宏观震害调查结果，都明显反映了局部地形高度的放大作用。考虑到这一点,震后在编制《甘肃省陇南、甘南灾区恢复重建建筑抗震技术规程》时,规定了以下的调整系数(表2)。

水平地震影响系数最大值随地形比高的调整系数　　表2

地形相对高差 ΔH(m)	$30 \leqslant \Delta H < 50$	$50 \leqslant \Delta H < 100$	$\Delta H \geqslant 100$
调整系数(λ)	1.1	1.3	1.6

本研究所用的流动台站的数据取自孤突的山梁,除地形的高差而外,还有孤突山梁的影响,所以比单纯地形高差的影响要高。流动台的记录没有取得高差大于50m以上的实际资料。更多历史地震的震害调查表明,地震动的强度不是随高差的增大而一直上升、无休止的放大。上表中的数据是为了增加孤突地形高处民居的安全度而制定的,反映了地形放大的总体趋势。本文所引用的几次强余震的记录说明,上表中规定的标准是可行的。

武灌高速公路大量采用了高架桥和隧洞,虽然隧洞洞身多位于基岩山体内,但隧道洞口多位于山体山腰一定高度部位,对地震会产生一定的地形放大作用,因此,对于基岩隧洞洞口,可参照表1考虑地形对地震动的放大作用。

2.2　地震震级对反应谱特征周期的影响

特征周期是反应谱的重要参数,对工程抗震设计意义重大。现在越来越多的研究表明,根据抗震设计规范(GB 50011—2010)[11]计算得到的特征周期小于实际场地情况的统计平均值[12];徐扬等学者[13]通过理论分析初步讨论了潜在震源区震级上限对基岩加速度反应谱特征周期的影响。为了更进一步说明地震震级对基岩反应谱特征周期的影响,本文对主震及部分余震地震动记录的频谱特性进行分析,研究本区地震动特征周期与地震震级之间的关系。

图2是2008年汶川Ms8.0级地震和1976年松平第一次Ms7.2级地震文县台的强震记录加速度反应谱。对比两次地震的反应谱图形不难看出,地震动的频谱成分随震级的增大长周期分量的增长非常迅速。两次地震强震记录台的位置相距不远,台址均为基岩场地。汶川地震的震中距为249km(从地震的始破裂点映秀计起),1976年松平地震的震中距为65km,基本位于同一条线上,传播路径相近。因此,两次地震反应谱是有可比性的。

由图可以看出,8级地震加速度反应谱的“特征周期”接近1s,而7.2级地震的“特征周期”只有0.3s左右。

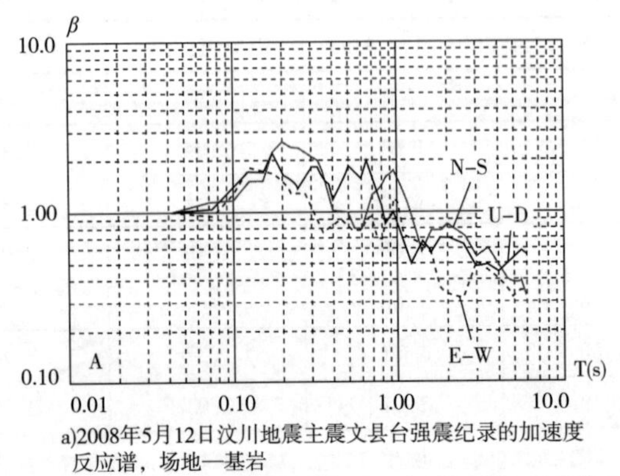

a)2008年5月12日汶川地震主震文县台强震纪录的加速度反应谱,场地—基岩

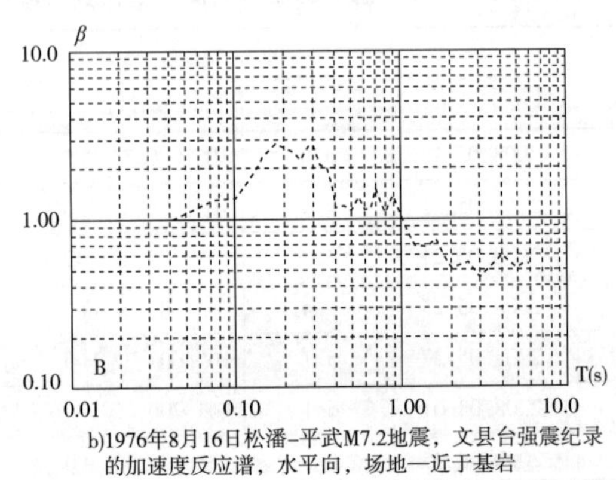

b)1976年8月16日松潘-平武M7.2地震,文县台强震纪录的加速度反应谱,水平向,场地—近于基岩

图2　陇南地区的几处加速度反应谱(β谱)

余震由于震级的差异,其频谱成分与主震间有较大的差别。图3是2008年8月5日一次Ms6.1级强余震的反应谱,其中姚渡流动台的震中距6.0km,处于极震区内,记到的峰值加速度达370gal;文县流动台震中距79km,处于山脚下,记到的峰值加速度仅33gal,已属于“远场”的范围。对比可以看到,对6级左右的中强震,其反应谱的“特征周期”在0.3s左右,与震中距的关系似乎不大。

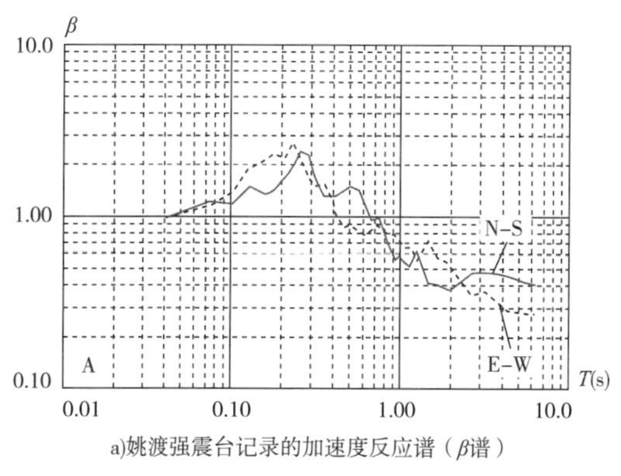

a)姚渡强震台记录的加速度反应谱（β谱）

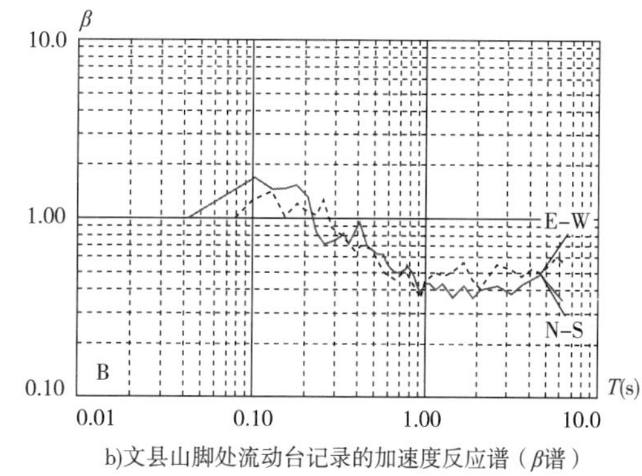

b)文县山脚处流动台记录的加速度反应谱（β谱）

图3　2008 年 8 月 5 日青川 Ms6.1 级地震记录反应谱曲线

图4 是文县流动台记到的 7 次中强震(汶川余震)的反应谱,其震级在 4.3 ~6.4。可以看到,除了一次地震而外(图中紫线,该次地震 Ms6.1,震中距 94km),其余 6 次地震的反应谱"特征周期"都在 0.3s 左右。

对以上记录结果反应谱的分析不难看出,反应谱的形状,特别是其"特征周期"与地震震级有密切的关系。7 级以上的大震和 7 级以下的中强震之间反应谱的形状有很大的差别。对陇南地区一般的中硬土场地来说,7 级以上的地震其反应谱的"特征周期"可达 0.5 ~0.7 以上,而对 7 级以下的中强地震,仅在 0.3 ~0.4s 间。据汶川大震主震和强余震的强震观测,陇南地区的地面运动反应谱应与地震震级密切联系起来,特别是 7 级以上的大震,其反应谱的长周期分量增长非常快。观测的结果没有覆盖全部震级,但是其趋势已很明显,即特征周期随震级增大有明显的增大趋势。

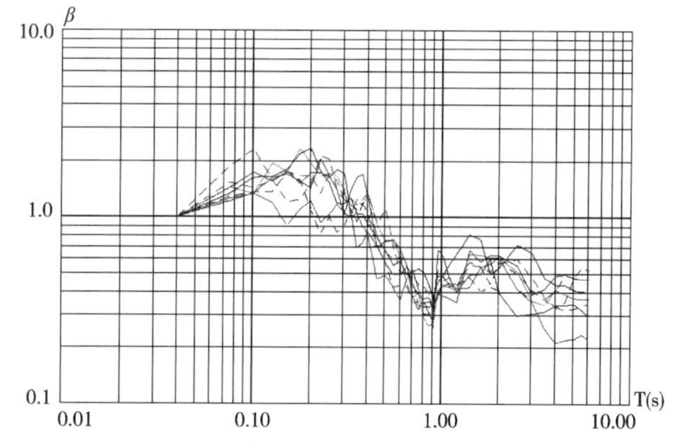

图4　文县附近流动台 7 次中强地震的(β)反应谱

由于受观测资料的限制,在实际应用中,可采用汶川大震及其强余震的观测结果,宁可把反应谱的"特征周期"放长一些。建议采用下面的数值对安全性评价中计算得到的反应谱做适当的调整(表 3)。

陇南地区反应谱特征周期调整建议取值　　表 3

震级(Ms)	Ms <6.0	6.0≤Ms <7.0	7.0≤Ms <7.5	Ms≥7.5
特征周期(Tg)	0.3 ~0.35s	0.35 ~0.4s	0.5 ~0.6s	0.6 ~0.8s

3　设计地震动参数的调整

地震危险性分析计算除给出武罐高速公路沿线场地的基岩峰值加速度和基岩反应谱曲线外,还可以给出各场地在不同超越概率水准下遭受相应地震影响的等效震级和等效距离。陇南地区具备山区的特点,场地土较坚硬,地震动的高频分量表现明显。对于一般场地,可按照(GB 18306—2001)《中国地震动参数区划图》[14]中地震动峰值加速度(中硬场地)与基岩场地地震动峰值加速度的对应关系对设计地震动参数进行调整。对于重点场地,在项目研究中,除根据地形、场地条件进行峰值加速度和特征周期的计算与调整外,为体现本区地震动特征,本研究还根据等效震级和等效距离对照表 3 进行了特征周期的调整,以给出体现本区地域特性的设计地震动参数。

以武罐高速洛塘河双层高架桥工程场地为例,表 4 给出了场地反应分析计算后的地震动参数与调整后的地震动参数对比。洛塘河双层高架桥顺洛塘河西岸展布,地层主要为第四系河床(漫滩)冲积卵石漂石以及下古生界碧口群砂质板岩、变砂岩夹千枚岩,其中第四系河床(漫滩)冲积卵石漂石最大厚度7.5m。根据地震危险性计算得到的基岩反应谱,进行人造地震动拟合;然后根据钻孔剖面,选取合理的计算模型,得到该工程场地地表反应谱曲线。根据计算结果确定的地震动参数如表4左侧部分所示,可以看出,特征周期相对较小,与该区强震记录频谱特征有一定差异,因此,根据等效震级对特征周期进行了调整如(表4)右侧部分,作为模拟实验用的抗震设计地震动参数。

洛塘河双层高架桥地震动参数及模拟实验用抗震设计地震动参数的调整　　表4

地震动参数	调 整 前			调 整 后		
	50 年基准期超越概率			50 年基准期超越概率		
	63.5%	10%	2%	63.5%	10%	2%
基岩 PGA(Gal)	53	172	342			
等效震级	6.7	7.5	7.7			
场地 PGA(Gal)	60	199	380	60	199	380
场地 PGA(g)	0.06	0.20	0.39	0.06	0.20	0.39
Kh	0.06	0.20	0.39	0.06	0.20	0.39
Ky	0.04	0.14	0.26	0.04	0.14	0.26
β_{max}	2.1	2.1	2.2	2.1	2.1	2.2
T1	0.1	0.1	0.1	0.1	0.1	0.1
Tg	0.35	0.40	0.45	0.40	0.50	0.60
Ta	3.04	3.48	4.12	3.5	4.3	5.5

4 结语

不同地区所处的特殊大地构造环境与地震活动背景,决定了该区具有其特殊的地震动特征。根据分区地震动衰减关系计算得到的地震危险性分析结果还不能完全体现地震动的这种地域特性。

武罐高速公路所处甘肃陇南地区山大沟深,地形对地震动的放大效应比较明显,因此对重要工程场地根据地形位置进行地震动峰值加速度的放大调整是有必要的。

甘肃陇南地区地震动特征分析结果与工程场地地震危险性分析结果表明,两者之间在地震动特征上还是有一定差异的,因此,对于重大工程场地,需要根据本区强震记录特征分析,对危险性计算结果进行一定的调整,以获得适合本区特征的抗震设计地震动参数。

本研究表明,本文提出的根据地震危险性计算结果得到的等效震级及地震震级与地震动记录频谱特征关系结果,对地震动参数进行一定的调整,是一种有益的尝试,也是可行的,可作为其他有一定强震记录地区重大工程场地地震动参数确定的参考。

参考文献

[1] 胡律贤.地震工程学[M].2版.北京:地震出版社,2006.

[2] 胡聿贤.地震安全性评价技术教程[M].北京:地震出版社,1999.

[3] 周锡元,樊水荣,苏经宇.场地分类和设计反应谱的特征周期——《建筑抗震设计规范》修订简介(八)[J].工程抗震,1999,8(4):3-8.

[4] 汪素云,俞言祥,高阿甲,等.中国分区地震动衰减关系的确定[J].中国地震,2000,16(2):99-106.

[5] 俞言祥,汪素云.中国东部和西部地区水平向基岩加速度反应谱衰减关系[J].震灾防御技术,2006,1(3):206-217.

[6] 俞言祥,汪素云.青藏高原东北地区水平向基岩加速度峰值与反应谱衰减关系[J].地震学报,2004,

26(6):591-600.

[7] 崔建文,李世成,高东,等. 云南分区地震动衰减关系[J]. 地震研究,2006,29(4):386-391.

[8] 姚凯,卢大伟,刘旭宙,等. 利用汶川余震流动观测资料探讨地形对峰值加速度的影响[J]. 西北地震学报,2009,31(1):46-50.

[9] 卢育霞,刘琨,姚凯,等. 甘肃文县上城台地的地震记录分析[J]. 西北地震学报,2011,33:393-397.

[10] 孙崇绍,卢育霞. 甘肃省若干地段强震地面运动特征[J]. 西北地震学报,2010:1-10.

[11] 中华人民共和国住房和城乡建设部. 建筑抗震设计规范(GB 50011—2010). 北京:中国建筑工业出版社,2010.

[12] 吴建,高孟潭. 场地相关设计反应谱特征周期的统计分析[J]. 中国地震,2004, 20(3):263-268.

[13] 徐扬. 潜在震源区震级上限对基岩加速度反应谱特征周期的影响[J]. 华北地震科学,2000,18(2):45-49.

[14] 国家质量技术监督局. 中国地震动参数区划图(GB 18306—2001). 2001.

2. 公路震害空间数据库的设计

许金良　贾兴利　杨宏志

（长安大学特殊地区公路工程教育部重点实验室　西安　710064）

摘　要：为了实现公路震害地带性分布规律分析的自动化，研究公路震害空间分布特征。从概念、逻辑和物理三个层面进行了公路震害空间数据库设计，利用空间数据引擎技术，借助关系型数据库对数据进行存储与管理，建立了公路震害空间数据库—EDH 数据库。基于此数据库，以映秀—汶川附近区域地质灾害与高程的空间分布关系为例进行了分析。分析结果表明研究区域公路地质灾害的分布具有明显的高程差异性，高程低于 1500m 区域的灾害分布很少，高程 1500～3500m 区域分布的地质灾害占总数量的 85.4%，当高程上升到 3500m 以后，随着高程的升高地质灾害的数量反而减少。此数据库系统的建立有效地提高了公路震害空间分布特征分析的自动化程度和准确性。

关键词：道路工程　震害　数据库　空间数据引擎　设计

0　引言

近年来我国地震频发，地震对区域内公路造成了巨大的破坏，所带来的公路震害形式也多种多样。准确掌握公路震害的分布规律，总结震害的分布特征，对完善地震区公路设计理论，提高公路综合抗震及防灾减灾技术，推动我国特殊地区公路建设水平的发展有着重要意义。

①目前，国内建立了一些地震地质灾害的数据库，但多是从灾害成灾模式的角度进行[1,2]，管理功能弱，数据单一，缺乏与其周围环境、道路因子的关联，国外也未见到专门面向公路震害的空间数据库。文章以地理信息系统为平台，从公路震害空间分布特征研究需求出发，确定了数据库的概念、逻辑、物理结构设计模型，建立了公路震害空间数据库，实现了公路震害与环境因子、道路特征等影响因素的自动化分析。

1　EDH 数据库总体设计

1.1　研究体系

震害调查是震害空间分布特征研究的基础，通过多次前往汶川灾区对 G312、S105、S205、G317 等受灾公路的沿线实地调查，掌握了大量的震害数据。以此数据为基础，结合公路震害分布规律研究的需求，提出了公路震害空间分布特征研究体系（图 1）。公路震害空间分布特征研究的基础就是公路震害空间数据库。公路震害的空间分布可以从公路震害地带性分布规律、公路震害与环境基础因子关系、公路震害与道路空间分布关系三个方面来体现，其中每个方面都是公路震害与影响因子综合分析后得到的结果。公路震害包括泥石流、滑塌等公路走廊带内的地质灾害，以及路基滑移、路面隆起、桥梁断裂等公路本身的灾害。影响因子包括：地震烈度、与断裂带的空间关系等地震因子，坡度、高程等环境因子，路基填挖形式、是否桥隧通过等公路因子。

1.2　建库需求

根据图 1 所示的研究体系可知，公路震害与影响因子之间通过数据流的交互，得到公路震害分布规

①基金项目：西部交通建设科技项目（2009318000102）；中央高校基本科研业务费专项资金（CHD2011ZD021）。

律,这种数据流交互对数据库的任务需求决定了数据库的结构模型设计[3,4]。

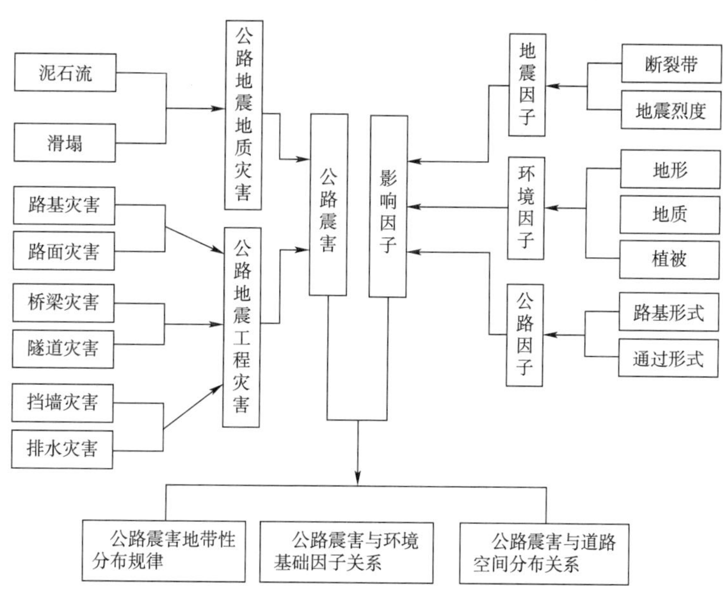

图1　公路震害空间分布研究体系

数据流交互的任务需求包括以下4点:①公路震害、影响因子对应关系的查询,用于识别上传震害所属空间位置;②公路震害管理,即维护震害的基本属性、信息;③基础数据管理,即维护震害所在区域公路、地形、地震、行政区划等信息;④用户管理,即维护客户端信息的查询。

1.3　建库技术路线

(1)从用户需求出发,明确研究对象及与其相关的基础数据资料。

(2)从概念、逻辑和物理3个层面[5,6]对EDH数据库的进行结构设计。

(3)对基础数据进行数字化、统一化处理,导入EDH数据库。

(4)利用EDH数据库进行震害分布特征分析,并实现与客户端的互动。整体流程(图2)。

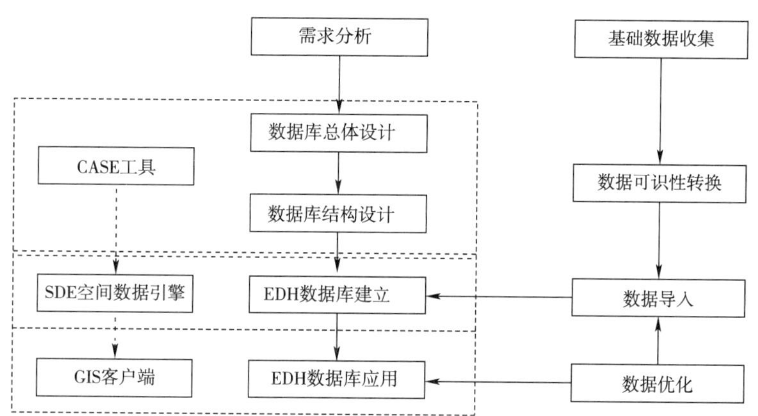

图2　EDH数据库建立流程

2　EDH数据库结构设计

2.1　概念结构设计

EDH数据库概念化设计包括:数据库的宏观地理定义,数据的表达设计等。EDH数据库采用Albers

等积圆锥投影投影,高程系统为1985国家基准高程,坐标系统为西安1980坐标系。数据模型以GeoDatabase为总体框架,具体分不规则格网数据、规则格网数据、矢量数据、关系数据等[7,8]。

2.2 逻辑结构设计

根据应用层面及考虑角度,对公路震害空间分布规律研究所需数据进行分类。从逻辑上对EDH数据库进行设计,将EDH数据库分为4个子库:基础数据子库、中间数据子库、分析数据子库、制图数据子库。EDH数据库逻辑结构(图3)。

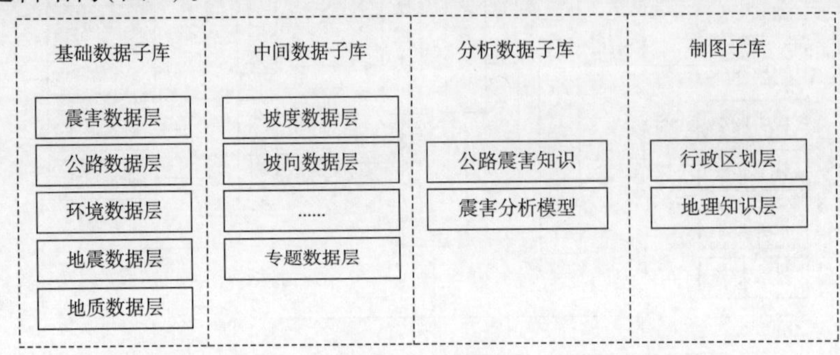

图3 逻辑结构

基础数据是异源异质的,既有现场调查记录的手工数据,也有数字的高程地形图,还有纸质的地质构造图等。它们的形式、格式、质量均不相同,需要经过数字化、规范化的预处理,转换为地理信息系统平台可识的数据形式,并导入到基础数据子库。基础数据入库后,为了进行公路震害空间分布规律的分析,还需要对一些基础数据进行中间处理,处理后的中间数据就储存于中间数据子库中。分析数据子库是EDH数据库的核心子库,它包括公路震害知识子库和震害分析模型子库,前者用以确定对公路震害有影响的影响要素,后者用以描述要素与震害之间的关系。制图子库主要是服务于震害分布规律的展示,提高客户端的查询效率。

2.3 物理结构设计

物理结构设计是为了高效地将EDH数据库的逻辑结构实现在物理存储器上,在已有硬件资源的基础上,经过对数据库各组成部件之间的合理配置,使EDH数据库的操作具有尽可能高的处理速度。由于EDH数据库的底层关系数据库采用了Oracle数据库,因此,采用表空间对其数据的物理储存结构进行管理。

EDH数据库中的表空间可以分为数据表空间和系统表空间[9-11]。数据表空间包括基础数据表空间、中间数据表空间、分析数据表空间、制图数据表空间,系统表空间包括ArcSDE系统表空间、Oracle系统表空间、临时表空间、回滚表空间、索引表空间。其中:基础数据表空间系统访问较频繁,大小固定;中间数据表空间的访问与研究需要相关,其储存位置可以灵活设计;分析数据表空间访问频繁,宜与不活跃的表空间共储;Oracle系统表空间、回滚表空间和索引表空间I/O频繁,宜存储于不同的磁盘驱动器。EDH数据库的物理机构(图4)。

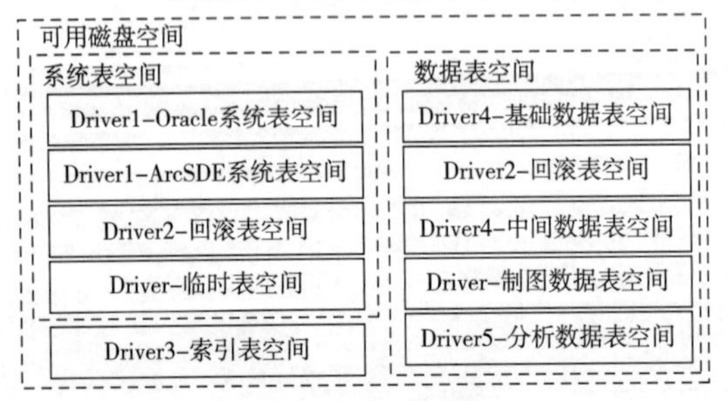

图4 EDH物理结构

3 数据库应用分析

本文以公路震害地质灾害与高程的关系分析为例,介绍公路震害数据库在公路震害空间分布规律研究中的运用,研究选取映秀—汶川附近为研究区域。

3.1 关系分析技术路线

公路震害地质灾害与高程的关系分析是以研究区域公路震害地质灾害调查、区域数字高程地形图收集为基础,以地理信息系统为平台,通过各种数据属性关联、空间分析方法[12],研究映秀镇—汶川区域地质灾害的地带性分布规律,找出地质灾害分布的高程集中区,见图5所示。

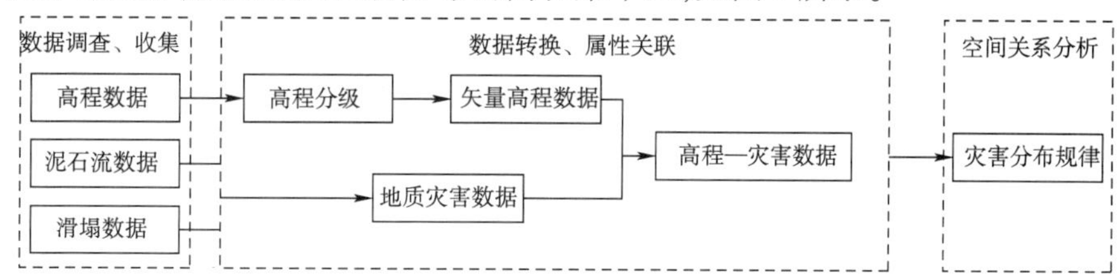

图5　分析技术路线

3.2　公路震害地质灾害与高程的关系分析

3.2.1　数据准备

公路震害地质灾害是经现场调研所得,利用GPS现场记录,并以矢量点数据的形式存储于数据库,灾害类型主要包括泥石流、滑塌。

研究区域的高程数据为1∶5万的栅格数据,将其按照500m的等间隔划分为9类,即:<1000m,1000~1500m,1500~2000m,2000~2500m,2500~3000m,3000~3500m,3500~4000m,4000~4500m,>4500m。由于栅格数据是以单元格的形式储存属性值,为了方便与灾害数据的属性关联,需要将高程数据转换为矢量数据,高程数据的准备过程见图6所示。

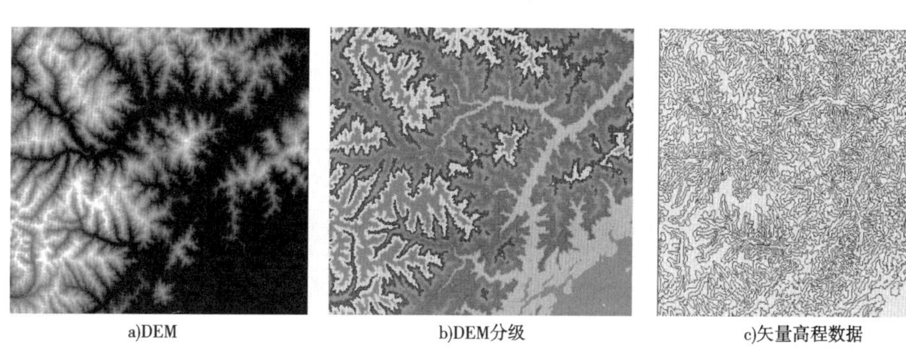

图6　高程数据准备

3.2.2　数据属性关联

公路震害地质灾害和高程数据都是以单独数据层的形式存储于基础数据子库,为了分析不同高程区域病害数量的差异,就要对病害属性表和高程属性表进行关联。利用地理信息系统技术平台,以高程数据层作为“目标层”,以病害数据层作为“连接层”,进行属性连接。得到高程—灾害数据,病害数据和高程数据共存与同一属性表中,见图7所示。

3.2.3　关系分析

经过属性关联后,得到高程—灾害数据,利用GIS的统计分析功能,对各个高程区间内的灾害数量进行统计(图8)。从图中可以看出,研究区域地质灾害的分布具有明显的差异性,高程低于1500m区域的灾害分布很少,而高程1500~3500m区域分布的地质灾害占总数量的85.4%,当高程上升到3500m以后,随着高程的升高地质灾害的数量反而减少。

4　结语

(1)针对公路震害分析的需求,设计了公路震害空间数据库的结构模型,建立了EDH数据库。

(2)公路地震灾害分布具有明显的高程差异性,高程1500~3500m为地震灾害集中分布区。

(3)通过应用分析,EDH数据库能够有效地分析公路震害空间分布特征,实现了海量数据的管理,有效提高了公路震害分析的定量化和自动化程度。

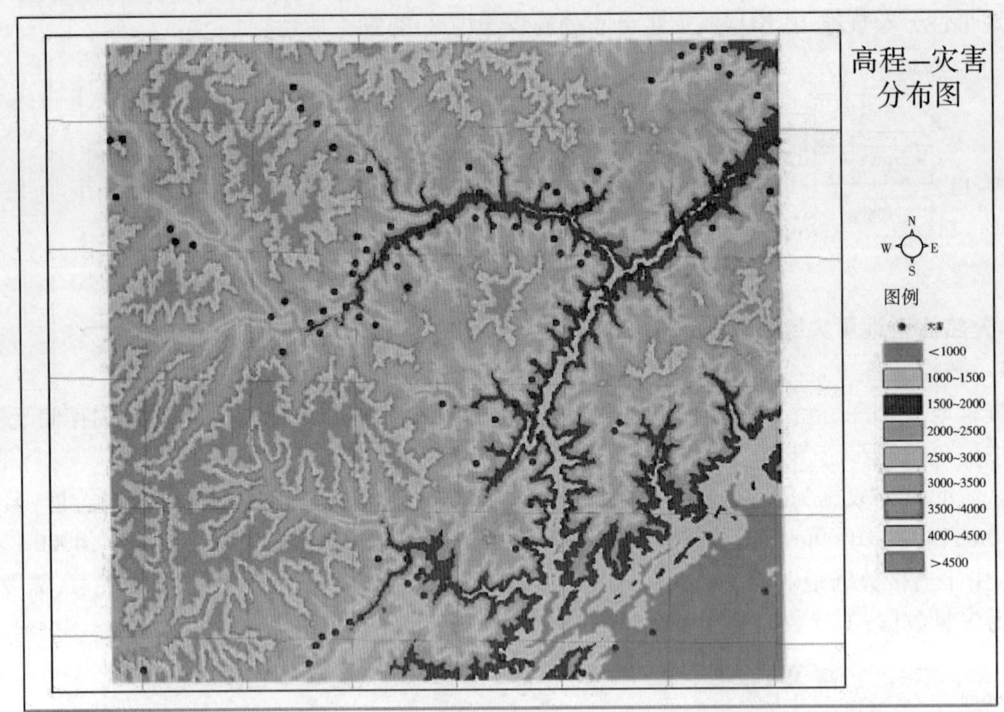

图7　高程—灾害图

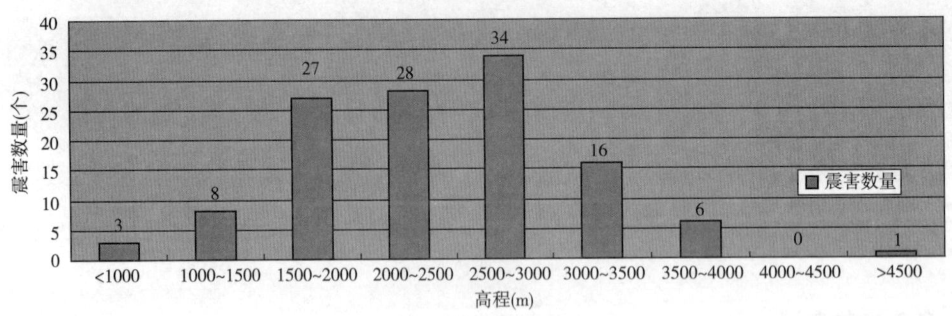

图8　灾害数量统计

参考文献

[1] 严丽娟. 基于GIS的泥石流灾害数据库设计与应用分析[D]. 成都:西南交通大学出版社,2003.

[2] 廖瑞祥,邹良超. 基于GIS的三峡库区滑坡空间数据库设计[J]. 灾害与防治工程,2010,(1):28-32.

[3] Gao Y,Alexander J,Tipping R. Karst database development in Minnesota:design and data assembly[J]. Environmental Geology, 2005, 47 (8):1072-1082.

[4] Devillers R,Bedard Y,Jeansoulin R. Multidi mensional man-agement of geospatial data qualityinformationfor its dynamic use within GIS[J]. Photogrammetric Engineering and Remote Sensing, 2005, 71 (2): 205-215.

[5] 许金良,李超,杨宏志. 中国公路自然区划空间数据库的设计[J]. 交通运输工程学报,2008,8(1):47-52.

[6] 杨宏志,李超,许金良. 中国公路自然区划GIS研究[J]. 重庆交通大学学报(自然科学版),2010,29(3):407-412.

[7] 肖鸣. 基于Geodatabase的空间数据库系统设计与实现[D]. 武汉:武汉大学出版社,2005.

[8] 刘恩林. Geodatabase模型在空间数据库建立与信息采集中的应用研究[D]. 长沙:中南林业科技大学

出版社,2007.

[9] 许金良,牛玉欣,杨宏志,等. 公路自然区划地理信息系统优化设计[J]. 长安大学学报(自然科学版),2011,31(1):36-39.

[10] 王海波. 云计算中数据库的关键问题研究与实现[D]. 长春:吉林大学出版社,2011.

[11] 李晔,姚祖康. 基于地理信息系统的公路设施空间数据库概念模型[J]. 中国公路学报,2000,13(3):9-11.

[12] 李德仁,王树良,李德毅. 空间数据挖掘理论与应用[M]. 北京:科学出版社,2006.

3. 山区高速公路双层高架桥梁抗震性能分析

杨宝林　马胜午　李玉平　艾　杰

（甘肃省交通规划勘察设计院有限责任公司　兰州　730030）

摘　要：甘肃南部洛塘河双层高架特大桥具有结构形式特殊、抗震性能高的特点，本文在分析了双层高架桥的震害特点的基础上，探讨了双层高架桥的抗震设防标准、设防目标、设计内容等。同时以洛塘河双层高架特大桥为例，建立了空间动力计算模型，研究了结构的动力特性，采用反应谱和时程分析方法，研究了两设防水准地震作用下结构主要构件的抗震性能和抗震能力，并对结构进行了截面验算，确定了墩柱的合理配筋，在此与同行交流。

关键词：双层高架桥梁　能力保护　反应谱　时程分析　能力需求比

1　概述

武罐高速公路洛塘河双层高架桥位于甘肃南部山区洛塘河峡谷，距离汶川大地震震中不足300km。该桥上部结构采用30m预应力混凝土组合箱梁，左线桥长1500m、右线桥长1200m，其中双层高架部分长度960m，其余均为分离式桥梁。平面纵面均位于连续曲线上，最小平曲线半径350m、最大超高横坡6%、最大纵坡1.96%，两线设计高程之差9.50m。分离式部分采用双柱式桥墩，矩形截面，双层高架部分采用框架式桥墩，最大墩高27m，基础为钻孔灌注嵌岩桩基础；桥台为重力式U型桥台，扩大基础。

“5·12”汶川特大地震造成了非常惨重的生命财产损失，公路桥梁严重受损，一度制约了应急救援速度。洛塘河双层高架桥距离震中不足300km，桥梁形式特殊，抗震要求高，相对于单层桥墩，双层高架墩在遭受横向地震作用时，受力非常复杂，结构潜在的塑性铰区域可能多达8个，在结构达到延性能力之前有可能先发生结构整体稳定问题。相对于城市桥梁，山区桥梁的一个显著特点即为桥墩较高，高阶振型对结构的地震响应和位移延性能力可能有显著影响，因此双层高架高墩体系的抗震性能相对城市高架更加复杂，需要进行专门的研究。在历次大地震中，双层高架的破坏情况比较严重，如1989年美国洛马·普里埃塔地震中，旧金山市区城市高速干道赛普里斯等双层高架桥发生严重震害（图1），双层高架桥中的上层公路桥面因上层框架柱体断裂而坍落在下层桥面上，框架横梁与墩柱节点遭剪切破坏，主要原因是框架结构上横梁柱节点配筋不足，垂直墩柱配筋连续性和横向箍筋不足所致，不合理的钢筋搭接，过短的钢筋锚固长度以及梁柱节点剪切钢筋的设置等都会对双层高架的抗震性能产生不利影响。1995年阪神地震中，经过大阪、神户两市的新干线铁路高架桥的框架桥的墩柱、横梁等多处发生断裂和剪切破坏（图2）。

图1　洛马·普里埃塔地震双层高架倒塌

图2　阪神地震高架桥震害

2　双层高架桥抗震设计基本原则和方法

2.1　非规则桥梁的抗震设防标准

近年来桥梁抗震设计理论一直在不断改进，主要对质量和刚度分布比较均匀，相邻跨径和墩高相差不大的规则性桥梁研究较多，对桥墩延性能力、地震力折减系数、桥墩恢复力滞回特性、损伤性能和破坏准则等方面进行了大量研究。

双层高架桥梁上下层均为公路交通，结构构造复杂，抗震性能差，属于非规则桥梁，目前对这种桥梁的抗震设计共性问题与规律方面的研究和认识不足。2001 年同济大学以上海共和新路双层高架桥为工程背景，应用非线性时程反应分析方法结合双层桥墩的模型实验，对双层高架桥的抗震性能、抗震设计方法等进行了较为系统的研究，对立柱的延性能力、节点和横梁的能力设计原则及节点抗震构造措施都作了研究，并通过模型实验验证了所提方法的有效性。

对于非规则桥梁，由于其动力响应特性复杂，采用简化的计算方法不能很好地把握其动力响应特性，因此应采用比较复杂的分析方法和设计校核过程来确保其在实际地震作用下的性能满足设计要求。根据《公路桥梁抗震设计细则》(JTG T B02-01—2008)，洛塘河双层高架特大桥采用两级设防的原则进行抗震设计。地震水平Ⅰ(简称 E1 概率水平)相应于 50 年超越概率 10% 的地震的 0.5 倍，地震水平Ⅱ(简称 E2 概率水平)相应于 50 年超越概率 10% 的地震的 1.7 倍。

2.2　双层高架桥梁的抗震设防目标

为了防止地震作用下双层高架桥的整体倒塌，结构体系中的延性构件一般选为上下立柱抗弯；而能力保护构件一般选为节点、上下横梁及立柱抗剪。能力保护构件的强度等级要高于延性构件，地震作用下，能力保护构件在弹性范围内工作，基本不损伤；而延性构件可发生屈服、耗散地震能量，但应确保延性构件具有足够的延性能力，不发生倒塌。针对洛塘河双层高架特大桥结构各部分的重要性，相应的抗震性能目标为：

桥墩上下墩柱等延性构件，在地震水平Ⅰ作用下可发生可修复的损伤，要求地震发生后，基本不影响车辆的通行，地震反应小于等效屈服弯矩。在地震水平Ⅱ作用下，结构不倒塌，震后可以修复，可供紧急救援车辆通过。

上部箱梁、上下盖梁、节点、基础等能力保护构件，在地震水平Ⅰ作用下基本不发生损伤，结构保持在弹性范围工作，地震反应小于初始屈服弯矩；在地震水平Ⅱ作用下局部可发生可修复的损伤，要求地震发生后，基本不影响车辆的通行，地震反应小于等效屈服弯矩。

2.3　双层高架桥梁的抗震设计内容

按照能力保护原则的基本思想，通过设计使得结构体系中的延性构件和能力保护构件具有不同的强度等级，确保结构构件不发生脆性破坏。这样可以保证在设计地震作用下只在个别构件(延性构件)出现程度很轻的损伤；在罕遇地震作用下延性构件出现延性损伤，但不发生破坏，且其他构件保持完好，整体结构不发生倒塌。另外，由于对结构的最终损伤模式进行了预先限定，因此地震波的随机性、桥址场地地质条件的不同，以及构件本构关系不确定性不会增加结构的抗震危险性。通过协调各个构件的尺寸，可得到更为经济、合理的设计，同时实现了结构抗震设计优化。

双层高架桥梁在多遇地震作用主要检算强度，而罕遇地震作用时主要检算结构的变形能力，主要内容包括：首先确定地震中预期的延性构件和能力保护构件，选择地震中延性构件潜在的塑性铰位置；分别进行多遇地震、设计烈度地震和罕遇地震作用下结构地震反应分析，多遇地震作用下的地震反应分析可采用反应谱方法，而设计烈度和罕遇地震作用下的地震反应分析采用非线性时程方法。根据箍筋约束混凝土的应力应变曲线进行立柱塑性铰区域的转动能力分析，以确定立柱塑性铰区域的容许转动能力。进行多遇地震作用下立柱强度验算，设计烈度地震作用下桥梁上部结构和下部结构的连接构件验算，罕遇地震作用下立柱塑性铰区域转动能力验算。根据能力保护原则进行能力保护构件设计，以确保在地震作用下能力保护构件处于弹性反应范围。最后进行抗震构造细节设计。

3 洛塘河双层高架桥梁的抗震性能计算分析

按照洛塘河双层高架特大桥设计方案,建立了空间动力计算模型,研究了结构的动力特性,采用反应谱和时程分析方法,研究了两设防水准地震作用下结构主要构件的抗震性能和抗震能力,并对结构进行了验算,确定了墩柱的合理配筋,主要内容如下。

3.1 地震动输入

地震动输入包括经过专门研究的考虑特定场地条件的地震动反应谱和地震加速度时程。洛塘河双层高架特大桥桥址场地类型为Ⅱ类,工程场地水平加速度反应谱采用规范系数,竖向反应谱为水平反应谱的2/3。地震加速度时程采用甘肃省地震局提供的3个超越概率的3条人造地震动加速度时程。

3.2 结构动力特性分析

为了计算在不同概率地震作用下的结构的动力响应,必须计算桥梁结构的动力特性。根据洛塘河双层高架特大桥设计方案,采用SAE2000 Nonlinear有限元程序,建立了结构动力计算模型进行抗震性能分析,由于桥梁轴线为空间曲线,需建立构件的局部坐标系,局部坐标轴两水平方向分别沿桥轴线的切向和法向,竖向坐标轴平行整体Z轴。模型中主梁、桥墩均离散为空间梁单元,其中主梁采用单梁式力学模型,并通过主从约束同桥墩连接;承台采用集中质量进行模拟;各处基础采用6×6弹簧模型加以模拟,墩梁连接处放置代表支座的弹性连接单元。为考虑单层桥梁与双层高架部分的相互作用,在双层高架相邻两侧分别另建一联单层桥梁。

根据建立的动力计算模型,进行了结构动力特性分析。从结果可以看出,顺桥轴线的振型更容易被激起,前19阶振型均为桥梁的顺桥向一阶及二阶弯曲振动,沿桥轴线法向的振型从第20阶才开始出现。

3.3 反应谱分析

在进行洛塘河双层高架特大桥全桥反应谱分析时,利用分析动力特性所采用的结构有限元模型,分别输入$E1$概率和$E2$概率下的加速度反应谱,对结构进行反应谱分析,计算中只考虑水平地震动输入,由于桥轴线为空间曲线,桥梁地震反应空间耦合效应突出,各构件的最不利地震输入方向难以直接确定。为此,采取改变地震动输入角的方式,在水平面内沿总体坐标轴X轴每隔10°输入$E1$概率和$E2$概率下的加速度反应谱,比较各构件在各地震输入方向下的地震反应,出现最大地震反应的输入方向即为最不利地震输入方向。

双层高架墩在遭受横向地震作用时,受力非常复杂,结构潜在的塑性铰区域可能多达8个,在结构达到延性能力之前有可能先发生结构整体稳定问题。在遭受纵向地震作用时,只有下墩柱墩底截面有可能进入塑性状态。盖梁作为能力保护构件,承载力必须大于延性构件的$E2$概率地震力或超强弯矩。单层桥梁部分仅作为边界条件,计算内力不作为设计依据。

分析结果表明,各构件基本在沿桥轴线切线和法线两个方向上达到最不利内力响应。

3.4 线性时程分析

为与反应谱分析方法进行比较,在动力特性分析所采用的线弹性有限元结构模型基础上进行线性时程分析。对此模型输入$E1$和$E2$概率下的加速度时程,只考虑水平地震动输入。同反应谱分析一样,采取改变地震动输入角的方式,确定最不利地震输入方向。分析方法采用线性直接积分方法,两种超越概率下的地震加速度时程分别选用3条时程波,并取3条波的最大反应作为最终输出结果。线性时程计算时,单层桥梁部分做为双层高架桥梁的边界条件处理,其线性时程分析结果的可信度难以保证,因此不做单层桥梁部分的线性时程分析。

地震的弹性分析结果表明:反应谱分析与线性时程分析结果十分接近,纵向反应各桥墩最不利截面总是出现在较短一侧的下墩柱柱底截面;横向反应一般最不利截面出现在下墩柱,可能为左侧下墩柱顶截面或右侧下墩柱底截面,但下墩柱较高时也有可能出现在上墩柱中。

3.5 截面验算

对于洛塘河双层高架特大桥,在综合考虑工程造价、结构遭遇的地震作用水平、紧急情况下维持交通能力的必要性以及结构的耐久性和修复费用等因素后来确定对应地震水平下结构的抗震性能目标。根据《公路桥梁抗震设计细则》(JTG T B02-01—2008),各部分具体的性能目标及验算准则见表1所示。

洛塘河双层高架特大桥抗震性能目标及截面验算准则　　表1

设防水平	性能目标	验算准则
$E1$ 概率	盖梁、桩基础保持弹性	$M<M_y$
	桥墩可发生可修复的损伤	$M<M_{eq}$
$E2$ 概率	盖梁、桩基局部可发生可修复的损伤	$M<M_{eq}$
	桥墩可进入塑性状态,但不倒塌,震后可修复,可供紧急救援车辆通行	塑性铰极限转角变形验算

表1中,M 为按恒载和地震作用最不利组合计算的弯矩,墩柱,盖梁和桩基的抗弯强度采用纤维单元法进行的 $M-\phi$ 分析得到;初始屈服弯矩 M_y 为截面最外层钢筋首次屈服(考虑相应轴力)时对应的弯矩,而等效屈服弯矩 M_{eq} 为根据截面 $M-\phi$ 分析(考虑相应轴力),把截面 $M-\phi$ 曲线等效为双线性所得到的弯矩。验算时,$E1$ 概率下采用的相应的材料强度为规范中相应的设计值,$E2$ 概率下采用的相应的材料强度为规范中相应的标准值。同时,由于地震为偶遇荷载,不再考虑材料的安全分项系数。

根据前述对桥梁抗震性能的要求,采用如下方法对关键截面进行抗震性能验算,墩柱,盖梁和桩基关键截面的具体验算方法及过程如下。

首先,将墩柱、盖梁和桩基截面划分为纤维单元,在划分纤维单元时,混凝土和钢筋单元分别划分,钢筋和混凝土单元分别采用实际的钢筋和混凝土应力—应变关系,采用截面数值积分法进行弯矩—曲率分析(考虑相应轴力),得到弯矩—曲率曲线。

$E1$ 概率地震作用下,盖梁和桩基截面要求其在地震作用下的截面弯矩应小于截面初始屈服弯矩(考虑轴力)M_y。由于 M_y 为截面最外层钢筋首次屈服时对应的初始屈服弯矩,因此当地震反应弯矩小于初始屈服弯矩时,整个截面保持在弹性,计算表明:截面的裂缝宽度不会超过容许值,结构基本无损伤。

盖梁和桩基截面在 $E2$ 概率地震作用下,墩柱截面在地震水平Ⅰ作用下要求其在地震作用下的截面弯矩应小于截面等效抗弯屈服弯矩 M_{eq}(考虑轴力)。M_{eq} 是把实际弯矩－曲率曲线等效为图中所示理想弹塑性双线性模型时的得到等效抗弯屈服弯矩。从理想弹塑性双线性模型看,当地震反应小于等效抗弯屈服弯矩 M_{eq} 时,结构整体反应还在弹性范围。实际上,在地震过程中,对应于等效抗弯屈服弯矩 M_{eq},截面上还是有部分钢筋进入了屈服,计算表明:截面的裂缝宽度可能会超过容许值,但混凝土保护层还是完好(对应保护层损伤的弯矩为截面极限弯矩 M_u,$M_{eq}\leq M_u$)。由于地震过程的持续时间比较短,地震后,由于结构自重,地震过程开展的裂缝一般可以闭合,不影响使用。在地震水平Ⅱ作用下,墩柱等桥梁结构中比较容易修复的构件,可按延性抗震设计。

从计算结果得出,在 $E1$ 概率的地震作用下,洛塘河双层高架特大桥上下墩柱的各个关键截面的能力需求比均大于1.0,抗震能力满足既定抗震目标。在 $E2$ 概率的地震作用下,由于采用弹性结构进行分析,墩柱、盖梁和桩基础均出现截面能力需求比小于1.0的情形,预示结构此时实际已进入塑性,线性时程的计算结果并不能提供准确的结构地震需求。考虑到墩柱截面的最不利能力需求比0.24约只有盖梁最不利能力需求比0.33的70%,以及基础最不利能力需求比0.72的33%,结构最有可能先在墩柱塑性铰区域屈服,屈服后将发生结构内力的重分布,盖梁和桩基础的地震需求受到墩柱塑性抗弯能力的限制。因此,要验算墩柱的塑性转动能力和能力保护构件的强度,需进行 $E2$ 概率地震作用下的非线性时程分析。

3.6 非线性时程分析

由于墩柱在 $E2$ 概率下进入强非线性反应,且双柱桥墩存在轴力与弯矩的耦合作用,由前述线性时程分析结果可以看出,墩柱在沿桥轴线法向地震动输入下的能力需求比最小,最小能力需求比发生在X21

墩上,建模时只考虑了 X21 墩附近的两联,即桥墩 X13 ~ X25 共 8 跨的结构。

为考虑轴力—弯矩的耦合效应,以及方便判别结构所处的反应状态,对桥墩和桩基础采用空间弹塑性梁柱纤维单元进行模拟,钢筋取理想双线性本构关系,核心混凝土考虑箍筋的约束作用,取用 Mander 模型的混凝土本构关系。盖梁和主梁采用空间弹性梁柱单元,各支座在横桥向固结考虑。地基土的水平变形对桩基的作用采用水平土弹簧模拟,土弹簧刚度按“m 法”确定。基础在达到一定深度后内力和位移反应可以忽略,本研究在桩长 10m 处将桩截断,在桩底铰接。对此模型输入前述 $E2$ 概率下的 3 条加速度时程,只考虑水平地震动输入。由前述线性时程分析结果可以看出,墩柱在沿桥轴线法向地震动输入工况下结构反应最不利,因此只进行沿桥轴线法线方向的地震反应分析取 3 条波的最大反应作为最终输出结果。

计算结果表明,除墩柱进入塑性外,盖梁和桩基础均保持弹性,满足设计要求。

4 双层高架桥梁抗震构造细节设计

1989 年美国洛马·普里埃塔地震和 1995 年阪神地震后,针对双层高架桥的震害现象,美国和日本等国采用非线性时程分析方法结合实验,对双层高架破坏、倒塌机理,抗震薄弱部位进行了许多研究,结果表明双层高架抗震的薄弱部位主要在:(1)横梁与立柱相交的节点的构造及合理配筋;(2)立柱塑性铰区域的抗剪设计;(3)上下横梁的弯、剪破坏;(4)基础的计算。地震作用下,横梁与立柱的节点或立柱发生剪切破坏,会导致整个双层高架桥的倒塌,造成巨大灾害,因此设计中应予以特别重视。

5 结语

本文分析双层高架桥震害特点的基础上,探讨了双层高架桥的抗震设防标准、设防目标和设计内容等,以甘肃南部山区洛塘河双层高架特大桥为例,建立了空间动力计算模型,研究了结构的动力特性,采用反应谱和时程分析方法,研究了两设防水准地震作用下结构主要构件的抗震性能和抗震能力,并对结构进行了截面验算,确定了墩柱的合理配筋,指出了双层高架桥梁的抗震薄弱部位。

参 考 文 献

[1] 范立础,李建中,王君杰. 高架桥梁抗震设计[M]. 北京:人民交通出版社,2001.

[2] 彭天波,李建中,范立础. 能力设计方法在双层高架桥梁抗震设计中的应用[J]. 世界桥梁,2009(1).

[3] 彭天波,李建中,胡世德,等. 双层高架桥的抗震性能[J]. 同济大学学报(自然科学版),2004,32(10).

[4] 中华人民共和国行业推荐性标准. JTG/T 01—2008 公路桥梁抗震设计规则[S]. 北京:人民交通出版社,2008.

4. 地震动强度及坡度对边坡稳定性的影响——以武罐高速公路为例

赵泽贤[1,2]　王爱国[1,2]　李　鑫[2]　刘　强[1,2]　张　波[1,2]
(1 中国地震局地震预测研究所兰州基地　兰州　730000;2 中国地震局兰州地震研究所　兰州　730000)

摘　要:以甘肃省内武罐高速公路北段沿线周边一千米区域为研究对象,利用有限元数值模拟软件,通过定量分析,研究了不同地震概率水准下,边坡坡度变化对边坡稳定性的影响关系。分析结果预测了在不同的地震概率水准下,区域内边坡稳定性分布情况,为公路沿线灾害治理及灾害快速评估、确保公路的安全性提供重要的参考依据。

关键词:地震动　坡度　安全系数　稳定性

0　引言

我国当前正处于经济飞速发展的时期,大量的基础设施建设,特别是西部大开发使我们面临大量的工程边坡问题[1,2]。西部地区受青藏高原构造活动的影响,地貌崎岖,地形复杂,使得边坡问题变得更为复杂,同时中国又是一个地震多发的国家,而西部地区是我国主要的强震区,地震的强度和发展频度都很高。地震诱发的边坡破坏是常见的地震灾害,其规模、影响范围以及造成的损失,都是降雨、开挖等其他因素诱发的边坡破坏所不可比拟的[3,4]。如 5・12 汶川 8 级地震所触发的滑坡、崩塌、碎屑流等总数达 3 ~5万处,直接死亡人数达 2 万多[5]。边坡失稳所造成的灾害令人触目惊心,因此,开展地震载荷作用下岩土边坡的稳定性安全研究,对于减小地震载荷诱发的灾害,确保工程安全,保障国家重大基础设施建设,促进国家西部发开发战略的实施,具有极其重要的经济和社会意义[6]。

由于不同地震动强度下,灾害发育程度是有差别的,其影响因素包括边坡坡度、岩性特征等,以往的灾害评估没有体现灾害体影响因素与地震动强度的关系。为突出灾害体分布的重点区域和严重程度,本文将引入工程设计所采用的概率地震水准的概念,分析不同概率水准下的地震动强度,然后结合边坡数值模拟基础、岩性特征、边坡坡度等多种数据,预测在不同的地震概率水准下,区域内边坡稳定性分布情况,为公路沿线灾害治理及灾害快速评估、确保公路的安全性提供重要的参考依据。

本文以 G75 国家兰海高速公路武罐高速公路北段沿线区域为例,考虑了该区域内边坡岩土体材料的动力特性、坡度特性以及地震特性,利用有限元数值模拟手段,通过定量分析计算在不同概率水准下的地震动强度、边坡坡度对岩土体边坡稳定性的影响关系。可为地震作用下边坡工程设计工作提供一些有益的参考。

1　研究区工程环境概况

本路线属于武罐高速公路北段(两水镇—橘柑乡),整个路线所属区域位于甘肃省东南边陲,属暖温带半干旱气候,降雨量较少,自然植被稀疏,且分布不均。该区地处中国大陆二级阶梯向三级阶梯的过渡地带。研究区内群山林立,沟壑纵横,属中山区构造剥蚀山地。整个地形西北高东南低。可划分为黄土覆盖的浅山丘陵盆地地貌和中深切割中高山地貌区。因普遍遭受切割剥蚀,坡积碎石及滑坡冲沟发育。

根据钻探揭露及工程地质勘探情况,该区路段沿线边坡表层分布主要为第四系风积黄土及残留高阶地古冲积物,坡积碎石($Q_{4_{dl}}$)、滑坡堆积块石、碎石和土($Q_{4_{del}}$),下伏基岩为泥质粉砂岩或者变质砂岩等。

2　边坡稳定性分析原理[1,11,12]

边坡的破坏机理很多,通过研究相关规律,可以对边坡的稳定性进行判断。但对于高速公路这种重要枢纽工程来说,更需要的是对边坡进行定量分析,确定其安全程度,以及必要的防护措施。定量分析边坡稳定性的方法已提出很多,但是目前实际工程中普遍采用的到的主要是极限平衡法。

对于任意形状边坡,假设边坡沿曲线 $l: y=f(x,y)$ 失稳,将滑动体分为 n 条,同时也将曲线 l 的 n 个节点离散,如图1所示。取任意相邻2个节点间的土条[如第 i 条($0<i\leqslant n$)]进行受力分析,根据简化 Bishop 法,考虑作用在该土条上的力有:土条自重 W_i、水平地震力 Q_i、条底空隙水压力 U_i、条底法向应力 N_i、条底剪切力 S_i、土条间的法向力 N_i,假设土条的条间剪力为0,土坡破坏符合 Mohr - Coulomb 准则,则有

$$\tau = \frac{1}{F_s}[(\sigma - \mu)\tan\varphi + c] \tag{1}$$

式中:F_s——边坡安全系数;

σ,μ——最危险滑动面的正应力和空隙水压力;

φ,c——最危险滑动面处的内摩擦角和黏聚力。

则土条底的剪力为

$$S_i = \frac{1}{F_{si}}[(N_i - U_i)\tan\varphi + c_i l_i] \tag{2}$$

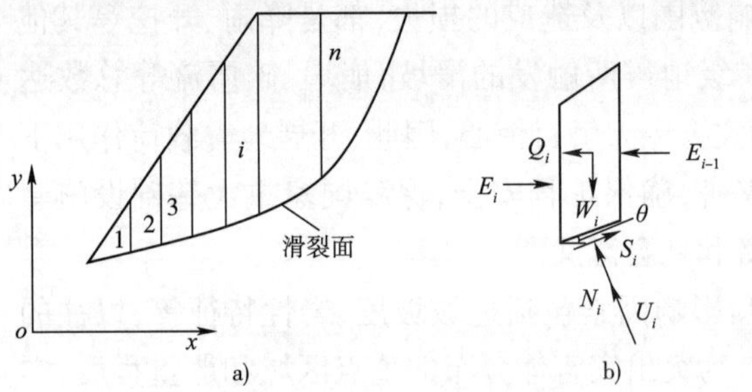

根据土条受力平衡条件,将土条所有荷载及反力、内力均投影到 x 轴上(图1),则有

$$E_i - E_{i-1} - O_i - N_i\sin\theta_i + S_i\cos\theta_i = 0 \tag{3}$$

由式(3)可得 θ

$$E_i - E_{i-1} = Q_i + N_i\sin\theta_i - \frac{\cos\theta_i}{F_{si}}[(N_i - U_i)\tan\varphi + c_i l_i]$$

由于 E_i,E_{i-1} 为土条内力,将所有土条水平受力方程进行叠加则有 $\Sigma(E_i - E_{i-1}) = 0$,于是有

$$\frac{1}{F_s}[(N_i - U_i)\tan\varphi_i + c_i l_i]\cos\theta_i - \Sigma Q_i - \Sigma N_i\sin\theta_i = 0$$

图1　边坡的条分和受力分析

由此可得

$$F_s = \frac{\Sigma[(N_i - U_i)\tan\varphi + c_i l_i]\cos\theta_i}{\Sigma Q_i + \Sigma N_i\sin\theta_i} \tag{4}$$

在垂直方向 y 轴上可得力的平衡方程:

$$N_i\cos\theta_i + S_i\sin\theta_i - W_i = 0 \tag{5}$$

即

$$N_i\cos\theta_i + \frac{\sin\theta_i}{F_{si}}[(N_i - U_i)\tan\varphi + c_i l_i] = W_i$$

由此得

$$N_i = \frac{W_i + \dfrac{\sin\theta}{F_{si}}(U_i\tan\varphi - c_i l_i)}{\cos\theta_i + \dfrac{\tan\varphi}{F_s i}\sin\theta_i} \tag{6}$$

将式(6)代入式(4),整理得边坡最小安全系数

$$F_s = \frac{\Sigma\{[(W_i\cos\theta_i - U_i)\tan\varphi_i + c_i l_i]\sec\theta_i - Q_i\tan\varphi_i\}}{\Sigma(W_i + Q_i\cot\varphi_i)} \tag{7}$$

其中,$Q_i = \alpha W_i$

式中:α——地震加速度系数,且 $\alpha = \frac{\alpha_h}{g}$;

α_h——水平地震加速度;

g——重力加速度。

式(7)即为地震作用下土坡动力安全系数表达式,可见其与破裂面位置、破裂面与水平面的夹角、水平地震加速度系数以及破裂面处土的强度指标有关。

3 边坡地震载荷作用下稳定性分析

在本文的数值模拟分析中,利用边坡数值模拟软件建立二维有限元模型,利用软件自动搜索其滑动面,用极限平衡原理中的 Morgenstern - Price(摩根斯坦)法计算边坡在不同概率地震水准及不同坡度情况下的安全系数,并对结果进行分析。

3.1 模型选取

根据研究区边坡调查结果,本文选取 8 种不同坡度类型(坡角分别为 30°、35°、40°(图 2)、45°、50°、55°、60°、65°)的典型岩土边坡建立模型进行分析。模型总体高 16m,分一段放坡,坡度和坡高进行模拟简化处理,表层及坡面为黄土或碎石土,底部基岩为砂岩。

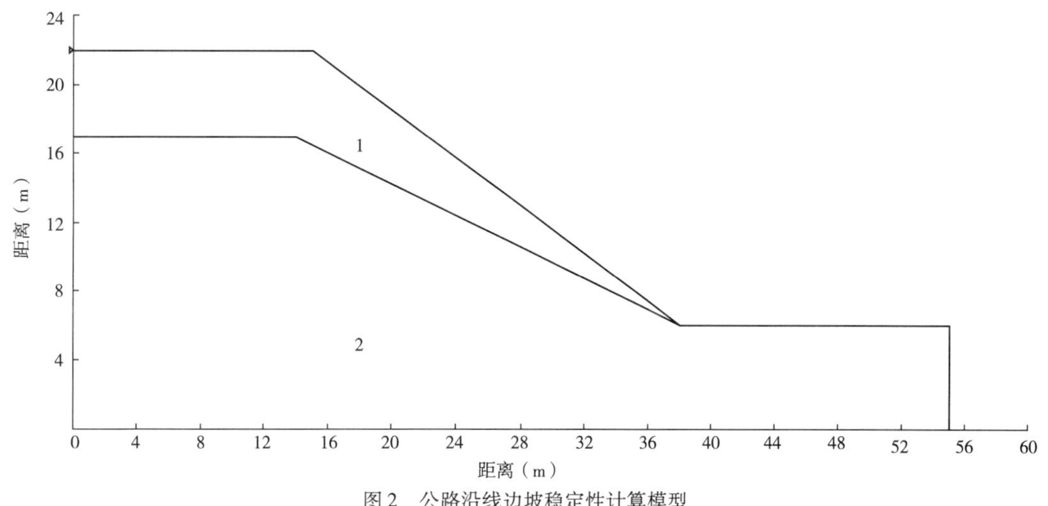

图 2 公路沿线边坡稳定性计算模型

3.2 参数选取

根据研究区现场勘查结果,并参考前人研究成果,确定本文研究所需岩土物理力学参数[7,8],如表 1 所示。

岩土体物理力学参数 表 1

土 性	重度 γ(kN·m^{-3})	μ	黏聚力 C(kPa)	内摩擦角 Φ(°)
黄土	17.33	0.33	22	25
碎石土	20	0.35	25	22
砂岩	21	0.34	30	35

3.3 边界条件

由于所取数值模型受周边岩体的约束,故模型采用位移约束边界。底部和左边界约束 X、Y 两个方向的位移,右边界只约束 Y 方向的位移,坡面无约束,为自由平面。其中 X 方向朝坡面临空方向为正、Y 方向与重力方向相反为正。

3.4 屈服准则

采用理想弹塑性模型,屈服准则采用 mohr - Coulomb 强度准则。

3.5 地震动时程的选取

根据区域岩土工程详勘及场地地震危险性分析的结果[9],并结合中国地震局颁发的《中国地震动参数区划图》一号修改单中的方案[10],研究区属地震基本烈度Ⅶ度区,设计基本地震加速度为 0.3g。本文主要分析边坡在不同概率地震作用水准下的稳定性。根据《建筑抗震设计规范》(GB 50011—2001)拟合的 9 条人造地震动时程,总的持续时间为 28.48s,三个概率水准下其峰值加速度(PGA)分别为 0.05g(63.5%),0.17g(10%),0.3g(2%)[11]。

3.6 分析过程和结果

对九个模型,分别输入三个概率水准下的峰值加速度 PGA = 0.05g,0.17g,0.3g,竖向加速度分量取水平加速度分量的 2/3,通过相关软件计算九个模型的滑动面和安全系数。所得结果分析见图 3 及表 2。

由表 2 可以看出,在概率水平 50 年 63.5% 的地震作用下,其安全稳定性系数随着边坡坡度的增加逐渐降低,与静力作用下的稳定性系数相比,最大下降幅度达 11% 左右,安全系数最小为 1.174,区域内边坡基本处于处于较高的稳定状态;在概率水平为 50 年 10% 的地震作用下,其安全稳定性系数随着边坡坡度的增加仍然是逐渐降低,但与静力作用下的稳定性系数相比,有逐渐增大的趋势,最大下降幅度达 30% 左右,但安全系数都 >1,边坡基本处于稳定状态,在边坡坡度为 60°以上时,边坡安全系数接近于 0,边坡有发生局部失稳的可能性,即滑体有整体向坡外滑动的趋势;在概率水平为 50 年 2% 的地震作用下,其安全稳定性系数随着边坡坡度的增加进一步降低,与静力作用下的稳定性系数相比,最大降幅达到 43%,在边坡坡度为 40°以上时,将发生整体失稳破坏。由此可见,随着边坡坡度的增大边坡稳定性逐渐降低,而且降低的比率有增大的趋势,同样,随着地震动峰值加速度的增大边坡稳定性也是呈逐渐降低的趋势。因此在边坡设计中必须考虑边坡坡度和地震作用的影响。

地震动强度对边坡稳定性的影响　　表 2

模型	F_s(无地震动)	F_s(有地震动)	PGA(g)	F_s 降低比率(%)
Ⅰ(30°)	2.161	1.919 1.517 1.242	0.05 0.17 0.3	11 30 43
Ⅱ(35°)	1.931	1.736 1.4 1.159	0.05 0.17 0.3	10 27 40
Ⅲ(40°)	1.78	1.606 1.303 1.083	0.05 0.17 0.3	10 27 39
Ⅳ(45°)	1.684	1.527 1.249 1.043	0.05 0.17 0.3	9 26 38
Ⅴ(50°)	1.557	1.42 1.174 0.986	0.05 0.17 0.3	9 25 37
Ⅵ(55°)	1.471	1.346 1.14 0.945	0.05 0.17 0.3	8 23 36
Ⅶ(60°)	1.346	1.25 1.054 0.918	0.05 0.17 0.3	7 22 32
Ⅷ(65°)	1.264	1.174 1.042 0.907	0.05 0.17 0.3	7 18 28

4 结语

本文主要通过结合具体工程实例,来分析研究三水准概率地震下及不同边坡坡度对边坡稳定性的影响,分析结果表明,地震动强度和边坡坡度都对对边坡的稳定性有较大的影响。在概率水平为50年63.5%和10%的地震作用下,边坡的安全系数随着坡度的增大较无震情况下逐渐降低,但此时边坡尚处稳定状态。在概率水平为50年2%的地震作用下,边坡的稳定性随着坡度的增大进一步削弱,边坡由稳定状态变为失稳状态。由于地震动的综合作用较为复杂,本文的计算过程中对地震动持时影响边坡稳定性的作用采取了简化方式,这可能使分析结果与实际地震作用下这些边坡的稳定性及其失稳过程稍有差异。本文提出的方法可以预测在不同的地震概率水准下,边坡工程区域内边坡稳定性分布情况,为公路沿线灾害治理及灾害快速评估、确保公路的安全性提供重要的参考依据设计工作提供一些有益的参考,但是,关于边坡地震稳定系数的取值标准,还有待于通过对大量边坡震害调查研究并进行校验和修正才能真正用于工程实际。

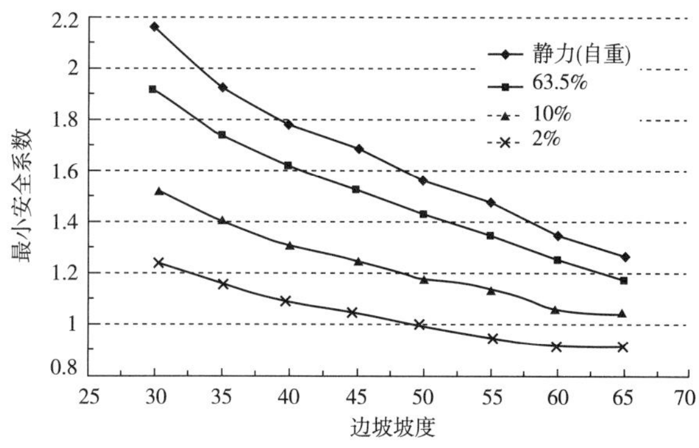

图3 三水准概率地震下的边坡安全系数随坡度的变化

参考文献

[1] 陈祖煜.土质边坡稳定分析——原理·方法·程序[M].北京:中国水利水电出版社,2003.

[2] 郑颖人,陈祖煜.边坡与滑坡工程治理[M].北京:人民交通出版社,2007.

[3] 张永双,雷伟志,石菊松,等.四川“5·12”地震次生地质灾害的基本特征初析[J].地质力学学报,2008,14(2):109-114.

[4] 张立海,张业成,刘向东.中国地震次生地质灾害分布及地市级危险性区划研究[J].防灾减灾工程学报,2009,29(3):356-360.

[5] 殷跃平,汶川八级地震地质灾害研究[J].工程地质学报,2008,16(4):433-444.

[6] 李海波,蒋会军,赵坚,等.地震动载荷作用下岩体工程安全的几个问题[J].岩石力学与工程学报,2003,22(11):1887-1891.

[7] 水利水电科学研究院.岩石力学参考手册[M].北京:水利电力出版社,1991.

[8] 工程地质手册编委会.工程地质手册[M].2版.北京:中国建筑工业出版社,2007.

[9] 中国地震局兰州地震研究所.武罐高速公路地震安全性评价报告[R].兰州:中国地震局兰州地震研究所,2011.

[10] 国家地震安全性评定委员会,全国地震标准化技术委员会.GB 18306—2001 中国地震动参数区划图国家标准第1号修改单[S].北京:中国标准出版社,2008.

[11] 武罐高速公路地震安全性评价报告[R].甘肃省地震工程院,2010.

[12] 崔政权,李宁.边坡工程理论与实践最新发展[M].北京:中国水利水电出版社,1999.

5. 隧道洞口段地震响应、抗减震技术研究综述

包桂钰[1]　吴红刚[2]

(1 甘肃长达路业有限责任公司　兰州　730000;2 中国铁道科学研究院　北京　100081)

摘　要:对于山岭隧道而言,洞口段是整个隧道结构的咽喉部位,一旦其在地震中发生坍塌等震害,势必对隧道运营造成最直接的影响。因此,对隧道洞口段的地震动力特性及抗减震技术进行研究具有重要意义和实用价值,通过文献调研,对目前该问题的研究进展和已取得的成果作了详细分析,提出了研究中存在的问题及建议。

关键词:隧道　洞口　地震响应　抗减震技术

0　引言

我国是一个地震多发的国家,随着国家公路和铁路交通网的快速发展,将有更多的隧道穿越高烈度地震区。通常认为由于地层的约束作用,隧道结构与地面构筑物相比具有较好的抗震性能。而 1995 年日本阪神大地震和 2008 年中国汶川地震造成的大量隧道震害已经并将长期提醒人们注意隧道震害及防治技术研究的重要性。多次地震灾后调查发现,隧道洞口段在地震时很容易遭受破坏,洞口段及洞口边坡是隧道抗震的最薄弱部位。例如 1970 年我国云南通海地震造成公路涵洞和隧道洞口段坍塌;"5・12"汶川大地震造成宝成铁路 109 号隧道出口上方山体坍塌 2 万多 m^3,摧毁出口棚洞 40m;213 国道都江堰至汶川段的友谊隧道,所在山体在"5・12"地震中飞石滚滚。可见对于山岭隧道而言,洞口段是整个隧道结构的咽喉部位,对其地震动力特性及抗减震技术进行研究具有重要意义。

1　主要研究方法及其研究现状

隧道洞口段地震响应研究不同于隧道洞身段,它不仅涉及洞口段隧道结构本身的动力响应,还包括洞口边坡的动力响应以及隧道结构和洞口边坡的相互作用等问题。抗减震技术是通过对隧道或围岩进行特殊处理,从而降低地震时隧道结构内力的技术,通常采用的方法有:改变隧道结构自身性能(如通过构造设计增加隧道结构刚度)、改变围岩性能(如对洞口围岩进行预加固)、在隧道衬底/地层或隧道衬砌/衬砌间设置减震层等。

目前对于隧道工程地震响应分析、抗减震技术研究的主要途径有三条:现场试验、模型试验和数值模拟分析,以下对各主要方法的研究进展情况加以介绍。

1.1　现场试验研究

这种研究方式是通过实测隧道结构及洞口边坡在地震时的动力特性来了解其地震响应特点,我们所提的现场试验是一个广义的概念,泛指震害现场调查和现场测试两大类。目前震害现场调查在实际工程中应用较为普遍[5-9],Dowding 和 Rozen(1975)曾统计了日本、美国加州和阿拉斯加共 71 个隧道破坏案例,指出若隧道通过地质状况差的区域,当地震发生时洞口段将产生土壤液化或边坡滑动而破坏。冈本舜三(1984)根据日本隧道地震损害的调查资料,得出了隧道免遭地震动力破损应距震源的安全距离为 50km,还总结了隧道地震损害与衬砌厚度、地质介质条件等的关系。1995 年的日本阪神大地震造成隧道结构首次遭到大规模的破坏后,Nakamura 等人(1996)更是进行了广泛的震害调查,收集了大量的资料。

现场测试不仅可以通过预埋仪器测试实际地震的动力响应，还能采用人工激震、爆破等方式来测得隧道洞口段的动力响应，但其代价高昂，因而对于隧道结构及洞口边坡的地震动力响应目前还很少见到相关的报道。能搜集到的资料只有日本派田和横山等人在岩手县一座铁路隧道中进行的多次地震观测所取得的围岩加速度和衬砌应变记录。

1.2 模型试验研究

在结构动力分析中，振动台模拟试验可以很好地再现地震过程和进行人工地震波的试验，它能精确地控制边界条件和材料特性，直观地把握隧道的地震响应特征，使动力相互作用问题的研究更具针对性和目的性。因此它是研究隧道结构及洞口边坡地震响应和破坏机理最直观和有效的方法之一。

国外较早地采用了振动台模型试验研究隧道结构的动力响应 Y. Goto 和 J. ota(1973)对沉埋隧道在地震时的反应做了振动台模拟试验，采用明胶模拟砂土，但没有考虑尺寸效应和边界效应等问题。雅可夫列维奇(1978)曾用隧道地震模型试验来研究地震时隧道周围土体密度和湿度变化对隧道受力状态的影响。

随后，我国铁路部门引进该方法，铁道部科学研究院、西南交通大学、铁道部第二勘测设计院等单位[1-4]依托南昆铁路等重点项目在国内首先开启了铁路隧道洞口段地震响应和抗减震研究。主要得到了以下几方面结论：①在隧道结构抗震时首先要考虑地层的抗震，认识到选择隧址、确定洞口位置的重要性，肯定了注浆和锚杆等加固措施多于保证地层稳定和增强抗震性能的作用；②认为在Ⅸ度地震烈度下，隧道洞口段出现较严重破坏特征，而且洞口仰坡在强震时会坍塌；③指出设计中应遵循“刚柔兼顾，柔性为主”的设计思想，采用薄壁柔性钢筋混凝土以适应地层少量变形，吸收能量，设置环向抗震缝等减震、吸震措施。

公路工程领域对该问题的研究起步较晚，同济大学、成都理工大学、西南交通大学等围绕国道 318 线黄草坪 2 号隧道(图 1 为该隧道的试验模型)和雅泸高速公路徐店子隧道开展了一系列研究工作。这些研究中以考虑减震层研究最为突出，获得了一下主要成果：①在垂向、水平或者椭圆激振条件下，隧道拱顶压力变化都较大，拱腰只有在水平激振时才有明显的压力变化，模型与模型箱接触压力较小，聚苯乙烯泡沫有较好的减震效果，模型能较为真实地反应地震波的传播。②尽管减震层的设置减弱了模型土与结构的相互作用，使得模型土表面地震裂缝明显少于无减震层的情况，但在有无减震层设置的两个模型中，地基地表均出现不同数目的地震裂缝(图 2)。裂纹首先从隧道拱顶两侧约 45°的位置沿模型土向上发展，造成这一裂纹的主要原因是在振动过程中，模型土与结构的相互作用，引起模型土破坏，同时坡体也出现了数条裂纹。因而洞口段除了设置减震层外，还应对洞口表面围岩采取一定的加固措施，特别是在处于软弱破碎带的坡表，以防止地震引起坍塌、滑坡等次生灾害。③减震层对于隧道结构的减震是非常有效的，设置减震层后仰拱加速度幅值比无减震层时有所降低，放大系数减小，说明减震层可以减弱加速度的传递，对隧道衬砌加速度有减小的作用；设置减震层后，隧道结构的应变幅值均减小，特别是仰拱部位的应变值最大减少近 60%(表 1)。

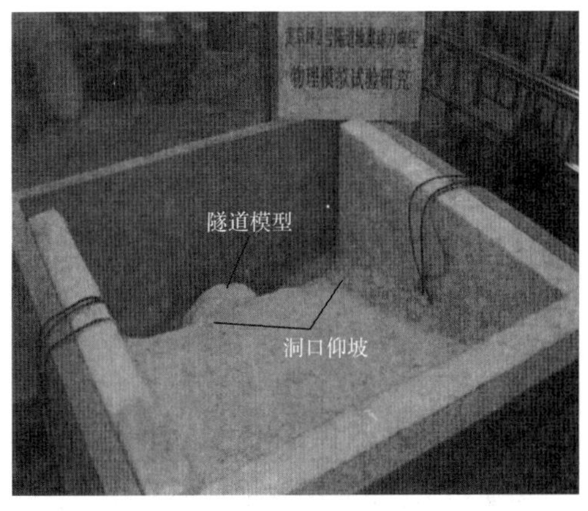

图 1 黄草坪 2 号隧道模型试验外形[5]

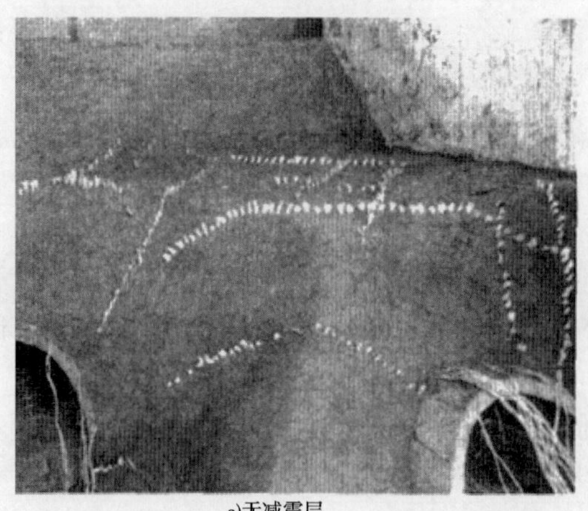
a)无减震层

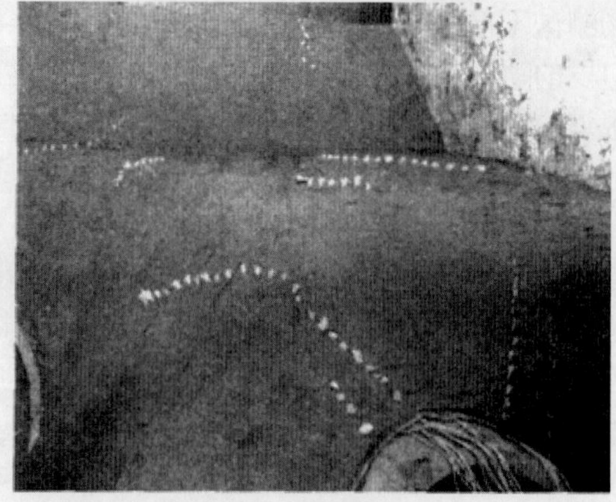
b)有减震层

图2　有无减震层地表地震裂纹的比较[17]

有无减震层隧道衬砌应变幅值比较[17]　　表1

位　置	无减震层	有减震层	减小率(%)	位　置	无减震层	有减震层	减小率(%)
拱顶	49.418	33.078	33.06	仰拱	28.326	12.57	55.62
左拱腰	69.484	45.116	35.07	右拱腰	76.41	48.751	36.2

1.3　数值模拟研究

数值模拟方法可将实际问题从力学等多个角度进行简化,对于各种复杂的因素(如复杂的几何形状、任意的边界条件、不均匀的材料特性和不同类型构件的组合等)都能灵活地加以考虑,然后利用计算机强大的分析与计算能力来使复杂问题很快得到解答。因此该方法自出现以来受到了土木、机械、矿山、石油等各个领域的普遍认可,并得到高度的重视与广泛的应用。目前国内各科研机构已经应用该方法对隧道洞口段地震响应、抗震及减震技术的进行了大量的研究工作,得到了许多有益的结论。

在国内,铁路部门率先开展了本项研究工作。铁道部第二勘测设计院等(1996)提出了改进的福季耶娃方法和可用于浅埋隧道的瑞利波拟静力数值计算方法。王志杰等人(1996)引入地面结构隔震原理,对隧道洞口段设置减震层进行了深入的研究。铁道部科学研究院(1998)以国内首例隧道抗震加固工程一军都山双线隧道(大秦线)为依托,首次将反应变位法应用于隧道抗震加固计算中,提出了隧道耐震性评价、加固和震后修复方法。李德武等人(1998)采用三维弹塑性有限元法,评价了某隧道进口段在九度地震作用下的安全与稳定性。高峰(1999,2006)通过数值模拟研究认为:可以改变隧道一定范围内的围岩物理力学指标来减小隧道衬砌内力,从而达到减震的目的,主要方法有采用大面积灌浆加固围岩、设置锚杆等;抗震设防长度主要与洞口段围岩性质有关,而与隧道的断面形式以及洞口段是否存在临空面关系不大。

为了适应近些年国内公路隧道迅猛发展的要求,王义军(2005)、李育枢(2006)、索然绪(2007)、蒋树屏(2008)、梁波(2008)、王正松(2008)等分别就洞口段地震动力响应、衬砌结构受力和位移、洞口边坡动力稳定性、减震措施等进行了深入研究,得到了一些有益的成果。主要有以下几条结论:①洞门外的边坡和洞口段的偏压地段为地震中易受损部位,洞身和洞口段地震动力响应特性中的最大区别是洞身段在重力方向和地震传播方向的位移都比较大,而洞口段只在地震传播方向的位移较大;②在动应力计算结果的基础上,叠加静应力场,分析三种工况下最危险滑动面的动力安全系数时程,并采用平均动力安全系数法和地震永久性变形评价洞口横向边坡的地震动力稳定性(表2),最终建立了偏压隧道洞口横向边坡的地震动力响应分析及稳定性评价模型;③在三向地震荷载激励下,洞口段衬砌的地震响应具有明显滞后性,衬砌以水平横向振动为主、轴向振动次之、竖向振动最弱(图3);④隧道洞口段衬砌结构断面变化、衬砌的拱腰部位等将承受极大拉应力和剪应力,需要局部进行加强配筋,在施工中要充分重视围岩的作用,使其能与结构共同作用,减轻结构的损害;⑤在地震发生时,减震层相当于设置在隧道衬砌和围岩之间的吸能层,将吸收一部分能量,起到"削峰填谷"的作用(表3),使隧道衬砌上的应力在空间上趋于均匀。

平均安全系数和永久变形值[13]

表2

地震作用方向	平均动力安全系数	永久性变形(cm)
水平向	1.10	20
垂直向	1.31	4
水平+垂直向	1.03	34

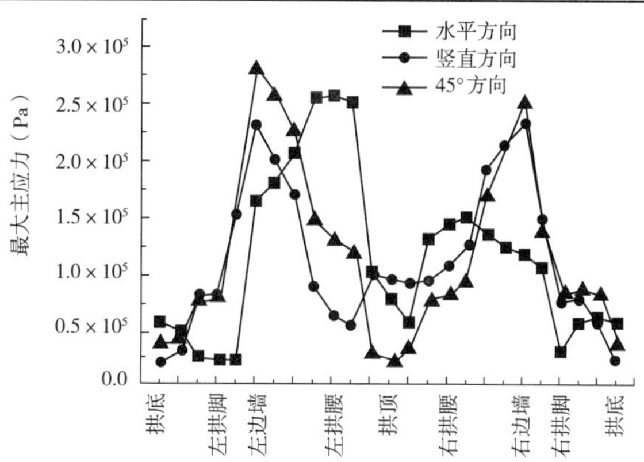

图3 隧道衬砌最大主应力[15]

有无减震措施的模拟结果对比[11]

表3

工况		水平绝对位移(cm)	水平相对位移(mm)	衬砌弯矩(kN·m)	衬砌轴力(kN)	衬砌剪力(kN)
采用减振措施	峰值	59.07(14.34)	28.7(3.22)	-248.52(3.14)	4.694.5(11.2)	-1765.6(14.92)
	峰值位置	左线洞口处左墙脚	拱顶与仰拱之间	左线洞口处右拱肩	右线洞口处仰拱	左线洞口处右拱腰
未采用减震措施	峰值	51.27(14.32)	32(3.22)	455.83(13.64)	15355.6(4.7)	-8173.52(4.58)
	峰值位置	左线洞口处右墙脚	拱顶与仰拱之间	左线洞口处仰拱	左线洞口处右拱腰	左线洞口处右拱腰
减震效果	峰值比值(%)	115.21	89.69	54.52	30.57	21.60

2 目前研究中亟待解决的问题

现阶段,我国公路和铁路隧道规范还在沿用静力等效法进行抗减震计算,这很难满足隧道洞口段等抗减震重点部位的设计和运营要求。为此,学者和工程界人士已经在隧道地震动力响应、抗减震方面做了很多研究和实践工作,但由于隧道洞口段震害规律的特殊性,可以发现这些研究或讨论大多是针对具体实际工程,还没有形成具有统一体系的研究成果。

由于地震动的不确定性和复杂性,目前的地震响应和抗减震技术多是基于工程经验的,缺乏对各种措施具体效果及作用机理的定性、定量分析。当前研究中存在的最大问题是缺乏实测数据,既有模型试验和数值计算方法有待进一步论证,以减小与实际情况和差异,从而有效地进行地震响应分析和抗减震设计,具体表现在以下几个方面。

(1)现场试验研究(无论是震害调查还是现场测试)均无法控制地震波的输入机制和边界条件,只能对一次地震后的结果和地震过程中的动力响应进行观测,因而具有一定的局限性,同时现场测试受观测时间、手段和条件的影响,其实施难度往往较大,需要花费大量的人力物力,而且很难通过测试数据来定量研究各因素的动力相互作用。尽管如此,我们也应明确只有灾后调查和现场测试才是最真实的地震记录。

(2)在现阶段模型试验的研究中,受试验周期和成本等因素的影响,往往出现模型尺寸偏小和观测仪器数量有限等一系列问题,所以很难真实地反映洞口段地形地貌特征,获得的模型试验的数据也明显不足,难以保证对模型试验结果做全面的分析与比较。振动台弹簧振子的自由振动所提供的振动输入和实际地震波有很大差异,这种激震方式能量小,衰减速度快。模型制作工艺本身的缺陷导致的微裂纹的出现以及围岩相似材料与实际材料的阻尼比特征相差较大,这都直接影响到模型质量和试验结果的可靠性。

(3)数值模拟研究中,目前只是单独考虑了埋深、围岩参数、衬砌刚度等的影响因素对隧道洞口段地震动力响应的作用,没有考虑这些参数正交变化对隧道地震动力响应的影响。对隧道的抗减震技术也仅仅讨论了注浆加固、减震层等个别方案的作用效果,缺乏系统性。

3 结语

从前述的研究现状可以看出:对于隧道洞口段地震动力响应和抗减震技术研究多限于震后现场调查和地震反应的理论研究。基于成本、技术和时间的考虑,大规模的振动台模型试验研究开展的相对较少,暂时现场试验工程仅局限于灾后现场调查,还没有关于现场地震相应测试方面报道,而数值模拟研究由于其易于实现、成本低廉等特点已经在地震动力响应和抗减震上的研究中得到了广泛应用,取得了较为丰硕的成果。

如何对像宝成铁路109隧道这些既有隧道洞口段进行抗震加固,以及对新建和拟建隧道洞口段做好抗减震设计是摆在我们面前的一项艰巨任务,为此笔者认为需要在以下三个方面加大工作力度:

(1)逐步加强震害调查和现场测试力度,积累丰富的第一手资料,为理论研究和模型试验提供基础。例如,基于洞口边坡动力破坏机理和稳定性评价的复杂性,还需通过大量的震害调查资料来修正和完善动力稳定性评价方法和标准。

(2)为了减小边界和尺寸效应的影响,应尽量将模型试验中模型尺寸做大,从而较真实地反应洞口地形地貌特征;要对围岩相似材料的动力学特征、模型制作工艺、振动台激震方式等应作进一步的研究;合理选择与布置量测仪器,对隧道结构及洞口边坡的加速度响应规律、隧道结构模型变形规律、隧道模型与围岩相似材料的接触压力关系应作重点监测。

(3)充分利用数值计算优势,考虑各种参数的正交变化对隧道结构及洞口边坡地震响应的影响;对抗减震技术,可从理论上系统探讨工程中已经用到的各种预加固和减震措施的作用效果。

参考文献

[1] 铁道部科学研究院.强地震作用下铁路隧道衬砌耐震性的研究[R].1990,5.

[2] 铁道部科学研究院.隧道洞口段抗震加固方法研究[R].1998,3.

[3] 周德培.强震区隧道洞口段动力特性研究[J].地震工程与工程震动,1998,18(1).

[4] 铁道部第二勘测设计院.西南交通大学、兰州铁道学院、铁道部第十五工程局报告.南昆铁路8、9度地震区隧道洞口及浅埋大跨段新结构设计试验研究[R].1996,9.

[5] 刘吉.黄草坪2#隧道地震动力响应的物理模拟试验初步研究[D].成都理工大学硕士学位论文.2007,6.

[6] 高峰.地下结构动力分析若干问题研究[D].西南交通大学研究生部.1999,7.

[7] 索然绪.雅庐高速公路徐店子隧道洞口段地震动力响应研究[D].西南交通大学研究生部.2007,6.

[8] 王义军.国道318线黄草坪隧道的地震动力响应及减震措施[D].成都理工大学研究生部.2005,6.

[9] 李育枢.山岭隧道地震动力响应及减震措施研究[D].同济大学研究生部,2006,6.

[10] 高峰,石玉成,严松宏,等.隧道洞口段的抗震设防长度[J].中国公路学报,2006,19(3):65-69.

[11] 王正松,高波.隧道洞口段地震响应研究[J].中外公路,2008,28(6):176-179.

[12] 李德武,高峰.隧道洞口段三维地震反应分析[J].兰州铁道学院学报,1998,17(2):1-5.

[13] 李育枢,高广运,李天斌.偏压隧道洞口边坡地震动力反应及稳定性分析[J].地下空间与工程学报,2006,2(5):738-743.
[14] 蒋树屏,蒋华,王晓雯,等.高烈度地震区公路隧道洞口段地震响应分析[J].现代隧道技术,2008,45(6).
[15] 梁波,王志勇.浅埋偏压隧道地震动力特性及稳定性分析[J].公路交通技术,2008(6):96-99.
[16] 王志杰,高波,关宝树.围岩-隧道衬砌结构体系的减震研究[J].西南交通大学学报,1996,31(6).
[17] 朱长安,高波,索然绪.强震区隧道洞口段减震的振动台模型试验[J].公路,2008(6):211-215.
[18] 皇民,高波,魏来.高烈度区隧道洞口段地震响应研究[J].地震研究,2008,31(2):180-185.
[19] 王峥峥,高波,索然绪.双洞隧道洞口段抗减震振动台试验[J].中国公路学报,2009,22(2):71-76.